Adolf Freiherr von Knigge
Über den Umgang mit Menschen
Über Eigennutz und Undank

Adolf Freiherr von Knigge

Über den Umgang mit Menschen

Über Eigennutz und Undank

ANACONDA

Die Deutsche Bibliothek verzeichnet diese Publikation in der Deutschen Nationalbibliographie; detaillierte bibliographische Daten sind im Internet unter http://dnb.ddb.de abrufbar.

Umschlaggestaltung: Dagmar Herrmann, Köln
Satz und Layout: GEM mbH, Ratingen
Printed in Czech Republic 2005
ISBN 3-938484-03-9
info@anaconda-verlag.de

Inhaltsverzeichnis

Über den Umgang mit Menschen

Vorrede zu dieser dritten Auflage

Die gütige, nachsichtsvolle Aufnahme, deren das Publikum in und außer Deutschland dies Buch würdigt, übertrifft sehr meine Erwartung. Der schnelle Absatz der ersten beiden Auflagen, die vorteilhaften Urteile einsichtsvoller Kunstrichter, die Auszüge, welche der Herr Prediger Fest und andre daraus gemacht haben, und endlich die Übersetzungen desselben – das alles fordert mich auf, keine Mühe zu sparen, nach und nach das Fehlerhafte darin auszumerzen, und durch nötige Zusätze sowie durch Verbesserung der Schreibart meinem Werke mehr Vollkommenheit zu verschaffen.

Aufmerksame Leser werden finden, welche große Veränderungen, sowohl was die Anordnung, als was den Inhalt selbst betrifft, ich bei dieser dritten Auflage, wenn man sie gegen die ersten beiden hält, vorgenommen habe. Ich bin dabei neben meiner eigenen Überzeugung der Zurechtweisung würdiger Männer gefolgt. Unter diese zähle ich, wie billig, mit Dankbarkeit auch den Herrn Rezensenten im siebendundachtzigsten Bande der Allgemeinen Deutschen Bibliothek, dessen milde, aber verständige und ernsthafte Winke ich größtenteils zu meinem Vorteile genützt habe.

Über unweisen, nicht reiflich durchgedachten Tadel hingegen habe ich mich hinausgesetzt. Ohne der verachtenswerten Beschuldigung des salzburgischen Herrn Kritikers Erwähnung zu tun, will ich nur des Vorwurfs der den deutschen Schriftstellern so eignen, zu großen Vollständigkeit gedenken, womit der undeutsche Herr Rezensent in der Allgemeinen Literatur-Zeitung mich beehrt. Ich werde mich bestreben, dieses Vorwurfs in vollem Maß würdig zu werden. Hat mein Buch einigen Wert, so bestimmt gewiß eben diese möglichste Vollständigkeit einen großen Teil desselben, und jedermann wird zum Wohltäter an mir werden, der mir jetzt anzeigt, über welche Verhältnisse und Lagen im menschlichen Leben ich noch Bemerkungen und Vorschriften zu liefern versäumt habe.

Man hat gegen den Titel dieses Werks die Erinnerung gemacht: daß er nur Regeln des Umgangs ankündigte, da hingegen das Buch selbst fast über alle Teile der Sittenlehre sich ausdehnte. Billige Richter haben indessen eingesehen, wie schwer dies zu vermeiden war. Wenn die Regeln des Umgangs nicht bloß Vorschriften einer konventionellen Höflichkeit oder gar einer gefährlichen Politik sein sollen, so müssen sie auf die Lehren von den Pflichten gegründet sein, die wir allen Arten von Menschen schuldig sind, und wiederum von ihnen fordern können. – Das heißt: ein System, dessen Grundpfeiler Moral und Weltklugheit sind, muß dabei zum Grunde liegen. Sollte man an meinem Buche das tadeln dürfen, daß es mehr leistet, als der Titel verspricht, so könnte man dem Übel auf einmal abhelfen, wenn man diesem Werke etwa die Überschrift gäbe: »Vorschriften, wie der Mensch sich zu verhalten hat, um in dieser Welt und in Gesellschaft mit andern Menschen glücklich und vergnügt zu leben und seine Nebenmenschen glücklich und froh zu machen.« Allein dieser Titel kommt mir ebenso geschwätzig als prahlerisch vor. Man verzeihe mir's also, daß ich es damit beim alten gelassen habe!

Andre haben hier Vorschriften für junge Leute vermißt, die als Studenten, Offiziere usf. in die Welt treten. – Vorschriften, wie diese sich gegen andre junge Leute gleichen Standes zu betragen hätten. Der Herr Rezensent in den Würzburger gelehrten Anzeigen hat dagegen sehr vernünftig angemerkt, daß, wenn ich so hätte in das Detail gehn wollen, ich vielleicht in zehn Bänden meinen Gegenstand nicht würde erschöpft haben, und daß ich mich sehr vielfach hätte wiederholen müssen. Ich füge noch hinzu, daß unter jungen Leuten, die noch keinen festen Charakter haben, die Mannigfaltigkeit der Sonderbarkeiten, welche sie in ihrer Art sich zu betragen zeigen, zwar unendlich groß, aber auch zugleich so unwichtig scheint, daß ein Jüngling, dem es ernst ist, sich für die Welt zu bilden, auf diese weiter keine Rücksicht zu nehmen braucht, wenn er sich, im Umgange mit Menschen von gleichem Alter, so vorsichtig, ordentlich und redlich beträgt, als die Vorschriften dazu in diesem Buche, sowohl im allgemeinen, als nach den verschiedenen Stimmungen und Verhältnissen unter allen Gattungen von Menschen, angegeben werden.

Hannover, im Januar 1790.

Vorrede zu den ersten beiden Auflagen

Der Gegenstand dieses Buchs kommt mir groß und wichtig vor, und irre ich nicht, so ist der Gedanke, in einem eignen Werke Vorschriften für den Umgang mit allen Klassen von Menschen zu geben, noch neu*. Eben dieser Umstand aber und daß mir in Deutschland, soviel ich weiß, niemand vorgearbeitet hat, muß einen Teil der Unvollkommenheiten meiner Arbeit entschuldigen. Es ist ein weites Feld vollständig und gründlich zu bearbeiten, vielleicht für einen Menschen und gewiß für meine Kräfte zu groß. Kann aber das in magnis voluisse aliquid Verdienst geben, so darf ich einigen Anspruch auf den Dank des Publikums machen, um so mehr, wenn etwa meine Arbeit bei einem größern Menschenkenner und feinern Philosophen einst die Lust erwecken sollte, etwas Vollkommneres hierüber zu liefern.

Vielleicht wird man mir Weitschweifigkeit vorwerfen und mich beschuldigen, ich hätte Räsonements eingemischt, die nicht eigentlich zu den Regeln über den Umgang mit Menschen gehören; allein es ist hier schwer, die wahre Grenzlinie zu finden. Wenn ich zum Beispiel lehren will, wie vertraute Freunde im Umgange miteinander sich betragen sollen, so scheint es mir sehr passend, erst etwas über die Wahl eines

---

* Ein gewisser Herr Kunstrichter hat die Entdeckung gemacht, und diese, in seiner Beurteilung der ersten Ausgabe meines Buchs, dem Publikum mitgeteilt, nämlich die Entdeckung daß ich sehr irrte, wenn ich glaubte, der Gedanke, Vorschriften für den Umgang mit Menschen zu geben, sei neu; man finde vielmehr dergleichen in manchen andern Büchern. Der gute Mann hat in der Tat recht, selbst in Gesenii Haustafel trifft man solche Vorschriften an. Nur meine ich, der Gedanke, solche Vorschriften, und die nicht sämtlich von ganz gemeiner Art sind, für alle Verhaltnisse zu sammeln, das wäre doch wohl nicht eben abgenutzt. Es würde mir indessen angenehm sein, wenn gedachter Herr Kunstrichter mir ein Werk von dieser Art namhaft machen und mir zugleich Gelegenheit geben wollte, die in meiner Schrift im allgemeinen gerügte Sprachunrichtigkeit durch Studium seiner mir unbekannten Schriften zu verbessern.

Freundes und über die Grenzen freundschaftlicher Vertraulichkeit zu sagen, und wenn ich über das Betragen im geselligen Leben in manchen Klassen von Menschen rede und zeige, wie man ihrer Schwächen schonen soll, so stehen philosophische Bemerkungen über diese Schwächen selbst und über deren Quellen nicht am unrechten Ort. Übrigens habe ich dies Buch nicht flüchtig hingeschrieben, wie wohl andre meiner Schriften, sondern lange an den Materialien dazu gesammelt – Es enthält Resultate aus meinem ziemlich unruhigen Leben unter Menschen mancher Art. Bei dem veränderlichen und leichtfertigen Geschmacke des deutschen Publikums und der übertriebenen Nachsicht, mit welcher dasselbe unbedeutende Romane, leere Journale, platte Schauspiele und nichtswürdige Anekdotensammlungen aufnimmt, möchte es zwar kaum einer Entschuldigung bedürfen, wenn man diesen großem Teil des Publikums nicht so sehr respektierte, daß man streng gewissenhaft in Wahl und Ausfeilung der Produkte wäre, welche man in die gelehrte Welt schickt. Schriftstellerei ist in jetzigen Zeiten nicht viel mehr als Gespräch mit der Lesewelt, in freundschaftlichen Unterredungen wiegt man aber nicht jedes Wort ab. Der müßige Haufen will ohne Unterlaß etwas Neues hören, ernsthafte, wichtige Werke werden von den Buchhändlern nicht halb so gern in Verlag genommen und vom Publikum nicht halb so eifrig gelesen als jene Modeware, wenn man sich nun herabläßt, die Wahrheiten, die man zu sagen hat, wenigstens in ein solches Gewand zu hüllen, wie es der große Haufen gern sieht, so lauft wohl freilich je zuweilen ein unnützes Wort mit unter, und das ist vielleicht auch mein Fall gewesen. Doch will ich offenherzig genug sein, noch etwas zur Entschuldigung meiner bisherigen Vielschreiberei anzuführen.

Niemand kann lebhafter als ich selbst fühlen, welcher Ausfeilung meine zuerst herausgegebenen Schriften noch bedurft hätten, um irgendeinen Grad von Vollkommenheit zu erreichen. Indessen wurden sie und werden noch immer häufiger gelesen und öfter aufgelegt, als sie es verdienen Der Verleger bat um mehr Ware von der Art, machte mir vorteilhafte Bedingungen, und ich wies den Erwerb nicht von mir. Ich schäme mich dieses Geständnisses nicht. Wer nur irgend weiß, auf welche Weise mein Vermögen eine lange Reihe von Jahren hindurch, sehr ohne meine Schuld, ist verwaltet worden, der wird mir das gern verzeihn, und wer mit meiner häuslichen Lebensart bekannt ist, muß mir das Zeugnis geben, daß ich das Gewonnene auf keine unedle Art verwendet habe.

Nicht immer habe ich mich vor meinen Schriften genannt; zuweilen hat man mich als Verfasser von Büchern angegeben, die ich nicht einmal gelesen hatte Das hat mich bis jetzt wenig bekümmert, anders aber handelt der Mann, der in fremden Provinzen lebt, ohne an den Staat geknüpft zu sein, dem es desfalls weniger ängstlich um seinen bürgerlichen und gelehrten Ruf zu tun ist, und anders der, welcher in seinem Vaterlande wohnt, und dem die Achtung, auch des Geringsten unter seinen Mitbürgern, nicht gleichgültig sein darf. Nach achtzehnjähriger Abwesenheit befinde ich mich nun wieder in dem letztern Falle. Ich würde fürchten, man möchte das Unkraut, das ich hergäbe, dem vaterländischen Boden zur Last legen, auf welchem es gewachsen wäre, wenn ich fortführe, so schnell zu arbeiten, ich würde fürchten, mein liebes Vaterland zu beschimpfen, in welchem gottlob der Haufen elender Scribler noch nicht so groß ist als in den mehrsten andern Provinzen Deutschlands. Was ich also hier liefre und etwa ferner liefern werde (wenn ich je noch außer diesem Werke etwas schreiben sollte), muß wenigstens keine lose Ware sein, und nicht leicht werde ich wieder etwas drucken lassen, ohne meinen Namen davorzusetzen.

Es hat nicht Unzufriedenheit mit meinem Herrn Verleger in Frankfurt am Main, sondern andre Rücksichten haben mich bewogen, dies Buch einer hiesigen Buchhandlung in Verlag zu geben, vielmehr muß ich dem Herrn Andrea das Zeugnis geben, daß er sich jederzeit sehr billig, redlich und freundschaftlich gegen mich betragen hat.

Einige meiner Schriften sind in Wien und Leipzig nachgedruckt worden; sollte einer von der berüchtigten Zunft etwa auch auf dies Büchelchen eine korsarische Unternehmung von der Art wagen wollen, so dient demselben zur Nachricht, daß alle Vorkehrungen getroffen sind, den Schaden eines solchen Diebstahls auf den Räuber selbst fallen zu machen.

Hannover im Jänner 1788.

ERSTER TEIL

Einleitung

1.

Wir sehen die klügsten, verständigsten Menschen im gemeinen Leben Schritte tun, wozu wir den Kopf schütteln müssen.

Wir sehen die feinsten theoretischen Menschenkenner das Opfer des gröbsten Betrugs werden.

Wir sehen die erfahrensten, geschicktesten Männer bei alltäglichen Vorfällen unzweckmäßige Mittel wählen, sehen, daß es ihnen mißlingt, auf andre zu wirken, daß sie, mit allem Übergewichte der Vernunft, dennoch oft von fremden Torheiten, Grillen und von dem Eigensinne der Schwächeren abhängen, daß sie von schiefen Köpfen, die nicht wert sind, ihre Schuhriemen aufzulösen, sich müssen regieren und mißhandeln lassen, daß hingegen Schwächlinge und Unmündige an Geist Dinge durchsetzen, die der Weise kaum zu wünschen wagen darf.

Wir sehen manchen Redlichen fast allgemein verkannt.

Wir sehen die witzigsten, hellsten Kopfe in Gesellschaften, wo aller Augen auf sie gerichtet waren und jedermann begierig auf jedes Wort lauerte, das aus ihrem Munde kommen würde, eine nicht vorteilhafte Rolle spielen, sehen, wie sie verstummen oder lauter gemeine Dinge sagen, indes ein andrer äußerst leerer Mensch seine dreiundzwanzig Begriffe, die er hie und da aufgeschnappt hat, so durcheinander zu werfen und aufzustutzen versteht, daß er Aufmerksamkeit erregt und selbst bei Männern von Kenntnissen für etwas gilt.

Wir sehen, daß die glänzendsten Schönheiten nicht allenthalben gefallen, indes Personen, mit weniger äußern Annehmlichkeiten ausgerüstet, allgemein interessieren. –

Alle diese Bemerkungen scheinen uns zu sagen, daß die gelehrtesten Männer, wenn nicht zuweilen die untüchtigsten zu allen Weltgeschäften, doch wenigstens unglücklich genug sind, durch den Mangel einer gewissen Gewandtheit zurückgesetzt zu blei ben, und daß die Geistreichsten, von der Natur mit allen innern und äußern Vorzügen beschenkt, oft am wenigsten zu gefallen, zu glänzen verstehen.

Ich rede aber hier nicht von der freiwilligen Verzichtleistung des Weisen auf die Bewunderung des vornehmen und geringen Pöbels. Daß der Mann von bessrer Art da in sich selbst verschlossen schweigt, wo er nicht verstanden wird, daß der Witzige, Geistvolle in einem Zirkel schaler Köpfe sich nicht so weit herabläßt, den Spaßmacher zu spielen; daß der Mann von einer gewissen Würde im Charakter zu viel Stolz hat, sein ganzes Wesen nach jeder ihm unbedeutenden Gesellschaft umzuformen, die Stimmung anzunehmen, wozu die jungen Laffen seiner Vaterstadt den Ton mit von Reisen gebracht haben, oder den grade die Laune einer herrschenden Kokette zum Konversations-, Kammer- und Chorton erhebt; daß es den Jüngling besser kleidet, bescheiden, schüchtern und still, als, nach Art der mehrsten unsrer heutigen jungen Leute, vorlaut, selbstgenügsam und plauderhaft zu sein; daß der edle Mann, je klüger er ist, um desto bescheidener, um desto mißtrauischer gegen seine eigenen Kenntnisse, und desto weniger zudringlich sein wird; oder daß, je mehr innerer, wahrer Verdienste sich jemand bewußt ist, er um desto weniger Kunst anwenden wird, seine vorteilhaften Seiten hervorzukehren, so wie die wahrhafte Schönheit alle kleinen anlokkenden, unwürdigen Buhlkünste, wodurch man sich bemerkbar zu machen sucht, verachtet, – das alles ist wohl sehr natürlich! – Davon rede ich also nicht.

Auch nicht von der beleidigten Eitelkeit eines Mannes voll Forderungen, der unaufhörlich eingeräuchert, geschmeichelt und vorgezogen zu werden verlangt und, wo das nicht geschieht, eine traurige Figur macht; nicht von dem gekränkten Hochmute eines abgeschmackten Pedanten, der das Maul hängen läßt, wenn er das Unglück hat, nicht aller Orten für ein großes Licht der Erden bekannt und als ein solches behandelt zu sein, wenn nicht jeder mit seinem Lämpchen herzuläuft, um es an diesem großen Lichte der Aufklärung anzuzünden.*

Wenn ein steifer Professor, der gewöhnt ist, von seinem bestaubten Dreifuße herunter, sein Kompendium in der Hand, einem Haufen gaffender, unbärtiger Musensöhne stundenlang hohe Weisheit vorzupredigen und dann zu sehn, wie sogar seine platten, in jedem halben Jahre wiederholten Späße sorgfältig nachgeschrieben werden; wie jeder Student so ehrerbietig den Hut vor ihm abzieht, und mancher, der nachher seinem Vaterlande Gesetze gibt, ihm des Sonntags im Staatskleide die Aufwartung macht; wenn ein solcher einmal die Residenz oder irgendeine andre Stadt besucht, und das Unglück nun will, daß man ihn dort kaum dem Namen nach kennt, daß er in einer feinen Gesellschaft von zwanzig Personen gänzlich übersehn oder von irgendeinem Fremden für den Kammerdiener im Hause ge-

---

* Vermutlich war es diese Stelle in meinem Buche, welche einen Herrn quidam bewog, in seiner Rezension der ersten Auflage, zu sagen »ich hatte mir Schilderungen erlaubt, die manchen Leser beleidigen würden.« Das ist möglich! Ein Buch voll Sittengemalde kann nicht so trocken geschrieben sein als ein Kompendium. Dies beleidigt freilich nicht leicht jemand anders als etwa den echten Geschmack, die gesunde Vernunft und den Systemgeist irgendeines Pedanten. Wer hingegen die Sitten der Menschen schildert, der kommt nicht so wohlfeil davon. Er kann nicht füglich ihre Torheiten verschweigen; fühlt nun ein Narr, dem eine dieser Torheiten anklebt, sich dadurch getroffen, dann geht der Lärm los. So könnte es zum Beispiel geschehn, daß, wenn ich von den Lächerlichkeiten eines Professors geredet hätte, der außer seiner Studierstube, oder wenigstens außer seiner akademischen Sphäre, in welcher er sich für ein großes Weltlicht halten läßt und Orakel predigt, eine elende Figur spielte, daß, sage ich, ein solcher Professor, der das lese, darüber sehr entrüstet und wohl gar gereizt würde, deswegen eine hämische Rezension meines Buchs drucken zu lassen; allein das benähme denn doch wohl diesem Buche nichts von seinem Werte. Eine äußerst boshafte Stelle in vorerwähnter Rezension aber, und die ich nicht so kaltblütig übersehn kann, ist die, wo der große Gelehrte mir Schuld gibt, »ich hatte Vorschriften gegeben, welche die strenge Sittlichkeit nicht gutheißen könne. « Ich fordre ihn auf, mir, nicht nur in diesem meinem neuen, sondern in irgendeinem Buche, daß ich je geschrieben habe, eine Stelle anzuführen, die eine solche mich vor dem Publico verleumdende Anklage begründen konnte.

halten und Er genannt wird, er dann ergrimmt und ein verdrossenes Gesicht zeigt; oder wenn ein Stubengelehrter, der ganz fremd in der Welt, ohne Erziehung und ohne Menschenkenntnis ist, sich einmal aus dem Haufen seiner Bücher hervorarbeitet, und er dann äußerst verlegen mit seiner Figur, buntscheckig und altväterisch gekleidet, in seinem vor dreißig Jahren nach der neuesten Mode verfertigten Bräutigamsrocke dasitzt und an nichts von allem, was gesprochen wird, Anteil nehmen, keinen Faden finden kann, um mit anzuknüpfen, so gehört das alles nicht hierher.

Ebensowenig rede ich von dem groben Zyniker, der nach seinem Hottentottensysteme alle Regeln verachtet, welche Konvenienz und gegenseitige Gefälligkeit den Menschen im bürgerlichen Leben vorgeschrieben haben, noch von dem Kraftgenie, das sich über Sitte, Anstand und Vernunft hinauszusetzen einen besondern Freibrief zu haben glaubt.

Und wenn ich sage, daß oft auch die weisesten und klügsten Menschen in aller Welt, im Umgange und in Erlangung äußerer Achtung, bürgerlicher und andrer Vorteile ihres Zwecks verfehlen, ihr Glück nicht machen, so bringe ich hier weder in Anschlag, daß ein widriges Geschick zuweilen den Besten verfolgt, noch daß eine unglückliche leidenschaftliche oder ungesellige Gemütsart bei manchem die vorzüglichsten, edelsten Eigenschaften verdunkelt.

Nein! meine Bemerkung trifft Personen, die wahrlich allen guten Willen und treue Rechtschaffenheit mit mannigfaltigen, recht vorzüglichen Eigenschaften und dem eifngen Bestreben, in der Welt fortzukommen, eigenes und fremdes Glück zu bauen, verbinden, und die dennoch mit diesem allen verkannt, übersehn werden, zu gar nichts gelangen Woher kommt das? Was ist es, das diesen fehlt und andre haben, die, bei dem Mangel wahrer Vorzüge, alle Stufen menschlicher, irdischer Glückseligkeit ersteigen? – Was die Franzosen den esprit de conduite nennen, das fehlt jenen *die Kunst des Umgangs mit Menschen* – eine Kunst, die oft der schwache Kopf, ohne darauf zu studieren, viel besser erlauert als der verständige, weise, witzreiche, die Kunst, sich bemerkbar, geltend, geachtet zu machen, ohne beneidet zu werden, sich nach den Temperamenten, Einsichten und Neigungen der Menschen zu richten, ohne falsch zu sein, sich ungezwungen in den Ton jeder Gesellschaft stimmen zu können, ohne weder Eigentümlichkeit des Charakters zu verlieren, noch sich zu niedriger Schmeichelei herabzulassen Der, welchen nicht die Natur schon mit dieser glücklichen Anlage hat geboren werden lassen, erwerbe sich Studium der Menschen, eine gewisse Geschmeidigkeit, Geselligkeit, Nachgiebigkeit, Duldung, zu rechter Zeit Verleugnung, Gewalt über heftige Leidenschaften, Wachsamkeit auf sich selber und Heiterkeit des immer gleich gestimmten Gemüts, und er wird sich jene Kunst zu eigen machen; doch hüte man sich, dieselbe zu verwechseln mit der schändlichen, niedrigen Gefälligkeit des verworfenen Sklaven, der sich von jedem mißbrauchen läßt, sich jedem preisgibt, um eine Mahlzeit zu gewinnen, dem Schurken huldigt, und um eine Bedienung zu erhalten, zum Unrechte schweigt, zum Betruge die Hände bietet und die Dummheit vergöttert!

Indem ich aber von jenem esprit de conduite rede, der uns leiten muß, bei unserm Umgange mit Menschen aller Gattung, so will ich nicht etwa ein Komplimentierbuch schreiben, sondern einige Resultate aus den Erfahrungen ziehn, die ich gesammelt habe, wahrend einer nicht kurzen Reihe von Jahren, in welchen ich mich unter Menschen aller Arten und Stande umhertreiben lassen und oft in der Stille beobachtet habe – Kein vollständiges System, aber Brüchstucke, vielleicht nicht zu verwerfende Materialen, Stoff zu weiterm Nachdenken.

2.

In keinem Lande in Europa ist es vielleicht so schwer, im Umgange mit Menschen aus allen Klassen, Gegenden und Ständen allgemeinen Beifall einzuernten, in jedem dieser Zirkel wie zu Hause zu sein, ohne Zwang, ohne Falschheit, ohne sich verdächtig zu machen und ohne selbst dabei zu leiden, auf den

Fürsten wie auf den Edelmann und Bürger, auf den Kaufmann wie auf den Geistlichen nach Gefallen zu wirken, als in unserm deutschen Vaterlande, denn nirgends vielleicht herrsch zu gleicher Zeit eine so große Mannigfaltigkeit des Konversationstons, der Erziehungsart, der Religions- und andrer Meinungen, eine so große Verschiedenheit der Gegenstände, welche die Aufmerksamkeit der einzelnen Volksklassen in den einzelnen Provinzen beschäftigen. Dies rührt her von der Mannigfaltigkeit des Interesses der deutschen Staaten gegeneinander und gegen auswärtige, von dem Unterschiede der Verbindungen mit diesem oder jenem auswärtigen Volke und von dem sehr merklichen Abstande der Klassen in Deutschland voneinander, zwischen denen verjährtes Vorurteil, Erziehung und zum Teil auch Staatsverfassung eine viel bestimmtere Grenzlinie gezogen haben als in andern Ländern. Wo hat mehr als in Deutschland die Idee von sechzehn Ahnen des Adels wesentlichen moralischen und politischen Einfluß auf Denkungsart und Bildung? Wo greift weniger allgemein als bei uns die Kaufmannschaft in die übrigen Klassen ein? (Soll ich die Reichsstädte ausnehmen?) Wo macht mehr als hier das Korps der Hofleute eine ganz eigene Gattung aus, in welche hinein, so wie zu der Person der mehrsten Fürsten, nur Leute von gewisser Geburt und gewissem Range sich hinzudrangen können? Wo durchkreuzen sich mehr Arten von Interesse? – Und das alles wird nicht durch gewisse, dem ganzen Volke merkbare allgemeine Nationalbedürfnisse, Volksangelegenheiten, Vaterlandsnutzen konzentriert, wie in England, wo Aufrechterhaltung der Konstitution, Freiheit und Glück der Nation, Flor des Vaterlandes, der Punkt ist, in welchem sich das Streben, Dichten und Trachten so mancher originellen Charaktere vereinigt, noch wie in fast allen übrigen europäischen Landern, die entweder unter einem einzigen Oberhaupte stehen oder durch ein einziges, allen Gliedern wichtiges Interesse beherrscht werden, wie die Schweiz, oder in welchen eine allein herrschende Religion oder ein tyrannisches Klima, über Denkungsart, Ton und Stimmung allgemein überwiegende Gewalt hat.

Daß im ganzen unsre deutsche Verfassung, so zusammengesetzt sie auch ist, sehr große, wesentliche Vorzüge gewahrt, das leidet keinen Zweifel, allein es ist nicht weniger gewiß, daß dieselbe den mächtigsten Einfluß auf die Verschiedenheit der Stimmung in den einzelnen Provinzen und Staaten und unter den mancherlei voneinander abgesonderten Ständen hat. Eben daher kommt es, daß unsre Schauspieler, Schauspieldichter und Romanschreiber ein viel schwereres Studium haben, wenn sie alle diese Nuancen kennen, bearbeiten und dennoch einen Anstrich von originellem Nationalcharakter wollen durchschimmern lassen, viel schwerer als in Frankreich, wo die Sitten der verschiedenen Stände und einzelnen Provinzen nicht so sehr gegeneinander abstechen. Eben daher kommt es, daß man über wenige unsrer literarischen Produkte ein allgemein einstimmig beifälliges Volksurteil hört, daß überhaupt so wenig unsrer Werke als Nationalmonumente auf die Nachwelt übergehn, und eben daher endlich kommt es, daß es so schwer ist, mit Menschen aus allen Ständen und Gegenden in Deutschland umzugehn und bei allen gleichwohl gelitten zu sein, auf alle gleich vorteilhaft zu wirken.

Der treuherzige, naive, zuweilen ein wenig bäuerische, materielle Bayer ist äußerst verlegen, wenn er auf alle verbindlichen, artigen Dinge antworten soll, die ihm der feine Sachse in einem Atem entgegenschickt, dem schwerfälligen Westfälinger ist alles hebräisch, was ihm der Österreicher in seiner ihm gänzlich fremden Mundart vorpoltert, die zuvorkommende Höflichkeit und Geschmeidigkeit des durch französische Nachbarschaft polierten Rheinländers wurde man in manchen Städten von Niedersachsen für Zudringlichkeit, für Niederträchtigkeit halten! Man glaubt da, ein Mann, der so äußerst untertänig und nachgiebig ist, müsse gefährliche und niedrige Absichten haben oder müsse falsch oder sehr arm und hilfsbedürftig sein, und oft ist dort ein wenig zu weit getriebene äußere Höflichkeit hinlänglich, den Mann, der sich am Rheine dadurch allgemeine Liebe erwerben wurde, an der Leine verächtlich zu machen. Dagegen wird aber auch der nicht kältere, nur weniger leichtsinnige, weniger zuversichtliche, nicht so im

Gedränge von Fremden, noch auf Reisen an Leib und Seele abgeschliffene, geglättete, sondern ernsthaftere Niedersachse, der bei der ersten Bekanntschaft nicht sehr zuvorkommend, sondern wohl gar ein wenig verlegen ist, an einem Hofe im Reiche vielleicht für einen schüchternen Menschen ohne Lebensart, ohne Welt angesehn werden.

Sich nun also nach Ort, Zeit und Umständen umzuformen und von verjährten Gewohnheiten sich loszumachen, das erfordert Studium und Kunst.

In Gegenden, aus welchen weder Unzufriedenheit mit dem Vaterlande, noch Müßiggang, noch Verderbnis der Sitten, noch unbestimmte, rastlose Tätigkeit, noch Anekdotenjagd, noch vorwitzige Neugier die Menschen scharenweise emigrieren macht und jeden Pinsel zum Reisen und Wandern treibt, sind die Einwohner mit dem, was es daheim gibt, so herzlich wohl zufrieden, daß sie nichts Größeres kennen, nichts Größeres kennen mögen, als was sie in ihrem Vaterlande von Jugend auf betrachtet, schon als Knaben bewundert oder von ihren Verwandten und Freunden haben stiften, bauen, anlegen gesehn. Ihnen sind die kleinen jährlichen oder andern Feste immer neu, immer gleich glänzend und merkwürdig – Glückliche Unwissenheit! nicht zu vertauschen mit dem Ekel, welcher den Mann anwandelt, der in seinem Leben so gar viel allerorten erlebt, erfahren, gesehn, bauen und zerstören gesehn hat und zuletzt an nichts mehr Freude finden, nichts mehr bewundern kann, alles mit Tadel und Langerweile anblickt! Ich reiste vor einigen Jahren im rauhesten Wetter in notwendigen Geschäften vierzig Meilen weit von *** nach *** Es fügte sich, daß in letztrer Stadt am Tage meiner Ankunft ein General mit den dabei allerorten mehr oder weniger üblichen Feierlichkeiten sollte begraben werden Die ganze Stadt, die dergleichen selten gesehn, war vom frühen Morgen an in Bewegung, alles sprach von dem Begrabnisse des Generals. Ein Offizier von meiner alten Bekanntschaft begegnete mir im Gasthofe »Ei' wo kommen Sie her?« rief er, ich sagte es ihm Der gute Mann vergaß in dem Augenblicke, daß *** vierzig Meilen weit läge und daß eine solche Feierlichkeit mir wohl schwerlich in so schlechtem Wetter eine so weite Reise wert sein konnte »Oh!« sagte er, »Sie kommen gewiß, um unsern General begraben zu sehn, ja! es wird sich schon ausnehmen« – Nun! zu so etwas kann ich kaum lächeln, möchten alle Menschen das am schönsten finden, was sie haben! Doch gestehe ich auch, daß dies oft zu Intoleranz führt; daß die Anhänglichkeit an einheimische Sitten zuweilen ungerecht, ungeschliffen gegen Menschen macht, die sich durch kleine Verschiedenheiten, wäre es auch nur in Anstand, Kleidung, Ton, Mundart oder Gebärden, unschuldigerweise auszeichnen.

In Reichsstädten ist diese Anhänglichkeit an väterliche Sitten, Kleidertrachten u. dgl. sehr auffallend und hat nicht selten Einfluß auf Regierungsverfassung, Religionsverträglichkeit und andre wichtige Dinge. So legen z. B. alle calvinistischen Kaufleute in *** ihre Garten nach holländischem Geschmacke an, nun hörte ich einstens einen solchen von einem andern Negotianten dieses Bekenntnisses, der aber in seinem Garten einige der reformierten Gemeinde auffallende Veränderungen vorgenommen hatte, sagen: Der Mann habe in seinem Garten allerlei lutherische Streiche gemacht – Daß ich mich nicht von meinem Zwecke entferne! Ich meine, die Verschiedenheit der Sitten und der Stimmung in den deutschen Staaten macht es sehr schwer, außer seiner vaterländischen Gegend, in fremden Provinzen, in Gesellschaften zu gefallen, Freundschaften zu stiften, Geschmack am Umgang zu finden, andre für sich einzunehmen und auf andre zu wirken.

Aber diese Schwierigkeiten werden in Deutschland noch größer unter Personen von verschiedenen Standen und Erziehungen. Wer wird nicht schon mehrmals in seinem Leben die Erfahrung gemacht haben, in welche Verlegenheit man kommen kann, und wie groß die Langeweile ist, die uns befällt oder die wir andern verursachen, wenn wir in eine Gesellschaft geraten, deren Ton uns gänzlich fremd ist, wo alle auch noch so warmen Gespräche an unserm Herzen vorbeigleiten, wo die Form der ganzen Unterhaltung, alle Gebräuche und äußern Manieren der Anwesenden weit außer unserm Systeme liegen, nicht zu unsern Gewohnheiten passen, wo die Minuten uns Tage scheinen, wo Zwang und Verwünschung unsrer peinlichen Lage auf unsrer Stirne gemalt stehen.

Man sehe nur einen ehrlichen Landedelmann aus treuer Lehnspflicht einmal nach langen Jahren wieder an dem Hofe seines Landesherrn erscheinen! Er hat sich schon frühmorgens aufs beste ausgeschmückt und sich die sonst gewohnte liebe Pfeife Tabak versagt, um nicht nach Rauch zu riechen. Auf den Gassen der Stadt war es noch öde und still, als er schon in seinem Wirtshause umherwandelte und alles in Bewegung setzte, um ihm beizustehn bei dem beschwerlichen Geschäfte, sich hofmäßig auszuschmücken. Jetzt ist er endlich fertig, sein gekräuseltes und gepudertes Haar, das außerdem selten ohne Nachtmütze auftritt, hat er der freien Luft preisgegeben, und leidet er nun höllische Kopfschmerzen, die seidenen Strümpfe ersetzen bei weitem nicht, was die heute zurückgelegten Stiefel ihm sonst gewähren; ihn friert gewaltig an den ihm nackend scheinenden Beinen. Der besetzte Rock ist in den Schultern nicht so bequem als sein treuer, alter, warmer Überrock; der Degen gerät jeden Augenblick zwischen die Beine; er weiß nicht, was er mit dem kleinen Hütchen in der Hand anfangen soll, das Stehn wird ihm unerträglich sauer. – In dieser grausamen Verfassung erscheint er im Vorzimmer. Um ihn her wimmelt ein Haufen Hofschranzen herum, die, obgleich sie wahrlich sämtlich vielleicht nicht so viel wert als dieser ehrliche, nützliche Mann und im Grunde ihrer Herzen nicht weniger als er von Langerweile geplagt sind, dennoch mit Naserümpfen und Verachtung hier, wo sie in ihrem Elemente zu sein scheinen, ihn ansehen. Er fühlt jeden Spott, übersieht sie und muß sich dennoch von ihnen demütigen lassen. Sie nähern sich ihm, tun mit zerstreuter, wichtiger Miene einige Fragen an ihn, Fragen, an denen das Herz keinen Anteil nimmt und worauf sie auch die Antworten nicht abwarten. Er glaubt einen unter ihnen zu entdecken, der ihm teilnehmender scheint als die übrigen; mit diesem fängt er ein Gesprach von Dingen an, die ihm, vielleicht auch dem Vaterlande, wichtig sind von seiner häuslichen Lage, von dem Wohlstande der Provinz, in welcher er lebt, er redet mit Wärme; Redlichkeit atmet alles, was er sagt – aber bald sieht er, wie sehr er sich in seiner Hoffnung getäuscht hat; das Männchen hört ihm mit halbem Ohre zu, erwidert irgendein paar unbedeutende Silben zur Antwort und läßt dann den braven Hausvater da stehn. Nun nähert er sich einem Zirkel von Leuten, die mit Interesse und Lebhaftigkeit zu reden scheinen; an diesem Gespräche wünscht er teilzunehmen, aber alles, was er hört, Gegenstand, Sprache, Ausdruck, Wendung, alles ist ihm fremd. In halb deutschen, halb französischen Worten wird hier eine Sache abgehandelt, auf welche er nie seine Aufmerksamkeit geschärft, von welcher er nie geglaubt hat, daß es möglich wäre, deutsche Männer könnten sich damit beschäftigen. Seine Verlegenheit, seine Ungeduld steigt mit jedem Augenblicke, bis er endlich das verwünschte Schloß weit hinter sich sieht.

Und nun, den Fall umgekehrt, lasse man einen sonst edlen Hofmann einmal hinaus auf das Land in die Gesellschaft biedrer Beamter und Provinzial-Edelleute geraten! Hier herrschen ungezwungene Fröhlichkeit, Offenherzigkeit, Freiheit, man redet von dem, was am nächsten den Landmann interessiert, man wiegt die Worte nicht ab; der Scherz ist naiv, gewürzt, aber nicht zugespitzt, nicht gekünstelt. Unser Hofmann versucht es, sich in diese Manier hineinzuarbeiten, er mischt sich in die Gespräche, aber der Ausdruck der Offenheit und Treuherzigkeit fehlt, was bei jenen naiv war, wird bei ihm beleidigend. Er fühlt dies und will die Leute in seinen Ton stimmen, in der Stadt gilt er für einen angenehmen Gesellschafter, er spannt alle Segel auf, um auch hier zu glänzen, allein die kleinen Anekdoten, die feinen Zuge, worauf er anspielt, sind hier gänzlich unbekannt, gehen verloren. Man findet ihn medisant, empfindet ihn als Lästerer, Verleumder, da in der Stadt niemand ihn einer Verleumdung beschuldigt, seine Komplimente, die er wahrlich gut meint, hält man für Falschheit; die Süßigkeiten, die er den Frauenzimmern sagt und die nur höflich und verbindlich sein sollen, betrachtet man als Spott – So groß ist die Verschiedenheit des Tons unter zweierlei Klassen von Menschen! –

Ein Professor, der in der literarischen Welt eine nicht gemeine Rolle spielt, meint in seiner gelehrten Einfalt, die Universität, auf welcher er lebt, sei der Mittelpunkt aller Wichtigkeit, und das Fach, in welchem er sich Kenntnisse erworben, die einzige dem Menschen nützliche, wahrer Anstrengung allein werte Wissenschaft. Er nennt jeden, der sich darauf nicht gelegt hat, verächtlicherweise einen Belletristen; einer Dame, die bei ihrer Durchreise den berühmten Mann kennenzulernen wünscht und ihn desfalls besucht, schenkt er seine neue, in lateinischer Sprache geschriebene Dissertation, wovon sie nicht ein Wort versteht; er unterhält die Gesellschaft, welche sich darauf gefreut hatte, ihn recht zu genießen, bei der Abendtafel mit Zergliederung des neuen akademischen Kreditedikts, oder, wenn der Wein dem guten Manne jovialische Laune gibt, mit Erzählung lustiger Schwänke aus seinen Studentenjahren.

Einst speisete ich mit dem Benediktiner-Prälaten aus I*** bei Hofe in H***; man hatte dem dicken hochwürdigen Herrn den Ehrenplatz neben Ihrer Hoheit der Fürstin gegeben; vor ihm lag ein großer Ragoutlöffel zum Vorlegen; er glaubte aber, dieser größere Löffel sei, ihm zur besondern Ehre, zu seinem Gebrauche dahingelegt, und um zu zeigen, daß er wohl wisse, was die Höflichkeit erfordert, bat er die Prinzessin ehrerbietig, sie möchte doch statt seiner sich des Löffels bedienen, der freilich viel zu groß war, um in ihr kleines Mäulchen zu passen.

In welcher Verlegenheit ist zuweilen ein Mann, der nicht viel Journale und neurere Modeschriften liest, wenn er in eine Gesellschaft von schöngeisterischen Herrn und Damen gerät! Gleichsam wie verraten und verkauft scheint ein sogenannter Profaner, wenn er sich unter einem Haufen Mitglieder einer geheimen Verbindung befindet.

Freilich kann nichts ungesitteter, den wahren Begriffen einer feinen Lebensart mehr entgegen sein, als wenn eine Anzahl Menschen, die sich auf diese Art untereinander verstehen, einem Fremden, der gutmütig unter sie tritt, um an den Freuden der Geselligkeit teilzunehmen, durch ununterbrochene Lenkung des Gesprächs auf Gegenstände, wovon dieser gar nichts versteht, jeden Genuß der Unterredung rauben. Auf diese Art habe ich zuweilen in meiner ersten Jugend in Familienzirkeln, wo die Unterhaltung beständig mit Anspielungen auf mir gänzlich unbekannte Anekdoten durchflochten und durch gewisse mir fremde Redensarten und Bonmots, womit ich gar keinen Begriff verbinden konnte, gewürzt war, tötende Langeweile gehabt. Man sollte wohl mehr Rücksicht nehmen; allein selten sind ganze Gesellschaften so billig, sich nach einzelnen zu richten; auch läßt sich das nicht immer mit Recht fordern, folglich ist es wichtig für jeden, der in der Welt mit Menschen leben will, die Kunst zu studieren, sich nach Sitten, Ton und Stimmung andrer zu fügen.

3.

Über diese Kunst will ich etwas sagen. – Aber habe ich denn auch wohl Beruf, ein Buch über den esprit de conduite zu schreiben, ich, der ich in meinem Leben vielleicht sehr wenig von diesem Geiste gezeigt habe? Ziemt es mir, Menschenkenntnis auszukramen, da ich so oft ein Opfer der unvorsichtigsten, einem Neulinge kaum zu verzeihenden Hingebung gewesen bin? Wird man die Kunst des Umgangs von einem Manne lernen wollen, der beinahe von allem menschlichen Umgange abgesondert lebt? – Lasset doch sehn, meine Freunde! was sich darauf antworten läßt!

Habe ich widrige Erfahrungen gemacht, die mich von meiner eigenen Ungeschicklichkeit überzeugt haben – desto besser! Wer kann so gut vor der Gefahr warnen, als der, welcher darin gesteckt hat! Haben Temperament und Weichlichkeit (oder darf ich es nicht Fühlbarkeit eines so gern sich anschließenden Herzens nennen?), haben Sehnsucht nach Liebe und Freundschaft, nach Gelegenheit, andern zu dienen und sympathische Empfindungen zu erregen, mich oft unvorsichtig handeln gemacht, oft die kalkulierende Vernunft weit zurückgelassen; so war es wahrlich nicht Blödsinnigkeit, Kurzsichtigkeit, Unbekanntschaft mit Menschen, was mich irreleitete, sondern Bedürfnis, zu lieben und geliebt zu werden, Verlangen, tatig zu sein, zum Guten zu wirken. Übrigens werden vielleicht wenig Menschen in einem so kurzen Zeitraume in so manche sonderbare Verhältnisse und Verbindungen mit andern Menschen aller Art geraten, als ich seit ungefähr zwanzig Jahren; und da hat man denn schon Gelegenheit, wenn man nicht ganz von der Natur und Erziehung verwahrlost ist, Bemerkungen zu machen, und vor Gefahren zu warnen, die man selbst nicht hat vermeiden können. Daß ich aber jetzt einsam und abgezogen lebe, geschieht weder aus Menschenhaß noch Blödigkeit; ich habe sehr wichtige Gründe dazu; allein diese hier weitläufig zu entwickeln, das hieße zu viel von mir selbst reden, da ich ohnehin noch, zum Schlusse dieser Einleitung, etwas über meine eigenen Erfahrungen werde sagen müssen, bevor ich zum Zwecke komme. – Also nur noch dieses:

4.

Ich trat als ein sehr junger Mensch, beinahe noch als ein Kind, schon in die große Welt und auf den Schauplatz des Hofes. Mein Temperament war lebhaft, unruhig, bewegsam, mein Blut warm; die Keime zu mancher heftigen Leidenschaft lagen in mir verborgen; ich war in der ersten Erziehung ein wenig verzärtelt und durch große Aufmerksamkeit, deren man meine kleine Person früh gewürdigt hatte, gewöhnt worden, sehr viel Rücksichten von andern Leuten zu fordern. In einem freien Vaterlande aufgewachsen, wo Schmeichelei, Verstellung und ein gewisses kriechendes Wesen nicht sehr zu Hause sind, hatte man mich freilich auch nicht zu jener Geschmeidigkeit vorbereitet, deren ich bedurfte, um, unter mir ganz fremden Leuten, in despotischen Staaten große Fortschritte zu machen; auch ist der theoretische Unterricht in wahrer Weltklugheit bei der Jugend teils selten mit Erfolge, teils nicht immer ohne Gefahr zu erteilen; eigene Erfahrung muß da in der Folge das Beste tun. Diese Lektionen, wenn man das Glück hat, wohlfeil daran zu kommen, sind von der heilsamsten Wirkung und prägen sich tief ein. Noch erinnere ich mich einer kleinen Szene von der Art, die mich auf eine Zeitlang vorsichtig machte: Ich saß in C*** in der italienischen Oper in der herrschaftlichen Loge; ich war früher als der Hof gekommen, weil ich mittags nicht auf dem Schlosse, sondern in der Stadt zu Gaste gespeist hatte; noch waren wenig Menschen da; in der ganzen Reihe des ersten Rangs saß nur der einzige Landkommandeur, Graf J***, ein würdiger Greis. Er hatte, wie es scheint, auch darauf gerechnet, daß es schon später wäre, als es wirklich war; weil er nun Langeweile hatte und mich gleichfalls einsam da sitzen sah, so trat er zu mir herein und fing eine Unterredung mit mir an. Er schien sehr zufrieden mit dem, was ich ihm über verschiedene Gegenstande, von denen ich einige Kenntnis besaß, sagte; der Greis wurde immer freundlicher und herablassender, und dies kitzelte mich so sehr, daß ich darauf allerlei Seitensprünge in meinem Gespräche machte und zuletzt ein wenig medisant wurde. Endlich entwischte mir eine mir gegenwärtig nicht mehr erinnerliche grobe Unvorsichtigkeit im Reden; der Graf sah mir ernsthaft in das Gesicht, und ohne weiter ein Wort zu verlieren, ließ er mich stehn und ging zurück in seine Loge. Ich fühlte die ganze Stärke dieses Verweises, aber die Arzenei half nicht lange Meine Lebhaftigkeit verleitete mich zu großen Inkonsequenzen; ich übereilte alles, tat immer zu viel oder zu wenig, kam stets zu früh oder zu spät, weil ich immer entweder eine Torheit beging oder eine andere gutzumachen hatte Daher kamen unendliche Widersprüche in meinen Handlungen, und ich verfehlte fast bei allen Gelegenheiten des Zwecks, weil ich keinen einfachen Plan verfolgte. Zuerst war ich zu sorglos, zu offen, gab mich zu unvorsichtig hin und schadete mir dadurch, alsdann nahm ich mir vor, ein feiner Hofmann zu werden, mein Betragen wurde gekünstelt, und nun trauten mir die Bessern nicht; ich war zu geschmeidig und verlor dadurch äußere Achtung und innere Würde, Selbständigkeit und Ansehn. Erbittert gegen mich und andre riß ich mich dann los und wurde bizarr. Dies erregte Aufsehn, die Menschen suchten mich auf, wie sie alles Sonderbare aufsuchen. Dadurch aber erwachte mein Trieb zur Geselligkeit wieder; ich näherte mich aufs neue, lenkte wieder ein, und nun verschwand der Nimbus, den nur meine Abgezogenheit von der Welt um mich her gezogen hatte In einer andern Periode spottete ich der Torheiten, zuweilen nicht ohne Witz; man fürchtete mich, aber man liebte mich nicht, dies schmerzte mich; um das wieder gutzumachen, zeigte ich mich von der unschädlichen Seite, entfaltete mein liebevolles, wohlwollendes Herz, unfähig zu schaden und zu verfolgen – und die Wirkung davon war, daß jedermann, der noch einen Rest von Groll auf mich oder irgendeinen lustigen Einfall von mir auf seine Rechnung geschrieben hatte, mir jetzt auf der Nase spielte, sobald er sah, daß ich nur mit Rapieren und nicht mit Schwertern focht, daß meine Waffen nicht zum Morde geschliffen waren. Oder wenn meine satirische Laune durch den Beifall lustiger Gesellschafter aufgeweckt wurde, hechelte ich große und kleine Toren durch; die Spaßvögel lachten dann; aber die Weisern schüttelten die Kopfe und wurden kalt gegen mich. Um zu zeigen, wie wenig bösartig meine Laune wäre, hörte ich auf zu medisieren und entschuldigte alle Fehler, und nun hielten einige mich für einen Pinsel, andre für einen Heuchler. Wählte ich mir meinen Umgang unter den ausgesuchtesten, aufgeklärtesten Mannern, so erwartete ich vergebens Schutz von dem am Ruder stehenden Dummkopf; gab ich mich elenden Leuten preis, so wurde ich mit diesen in eine Klasse gesetzt. Menschen ohne Erziehung, von niederm Stande mißbrauchten mich, wenn ich mich ihnen zu sehr näherte; mit Vornehmern verdarb ich es, sobald sie meine Eitelkeit beleidigten. Bald ließ ich zu viel Übergewicht den Dummen fühlen und wurde verfolgt, bald war ich zu bescheiden und wurde übersehn. Bald richtete ich mich nach den Sitten der Leute, nach dem Ton aller unbedeutenden Gesellschaften, in welche ich lief, verlor goldene Zeit, Achtung der Weisen und Zufriedenheit mit mir selber; dann wurde ich zu einfach und spielte eine schiefe Rolle, da, wo ich hätte glänzen können und sollen, durch Mangel an Zuversicht zu mir selber. Zu einer Zeit ging ich zu selten aus, man hielt mich für stolz oder menschenscheu, zu einer andern zeigte ich mich überall und wurde ein Alltagsgesicht. In den ersten Jünglingsjahren gab ich mich unbedachtsam jedem ausschließlich, einzeln und ganz hin, der sich meinen Freund nannte und mir einige Zuneigung bewies, wurde oft schändlich betrogen und in den süßesten Erwartungen getäuscht; nachher war ich jedermanns Freund, bereit jedem zu dienen, und dann schloß sich niemand mit ganzer Seele an mich, weil niemand mit dem kleinen, in so viel Partikeln geteilten Stückchen Herzen vorliebnehmen wollte. Wenn ich zu viel erwartete, wurde ich getäuscht; wenn ich ohne allen Glauben an Treue und Redlichkeit unter den Menschen umherrannte, hatte ich gar keinen Genuß, nahm an gar nichts teil. Nie aber verbarg ich meine schwachen Seiten so sorgfältig, als ich hatte tun sollen. – Und so vergingen dann die Jahre, in welchen ich hätte mein Glück machen können, wie man das gewöhnlich nennt. Jetzt, da ich die Menschen besser kenne, da Erfahrung mir die Augen geöffnet, mich vorsichtig gemacht und vielleicht die Kunst gelehrt hat, auf andre zu wirken, jetzt ist es zu spät für mich, diese Wissenschaft in Anwendung zu bringen. Mein Rücken krümmt sich mit Mühe zu Reverenzen; ich habe nicht viel unnütze Zeit mehr zu verschwenden, die ich preisgeben könnte; das Wenige, was ich noch in dem Reste meines Lebens auf solchen Wegen erlangen könnte, lohnt die Mühe und Anstrengung nicht, die mich das kosten würde, und es ziemt dem Mann, dessen Grundsätze Alter und Erfahrung befestigt haben, ebensowenig, jetzt erst anzufangen, den Geschmeidigen wie den Stutzer zu spielen. – Es ist zu spät, sage ich, mit der Ausübung anzuheben, aber nicht zu spät, Jünglingen zu zeigen, welchen Weg sie wandeln müssen – und so lasset uns denn den Versuch machen und der Sache näherrücken!

Erstes Kapitel

Allgemeine Bemerkungen und Vorschriften über den Umgang mit Menschen

1.

Jeder Mensch gilt in dieser Welt nur so viel, als wozu er sich selbst macht. Das ist ein goldener Spruch, ein reiches Thema zu einem Folianten über den esprit de conduite und über die Mittel, in der Welt seinen Zweck zu erlangen; ein Satz, dessen Wahrheit auf die Erfahrung aller Zeitalter gestützt ist. Diese Erfahrung lehrt den Abenteurer und Großsprecher, sich bei dem Haufen für einen Mann von Wichtigkeit auszugeben, von seinen Verbindungen mit Fürsten und Staatsmännern, mit Männern, welche nicht einmal von seiner Existenz wissen, in einem Tone zu reden, der ihm, wo nichts mehr, doch wenigstens manche freie Mahlzeit und den Zutritt in den ersten Häusern erwirbt. Ich habe einen Menschen gekannt, der auf diese Art von seiner Vertraulichkeit mit dem Kaiser Joseph und dem Fürsten Kaunitz redete, obgleich ich ganz gewiß wußte, daß diese ihn kaum dem Namen nach, und zwar als einen unruhigen Kopf und Pasquillanten kannten. Indessen hatte er hierdurch, da niemand genauer nachfragte, sich auf eine kurze Zeit in ein solches Ansehn gesetzt, daß Leute, die bei des Kaisers Majestät etwas zu suchen hatten, sich an ihn wendeten. Dann schrieb er auf so unverschämte Art an irgendeinen Großen in Wien und sprach in diesem Briefe von seinen übrigen vornehmen Freunden daselbst, daß er zwar nicht Erlangung seines Zwecks, aber doch manche höfliche Antwort erschlich, mit welcher er dann weiter wucherte.

Diese Erfahrung macht den frechen Halbgelehrten so dreist, über Dinge zu entscheiden, wovon er nicht früher als eine Stunde vorher das erste Wort gelesen oder gehört hat, aber so zu entscheiden, daß selbst der anwesende bescheidene Literator es nicht wagt, zu widersprechen, noch Fragen zu tun, die des Schwätzers Fahrzeug aufs Trockene werfen könnten.

Diese Erfahrung ist es, durch welche der empordringende Dummkopf sich zu den ersten Stellen im Staat hinaufarbeitet, die verdienstvollsten Manner zu Boden tritt und niemand findet, der ihn in seine Schranken zurückwiese.

Sie ist es, durch welche sich die unbrauchbarsten, schiefsten Genies, Menschen ohne Talent und Kenntnisse, Plusmacher und Windbeutel bei den Großen der Erde unentbehrlich zu machen verstehen.

Sie ist es, die größtenteils den Ruf von Gelehrten, Musikern und Malern bestimmt.

Auf diese Erfahrung gestützt, fordert der fremde Künstler für ein Stück hundert Louisdor, das der einheimische, zehnfach besser gearbeitet, um fünfzig Taler verkaufen würde; allein man reißt sich um des Ausländers Werke, er kann nicht so viel fertig machen, als von ihm gefordert wird, und am Ende läßt er bei dem Einheimischen arbeiten und verkauft das für ultramontanische Ware.

Auf diese Erfahrung gestützt, erschleicht sich der Schriftsteller eine vorteilhafte Rezension, wenn er in der Vorrede zu dem zweiten Teile seines langweiligen Buchs mit der schamlosesten Frechheit von dem Beifalle redet, womit Kenner und Gelehrte, deren Freundschaft er sich rühmt, den ersten Teil beehrt haben.

Diese Erfahrung gibt dem vornehmen Bankerottierer, der Geld borgen will und nie wieder bezahlen kann, den Mut, das Anlehn in solchen Ausdrücken zu fordern, daß der reiche Wucherer es für Ehre hält, sich von ihm betrügen zu lassen. Fast alle Arten von Bitten um Schutz und Beförderung, die in diesem Tone vorgetragen werden, finden Eingang und werden nicht abgeschlagen, dahingegen Verachtung, Zurücksetzung und nicht erfüllte billige Wünsche fast immer der Preis des bescheidenen, furchtsamen Klienten sind.

Diese Erfahrung lehrt den Diener, sich bei seinem Herrn, und den, welcher Wohltaten empfangen, sich bei dem Wohltäter so wichtig zu machen, daß der, so die Verbindlichkeit auflegt, es für ein großes Glück rechnet, einem solchen Manne anzugehören. – Kurz! der Satz: *daß jedermann nicht mehr und nicht weniger gelte, als wozu er sich selbst macht*, ist die große Panacee für Aventuriers, Prahler, Windbeutel und seichte Köpfe, um fortzukommen auf diesem Erdballe – ich gebe also keinen Kirschkern für dieses Universalmittel. – Doch still! sollte denn jener Satz uns gar nichts wert sein? Ja, meine Freunde! Er kann uns lehren, nie ohne Not und Beruf unsre ökonomischen, physikalischen, moralischen und intellektuellen Schwächen aufzudecken. Ohne also sich zur Prahlerei und zu niederträchtigen Lügen herabzulassen, soll man doch nicht die Gelegenheit verabsäumen, sich von seinen vorteilhaften Seiten zu zeigen.

Dies muß aber nicht auf eine grobe, gar zu merkliche, eitle und auffallende Weise geschehn, denn sonst verlieren wir viel mehr dadurch; sondern man muß die Menschen nur mutmaßen, sie von selbst darauf kommen lassen, daß doch wohl etwas mehr hinter uns stecke, als bei dem ersten Anblicke hervorschimmert. Hängt man ein gar zu glänzendes Schild aus, so erweckt man dadurch die genauere Aufmerksamkeit; andre spüren den kleinen Fehlern nach, von denen kein Erdensohn frei ist, und so ist es auf einmal um unsern Glanz geschehn. Zeige Dich also mit einem gewissen bescheidenen Bewußtsein innerer Würde, und vor allen Dingen mit dem auf Deiner Stirne strahlenden Bewußtsein der Wahrheit und Redlichkeit! Zeige Vernunft und Kenntnisse, wo Du Veranlassung dazu hast! Nicht so viel, um Neid zu erregen und Forderungen anzukündigen, nicht so wenig, um übersehn und überschrien zu werden! Mache Dich rar, ohne daß man Dich weder für einen Sonderling, noch für scheu, noch für hochmütig halte!

2.

Strebe nach Vollkommenheit, aber nicht nach dem Scheine der Vollkommenheit und Unfehlbarkeit! Die Menschen beurteilen und richten Dich nach dem Maßstabe Deiner Prätensionen, und sie sind noch billig, wenn sie nur das tun, wenn sie Dir nicht Prätensionen aufbürden. Dann heißt es, wenn Du auch nur des kleinsten Fehlers Dich schuldig machst: »Einem *solchen Manne* ist das gar nicht zu verzeihn«; und da die Schwachen sich ohnehin ein Fest daraus machen, an einem Menschen, der sich verdunkelt, Mängel zu entdecken, so wird Dir ein einziger Fehltritt höher angerechnet als andern ein ganzes Register von Bosheiten und Pinseleien.

3.

Sei aber nicht *gar zu sehr* ein Sklave der Meinungen andrer von Dir! Sei selbständig! Was kümmert Dich am Ende das Urteil der ganzen Welt, *wenn Du tust, was Du sollst?* Und was ist Deine ganze Garderobe von äußern Tugenden wert, wenn Du diesen Flitterputz nur über ein schwaches, niedriges Herz hängst, um in Gesellschaften Staat damit zu machen?

4.

Enthülle nie auf unedle Art die Schwächen Deiner Nebenmenschen, um Dich zu erheben! Ziehe nicht ihre Fehler und Verirrungen an das Tageslicht, um auf ihre Unkosten zu schimmern!

5.

Schreibe nicht auf Deine Rechnung das, wovon andern das Verdienst gebührt! Wenn man Dir, aus Achtung gegen einen edlen Mann, dem Du angehörst, Vorzug oder Höflichkeit beweist, so brüste Dich damit nicht, sondern sei bescheiden genug zu fühlen, daß dies alles vielleicht wegfallen würde, wenn Du einzeln aufträtest! Suche aber selbst zu verdienen, daß man Dich um Deinetwillen ehre! Sei lieber das kleinste Lämpchen, das einen dunklen Winkel mit eigenem Lichte erleuchtet als ein großer Mond einer fremden Sonne oder gar Trabant eines Planeten!

6.

Fehlt Dir etwas, hast Du Kummer, Unglück, leidest Du Mangel, reichen Vernunft, Grundsätze und guter Wille nicht zu, so klage Dein Leid, Deine Schwäche niemand als dem, der helfen kann, selbst Deinem treuen Weibe nicht! Wenige helfen tragen; fast alle erschweren die Bürde; ja! sehr viele treten einen Schritt zurück, sobald sie sehen, daß Dich das Glück nicht anlächelt. Sobald sie aber gar wahrnehmen, daß Du ganz ohne Hilfsquellen bist, daß Du keinen geheimen Schutz hast, niemand, der sich Deiner annimmt – o! so rechne auf keinen mehr! Wer hat den Mut, einzig und fest als die Stütze des von aller Welt Verlassenen öffentlich aufzutreten? Wer hat den Mut, zu sagen: »Ich kenne den Mann; er ist mein Freund; er ist mehr wert als ihr alle, die ihr ihn schmähet«? Und fändest Du ja einen solchen, so würde es doch nur etwa ein andrer armer Teufel sein, der selbst in elenden Umständen, aus Verzweiflung sein Schicksal an das Deinige knüpfen wollte, dessen Schutz Dir mehr schädlich als nützlich wäre.

7.

Rühme aber auch nicht zu laut Deine glückliche Lage! Krame nicht zu glänzend Deine Pracht, Deinen Reichtum, Deine Talente aus! Die Menschen vertragen selten ein solches Übergewicht ohne Murren und Neid. Lege daher auch andern keine zu große Verbindlichkeit auf. Tue nicht zu viel für Deine Mitmenschen! Sie fliehen den überschwenglichen Wohltäter, wie man einen Gläubiger flieht, den man nie bezahlen kann. Also hüte Dich, zu groß zu werden in Deiner Brüder Augen, auch fordert jeder zu viel von Dir, und eine einzige abgeschlagene Wohltat macht tausend wirklich erzeigte in einem Augenblick vergessen.

8.

Vor allen Dingen wache über Dich, daß Du nie die innere Zuversicht zu Dir selber, das Vertrauen auf Gott, auf gute Menschen und auf das Schicksal verlierst! Sobald Dein Nebenmann auf Deiner Stirne Mißmut und Verzweiflung liest – so ist alles aus. Sehr oft aber ist man im Unglücke ungerecht gegen die Menschen. Jede kleine böse Laune, jede kleine Miene von Kälte deutet man auf sich; man meint, jeder sehe es uns an, daß wir leiden, und weiche vor der Bitte zurück, die wir ihm tun könnten.

9.

Gegenwart des Geistes ist ein seltenes Geschenk des Himmels und macht, daß wir im Umgange in sehr vorteilhaftem Lichte erscheinen. Dieser Vorzug nun läßt sich freilich nicht durch Kunst erlangen; allein man kann an sich arbeiten, daß, wenn er uns fehlt, wir wenigstens nicht durch Übereilung uns und andre in Verlegenheit setzen. Sehr lebhafte Temperamente haben hierauf vorzüglich zu achten. Ich rate daher, wenn eine unerwartete Frage, ein ungewöhnlicher Gegenstand oder irgend etwas anders uns überrascht, nur eine Minute still zu schweigen und der Überlegung Zeit zu lassen, uns zu der Partei vorzubereiten, die wir nehmen sollen. So wie ein einziges rasches, unvorsichtiges Wort oder ein in der Verwirrung unternommener Schritt zu späte Reue und unglückliche Folgen wirken können, so kann ein schnell auf der Stelle gefaßter und ausgeführter rascher Entschluß in entscheidenden Augenblikken, in welchen man so leicht den Kopf verliert, Glück, Rettung, Trost bringen.

10.

So wenig als möglich lasset uns von andern Wohltaten fordern und annehmen! Man trifft gar selten Leute an, die nicht früh oder spät für kleine Dienste große Rücksichten forderten, und das hebt dann das Gleichgewicht im Umgange auf, raubt Freiheit, hindert uneingeschränkte Wahl, und wenn auch unter zehnmal nicht einmal der Fall einträte, daß dies uns in Verlegenheit setzte oder Verdruß zuzöge, so ist es doch weislich gehandelt, dies mögliche Einmal zu vermeiden und lieber immer zu geben, jedem zu dienen als von andern Dienste oder sonst etwas anzunehmen. Auch gibt es wenig Menschen, die mit guter Art Wohltaten erzeigen. Versuchet es, meine Freunde! wie viele unter Euren Bekannten nicht auf einmal, mitten in der fröhlichsten, höflichsten Gemütsstimmung, ihr Gesicht in feierliche Falten ziehen, wenn Ihr Eure Anrede mit den Worten anhebet »Ich muß eine große Bitte an Sie wagen, ich bin in einer erschrecklichen Verlegenheit « Um nun fremden Beistandes entbehren zu können, dazu ist das beste Mittel, wenig Bedürfnisse zu haben, mäßig zu sein und bescheidene Wünsche zu nähren; wer aber von unzahligen Leidenschaften in rastlosem Taumel umhergetrieben wird, bald Ehrenstellen, bald Wucher, bald Erwerb, bald wollüstigen Genuß verlangt; wer von dem Luxus des Zeitalters angesteckt, alles begehrt, was seine Augen sehen, wen vorwitzige Neugier und ein unruhiger Geist treiben, sich in jeden unnützen Handel zu mischen, der wird freilich nie der Hilfe und Unterstützung fremder Leute zur Befriedigung seiner zahllosen Wünsche sich entäußern können.

11.

Keine Regel ist so allgemein, keine so heilig zu halten, keine führt so sicher dahin, uns dauerhafte Achtung und Freundschaft zu erwerben, als die unverbrüchlich, auch in den geringsten Kleinigkeiten, Wort zu halten, seiner Zusage treu, und stets wahrhaftig zu sein in seinen Reden. Nie kann man Recht und erlaubte Ursache haben, das Gegenteil von dem zu sagen, was man denkt, wenngleich man Befugnis und Gründe haben kann, nicht alles zu offenbaren, was in uns vorgeht. Es gibt keine Notlügen; noch nie ist eine Unwahrheit gesprochen worden, die nicht früh oder spät nachteilige Folgen für jedermann gehabt hätte; der Mann aber, der dafür bekannt ist, streng Wort zu halten und sich keine Unwahrheit zu gestatten, gewinnt gewiß Zutrauen, guten Ruf und Hochachtung.

12.

Sei streng, pünktlich, ordentlich, arbeitsam, fleißig in Deinem Berufe! Bewahre Deine Papiere, Deine Schlüssel und alles so, daß Du jedes einzelne Stück auch im Dunkeln finden könntest! Verfahre noch ordentlicher mit fremden Sachen! Verleihe nie Bücher oder andre Dinge, die Dir geliehen worden; hast Du von andern dergleichen geliehn, so bringe oder schicke sie zu gehöriger Zeit wieder und erwarte nicht, daß sie oder ihre Domestiken noch Wege darum tun, um diese Dinge abzuholen! – Jedermann geht gern mit einem Menschen um und treibt Geschäfte mit ihm, wenn man sich auf seine Pünktlichkeit in Wort und Tat verlassen kann.

13.

Interessiere Dich für andre, wenn Du willst, daß andre sich für Dich interessieren sollen! Wer unteilnehmend, ohne Sinn für Freundschaft, Wohlwollen und Liebe, nur sich selber lebt, der bleibt verlassen, wenn er sich nach fremdem Beistande sehnt.

14.

Zwei Gründe hauptsächlich müssen uns bewegen, nicht gar zu offenherzig gegen die Menschen zu sein: zuerst die Furcht, unsre Schwäche dadurch aufzudecken und mißbraucht zu werden, und dann die Überlegung, daß, wenn man die Leute einmal daran gewöhnt hat, ihnen nichts zu verschweigen, sie zuletzt von jedem unsrer kleinsten Schritte Rechenschaft verlangen, alles wissen, um alles zu Rate gezogen werden wollen. Allein ebensowenig soll man übertrieben verschlossen sein, sonst glauben sie, es stecke hinter allem, was wir tun, etwas Bedeutendes oder gar Gefährliches, und das kann uns in unangenehme Verlegenheit verwickeln und veranlassen, daß wir verkannt werden, unter anderm in fremden Ländern, auf Reisen, bei manchen andern Gelegenheiten, und kann uns überhaupt auch im gemeinen Leben, selbst im Umgange mit edeln Freunden schaden.

15.

Vor allen Dingen vergesse man nie, daß die Leute unterhalten, amüsiert sein wollen; daß selbst der unterrichtendste Umgang ihnen in der Länge ermüdend vorkommt, wenn er nicht zuweilen durch Witz und gute Laune gewürzt wird; daß ferner nichts in der Welt ihnen so witzreich, so weise und so ergötzend scheint, als wenn man sie lobt, ihnen etwas Schmeichelhaftes sagt; daß es aber unter der Würde eines klugen Mannes ist, den Spaßmacher, und eines redlichen Mannes unwert, den niedrigen Schmeichler zu machen. Allein es gibt einen gewissen Mittelweg; diesen rate ich einzuschlagen, und da jeder Mensch doch wenigstens eine gute Seite hat, die man loben darf, und dies Lob, wenn es nicht übertrieben wird, aus dem Munde eines verständigen Mannes Sporn zu größerer Vervollkommnung werden kann, so ist das Wink genug für den, der mich verstehn will.

Zeige, so viel du kannst, eine immer gleiche, heitere Stirne! Nichts ist reizender und liebenswürdiger, als eine gewisse, frohe, muntre Gemütsart, die aus der Quelle eines schuldlosen, nicht von heftigen Leidenschaften in Tumult gesetzten Herzens hervorströmt. Wer immer nach Witz hascht, wem man es ansieht, daß er darauf studiert hat, die Gesellschaft zu unterhalten, der gefällt nur auf kurze Zeit und wird bei wenigen Interesse erwekken; er wird nicht aufgesucht werden von denen, deren Herz sich nach besserm Umgange und deren Kopf sich nach sokratischer Unterhaltung sehnt.

Wer immer Spaß machen will, der erschöpft sich nicht nur leicht und wird matt, sondern hat auch die Unannehmlichkeit, daß, wenn er einmal gerade nicht aufgelegt ist, seinen Vorrat von lustigen Kleinigkeiten zu öffnen, seine Gefährten das sehr ungnädig aufnehmen. Bei jeder Mahlzeit, zu welcher er gebeten wird, bei jeder Aufmerksamkeit, die man ihm erweist, scheint die Bedingung schwer auf ihm zu liegen, daß er diese Ehre durch seine Schwänke zu verdienen suchen solle; und will er es einmal wagen, den Ton zu erheben und etwas Ernsthaftes zu sagen, so lacht man ihm gerade in das Gesicht, ehe er mit seiner Rede halb zu Ende ist. Wahrer Humor und echter Witz lassen sich nicht erzwingen, nicht erkünsteln, aber sie wirken, wie das Umschweben eines hohem Genius, wonnevoll, erwärmend, Ehrfurcht erregend.

16.

Gehe von niemand und laß niemand von Dir, ohne ihm etwas Lehrreiches oder etwas Verbindliches gesagt und mit auf den Weg gegeben zu haben; aber beides auf eine Art, die ihm wohltue, seine Bescheidenheit nicht empöre und nicht studiert scheine, daß er die Stunde nicht verloren zu haben glaube, die er bei Dir zugebracht hat, und daß er fühle, Du nehmest Interesse an seiner Person, es gehe Dir von Herzen, Du verkauftest nicht bloß Deine Höflichkeitsware ohne Unterschied jedem Vorübergehenden! Man verstehe mich also recht! Ich möchte gern, wenn es möglich wäre, alles leere Geschwätz aus dem Umgange verbannt sehn; mochte, daß man – ohne Ängstlichkeit – auf sich acht hätte, nie etwas zu sagen, wovon der, welcher es anhören muß, weder Nutzen noch *wahres* Vergnügen haben, woran er weder mit dem Kopfe noch mit dem Herzen Anteil nehmen könnte. Weit entfernt bin ich also, das System solcher Leute empfehlen zu wollen, die jeden ohne Unterlaß mit leeren Komplimenten, Schmeicheleien oder Lobspruchen in die Verlegenheit setzen, ihnen auf tausend nicht eins antworten zu können. Übrigens tadle ich auch nicht ein gut gemeintes Höflichkeitswort, ein verdientes, bescheidenes, zu fernerm Guten ermunterndes Lob. Ein Beispiel wird meine wahren Grundsätze darüber deutlicher machen: Ich saß ernst an einer fremden Tafel zwischen einer hübschen, verständigen jungen Dame und einem kleinen, buckligen, garstigen

Fräulein von etwa vierzig Jahren. Ich beging die Unhöflichkeit, die ganze Mahlzeit hindurch, mich nur mit jener zu unterhalten, zu dieser hingegen kein Wort zu reden. Beim Nachtische erst erinnerte ich mich meiner Unart, und nun machte ich den Fehler gegen die Höflichkeit durch einen andern gegen die Aufrichtigkeit und Wahrhaftigkeit gut. Ich wendete mich zu ihr und redete von einer Begebenheit, die vor zwanzig Jahren vorgegangen war – Sie wußte nichts davon – »Es ist kein Wunder«, sagte ich, »Sie waren damals noch ein Kind « Das kleine Wesen freute sich innigst darüber, daß ich sie für so jung hielte, und dies einzige Wort erwarb mir ihre günstige Meinung – sie hatte mich dieser niedrigen Schmeichelei wegen verachten sollen Wie leicht hatte ich einen Gegenstand zu einem Gespräche mit ihr finden können, das ihr auf irgendeine Weise interessant gewesen wäre! und es war meine Pflicht, daran zu denken und ihr nicht einen ganzen Mittag hindurch die Tür der Konversation zu verschließen Jene elende Schmeichelei hingegen war eine unwürdige Art, den ersten Fehler zu verbessern.

17.

Wem es darum zu tun ist, dauerhafte Achtung sich zu erwerben, wem daran liegt, daß seine Unterhaltung niemand anstößig, keinem zur Last werde, der würze nicht ohne Unterlaß seine Gespräche mit Lästerungen, Spott, Medisance und gewöhne sich nicht an den auszischenden Ton von Persiflage! Das kann wohl einigemal und bei einer gewissen Klasse von Menschen auch öfter gefallen; aber man flieht und verachtet doch in der Folge den Mann, der immer auf andrer Leute Kosten oder auf Kosten der Wahrheit die Gesellschaft vergnügen will, und man hat Recht dazu; denn der gefühlvolle, verständige Mensch muß Nachsicht haben mit den Schwächen andrer; er weiß, welchen großen Schaden oft ein einziges, wenngleich nicht böse gemeintes Wörtchen anrichten kann, auch sehnt er sich nach gründlicherer und nützlicherer Unterhaltung, ihn ekelt vor leerer Persiflage. Gar zu leicht aber gewöhnt man sich in der sogenannten großen Welt diesen elenden Ton an; man kann nicht genug davor warnen.

Übrigens aber möchte ich auch nicht gern alle Satire für unerlaubt erklären noch leugnen, daß manche Torheiten und Unzweckmäßigkeiten *im weniger vertrauten Umgange* am besten durch eine feine, nicht beleidigende, nicht zu deutlich auf einzelne Personen anspielende Persiflage bekämpft werden können. Endlich bin ich auch weit entfernt zu fordern, man solle alles loben und alle offenbaren Fehler entschuldigen, vielmehr habe ich nie den Leuten getraut, die so merklich affektieren, alles mit dem Mantel der christlichen Liebe bedecken zu wollen. Sie sind mehrenteils Heuchler, wollen durch das Gute, das sie von den Leuten *reden,* das Böse vergessen machen, das sie ihnen *zufügen,* oder sie suchen dadurch zu erlangen, daß man ebenso nachsichtig gegen *ihre* Gebrechen sei.

18.

Erzähle nicht leicht Anekdoten, besonders nie solche, die irgend jemand in ein nachteiliges Licht setzen, auf bloßes Hörensagen nach! Sehr oft sind sie gar nicht auf Wahrheit gegründet oder schon durch so viele Hände gegangen, daß sie wenigstens vergrößert, verstümmelt worden, und dadurch eine wesentlich andre Gestalt bekommen haben. Vielfaltig kann man dadurch unschuldigen guten Leuten ernstlich schaden und noch öfter sich selber großen Verdruß zuziehn.

19.

Hüte Dich, aus einem Hause in das andre Nachrichten zu tragen, vertrauliche Tischreden, Famihengespräche, Bemerkungen, die Du über das häusliche Leben von Leuten, mit welchen Du viel umgehst, gemacht hast, und dergleichen auszuplaudern! Wenn dies auch nicht eigentlich aus Bosheit geschieht, so kann doch eine solche Geschwätzigkeit Mißtraun gegen Dich und allerlei Zwist und Verstimmung veranlassen.

20.

Sei vorsichtig im Tadel und Widerspruche! Es gibt wenig Dinge in der Welt, die nicht zwei Seiten haben. Vorurteile verdunkeln oft die Augen selbst des klugen Mannes, und es ist sehr schwer, sich gänzlich an eines andern Stelle zu denken. Urteile besonders nicht so leicht über kluger Leute Handlungen, oder Deine Bescheidenheit mußte Dir sagen, daß Du noch weiser wie sie seist! und da ist es denn eine mißliche Sache um diese Überzeugung. Ein kluger Mann ist mehrenteils lebhafter als ein andrer, hat heftigere Leidenschaften zu bekämpfen, bekümmert sich weniger um das Urteil des großen Haufens, hält es weniger der Mühe wert, sein gutes Gewissen durch große Apologien zu rechtfertigen. Übrigens soll man nur fragen: »Was tut der Mann Nützliches für andre?« und wenn er dergleichen tut, über dies Gute die kleinen leidenschaftlichen Fehler, die nur ihm selber schaden oder höchstens unwichtigen, vorübergehenden Nachteil wirken, vergessen.

Vor allen Dingen maße Dir nicht an, die Bewegungsgründe zu jeder guten Handlung abwägen zu wollen! Bei einer solchen Rechnung würden vielleicht manche Deiner eigenen großen Taten verzweifelt klein erscheinen. Jedes Gute muß nach seiner Wirkung für die Welt beurteilt werden.

21.

Habe acht auf Dich, daß Du in Deinen Unterredungen, durch einen wäßrigen, weitschweifigen Vortrag nicht ermüdest. Ein gewisser Lakonismus – insofern er nicht in den Ton, nur in Sentenzen und Aphorismen zu sprechen oder jedes Wort abzuwägen, ausartet – ein gewisser Lakonismus, sage ich, das heißt: die Gabe, mit wenig kernigen Worten viel zu sagen, durch Weglassung kleiner unwichtiger Details die Aufmerksamkeit wach zu erhalten, und dann wieder, zu einer andern Zeit, die Geschicklichkeit, einen nichtsbedeutenden Umstand durch die Lebhaftigkeit der Darstellung interessant zu machen – das ist die wahre Kunst der gesellschaftlichen Beredsamkeit. Ich werde davon unten noch mehr sagen; überhaupt aber rede nicht zu viel! Sei haushälterisch mit Spendung von Worten und Kenntnissen, damit es Dir nicht früh an Stoffe fehle, damit Du nicht redest, was Du verschweigen sollst, verschweigen willst, und damit man Deiner nicht satt werde! Laß auch andre zu Worte kommen, ihr Teil mit hergeben zur allgemeinen Unterhaltung! Es gibt Leute, die, ohne es selbst zu merken, allerorten die Sprachführer sind; und wären sie in einem Zirkel von fünfzig Personen, so würden sie sich dennoch bald zum Meister von der ganzen Konversation machen.

So unangenehm dies für die Gesellschaft ist, ebenso widrige, Freude störende Eindrücke macht die Weise mancher Leute, die stumm und gespannt horchen und lauern, und die man leicht für gefährliche Beobachter halten kann, denen es nur darum zu tun scheint, jedes unvorsichtige, nicht gehörig gewählte Wort, das man in sorgloser Redseligkeit fallen läßt, zu irgendeinem hämischen Zwecke aufzusammeln.

22.

Es gibt Menschen, die (so wie manche sich fruges consumere natos glauben) auch im geselligen Leben immer nur empfangen, nie geben wollen, die vom übrigen Teile des Publikums amüsiert, unterrichtet, bedient, gelobt, bezahlt, gefüttert zu werden verlangen, ohne etwas dafür zu leisten; die über Langeweile klagen, ohne zu fragen, ob die andern weniger Langeweile gemacht haben; die behaglich dasitzen, sich's wohl sein, sich erzählen lassen, aber nicht daran denken, auch für das Vergnügen der übrigen zu sorgen. – Das ist aber so ungerecht als lästig.

Noch andre findet man, die immer nur ihre eigene Person, ihre häuslichen Umstände, ihre Verhaltnisse, ihre Taten und ihre

Berufsgeschäfte zum Gegenstande ihrer Unterredung machen und alles dahin zu drehn wissen, jedes Gleichnis, jedes Bild von daher nehmen. So wenig als möglich übertrage in gemischte Gesellschaften den Schnitt, den Ton, den Dir Deine spezielle Erziehung, Dein Handwerk, Deine besondre Lebensart geben. Rede nicht von Dingen, die außer Dir schwerlich jemand interessieren können. Spiele nicht auf Anekdoten an, die Deinem Nachbar unbekannt sind, auf Stellen aus Büchern, die er wahrscheinlich nicht gelesen hat! Rede nicht in einer fremden Sprache, wenn es glaublich ist, daß nicht jeder, der um Dich ist, dieselbe versteht. Lerne den Ton der Gesellschaft annehmen, in welcher Du Dich befindest. Nichts kann abgeschmackter sein, als wenn der Arzt einige junge Damen mit Beschreibung seiner Sammlung anatomischer Präparate, der Rechtsgelehrte einen Hofmann über die unwirksame Possessions-Ergreifung und das edictum Divi Martii, der alte gebrechliche Gelehrte eine junge Kokette von seinem offnen Beinschaden unterhält.

Oft aber tritt der Fall ein, daß man in Gesellschaften gerät, wo es schwer ist, etwas vorzubringen, das Interesse erweckte. Wenn ein verständiger Mann von leeren, elenden Menschen umgeben ist, die für gar nichts von beßrer Art Sinn haben, ei nun! so ist es seine Schuld nicht, wenn er nicht verstanden wird. Er tröste sich also damit, daß er von Dingen geredet hat, die billig *interessieren müßten.*

23.

Rede also nicht zu viel von Dir selber, außer in dem Zirkel Deiner vertrautesten Freunde, von welchen Du weißt, daß die Sache des einen unter ihnen eine Angelegenheit für alle ist; und auch da bewache Dich, daß Du nicht Egoismus zeigest. Vermeide, selbst dann zu viel von Dir zu reden, wenn gute Freunde, wie es vielfältig geschieht, das Gespräch aus Höflichkeit auf Deine Person, auf Deine Schriften und dergleichen leiten! Bescheidenheit ist eine der liebenswürdigsten Eigenschaften und macht um so vorteilhaftere Eindrücke, je seltener diese Tugend in unsern Tagen wird. Sei also auch nicht so bereit, jedermann Deine Schriften unberufen vorzulesen, Deine Anlagen zu zeigen und Deine rühmlichen Handlungen zu erzählen, noch auf feine Art Gelegenheit zu geben, daß man Dich darum bitten müsse. Auch *drücke* niemand durch Deinen Umgang, das heißt, zeige in keiner Gesellschaft ein solches Übergewicht, daß andre verstummen, sich in schlechtem Lichte zeigen müssen!

24.

Widersprich Dir nicht selbst im Reden, so daß Du einen Satz behauptest, dessen Gegenteil Du ein andermal verteidigt hast. Man kann seine Meinung von Dingen ändern, allein man tut doch wohl, in Gesellschaft nicht eher, wenigstens nicht entscheidend zu urteilen, als bis man alle Gründe vor und gegen dieselben gehörig abgewogen hat.

25.

Hüte Dich, in den Fehler derjenigen zu verfallen, die aus Mangel an Gedächtnis oder an Aufmerksamkeit auf sich, oder weil sie so verliebt in ihre eigenen Einfälle sind, dieselben Historchen, Anekdoten, Späße, Wortspiele, witzigen Vergleichungen und so ferner bei jeder Gelegenheit wiederholen.

26.

Würze nicht Deine Unterhaltung mit Zweideutigkeiten, mit Anspielungen auf Dinge, die entweder Ekel erwecken oder keusche Wangen erröten machen. Zeige auch keinen Beifall, wenn andre dergleichen vorbringen. Ein verständiger Mann kann an solchen Gesprächen keine Lust haben. Auch in bloß männlichen Gesellschaften verleugne nicht die Schamhaftigkeit, Sittsamkeit und Dein Mißfallen an Zoten.

27.

Flicke keine platten Gemeinsprüche in Deine Reden ein. Zum Beispiel: daß Gesundheit ein schätzbares Gut; daß das Schlittenfahren ein kaltes Vergnügen; daß jeder sich selbst der Nächste sei; daß, was lange dauert, gut werde, wovon ich das Gegenteil zu beweisen übernehme; daß man durch Schaden klug werde, welches leider selten eintrifft; oder daß die Zeit schnell hingehe – welches, im Vorbeigehn zu sagen, gar nicht wahr ist; denn da die Zeit nach einem bestimmten Maßstabe berechnet wird, so geht sie nicht schneller vorbei, als sie gerade muß, und der, welchem ein Jahr kürzer vorkommt, als es ist, der muß in demselben über Gebühr geschlafen haben oder sonst seiner Sinne nicht mächtig gewesen sein. Solche Sprichwörter sind sehr langweilig und nicht selten sinnlos und unwahr.

28.

Belästige nicht die Leute, mit welchen Du umgehst, mit unnützen Fragen. Es gibt Menschen, die, nicht eben aus Vorwitz und Neugier, sondern weil sie nun einmal gewöhnt sind, ihre Gespräche in Katechisationsform zu verfassen, uns durch Fragen so beschwerlich werden, daß es gar nicht möglich ist, auf unsre Weise mit ihnen in Unterhaltung zu kommen.

29.

Lerne Widerspruch ertragen. Sei nicht kindisch eingenommen von Deinen Meinungen. Werde nicht hitzig noch grob im Zanke. Auch dann nicht, wenn man Deinen ernsthaften Gründen

Spott und Persiflage entgegensetzt. Du hast, bei der besten Sache, schon halb verloren, wenn Du nicht kaltblütig bleibst und wirst wenigstens auf diese Art nie überzeugen.

30.

An Orten, wo man sich zur Freude versammelt, beim Tanze, in Schauspielen und dergleichen, rede mit niemand von häuslichen Geschäften, noch viel weniger von verdrießlichen Dingen. Man geht dahin, um sich zu erholen, um auszuruhn, um kleine und große Sorgen abzuschütteln, und es ist also unbescheiden, jemand mit Gewalt wieder mitten in sein tägliches Joch hineinschieben zu wollen.

31.

Daß ein redlicher und verständiger Mann über wesentliche Religionslehren, auch dann, wenn er das Unglück haben sollte, an der Wahrheit derselben zu zweifeln, sich dennoch keinen Spott erlauben wird, ich meine, das versteht sich von selber; aber auch über kirchliche Verfassungen, über die Menschensatzungen, welche in einigen Sekten für Glaubenslehren gehalten werden, über Zeremonien, die manche für wesentlich halten, und dergleichen, soll man nie in Gesellschaften spotten. Man respektiere das, was andern ehrwürdig ist. Man lasse jedem die Freiheit in Meinungen, die wir selbst verlangen. Man vergesse nicht, daß das, was wir Aufklärung nennen, andern vielleicht Verfinsterung scheint. Man schone die Vorurteile, die andern Ruhe gewähren. Man beraube niemand, ohne ihm etwas Besseres an die Stelle dessen zu geben, was man ihm nimmt. Man vergesse nicht, daß Spott nicht bessert; daß unsre hier auf Erden noch nicht entwickelte Vernunft über so wichtige Gegenstände leicht irren kann; daß ein mangelhaftes System, auf welchem aber der Grund einer guten Moral liegt, nicht so leicht umzureißen ist, ohne zugleich das Gebäude selbst über den Haufen zu werfen, und endlich, daß solche Gegenstände überhaupt gar nicht von der Art sind, daß man sie in Gesellschaften abhandeln könne.

Doch dünkt mich, man vermeidet heutzutage oft zu vorsätzlich alle Gelegenheiten, über Religion zu reden. Einige Leute schämen sich, Wärme für Gottesverehrung zu zeigen, aus Furcht, für nicht aufgeklärt genug gehalten zu werden, und andre affektieren religiöse Empfindungen, scheuen sich, auch nur im mindesten gegen Schwärmerei zu reden, um sich bei den Andächtlern in Gunst zu setzen. Ersteres ist Menschenfurcht und letzteres Heuchelei, beides aber eines redlichen Mannes gleich unwert.

32.

Wenn Du von körperlichen, geistigen, moralischen oder andern Gebrechen redest oder Anekdoten erzählst, die gewisse Grundsätze oder Vorurteile lächerlich machen oder gewisse Stände in ein nachteiliges Licht setzen sollen, so siehe Dich vorher wohl um, ob niemand gegenwärtig sei, der das übel aufnehmen, diesen Tadel oder Spott auf sich oder seine Verwandten ziehn könnte. *Halte Dich über niemandes Gestalt, Wuchs und Bildung auf! Es steht in keines Menschen Gewalt, diese zu ändern.* Nichts ist kränkender, niederschlagender und empörender für den Mann, der unglücklicherweise eine etwas auffallende Gesichtsbildung oder Figur hat, als wenn er bemerkt, daß diese der Gegenstand der Verspottung oder Befremdung wird. Leuten, die ein wenig mit der großen Welt bekannt sind und unter Menschen von allerlei Formen und Ansehn gelebt haben, sollte man darüber billig gar nichts mehr erinnern dürfen; aber leider trifft man hie und da, selbst unter fürstlichen Personen, besonders unter Damen, solche an, die so wenig Gewalt über sich oder so wenig Begriffe von Wohlanständigkeit und Billigkeit haben, daß sie die Eindrücke, welche ein ungewöhnlicher Anblick von der Art auf sie macht, nicht verbergen können.– Das ist schwach, und wenn man noch dabei überlegt, wie relativ und dem verschiedenen Geschmacke unterworfen die

Begriffe von Schönheit und Häßlichkeit sind, wie so wenig auf sichre Grundsätze beruhend unsre physiognomische Wissenschaft ist und wie oft unter einer anscheinend häßlichen Larve ein schönes, edles, warmes, großes Herz mit einem feinen, tiefdenkenden Kopf steckt, so sieht man leicht, daß man sehr selten Recht, auf das äußere Ansehn eines Menschen nachteilige Folgerungen zu bauen, und nie Befugnis haben kann, die Eindrücke, welche ein solcher Anblick etwa auf uns macht, zu jemandes Kränkung durch Lachen oder auf andre Art kundwerden zu lassen.

Außer einer sonderbaren Figur können uns aber noch andre Dinge an einem Menschen auffallend sein, zum Beispiel: lächerliche, phantastische, abgeschmackte Gebärden, Manieren, Verzerrungen des Körpers, Unbekanntschaft mit gewissen Sitten, Unvorsichtigkeiten im Betragen, ungewöhnlicher, altmodischer Anzug, u. dgl. Es gehört nicht weniger zu einer guten Lebensart, hierüber nicht durch Lachen oder durch Zeichen, die man einem der Anwesenden gibt, sein Befremden zu erkennen zu geben und dadurch den armen Mann, der sich dergleichen zuschulden kommen läßt, noch mehr in Verlegenheit zu setzen.

33.

Briefwechsel ist schriftlicher Umgang; fast alles, was ich vom persönlichen Umgange mit Menschen sage, leidet Anwendung auf den Briefwechsel. Dehne also Deinen Briefwechsel, so wie Deinen Umgang, nicht über Gebühr aus. Das hat keinen Zweck, kostet Geld und ist Zeitverderb. Sei ebenso vorsichtig in der Wahl derer, mit denen Du einen vertrauten Briefwechsel anfängst, als in der Wahl Deines täglichen Umgangs und Deiner Lektüre. Nimm Dir auch vor, nie irgendeinen ganz leeren Brief zu schreiben, in welchem nicht wenigstens etwas stünde, das dem, an welchen er gerichtet ist, Nutzen oder reine Freude gewähren könnte. Vorsichtigkeit ist im Schreiben noch weit dringender als im Reden zu empfehlen, und ebenso wichtig ist es, mit den Briefen, welche man erhält, behutsam umzugehn. Man sollte es kaum glauben, was für Verdruß, Zwist und Mißverständnis durch Versäumung dieser Klugheitsregel entstehn können. Ein einziges hingeschriebenes unauslöschliches Wort, ein einziges aus Unachtsamkeit liegengebliebenes Papier hat manches Menschen Ruhe und oft auf immer den Frieden einer Familie zerstört.

Ich kann daher nicht genug Vorsichtigkeit in Briefen und überhaupt im Schreiben empfehlen. Noch einmal! Ein übereiltes mündliches Wort wird wieder vergessen, aber ein geschriebenes kann noch nach fünfzig Jahren, in Erben Händen, Unheil stiften. Briefe, an deren richtiger und schneller Besorgung irgend etwas gelegen ist, muß man immer auf die gewöhnliche Weise mit der Post oder durch eigene Boten abgehn lassen, nie aber, etwa zur Ersparung des Portos, sie Reisenden mitgeben oder sonst durch Gelegenheit und in fremden Kuverts fortschicken; man kann sich gar zu wenig auf die Pünktlichkeit der Menschen verlassen.

Lies Deine Briefe, wenn Du es ändern kannst, nicht in andrer Gegenwart, sondern wenn Du allein bist, sowohl weil es die Höflichkeit also befiehlt, als aus Vorsicht, um durch Deine Mienen den Inhalt nicht zu verraten.

34.

Suche keinen Menschen, auch den Schwächsten nicht, in Gesellschaften lächerlich zu machen. Ist er dumm, so hast Du wenig Ehre von dem Witze, den Du an ihn verschwendest; ist er es weniger, als Du glaubst, so kannst Du vielleicht der Gegenstand seines Spottes werden; ist er gutmütig und gefühlvoll, so kränkest Du ihn, und ist er tückisch und rachsüchtig, so kann er Dir's vielleicht auf eine Rechnung setzen, die Du früh oder spät auf irgendeine Art bezahlen mußt. – Und wie oft kann man nicht, wenn das Publikum auf unsre Urteile über Menschen achtet, einem guten Manne im bürgerlichen Leben wahrhaften Schaden zufügen oder einen Schwachen so niederdrücken, daß aller Ehrgeiz in ihm erlöscht und alle Keime zu bessern Anlagen erstickt werden, indem man ihn, durch Hervorziehn seiner uns lächerlich scheinenden Seiten, der Verachtung preisgibt.

35.

Schrecke, zerre und necke auch niemand, selbst Deine Freunde nicht, mit falschen Nachrichten, mit Witzeleien oder was sonst auf einen Augenblick beunruhiget, in Verlegenheit setzt! Es gibt der wahrhaftig, mißvergnügten, unangenehmen, ängstlichen Augenblicke so viele in der Welt, daß es wohl brüderliche Pflicht ist, alles hinwegzuräumen, was die Last der wirklichen und eingebildeten Plagen auch nur um ein Sandkorn erschweren kann. Für ebenso unschicklich halte ich es, einem Freunde aus Scherz, wie es die Gewohnheit mancher Leute ist, mit selbst erfundenen erfreulichen Neuigkeiten ein kurzes Vergnügen zu machen, das nachher vereitelt wird. Das alles ist Neckerei, durch welche die Freuden des Umgangs nicht gewürzt, sondern versalzen werden. Auch soll man nicht die Neugier reizen oder die Leute durch halb abgebrochene Worte ängstigen, sondern lieber gänzlich schweigen, wenn man nicht ausreden will. Es gibt Menschen, welche die Gewohnheit haben, ihren Freunden solche mystischen Warnungen hinzuwerfen als z. B.: »Es läuft ein böses Gerücht von Ihnen herum, aber ich kann, ich darf Ihnen noch nichts darüber sagen.« Dergleichen hat gar keinen Nutzen und beunruhigt. Überhaupt muß man so wenig als möglich die Leute in Verlegenheit setzen, vielmehr sich bemühn, wenn auch jemand im Begriff ist, eine Unvorsichtigkeit zu begehn (z. B. schlecht von einem Buche zu reden, dessen Verfasser gegenwärtig ist) oder sonst beschämt zu werden, ihm diese Verlegenheit zu ersparen oder die Sache auf irgendeine Weise wieder ins Feine zu bringen.

36.

Man hüte sich, bei Personen, mit denen man umgeht, unberufen unangenehme Dinge in Erinnerung zu bringen. Oft bewegt eine Art von unkluger Teilnehmung die Leute, uns um die Beschaffenheit unsrer ökonomischen und andrer verdrießlicher Sachen zu befragen, obgleich sie uns nicht helfen können, und zwingen sie uns dadurch, Gegenstände, die wir in Gesellschaften, wo wir uns aufzuheitern dachten, so gern vergessen möchten, ohne Unterlaß vor Augen zu behalten. Man muß so viel Menschenkenntnis haben zu unterscheiden, ob der Mann, den wir vor uns sehen, seinem Temperamente, seiner Lage und der Art seines Kummers nach, durch solche Gespräche erleichtert werden kann, oder ob nicht vielmehr sein Leiden dadurch doppelt erschwert wird.

37.

Nimm nicht teil daran, lächle nicht beifällig, tue lieber, als hörtest Du es gar nicht, wenn jemand einem Dritten unangenehme Dinge sagt oder ihn beschämt. Die Feinheit eines solchen Betragens wird gefühlt und oft dankbar belohnt.

38.

Über die Gewohnheit, Paradoxa vorzubringen, über Widersprechungsgeist, Disputiersucht, Zitieren und Berufen auf die Meinungen und Aussprüche andrer, werde ich mich im dritten Kapitel dieses Teils erklären und beziehe mich hier darauf.

39.

Bekümmere Dich nicht um die Handlungen Deiner Nebenmenschen, insofern sie nicht Bezug auf Dich oder so sehr auf die Moralität im ganzen haben, daß es Verbrechen sein würde, darüber zu schweigen. Ob aber jemand langsam oder schnell geht, viel oder wenig schläft, oft oder selten zu Hause, prächtig oder lumpig gekleidet ist, Wein oder Bier trinkt, Schulden oder Kapitalien macht, eine Geliebte hat oder nicht – was geht das Dich an, wenn Du nicht sein Vormund bist? Tatsachen hingegen, die man durchaus wissen muß, erfährt man oft am besten von dummen Leuten, weil diese ohne Witz, ohne Konsequenzmacherei, ohne Seitenblicke, ohne Verbrämung und ohne Leidenschaft geradehin erzählen.

40.

Öfters sind wir in dem Falle, daß uns durch Gespräche Langeweile gemacht wird. Vernunft, Vorsichtigkeit und Menschenliebe gebieten uns dann, wenn nun einmal nicht auszuweichen ist, Geduld zu fassen und nicht durch beleidigendes Betragen unsern Überdruß zu erkennen zu geben. Man kann ja, je seelenloser das Gespräch und je geschwätziger der Mann ist, um desto freier nebenher an andre Dinge denken; und wäre auch das nicht – ei nun! es geht im menschlichen Leben so manche verträumte Stunde verloren! Ist man denn nicht einige Aufopferung der Gesellschaft schuldig, mit welcher man umgeht? – Und geschieht es nicht vielleicht zuweilen, daß auch wir dagegen, so groß auch die Meinung sein mag, die wir von der Wichtigkeit unsrer Gespräche haben, dennoch durch unsre Redseligkeit andern Langeweile machen?

41.

Eine der wichtigsten Tugenden im gesellschaftlichen Leben und die wirklich täglich seltener wird, ist die Verschwiegenheit. Man ist heutzutage so äußerst trügerisch in Versprechungen, ja in Beteuerungen und Schwüren, daß man ohne Scheu ein unter dem Siegel des Stillschweigens uns anvertrautes Geheimnis gewissenloserweise ausbreitet. Andre Menschen, die weniger pflichtvergessen, aber höchst leichtsinnig sind, können ihrer Redseligkeit keinen Zaum anlegen. Sie vergessen, daß man sie gebeten hat zu schweigen, und so erzählen sie, aus unverzeihlicher Unvorsichtigkeit, die wichtigsten Geheimnisse ihrer Freunde an öffentlichen Wirtstafeln. Oder, indem sie jeden, der ihnen in dem Drange sich zu entladen in den Wurf kommt, für einen treuen Freund ansehen, vertrauen sie das, was sie doch nicht als ihr Eigentum betrachten sollten, ebenso leichtsinnigen Leuten an, als sie selbst sind. Solche Menschen gehen dann auch nicht weniger unklug mit ihren eigenen Heimlichkeiten, Plänen und Begebenheiten um, zerstören dadurch sehr oft ihre zeitliche Glückseligkeit und vernichten ihre Absichten.

Welchen Nachteil überhaupt solche unvorsichtige Bewahrung fremder und eigener Geheimnisse gewährt, das bedarf wohl keiner weitläufigen Auseinandersetzung. Es gibt aber eine Menge andrer Dinge, die zwar nicht eigentlich Geheimnisse sind, wovon uns aber die Vernunft lehrt, daß es besser sei, sie zu verschweigen, und andre Dinge, deren Ausbreitung wenigstens für niemand lehrreich und unterhaltend sein kann, und wovon es doch möglich wäre, daß ihre Verplauderung irgend jemand nachteilig sein möchte. – Ich empfehle also eine kluge Verschwiegenheit, die jedoch nicht in lächerliche Mysteriösität ausarten muß, als eine sehr wichtige Tugend im Umgange. Übrigens wird man die Bemerkung wahr finden, daß in despotischen Staaten die Menschen im ganzen genommen verschwiegener sind, als wo mehr Freiheit herrscht. Dort machen Furcht und Mißtraun verschlossen und zurückhaltend, hier folgt jeder dem Triebe seines Herzens, sich freimütig mitzuteilen.

Wenn man auch mehreren Leuten zugleich sein Geheimnis anvertrauen muß, so lege man doch jedem unbedingte Verschwiegenheit auf, damit jeder von ihnen glaube, er wisse es allein, müsse allein für die Bewahrung haften.

42.

Gewissen Leuten ist eine Leichtigkeit im Umgange und die Gabe, geschwind Bekanntschaften zu machen und Zuneigung zu gewinnen, wie angeboren; andern hingegen hängt von Jugend auf eine gewisse Blödigkeit und Schüchternheit an, die sie nicht abzulegen vermögen, wenngleich sie täglich fremde Leute allerorten um sich sehen. Diese Blödigkeit nun ist freilich sehr oft die Folge einer fehlerhaften Erziehung, sowie auch zuweilen die Wirkung einer heimlichen Eitelkeit, die in Verlegenheit gerät, aus Furcht, nicht zu glänzen. Manchen Menschen aber scheint diese Schüchternheit gegen ganz fremde Leute wirklich von Natur eigen zu sein, und alle Mühe, welche sie sich dagegen geben, ist verloren. Ein regierender Fürst, einer der edelsten und verständigsten Männer, die ich kenne, und der auch wahrlich seines Äußern wegen sich nicht zu schämen, noch zu fürchten braucht, nachteilige Eindrücke zu machen, hat mir versichert, daß, obgleich ihn sein Stand von Kindheit an in die Lage gesetzt habe, täglich große Zirkel und viel fremde Gesichter zu sehn, er dennoch an keinem Tage in sein Vorzimmer trete, wo der versammelte Hof seiner wartete, ohne vor Verlegenheit auf einen Augenblick ganz blind zu werden. Übrigens fällt bei diesem liebenswürdigen Herrn, sobald er sich ein wenig erholt hat, diese Schüchternheit weg, und dann redet er freundlich und offen mit jedermann und sagt bessere Dinge, als gewöhnlich Fürsten bei solchen Gelegenheiten über Wetter, böse Wege, Pferde und Hunde zu sagen wissen.

Eine gewisse Leichtigkeit im Umgange also, die Gabe, sich gleich bei der ersten Bekanntschaft vorteilhaft darzustellen, mit Menschen aller Art zwanglos sich in Gespräche einzulassen und bald zu merken, wen man vor sich hat und was man mit jedem reden könne und müsse, das sind Eigenschaften, die man zu erwerben und auszubauen trachten soll. Doch wünsche ich, daß dies nie in jene den Aventuriers so eigene Unverschämtheit und Zudringlichkeit ausarte, die oft in weniger als einer Stunde Frist einer ganzen, fremden Tischgesellschaft im Wirtshause ihre Lebensläufe abgefragt und dagegen den ihrigen erzählt, Dienste und Freundschaft angeboten und Dienste, Verwendung und Hilfe für sich erbeten haben.

43.

Ein großes Talent, und das durch Studium und Achtsamkeit erlangt werden kann, ist die Kunst, sich bestimmt, fein, richtig, kernig, nicht weitschweifig auszudrücken, lebhaft im Vortrage zu sein, sich dabei nach den Fähigkeiten der Menschen zu richten, mit denen man redet, sie nicht zu ermüden, gut und launig zu erzählen, nicht über seine eigenen Einfälle zu lachen, nach den Umständen trocken oder lustig, ernsthaft oder komisch seinen Gegenstand darzustellen und mit natürlichen Farben zu malen. Dabei soll man sein Äußeres studieren, sein Gesicht in seiner Gewalt haben, nicht grimassieren, und wenn wir wissen, daß gewisse Mienen, zum Beispiel beim Lachen, unsrer Bildung ein widerwärtiges Ansehn geben, diese zu vermeiden suchen. Der Anstand und die Gebärdensprache sollen edel sein; man soll nicht bei unbedeutenden, affektlosen Unterredungen wie Personen aus der niedrigsten Volksklasse mit Kopf, Armen und andern Gliedern herumfahren und um sich schlagen; man soll den Leuten grade, aber bescheiden und sanft ins Gesicht sehn, sie nicht bei Ärmeln, Knöpfen und dergleichen zupfen oder immer etwas zu spielen zwischen den Fingern haben. Kurz, alles was eine feine Erziehung, was Aufmerksamkeit auf sich selbst und auf andre verrät, das gehört notwendig dazu, den Umgang angenehm zu machen, und es ist wichtig, sich in solchen Dingen nichts nachzusehn, sondern jede kleine Regel des Anstandes, selbst in dem Zirkel seiner Familie, zu beobachten, um sich das zur andern Natur zu machen, wogegen wir so oft fehlen, und was uns Zwang scheint, wenn wir uns Nachlässigkeiten in der Art zu verzeihn gewöhnt sind. Hierüber in diesen Blättern viel mehr zu sagen, zu lehren: warum man den Leuten nicht in die Rede fallen dürfe; daß wir einen Teller, oder was uns dargereicht wird, auch dann abnehmen müssen, wenn wir nichts davon behalten wollen, damit der andre nicht die Mühe habe, es unsertwegen in der Hand zu tragen; daß man so wenig als möglich in einer Gesellschaft den Leuten den Rücken zukehren, in Titeln und Namen nicht irre werden solle; daß man bei Personen, die das genau nehmen, den Vornehmern immer auf der rechten Seite, oder, wenn drei beisammen sind, in der Mitte gehn lasse; daß man, wenn jemand, dem wir Achtung schuldig sind, vor unserm Hause vorübergeht, wo wir am Fenster stehn und er uns grüßt, man das Fenster auf einen Augenblick öffnen oder wenigstens tun müsse, als wolle man es öffnen; daß eben dies in der Kutsche, beim Vorüberfahren zu beobachten sei; daß man dem, mit welchem man spricht, frei und offen, doch nicht starr und frech in das Gesicht schauen, seine Stimme in seiner Gewalt haben, nicht schreien und doch verständlich reden, in seinem Gange Anstand beobachten, nicht allerorten das große Wort haben solle; daß man, wenn man ein Frauenzimmer führt, um sie nicht zu stoßen, mit ihr gleichen Schritt halten und mit demselben Fuße wie sie antreten, ihr auch zuweilen seine linke Hand reichen müsse, wenn sie an der rechten Seite nicht so bequem gehn würde; daß man auf steilen Treppen im Hinuntersteigen die Frauenzimmer vorausgehn, im Hinaufsteigen aber sie folgen lassen müsse; daß, wenn man uns nicht versteht und man voraussieht, daß eine genauere Erklärung nichts helfen würde oder der Gegenstand von so geringer Wichtigkeit ist, daß er keinen großen Aufwand von Worten verdient, man dann die ganze Sache fallenlassen müsse; daß vornehme Leute, wenn sie nicht über Vorurteile hinaus sind, es übelnehmen, wenn ein Geringerer von sich und ihnen in Gemeinschaft spricht (z. B. »Als wir gestern zusammen spazierengingen.« »Wir haben gewonnen im gestrigen Spiele und unsre Gegner verloren«), sondern, daß sie verlangen, man solle tun, als seien sie allein in der Welt des Nennens wert: »Ihro Exzellenz, Ihro Gnaden haben gewonnen« (höchstens möchte man hinzusetzen: »mit mir«); daß man bei Tische den abgeleckten Löffel, womit man gegessen, nicht wieder vor sich hinlegen solle, wie so viele tun; daß es anständig sei, wenn man jemand im Vorbeigehn grüßen will, den Hut auf der Seite abzuziehn, wo der Fremde nicht geht, damit man ihn nicht damit berühre und sein Gesicht nicht vor ihm verberge; daß man, wenn man jemand etwas darreicht, es, insofern dies zu ändern steht, nicht mit der bloßen Hand hingeben müsse; daß es sich nicht schicke, in Gesellschaften in das Ohr zu flüstern, bei Tafel krumm zu sitzen, unanständige Gebärden zu machen, noch zu leiden, daß ein Frauenzimmer oder jemand, der vornehmer ist als wir, von einer Speise, die vor uns steht, vorlege; daß es unartig sei, in Gesellschaften jemanden einen unschuldigen Spaß zu verderben, z. B. wenn er Kartenkünste zeigt und wir wissen, wie das Stück gemacht wird, das kleine Wunder zu enthüllen, und dergleichen Regeln mehr zu geben, dazu ist hier nicht der Ort. Leuten von gewissem Stande und einer nicht ganz gemeinen Erziehung ist das in der ersten Jugend schon eingeprägt worden; nur erinnere ich, daß diese kleinen Dinge in mancher Leute Augen keine kleinen Dinge sind und daß oft unsre zeitliche Wohlfahrt in solcher Leute Händen ist.

44.

Soviel über den äußern Anstand und über schickliche Manieren. Also nur noch etwas über die Kleidung. Kleide Dich nicht unter und nicht über Deinen Stand; nicht über und nicht unter Dein Vermögen; nicht phantastisch; nicht bunt; nicht ohne Not prächtig, glänzend noch kostbar; aber reinlich, geschmackvoll, und wo Du Aufwand machen mußt, da sei Dein Aufwand zugleich solide und schön. Zeichne Dich weder durch altväterische, noch jede neumodische Torheit nachahmende Kleidung aus. Wende einige größere Aufmerksamkeit auf Deinen Anzug, wenn Du in der großen Welt erscheinen willst. Man ist in Gesellschaft verstimmt, sobald man sich bewußt ist, in einer unangenehmen Ausstaffierung aufzutreten.

45.

Es gibt noch andre kleine gesellschaftliche Unschicklichkeiten und Unkonsequenzen, die man vermeiden und wobei man immer überlegen muß, wie es wohl aussehn würde, wenn jeder von den Anwesenden sich dieselbe Freiheit erlauben wollte; zum Beispiel: während der Predigt zu schlafen; in Konzerten zu plaudern; hinter eines andern Rücken einem Freunde etwas zuzuflüstern oder ihm Winke zu geben, die jener auf sich deuten kann;

überhaupt das Ins-Ohr-Reden in Gesellschaften; wenn man lächerlich schlecht tanzt oder ein Instrument elend spielt, sich damit sehn und hören zu lassen und dadurch die Anwesenden zum Spotte und zum Gähnen zu reizen; wenn uns die Leute aus dem Wege gehn wollen, ihnen, wie Yorick der Marquise von F*** in Mailand, zehnmal auf allen Seiten entgegenzurennen; wenn wir ein Kartenspiel nicht verstehn oder höchst langsam spielen, uns dennoch dabei hinzusetzen, unsrer Gegner Geduld auf die Probe zu stellen und unsern Gehilfen durch Ungeschicklichkeit in Verlust zu bringen; bei dem Tanze zugleich die Melodie mitzusingen; in Schauspielen so hinzutreten, daß man nicht über uns wegsehn kann; in jede Versammlung später zu kommen, früher wegzugehn oder länger zu verweilen als alle übrigen Mitglieder der Gesellschaft. – Vermeide dergleichen Unschicklichkeiten. Blicke nicht in fremde Papiere. Auch mag mancher nicht leiden, wenn man ihm beim Lesen, Arbeiten u. dgl. auf die Finger sieht. Bleibe auch nicht allein im Zimmer, wo Schriften oder Gelder herumliegen.

46.

Wenn die Frage entsteht: ob es gut sei, viel oder wenig in Gesellschaft zu erscheinen, so muß die Beantwortung derselben freilich nach den einzelnen Lagen, Bedürfnissen und nach unzähligen kleinen Umständen und Rücksichten bei jedem Menschen anders ausfallen; im ganzen aber kann man den Satz zur Richtschnur annehmen: daß man sich nicht aufdrängen, die Leute nicht überlaufen solle und daß es besser sei, wenn man es einmal nicht allen Menschen recht machen kann, daß gefragt werde, warum wir so selten, als geklagt, daß wir zu oft und allerorten erscheinen. Es gibt einen feinen Sinn dafür (wenn uns nicht übertriebene Eitelkeit und Selbstsucht die Augen blenden), einen Sinn, der uns sagt, ob wir gern gesehn oder überlästig sind, ob es Zeit ist fortzugehn, oder ob wir noch verweilen sollen.

Übrigens rate ich, wenn man sich so weit in seiner Gewalt haben kann, mit so wenig Leuten als möglich *vertraulich* zu werden, nur einen kleinen Zirkel von Freunden zu haben und diesen nur mit äußerster Vorsicht zu erweitern. Gar zu leicht mißbrauchen oder vernachlässigen uns die Menschen, sobald wir mit ihnen vollkommen vertraulich werden. Um angenehm zu leben, muß man fast immer ein *Fremder* unter den Leuten bleiben. Dann wird man geschont, geehrt, aufgesucht. – Deswegen ist das Leben in großen Städten so schön, wo man alle Tage andre Menschen sehn kann. Für einen Mann, der sonst nicht schüchtern ist, ist es ein Vergnügen, unter *Unbekannten* zu sitzen. Da hört man, was man sonst nicht hören würde; man wird nicht gehütet und kann in der Stille beobachten.

47.

Man vermeide aber, in alle Zirkel große Forderungen mitzunehmen, allen Menschen alles allein sein, mit aller Gewalt glänzen, hervorgezogen werden zu wollen, zu verlangen, daß aller Menschen Augen nur auf uns gerichtet, ihre Ohren nur für uns gespitzt seien; denn sonst werden wir freilich uns aller Orten zurückgesetzt glauben, eine traurige Rolle spielen, uns und andern Langeweile machen, menschenscheu und bitter die Gesellschaft fliehn und von ihr geflohn werden. Ich kenne viele Leute von der Art, die durchaus, wenn sie sich in vorteilhaftem Lichte zeigen sollen, der Mittelpunkt sein müssen, um welchen sich alles dreht, sowie überhaupt manche Menschen im gemeinen Leben niemand neben sich vertragen, der mit ihnen verglichen werden könnte. Sie handeln vortrefflich, groß, edel, nützlich, wohltätig, geistreich, sobald sie es allein sind, an die man sich wendet, von denen man bittet, erwartet, hofft; aber klein, niedrig, rachsüchtig und schwach, sobald sie in Reihe und Gliedern stehn sollen, und zerstören jedes Gebäude, wozu sie nicht den Plan gemacht oder wenigstens die Kranzrede gehalten haben, ja ihr eigenes Gebäude, sobald nur ein andrer eine kleine Verzierung daran angebracht hat. Dies ist eine unglückliche, ungesellige Gemütsart. Überhaupt rate ich, um glücklich zu leben und andre glücklich zu machen, in dieser Welt so wenig als möglich zu erwarten und zu fordern.

48.

Mache einigen Unterschied in Deinem äußern Betragen gegen die Menschen, mit denen Du umgehst, in den Zeichen von Achtung, die Du ihnen beweisest. Reiche nicht jedem Deine rechte Hand dar. Umarme nicht jeden. Drücke nicht jeden an Dein Herz. Was bewahrst Du den Bessern und Geliebten auf, und wer wird Deinen Freundschaftsbezeigungen trauen, ihnen Wert beilegen, wenn Du so verschwenderisch in Austeilung derselben bist?

49.

Sei, was Du bist, immer ganz und immer derselbe. Nicht heute warm, morgen kalt; heute grob, morgen höflich und zuckersüß; heute der lustigste Gesellschafter, morgen trocken und stumm wie eine Bildsäule. Mit solchen Leuten ist übel umzugehn; sie überhäufen uns, wenn sie gerade in guter Laune sind oder niemand um sich haben, der vornehmer als wir oder spaßhafter oder ein größerer Schmeichler ist, mit allen Zeichen der herzlichsten, vertraulichsten Freundschaft. Wir bauen darauf und wollen wenig Tage nachher den Mann wieder besuchen, der uns so gern bei sich sieht, der uns so freundlich eingeladen hat, recht oft zu kommen. Wir gehen hin und werden nun so frostig und verdrießlich empfangen, oder man läßt uns ohne Unterhaltung in einer Ecke sitzen, antwortet uns nur mit abgebrochenen Silben, weil man gerade von Kreaturen umgeben ist, die mehr Weihrauch spenden als wir. Von solchen Menschen muß man sich unmerklich zurückziehn, und wenn sie nachher in einem Augenblicke von Langerweile uns wieder aufsuchen, gleichfalls gegen sie den Spröden machen und ihnen unter den Händen fortschlüpfen.

50.

Suche weniger selbst zu glänzen als andern Gelegenheit zu geben, sich von vorteilhaften Seiten zu zeigen, wenn Du gelobt werden und gefallen willst. Ich habe den Ruf eines vernünftigen und witzigen Mannes aus mancher Gesellschaft mitgenommen, in welcher wahrlich kein kluges Wort aus meinem Munde gegangen war und in welcher ich nichts getan hatte, als mit exemplarischer Geduld vornehmen und halbgelehrten Unsinn anzuhören, oder hie und da einen Mann auf ein Fach zu bringen, wovon er gern redete. Wie mancher besucht mich mit der demütigen Ankündigung: (wobei ich mich oft nicht des Lachens erwehren kann) er komme, um mir als einem gewaltigen Gelehrten und Schriftsteller seine Ehrerbietung zu bezeugen; der Mann setzt sich dann hin und fängt an zu reden, läßt mich, den er bewundern will, gar nicht zu Worte kommen, und geht, entzückt über meine lehrreiche und angenehme Unterhaltung, zu welcher ich nicht zwanzig Worte geliefert habe, von mir, höchst vergnügt, daß ich Verstand genug gehabt habe – ihm zuzuhören. Habe Geduld mit allen Schwächen dieser Art! Wenn daher auch jemand ein Geschichtchen oder sonst etwas vorbringt, das er gern erzählt, und Du hättest es auch schon mehr gehört und es wäre vielleicht ein Märchen, das Du selbst ihm einst mitgeteilt hättest, so laß es ihn doch nicht auf unangenehme Weise merken, daß die Sache Dir alt und langweilig ist, wenn die Person anders Schonung verdient. Was kann unschuldiger sein, als solche Ausleerungen zu befördern, wenn man dadurch andern Erleichterung und sich einen guten Ruf verschafft? Und wenn die Leute unschuldige Liebhabereien haben, z. B. gern von Pferden reden, es gern sehen, daß man eine Pfeife Tabak mit ihnen raucht, ein Glas Wein mit ihnen trinkt, so erzeige man ihnen diese kleine Gefälligkeit, wenn es ohne große Ungemächlichkeit und ohne Falschheit geschehn kann. Desfalls habe ich nie die Gewohnheit der Hofleute von gemeinerm Schlage gut finden können, die jedermann nur mit halbem Ohre und zerstreuter Miene anhören, ja gar mitten in einer Rede, die sie veranlaßt haben, einfallen, ohne das Ende abzuwarten.

51.

Übrigens aber rate ich auch an, um seiner selbst und um andrer willen ja nicht zu glauben, es sei irgendeine Gesellschaft so ganz schlecht, das Gespräch irgendeines Mannes so ganz unbedeutend, daß man nicht daraus irgend etwas lernen, irgendeine neue Erfahrung, irgendeinen Stoff zum Nachdenken sammeln könnte. Aber man soll nicht aller Orten Gelehrsamkeit, feine Kultur fordern, sondern gesunden Hausverstand und geraden Sinn begünstigen, vorziehn und reden und wirken lassen, sich auch unter Menschen von allerlei Ständen mischen; so lernt man zugleich nach und nach den Ton und die Stimmung annehmen, die nach Zeit und Umständen erfordert werden.

52.

Mit wem aber soll man am mehrsten umgehn? Natürlicherweise läßt sich auch diese Frage nur nach eines jeden besondern Lage beantworten. Hat man die Wahl (und wirklich hat man diese doch öfter, als man glaubt), so wähle man sich die Weisern zu seinem Umgange, Leute, von denen man lernen kann, die uns nicht schmeicheln, die uns übersehen; allein gewöhnlich gefällt es uns besser, einen Zirkel untergeordneter Geister um uns her zu versammeln, die in Kreisen tanzen, so oft unser hoher Genius seine Zauberrute schwingt. Wir bleiben indessen dadurch immer, wie wir waren, kommen nie weiter in Weisheit und Tugend. Es gibt zwar Lagen, in welchen es nützlich und lehrreich, sich unter Menschen von allerlei Fähigkeiten zu mischen, ja wo es auch Pflicht ist, nicht bloß mit Leuten umzugehn, von denen wir, sondern auch mit solchen, die von uns lernen können, und die ein Recht haben, dies zu fordern; diese Gefälligkeit aber darf nie so weit gehn, daß die Rechenschaft, die wir einstens von unsrer goldenen Zeit und von der Obliegenheit, uns zu vervollkommnen, geben sollen, dabei Gefahr laufe.

53.

Es ist oft eine höchst sonderbare Sache um den Ton, der in Gesellschaften herrscht. Vorurteil, Eitelkeit, Schlendrian, Autorität, Nachahmungssucht und wer weiß, was sonst noch stimmen diesen Ton so, daß zuweilen Menschen, die an einem Orte zusammen leben, jahraus, jahrein, sich auf eine Weise versammeln, unterhalten, Dinge miteinander treiben und über Gegenstände reden, die allen zusammen und jedem einzelnen unendliche Langeweile machen. Dennoch glauben sie, sich den Zwang antun zu müssen, diese Lebensart also fortzuführen. Gewährt wohl die Unterhaltung in den mehrsten großen Zirkeln einem einzigen von den da Versammelten wahres Vergnügen? Spielen unter fünfzig Personen, die jeden Abend die Karten in die Hand nehmen, wohl zehn aus wahrer Neigung? Um desto erbärmlicher ist es, wenn freie Menschen in kleinern Orten oder gar auf Dörfern, die zwanglos leben könnten, um den Ton der Residenzen nachzuahmen, sich ebenso peinlich unter das Joch dieser Langenweile krümmen. Hat man Gewicht bei seinen Mitbürgern und Nachbarn, so ist es Pflicht, alles dazu beizutragen, den Ton vernünftiger zu stimmen. Ist das aber nicht der Fall, und man gerät einzeln in einen solchen Zirkel, so vermehre man nicht durch ein schiefes oder stummes mürrisches Betragen der Anwesenden und des Hauswirts Verlegenheit, es voreinander zu verbergen, daß sie sich sämtlich weit von da weg wünschten, sondern man zeige sich vielmehr als einen Meister in der Kunst, viel zu reden, ohne etwas zu sagen, und mache sich wenigstens das Verdienst, den Raum auszufüllen, wovon außerdem gewöhnlich die Verleumdung Besitz nimmt.

In volksreichen, großen Städten kann man am allerunbemerktesten und ganz nach seiner Neigung leben; da fallen eine Menge kleiner Rücksichten weg; man wird nicht ausgespähet, kontrolliert, beobachtet; es laufen nicht so aus Mund in Mund die interessanten Nachrichten: wievielmal in der Woche ich Braten esse, ob ich oft oder selten ausgehe und wohin; wer zu mir kommt, wie stark der Lohn ist, den ich meiner Köchin gebe, und ob ich kürzlich mit ihr geschmält* habe?

Meine Kleidung wird nicht gemustert; man fragt nicht in jedem Kramerhause meine Magd, wenn sie für vier Pfennige Pfeffer holt, für wen der Pfeffer ist und wozu der Pfeffer gebraucht werden soll? Eine unbedeutende Anekdote beschäftigt da nicht sechs Wochen lang alle Zungen; man wandelt unbemerkt, friedenvoll und ungeneckt durch den großen Haufen hin, besorgt seine Geschäfte und wählt sich eine Lebensart, wie man sie für zweckmäßig hält. In kleinen Städten ist man verurteilt, mit einer Anzahl oft sehr langweiliger Magnaten in strenger Abrechnung von Besuchen und Gegenbesuchen zu stehn, die gewöhnlich gleich nach dem Mittagstische ihren Anfang nehmen und bis zu der Bürgerglocke, das heißt bis zehn Uhr abends fortdauern, während welcher Zeit die Unterhaltung gewöhnlich den König von Preußen, den Kaiser, andre hohe Potentaten, und was der Reichspostreuter von ihnen meldet, zum Gegenstande hat. Das ist nun freilich erschrecklich; doch gibt es auch Mittel, dort den Ton des Umgangs nach und nach zu verfeinern oder das schwache Publikum daran zu gewöhnen, nachdem es ein viertel Jahr hindurch über uns gelästert hat, uns endlich auf unsre Weise leben zu lassen, wenn man sich übrigens redlich, menschenfreundlich, dienstfertig und gesellig beträgt. Am übelsten aber pflegt man in den mittlern Städten daran zu sein, sowohl in den Reichsstädten der geringern Klasse, als in unbeträchtlichen Residenzen. Da herrschen gewöhnlich, neben einem übertriebenen Luxus und solchen sittlichen Verderbnissen, die mit der Korruption in den größten Städten wetteifern, noch obendrein alle Gebrechen kleiner Städte, Klatschereien, Anhänglichkeit an Schlendrian, an Gewohnheiten und Familienverbindungen, die abgeschmacktesten Forderungen und die lächerlichste Klassifizierung der Stände. So habe ich eine Stadt gesehn, in welcher ein Mann durch seine kürzlich erhaltene Bedienung, die ehemals dort

* schmälen = schelten

nicht existiert hatte, so sehr von allen übrigen einmal bestimmten Rangordnungen abgesondert war, daß er wie ein Elefant in einer Menagerie immer für sich allein spazierengehn mußte, ohne seinesgleichen, weder einen Gesellschafter, noch eine Gefährtin finden zu können. Vielleicht bin ich parteiisch für meine liebe Vaterstadt, aber ich glaube (und auch andre einsichtsvollere Männer lassen ihr diese Gerechtigkeit widerfahren), daß, obgleich Hannover nicht zu den größten Städten in Deutschland gehört, man dennoch hier so frei und unbemerkt leben könne als irgendwo. Vermutlich hat unsre Verbindung mit England, wo manche Vorurteile von der Art verachtet werden, hierzu viel beigetragen. Da nun aber in den wenigsten Städten von Deutschland diese glückliche Stimmung angetroffen wird, so muß man lernen, sich nach den herrschenden Sitten zu richten, und nichts kann unvernünftiger und für den Eiferer selbst von nachteiligem Folgen sein, als wenn ein einzelner, der nicht besonders in Ansehen steht, auftreten und seine Vaterstadt reformieren will. Nirgends kommt indessen ein solcher Deklamator übler an als in den Reichsstädten, wo alte Sitte und Schlendrian innig verwebt sind in die Regierungsform und in alle übrigen Verhältnisse. Dort kann zuweilen der bloße Schnitt eines Rocks oder ein bißchen mehr oder weniger Gold darauf, wodurch ein Kaufmann sich von seinen Mitbrüdern unterscheidet, ihn um seinen Kredit bringen, und eine Perücke im richtigen Kostüm, die über einen leeren Hirnkasten gehängt wird, bei der Ratsherrnwahl den Sieg über ein eigenes Haar, das einen feinen Kopf deckt, davontragen.

In Dörfern und auf seinem Landgute lebt man in der Tat am ungezwungensten, und für jemand, der Lust hat, sich zu beschäftigen und zum besten andrer etwas beizutragen, findet sich da mannigfaltige Gelegenheit, indem man an dem nützlichsten, zu sehr niedergedrückten und vernachlässigten Stande zum Wohltäter werden kann; allein die geselligen Freuden sind auf dem Lande nicht so leicht zu verschaffen. In Augenblicken, wo man gerade Bedürfnis fühlt, seine Arme nach einem treuen Freunde auszustrecken, ist dieser Freund vielleicht Meilen weit von uns entfernt; man müßte denn reich genug sein, einen ganzen Hofstaat von Freunden um sich her zu versammeln, aber auch das hat seine üble Seite, und sehr reiche Leute fühlen ja ohnehin selten dies Bedürfnis. Um also hier glücklich und vergnügt leben zu können, ohne so sehr wohlhabend zu sein, soll man die Kunst verstehn, das Gute aus dem Umgange der Menschen, die man grade bei sich haben kann, zu schmecken und zu erkennen, der einfachen Freuden nicht müde zu werden, damit zu geizen, und ihnen auf erfindungsreiche Art Mannigfaltigkeit zu geben. Weil man auf dem Lande seine Frau, seine Kinder und seine Hausfreunde vom Morgen bis zum Abend ununterbrochen um sich zu sehn pflegt, so entsteht leicht Überdruß, Leere im Umgange. Dies kann durch einen Vorrat guter Bücher, die neuen Stoff zur Unterhaltung geben, durch interessanten Briefwechsel mit abwesenden Edeln und durch weise Einteilung der Zeit, indem man manche Tagesfristen einzeln in seinen Zimmern zubringt, gehoben werden, und nichts ist süßer auf dem Lande, als wenn, nach einem nützlich verlebten Tage, wo jeder für sich seine Geschäfte besorgt hat, des Abends sich der kleine Zirkel zum Spaziergange, muntern Scherze und zwanglosen Gespräche wieder versammelt. Es gibt selbst Prinzen, die diesen Genuß kennen, und ich habe noch vor nicht gar langer Zeit am Fuße der vogesischen Gebirge einige Wochen an dem Hofe eines guten und klugen Fürsten auf diese Art sehr glücklich hingebracht.

Nichts aber ist erschrecklicher und doch häufiger zu finden, als wenn Menschen, die in kleinen Städten oder gar auf dem platten Lande täglich miteinander umgehn müssen, in ewigem Zwiste miteinander leben, und dabei doch nicht reich genug sind, sich jeder für sich eine besondre Existenz zu schaffen. Sie bauen sich eine Hölle auf Erden. Nirgends also ist es so wichtig als hier, schonend, nachsichtig, geschmeidig, vorsichtig, klug und mit einer Art von Koketterie im Umgange zu verfahren, um Mißverständnissen, Ekel und Überdrusse vorzubauen.

54.

In fremden Städten und Ländern ist Vorsichtigkeit im Umgange zu empfehlen, und das in manchem Betrachte. Wir mögen nun dort Unterricht und Belehrung, oder ökonomische und politische Vorteile oder bloß Vergnügen suchen, so ist es sehr notwendig, gewisse Rücksichten nicht zu verachten. Im ersten Falle, nämlich wenn wir reisen, um uns zu unterrichten, versteht sich's vor allen Dingen von selbst, daß wir wohl überlegen, in welchem Lande wir sind, und ob man da ohne Gefahr und Verdruß von allem reden und nach allem fragen dürfe. Es gibt leider auch in Deutschland Staaten, in welchen die Regierungen es nicht gern sehen und es scharf ahnden, wenn gewisse Werke der Finsternis an das Tageslicht gezogen werden. Da ist Behutsamkeit nötig, sowohl in Gesprächen und Nachforschungen als in der Wahl der Menschen, mit denen man sich in Verbindung einläßt. Übrigens muß ich auch hier erinnern, daß sehr wenig Reisende eigentlich Beruf haben, sich um die innere Verfassung fremder Länder zu bekümmern; allein törichte Neugier, Vorwitz, unruhiger Tätigkeitstrieb jagt jetzt haufenweise die Menschen hinaus, um in fremden Gasthöfen, Posthäusern, Klubs und in den Schatzkammern hypochondrischer Gelehrter unsichre Anekdoten zu einem Werkchen zu sammeln, indes sich daheim noch unendlich viel für sie zu wirken und zu lernen gefunden haben würde, wenn es ihnen um ihr und andrer Wohl ernstlich zu tun wäre.

Daß diese Vorsicht verdoppelt werden müsse, sobald man an einem fremden Orte für sich etwas zu suchen oder zu fordern hat, versteht sich wohl von selber. Da alsdann manches Auge auf uns gerichtet ist, so müssen wir den Umgang mit Leuten vermeiden, die, unzufrieden mit der Regierung, sich so gern den Fremden an den Hals werfen, weil sie unter ihren Mitbürgern durch unkluge Aufführung sich einen bösen Namen gemacht und sich auf diese Art den Weg versperrt haben, bürgerliche Vorteile zu erlangen, die sie aber zu verachten scheinen, wie der Fuchs die Trauben. Diese Art Leute sucht sich dann dadurch ein bißchen zu heben, daß sie mit den Reisenden, denen sie sich in den Gasthöfen oder auf andre Art aufdrängen, durch die Gassen der Stadt laufen und dadurch Verbindungen in andern Ländern mutmaßen lassen. Ein Fremder, der nur wenig Tage sich an einem Orte aufhalten will, kann ohne Nachteil mit diesen mehrenteils sehr geschwätzigen und von lustigen und ärgerlichen Märchen aller Art vollgepfropften Ciceronis nach Gefallen herumrennen, und kein vernünftiger Mann wird ihm das verdenken; wer aber länger in einer Stadt verweilen, in den bessern Zirkeln Zutritt haben oder gar ein Geschäft zustande bringen will, dem rate ich, in der Auswahl seines Umgangs auch die Stimme des Publikums zu respektieren.

Es gibt fast in jeder Stadt eine Partei solcher Unzufriedener; sei es nun mit der Regierung oder nur mit der Gesellschaft. Zu diesen geselle Dich also nicht. Wähle nicht unter ihnen Deinen Umgang. Diese Malcontenten* glauben sich nicht geehrt genug oder sind unruhige Köpfe, Lästermäuler, Menschen voll unvernünftiger Prätensionen, ränkevolle und unsittliche Leute.

Da sie nun einer dieser Ursachen wegen von ihren Mitbürgern geflohn werden, so suchen sie unter sich eine Art von Bündnis zu errichten, in welches sie, wenn sie können, verständige und wackre Männer zu ihrer Verstärkung durch Schmeichelei hineinziehen. Laß Dich weder darauf, noch überhaupt auf das ein, was Partei und Faktion genannt werden kann, wenn du mit Annehmlichkeit leben willst.

55.

Verflechte niemand in Deine Privatzwistigkeiten und fordre nicht von denen, mit welchen Du umgehst, daß sie teil an den Uneinigkeiten nehmen sollen, die zwischen Dir und andern herrschen.

56.

Wünschest Du zeitliche Vorteile, Unterstützung, Versorgung im bürgerlichen Leben; möchtest Du in einer Bedienung angestellt

* Mißvergnügte, Oppositionelle

werden, in welcher Du Deinem Vaterlande nützlich sein könntest, so mußt Du darum bitten, ja nicht selten betteln. Rechne nicht darauf, daß die Menschen, sie müßten denn Deiner ganz notwendig bedürfen, Dir etwas anbieten oder sich ohngebeten für Dich verwenden werden, wenn auch Deine Taten noch so laut für Dich reden, und jedermann weiß, daß Du Unterstützung bedarfst und verdienst. Jeder sorgt für sich und die Seinigen, ohne sich um den bescheidenen Mann zu bekümmern, der indes nach Gemächlichkeit in seinem Winkelchen seine Talente vergraben oder gar verhungern kann. Darum bleibt so mancher Verdienstvolle bis an seinen Tod unerkannt, außerstand gesetzt, seinen Mitbürgern nützlich zu werden – weil er nicht betteln, nicht kriechen kann.

57.

Wenn ich gesagt habe, daß man lieber *geben*, als von irgend jemand *empfangen* solle, so hebt das den Satz nicht auf, daß man nicht gar zu viel für andre tun dürfe. Überhaupt sei dienstfertig, aber nicht zudringlich. Sei nicht jedermanns Freund und Vertrauter. Vor allen Dingen bessere und bemoralisiere die Menschen nicht, rate ihnen nicht ohne entschiedenen Beruf dazu. Die wenigsten wissen Dir Dank dafür, und selbst wenn sie uns um Rat fragen, sind sie gewöhnlich schon entschlossen zu tun, was ihnen gefällt. Man belästige nicht seine Bekannten mit kleinen, unwichtigen Aufträgen, z. B. etwas für uns einzukaufen u. dgl., wenn man auf andre Weise Rat schaffen kann. Auch suche man sich von ähnlichen Besorgungen loszumachen. Gewöhnlich büßt man Zeit und Geld dabei ein und erntet dennoch selten Dank und Zufriedenheit. Mische Dich auch nicht in Familienhändel. Ich bin ein paarmal mit der besten Absicht sehr übel dabei gefahren. Vor allen Dingen hüte Dich, Zwistigkeiten schlichten und Versöhnungen stiften zu wollen. (Es sei denn unter geliebten, geprüften Personen.) Mehrenteils werden beide Parteien einig, um über dich herzufallen. Das Kuppeln und Heiratenschmieden überlasse man dem Himmel und einer gewissen Klasse von alten Weibern.

58.

Beurteile die Menschen nicht nach dem, was sie reden, sondern nach dem, was sie tun. Aber wähle zu Deinen Beobachtungen solche Augenblicke, in welchen sie von Dir unbemerkt zu sein glauben. Richte Deine Achtsamkeit auf die kleinen Züge, nicht auf die Haupthandlungen, zu denen jeder sich in seinen Staatsrock steckt. Gib acht auf die Laune, die ein gesunder Mann beim Erwachen vom Schlafe, auf die Stimmung, die er hat, wenn er des Morgens, wo Leib und Seele im Nachtkleide erscheinen, aus dem Schlafe geweckt wird, auf das, was er vorzüglich gern ißt und trinkt: ob sehr materielle, einfache oder sehr feine, gewürzte, zusammengesetzte Speisen; auf seinen Gang und Anstand; ob er lieber allein seinen Weg geht oder sich immer an eines andern Arm hängt; ob er in einer graden Linie fortschreiten kann oder seines Nebengängers Weg durchkreuzt, oft an andre stößt und ihnen auf die Füße tritt; ob er durchaus keinen Schritt allein tun, sondern stets Gesellschaft haben, immer sich an andre anschließen, auch um die geringsten Kleinigkeiten erst Rat fragen, sich erkundigen will, wie es sein Nachbar, sein Kollege macht; ob, wenn er etwas fallen läßt, er es sogleich wieder aufnimmt, oder es da liegen läßt, bis er gelegentlich, nach seiner Gemächlichkeit, einmal hinreicht, um es aufzuheben; ob er gern andern in die Rede fällt, niemand zu Worte kommen läßt; ob er gern geheimnisvoll tut, die Leute auf die Seite ruft, um ihnen gemeine Dinge in das Ohr zu sagen; ob er gern in allem entscheidet und so ferner. – Fasse alle diese Wahrnehmungen zusammen, nur sei nicht so unbillig, nach einzelnen solchen Zügen den ganzen Charakter zu richten.

Sei nicht zu parteiisch für Menschen, die Dir freundlicher begegnen als andre.

Baue nicht eher fest auf treue, immer Stich haltende Liebe und Freundschaft, als bis Du erst solche Proben gesehn hast, die *Aufop-*

ferung kosten. Die mehrsten Menschen, die uns so herzlich ergeben scheinen, treten zurück, sobald es darauf ankommt, ihren Lieblingsneigungen zu unserm Vorteile zu entsagen. Darauf ist also Rücksicht zu nehmen, wenn man wissen will, was ein Mensch uns wert ist. Es ist keine Kunst, alles zu leisten, was man nur wünschen mag, das einzige ausgenommen, was Überwindung kostet.

59.

Wenn Du in einer Gesellschaft von einem der Anwesenden mit Deinem Freunde reden willst (obgleich dies und das In-das-Ohr-Flüstern überhaupt unanständig ist), so gebrauche wenigstens die Vorsicht und Schonung, die Person, von welcher Du redest, nicht dabei anzusehn. Und ist Dir daran gelegen, etwas zu hören, das in einiger Entfernung von Dir gesprochen wird, so wende auch Deine Blicke nicht dahin. Man wird sonst aufmerksam auf Dich und man hört ja auch nur mit den Ohren, nicht mit den Augen.

60.

Alle diese allgemeinen, sodann die folgenden besondern Regeln nun, und viel mehrere noch, die ich, um mein Werk nicht über Gebühr auszudehnen, der eigenen Einsicht der Leser überlasse, zielen dahin, den Umgang leicht, angenehm zu machen und das gesellige Leben zu erleichtern. Es kann aber mancher seine besondern Gründe haben, warum er sich über einige derselben hinaussetzen will, und da ist es denn freilich sehr billig, jedem zu erlauben, auf seine eigene Art seine Ruhe zu befördern. Drängen wir niemand unsre Spezifika auf. Wer weder Gunst der Großen sucht, noch allgemeines Lob, noch glänzenden Ruhm, noch Beifall verlangt; wer seiner politischen und ökonomischen Lage oder andrer Rücksichten wegen nicht Ursache hat, den Zirkel seiner Bekanntschaft zu erweitern; wer Alters oder Schwächlichkeit halber den menschlichen Umgang flieht, der bedarf keiner Regeln des Umgangs. Wir sollen daher so billig sein, von niemand zu fordern, daß er sich nach unsern Sitten richte, sondern jedermann seinen Gang gehn lassen; denn da jedes Menschen Glückseligkeit in seinen Begriffen von Glückseligkeit beruht, so ist es grausam, irgendeinen zwingen zu wollen, wider seinen Willen glücklich zu sein. Es ist oft lustig anzusehn, wie ein Haufen leerer Köpfe sich über einen sehr verständigen Mann aufhält, der grade keinen Beruf fühlt oder nicht aufgelegt ist, den Ton ihrer Gesellschaft anzunehmen, sondern mit seiner abgesonderten Existenz sehr wohl zufrieden, seine teure Zeit nicht jedem Narren preisgeben will. Wenn wir nicht grade Sklaven der Gesellschaft sein wollen, so nehmen das die müßigen Leute, die nichts Bessers zu tun wissen, als aus dem Bette vor den Spiegel, von da an Tafel, von da an den Spieltisch, von da wieder an Tafel und von da endlich in das Bett zu wandern, sehr übel, daß wir nicht wie sie leben, der Geselligkeit nicht höhere Pflichten aufopfern wollen – das ist eine Unart, deren man sich enthalten soll. Es heißt nicht, sich absondern, wenn man zu Hause bleibt, um zu tun, was man *tun soll*, wovon man Rechenschaft geben muß.

61.

Von Deinen *Grundsätzen* gehe nie ab, solange Du sie als richtig anerkennst! Ausnahmen zu machen, das ist sehr gefährlich und führt immer weiter, vom Kleinen zum Großen. Hast Du Dir also einmal aus guten Gründen vorgenommen, keine Bücher zu verleihn, keinen Wein zu trinken u. dgl., so müsse Dich Dein eigener Vater nicht bewegen können, davon abzugehn. Sei fest; aber hüte Dich, nicht so leicht etwas zum Grundsatze zu machen, bevor Du alle möglichen Fälle überlegt hast, oder eigensinnig auf Kleinigkeiten zu bestehn.

Vor allen Dingen also handle nur stets konsequent. Mache Dir einen Lebensplan und weiche nicht um ein Tüttelchen von diesem Plane. Hätte dieser Plan auch allerlei Sonderbarkeiten – die Menschen werden eine Zeitlang die Köpfe darüber zusammenstecken und am Ende schweigen, Dich in Ruhe lassen und Dir ihre Hochachtung nicht versagen können. Man gewinnt überhaupt immer durch Ausdauern und planmäßige, weise Festigkeit. Es ist mit Grundsätzen wie mit jeden andern Stoffen, woraus etwas gemacht wird, nämlich daß der beste Beweis für ihre Güte der ist, wenn sie lange halten, und in der Tat, wenn man recht genau den Gründen nachspüren will, warum auch den edelsten Handlungen mancher Menschen nicht Gerechtigkeit widerfährt, so wird man oft finden, daß das Publikum deswegen Verdacht gegen die Wahrheit und den Zweck dieser Handlungen gefaßt hat, weil sie nicht in das System des Mannes, der sie begeht, weil sie nicht zu seinen übrigen Schritten zu passen scheinen.

62.

Was aber noch heiliger als jene Vorschrift ist – habe immer ein gutes Gewissen! Bei keinem Deiner Schritte müsse Dir Dein Herz über Absicht und Mittel Vorwürfe machen dürfen. Gehe nie schiefe Wege und baue dann sicher auf gute Folgen, auf Gottes Beistand und auf Menschenhilfe in der Not. Und verfolgt Dich auch wohl eine Zeitlang ein widriges Geschick – o, so wird doch die selige Überzeugung von der Unschuld Deines Herzens, von der Redlichkeit Deiner Absichten Dir ungewöhnliche Kraft und Heiterkeit geben; Dein kummervolles Antlitz wird im Umgange mehr, weit mehr Interesse erwecken als die Fratze des lächelnden, grinsenden, glücklich scheinenden Bösewichts.

63.

Und nun weiter zu den besondern Umgangsregeln – doch vorher noch eine Erinnerung. Wenn ich allein, oder auch nur vorzüglich, für Frauenzimmer schriebe, so würde ich eine Menge der schon gegebenen und noch folgenden Vorschriften teils gänzlich übergehn, teils modifizieren, teils andre an deren Stelle setzen müssen, die alsdann für Männer weniger brauchbar wären. Das ist indessen nicht der Zweck meines Buchs. Weise Frauenzimmer allein können den Personen ihres Geschlechts die besten Lehren über ihr Betragen im gesellschaftlichen Leben erteilen; das ist eine Arbeit, die Männern nicht gelingen würde. Findet jedoch das schöne Geschlecht auch etwas für sich Brauchbares in diesen Blättern, so wird das meine Zufriedenheit über mein eigenes Werk sehr vermehren. Übrigens haben Frauenzimmer in ihrem Umgange in der Tat Rücksichten zu nehmen, die bei uns gänzlich wegfallen. Sie hängen vielmehr vom äußern Rufe ab, dürfen nicht so zuvorkommend sein. Man verzeiht ihnen von einer Seite weniger Unvorsichtigkeiten und von der andern mehr Launen; ihre Schritte werden früher wichtig für sie, indes dem Knaben und Jüngling manche Unvorsichtigkeit verziehn wird; ihre Existenz schränkt sich ein auf den häuslichen Zirkel, dahingegen des Mannes Lage ihn eigentlich fester an den Staat, an die große bürgerliche Gesellschaft knüpft; deswegen gibt es Tugenden und Laster, Handlungen und Unterlassungen, die bei einem Geschlechte von ganz andern Folgen sind als bei dem andern. – Doch über dies alles ist den Damen so viel Gutes in andern Büchern gesagt worden, daß jede weitere Ausführung dieses Gegenstandes hier am unrechten Orte stehn würde.

Zweites Kapitel

Über den Umgang mit sich selbst

1.

Die Pflichten gegen uns selbst sind die wichtigsten und ersten, und also der Umgang mit unsrer eigenen Person gewiß weder der unnützeste noch uninteressanteste. Es ist daher nicht zu verzeihn, wenn man sich immer unter andern Menschen umhertreibt, über den Umgang mit Menschen seine eigene Gesellschaft vernachlässigt, gleichsam vor sich selber zu fliehn scheint, sein eigenes Ich nicht kultiviert und sich doch stets um fremde Händel bekümmert. Wer täglich herumrennt, wird fremd in seinem eigenen Hause; wer immer in Zerstreuung lebt, wird fremd in seinem eignen Herzen, muß im Gedränge müßiger Leute seine innere Langeweile zu töten trachten, büßt das Zutrauen zu sich selber ein und ist verlegen, wenn er sich einmal vis à vis de soi-même befindet. Wer nur solche Zirkel sucht, in welchen er geschmeichelt wird, verliert so sehr den Geschmack an der Stimme der Wahrheit, daß er diese Stimme zuletzt nicht einmal mehr aus sich selber hören mag; er rennt dann lieber, wenn das Gewissen ihm dennoch unangenehme Dinge sagt, fort, in das Getümmel hinein, wo diese wohltätige Stimme überschrien wird.

2.

Hüte Dich also, Deinen treuesten Freund, Dich selber, so zu vernachlässigen, daß dieser treue Freund Dir den Rücken kehre, wenn Du seiner am nötigsten bedarfst. Ach, es kommen Augenblicke, in denen Du Dich selbst nicht verlassen darfst, wenn Dich auch jedermann verläßt; Augenblicke, in welchen der Umgang mit Deinem Ich der einzige tröstliche ist – was wird aber in solchen Augenblicken aus Dir werden, wenn Du mit Deinem eignen Herzen nicht in Frieden lebst, und auch von dieser Seite aller Trost, alle Hilfe Dir versagt wird?

3.

Willst Du aber im Umgange mit Dir Trost, Glück und Ruhe finden, so mußt Du ebenso vorsichtig, redlich, fein und gerecht mit Dir selber umgehn als mit andern, also daß Du Dich weder durch Mißhandlung erbitterst und niederdrückest, noch durch Vernachlässigung zurücksetzest, noch durch Schmeichelei verderbest.

4.

Sorge für die Gesundheit Deines Leibes und Deiner Seele; aber verzärtle beide nicht. Wer auf seinen Körper losstürmt, der verschwendet ein Gut, welches oft allein hinreicht, ihn über Menschen und Schicksal zu erheben und ohne welches alle Schätze der Erde eitle Bettelware sind. Wer aber jedes Lüftchen fürchtet und jede Anstrengung und Übung seiner Glieder scheut, der lebt ein ängstliches, nervenloses Austerleben und versucht es vergeblich, die verrosteten Federn in den Gang zu bringen, wenn er in den Fall kommt, seiner natürlichen Kräfte zu bedürfen. Wer sein Gemüt ohne Unterlaß dem Sturme der Leidenschaften preisgibt oder die Segel seines Geistes unaufhörlich spannt, der rennt auf den Strand oder muß mit abgenutztem Fahrzeuge nach Hause lavieren, wenn grade die beste Jahreszeit zu neuen Entdeckungen eintritt. Wer aber die Fakultäten seines Verstandes und Gedächtnisses immer schlummern läßt oder vor jedem kleinen Kampfe, vor jeder Art von minder angenehmer Anstrengung zurückbebt, der hat nicht nur wenig wahren Genuß, sondern ist auch ohne Rettung verloren da, wo es auf Kraft, Mut und Entschlossenheit ankommt.

Hüte Dich vor eingebildeten Leiden des Leibes und der Seele. Laß Dich nicht gleich niederbeugen von jedem widrigen Vorfalle, von jeder körperlichen Unbehaglichkeit. Fasse Mut! Sei getrost!

Alles in der Welt geht vorüber; alles läßt sich überwinden durch Standhaftigkeit; alles läßt sich vergessen, wenn man seine Aufmerksamkeit auf einen andern Gegenstand heftet.

5.

Respektiere Dich selbst, wenn Du willst, daß andre Dich respektieren sollen. Tue nichts im Verborgenen, dessen Du Dich schämen müßtest, wenn es ein Fremder sähe. Handle weniger andern zu gefallen, als um Deine eigene Achtung nicht zu verscherzen, gut und anständig! Selbst in Deinem Äußern, in Deiner Kleidung sieh Dir nicht nach, wenn Du allein bist. Gehe nicht schmutzig, nicht lumpig, nicht unrechtlich, nicht krumm, noch mit groben Manieren einher, wenn Dich niemand beobachtet. Mißkenne Deinen eigenen Wert nicht! Verliere nie die Zuversicht zu Dir selber, das Bewußtsein Deiner Menschenwürde, das Gefühl, wenn nicht ebenso weise und geschickt als manche andre zu sein, doch weder an Eifer, es zu werden, noch an Redlichkeit des Herzens, irgend jemand nachzustehn.

6.

Verzweifle nicht, werde nicht mißmutig, wenn Du nicht die moralische oder intellektuelle Höhe erreichen kannst, auf welcher ein andrer steht, und sei nicht so unbillig, andre gute Seiten an Dir zu übersehn, die Du vielleicht vor jenem voraus haben magst – und wäre das auch nicht der Fall! Müssen wir denn alle groß sein?

Stimme Dich auch herab von der Begierde zu herrschen, eine glänzende Hauptrolle zu spielen. Ach, wüßtest Du, wie teuer man das oft erkaufen muß! Ich begreife es wohl, diese Sucht, ein großer Mann zu sein, ist bei dem innern Gefühle von Kraft und wahrem Werte schwer abzulegen. Wenn man so unter mittelmäßigen Geschöpfen lebt und sieht, wie wenig diese erkennen und schätzen, was in uns ist, wie wenig man über sie vermag, wie die elendesten Pinsel, die alles im Schlafe erlangen, aus ihrer Herrlichkeit herunterblicken – Ja! es ist wohl freilich hart! – Du versuchst es in allen Fächern; im Staate geht es nicht; Du willst in Deinem Hause groß sein, aber es fehlt Dir an Geld, an dem Beistande Deines Weibes; Deine Laune wird von häuslichen Sorgen niedergedrückt, und so geht denn alles den Werkeltagsgang; Du empfindest tief, wie so alles in Dir zugrunde geht; Du kannst Dich durchaus nicht entschließen, ein gemeiner Kerl zu werden, in dem Fuhrmannsgleise fortzuziehn – das alles fühle ich mit Dir; allein verliere doch darum nicht den Mut, den Glauben an Dich selber und an die Vorsehung! Gott bewahre Dich vor diesem vernichtenden Unglücke! Es gibt eine Größe – und wer die erreichen kann, der steht hoch über allen –, diese Größe ist unabhängig von Menschen, Schicksalen und äußerer Schätzung. Sie beruht auf innerem Bewußtsein, und ihr Gefühl verstärkt sich, je weniger sie erkannt wird.

7.

Sei Dir selber ein angenehmer Gesellschafter. Mache Dir keine Langeweile, das heißt: Sei nie ganz müßig! Lerne Dich selbst nicht zu sehr auswendig, sondern sammle aus Büchern und Menschen neue Ideen. Man glaubt es gar nicht, welch ein eintöniges Wesen man wird, wenn man sich immer in dem Zirkel seiner eigenen Lieblingsbegriffe herumdreht, und wie man dann alles wegwirft, was nicht unser Siegel an der Stirne trägt.

Der langweiligste Gesellschafter für sich selber ist man ohne Zweifel dann, wenn man mit seinem Herzen, mit seinem Gewissen in nachteiliger Abrechnung steht. Wer sich davon überzeugen will, der gebe acht auf die Verschiedenheit seiner Launen! Wie verdrießlich, wie zerstreuet, wie sehr sich selbst zur Last, ist man nach einer Reihe zwecklos, vielleicht gar schädlich hingebrachter Stunden, und wie heiter, sich selbst mit seinen Gedanken unterhaltend dagegen am Abend eines nützlich verlebten Tags.

8

Es ist aber nicht genug, daß Du Dir ein lieber, angenehmer und unterhaltender Gesellschafter seiest, Du sollst Dich auch, fern von Schmeichelei, als Dein eigener treuester und aufrichtigster Freund zeigen, und wenn Du ebensoviel Gefälligkeit gegen Deine Person als gegen Fremde haben willst, so ist es auch Pflicht, ebenso strenge gegen Dich als gegen andre zu sein. Gewöhnlich erlaubt man sich alles, verzeiht sich alles und andern nichts; gibt bei eigenen Fehltritten, wenn man sich auch dafür anerkennt, dem Schicksale oder unwiderstehlichen Trieben die Schuld, ist aber weniger tolerant gegen die Verirrungen seiner Brüder – das ist nicht gut getan.

9.

Miß auch nicht Dein Verdienst darnach ab, daß Du sagest: »Ich bin besser als dieser und jener von gleichem Alter, Stande«, und so ferner; sondern nach den Graden Deiner Fähigkeiten, Anlagen, Erziehung und der Gelegenheit, die Du gehabt hast, weiser und besser zu werden als viele. Halte hierüber oft in einsamen Stunden Abrechnung mit Dir selber und frage Dich als ein strenger Richter, wie Du alle diese Winke zu höherer Vervollkommnung genützt habest.

Drittes Kapitel

Über den Umgang mit Leuten von verschiedenen Gemütsarten, Temperamenten und Stimmung des Geistes und Herzens

1.

Man pflegt gewöhnlich vier Hauptarten von Temperamenten anzunehmen und zu behaupten, ein Mensch sei entweder cholerisch, phlegmatisch, sanguinisch oder melancholisch. Obgleich nun wohl schwerlich je eine dieser Gemütsarten so ausschließlich in uns wohnt, daß dieselbe nicht durch einen kleinen Zusatz von einer andern modifiziert würde, da dann aus dieser unendlichen Mischung der Temperamente jene feinen Nuancen und die herrlichsten Mannigfaltigkeiten entstehen, so ist doch mehrenteils in dem Segelwerke jedes Erdensohns einer von jenen vier Hauptwinden vorzüglich wirksam, um seinem Schiffe auf dem Ozean dieses Lebens die Richtung zu geben. Soll ich mein Glaubensbekenntnis über die vier Haupttemperamente ablegen, so muß ich aus Überzeugung folgendes sagen:

Bloß *Cholerische* Leute flieht billig jeder, dem seine Ruhe lieb ist. Ihr Feuer brennt unaufhörlich, zündet und verzehrt, ohne zu wärmen.

Bloß *Sanguinische* sind unsichre Weichlinge, ohne Kraft und Festigkeit.

Bloß *Melancholische* sind sich selbst, und bloß *Phlegmatische* andern Leuten eine unerträgliche Last.

Cholerisch-sanguinische Leute sind die, welche in der Welt sich am mehrsten bemerken, gefürchtet, welche Epoche machen, am kräftigsten wirken, herrschen, zerstören und bauen; cholerisch-sanguinisch ist also der wahre Herrscher, der Despotencharakter; aber noch ein Grad von melancholischem Zusatze, und der Tyrann ist gebildet.

Sanguinisch-Phlegmatische leben wohl am glücklichsten, am ruhigsten und ungestörtesten, genießen mit Lust, mißbrauchen nicht ihre Kräfte, kränken niemand, vollbringen aber auch nichts Großes; allein dieser Charakter im höchsten Grade artet in geschmacklose, dumme und grobe Wollust aus.

Cholerisch-Melancholische richten viel Unheil an; Blutdurst, Rache, Verwüstung, Hinrichtung des Unschuldigen und Selbstmord sind nicht selten die Folgen dieser Gemütsart.

Melancholisch-Sanguinische zünden sich mehrenteils an beiden Enden zugleich an, reiben sich selber an Leib und Seele auf.

Cholerisch-phlegmatische Menschen trifft man selten an; es scheint ein Widerspruch in dieser Zusammensetzung zu liegen; und dennoch gibt es deren, bei welchen diese beiden Extreme wie Ebbe und Flut abwechseln, und solche Leute taugen durchaus zu keinen Geschäften, zu welchen gesunde Vernunft und Gleichmütigkeit erfordert werden. Sie sind nur mit äußerster Mühe in Bewegung zu setzen, und hat man sie endlich in die Höhe gebracht, dann toben sie wie wilde Tiere umher, fallen mit der Tür in das Haus und verderben alles durch rasendes Ungestüm.

Melancholisch-phlegmatische Leute aber sind wohl unter allen die unerträglichsten, und mit ihnen zu leben, das ist für jeden vernünftigen und guten Mann Höllenpein auf Erden.

2.

Herrschsüchtige Menschen sind schwer zu behandeln und passen nicht zum freundschaftlichen und geselligen Umgange. Sie wollen allerorten durchaus die erste Rolle spielen; alles soll nach ihrem Kopfe gehn. Was sie nicht errichtet haben, was sie nicht dirigieren, das verachten sie nicht nur, nein, sie zerstören es, wenn sie können. Wo sie hingegen an der Spitze stehen, oder wo man sie wenigstens glauben macht, daß sie an der Spitze stünden, da arbeiten sie mit unermüdetem Eifer und stürzen alles vor sich weg, was ihrem Zwecke im Wege steht. Zwei herrschsüchtige Leute nebeneinander taugen zu gar nichts in der Welt und zertrümmern alles um sich her aus Privatleidenschaft. Hieraus nun ist leicht abzunehmen, wie man sich gegen solche Leute zu betragen habe, wenn man mit ihnen leben muß, und ich glaube darüber nichts hinzufügen zu dürfen.

3.

Ehrgeizige Menschen müssen ungefähr auf eben diese Art behandelt werden. Der Herrschsüchtige ist zugleich auch ehrgeizig, aber umgekehrt der Ehrgeizige nicht immer herrschsüchtig, sondern begnügt sich auch wohl mit einer Nebenrolle, insofern er darin nur mit einigem Glanze zu erscheinen hoffen darf; ja es können Fälle vorkommen, wo er selbst in der Erniedrigung Ehre sucht; doch verzeiht er nichts weniger, als wenn man ihn an dieser schwachen Seite kränkt.

4.

Der *Eitle* will geschmeichelt sein; Lob kitzelt ihn unaussprechlich, und wenn man ihm Aufmerksamkeit, Zuneigung, Bewunderung widmet, so braucht nicht eben große Ehrenbezeigung damit verbunden zu sein. Da nun jeder Mensch mehr oder weniger von dieser Begierde zu gefallen und vorteilhafte Eindrücke zu machen, an sich hat, so kann man ohne Sünde hie und da einem sonst guten Manne, dem diese kleine Schwachheit anklebt, in diesen Punkten ein wenig nachsehn, ein Wörtchen, so er gern hört, gegen ihn fallen lassen, ihm erlauben, an dem Lobe, so er einerntet, sich zu erquicken oder sich selbst nach Gelegenheit ein wenig zu loben. Das schändlichste Handwerk aber treiben die niedrigen Schmeichler, die durch unaufhörliches Weihrauchstreuen eiteln Leuten den Kopf so einnehmen, daß diese zuletzt nichts anders mehr hören mögen als Lob, daß ihre Ohren für die Stimme der Wahrheit verschlossen sind und daß sie jeden guten, graden Mann fliehen und zurücksetzen, der sich nicht so weit erniedrigen kann oder es für eine Art von Unbescheidenheit und Grobheit hält, ihnen dergleichen Süßigkeiten ins Gesicht zu werfen. Gelehrte und Damen pflegen am mehrsten in diesem Falle zu sein, und ich habe deren einige gekannt, mit denen ein schlichter Biedermann deswegen fast gar nicht umgehn konnte. Wie die Kinder dem Fremden nach den Taschen schielen, um zu erfahren, ob man ihnen keine Zuckerpletzen mitgebracht hat, so horchen jene auf jedes Wort, das Du sprichst, um zu vernehmen, ob es nicht etwas Verbindliches für sie enthält, und werden mürrischer Laune, sobald sie sich in ihrer Hoffnung betrogen finden. Der höchste Grad dieser Eitelkeit führt zu einem Egoismus, der zu aller gesellschaftlichen und freundschaftlichen Verbindung untüchtig macht, und dem Eiteln ebensosehr zur Last, als dem zum Ekel wird, der mit ihm leben muß.

Obgleich man nun solchen eiteln Leuten nicht schmeicheln soll, so hat doch auch nicht jeder Beruf, sie zu bessern, zum Pädagogen an ihnen zu werden, besonders nicht an solchen Menschen, die mit ihm in gar keiner Verbindung stehen, ihnen auf ungeschliffene Art den Text lesen, sie zu demütigen oder weniger Höflichkeit und Gefälligkeit gegen sie zu üben, als man jedem andern widmen würde, und es ist unbillig, wenn diejenigen, welche täglich mit ihnen leben müssen, dies von uns verlangen, wenn sie fordern, daß wir mit Hand anlegen sollen, ihre verzogenen Freunde umzubilden.

Eitle Leute pflegen gern andre zu schmeicheln, um dagegen wieder mit Weihrauch eingeräuchert zu werden und weil sie das für das einzige würdige Opfer, für die einzige vollwichtige Münze halten.

5.

Von Herrschsucht, Ehrgeiz und Eitelkeit ist *Hochmut* sowie von *Stolz* unterschieden. Ich möchte gern, daß man Stolz als eine edle Eigenschaft der Seele ansähe; als ein Bewußtsein wahrer innrer Erhabenheit und Würde; als ein Gefühl der Unfähigkeit, niederträchtig zu handeln. Dieser Stolz führt zu großen, edlen Taten; er ist die Stütze des Redlichen, wenn er von jedermann verlassen ist; er erhebt über Schicksal und schlechte Menschen und erzwingt selbst von dem mächtigen Bösewicht den Tribut der Bewundrung, den er wider Willen dem unterdrückten Weisen zollen muß. Hochmut hingegen brüstet sich mit Vorzügen, die er nicht hat, bildet sich auf Dinge etwas ein, die gar keinen Wert haben. Hochmut ist es, der den Pinsel von sechzehn Ahnen aufbläht, daß er die Verdienste seiner Vorfahren – die oft nicht einmal seine echten Vorfahren sind und oft nicht einmal Verdienste gehabt haben – daß er diese sich anrechnet, als wenn Tugenden zu dem Inventar eines alten Schlosses gehörten. Hochmut ist es, der den reichen Bürger so grob, so steif, so ungesellig macht. Und wahrlich, dieser pöbelhafte Hochmut ist, da er mehrenteils von Mangel an Lebensart und ungeschickten Manieren begleitet wird, womöglich noch empörender als der des Adels. Hochmut ist es, der den Künstler mit so viel Zuversicht zu Talenten erfüllt, die, sollten sie auch von niemand anerkannt werden, ihn dennoch in Gedanken über alle Erdensöhne hinaussetzen. Er wird, wenn niemand ihn bewundert, eher auf die Geschmacklosigkeit der ganzen Welt schimpfen, als auf den natürlichen Gedanken geraten, daß es wohl mit seiner Kunst nicht so ganz richtig aussehn müsse.

Wenn dieser Hochmut nun gar in einem armen, verachteten Subjekte wohnt, dann wird er ein Gegenstand des Mitleidens und pflegt eben nicht viel Unheil anzurichten. Er ist aber übrigens fast immer mit Dummheit gepaart, also durch keine vernünftigen Gründe zu bessern und keiner bescheidenen Behandlung wert. Hier hilft nichts, als Übermut gegen Übermut zu setzen, oder zu scheinen, als bemerkte man ein hochmütiges Betragen gar nicht; oder Leute, die sich aufblasen, gar keiner Achtsamkeit zu würdigen, sie anzusehn, als wie man auf einen leeren Platz hinblickt, selbst wenn man ihrer bedarf; denn wahrhaftig! – ich habe das oft erfahren – je mehr man nachgibt, desto mehr fordern, desto übermütiger werden sie, bezahlt man sie aber mit gleicher Münze, so weiß ihre Dummheit nicht, wie sie das Ding nehmen soll, und spannt gewöhnlich andre Saiten auf.

6.

Mit sehr *empfindlichen*, leicht zu beleidigenden Leuten ist es nicht angenehm umzugehn. Allein diese Empfindlichkeit kann verschiedene Quellen haben. Hat man daher nachgespürt, ob der Mann, mit welchem wir leben müssen, und der leicht durch ein kleines unschuldiges Wörtchen oder durch eine zweideutige Miene oder durch einen Mangel an Aufmerksamkeit gekränkt und vor den Kopf gestoßen wird, ob dieser Mann, sage ich, aus Eitelkeit, wie es mehrenteils der Fall ist, oder aus Ehrgeiz, oder weil er oft von bösen Menschen hintergangen und geneckt worden, oder endlich deswegen so leicht zu beleidigen ist, weil sein Herz zu zärtlich fühlt, weil er von andern ebensoviel verlangt, als er ihnen selbst gibt, so muß man sein Betragen darnach einrichten, und jeden Anstoß von der Art zu vermeiden suchen; doch pflegt das schwer zu sein. Ist er übrigens redlich und verständig, so wird seine Verstimmung nicht lange dauern; er wird durch eine grade, freundliche Erklärung bald zu besänftigen sein; er wird nach und nach seinen besten Freunden trauen lernen und vielleicht zuletzt, wenn man immer edel und offen mit ihm verfährt, von seiner Schwachheit zurückkommen.

Von diesen allen sind in der Tat diejenigen am schwersten zu befriedigen und der Gesellschaft am lästigsten, die sich jeden Augenblick vernachlässigt, zurückgesetzt, nicht genug geehrt glauben: Man hüte sich also, in diesen Fehler zu verfallen, wodurch man sich selber quält und andern peinliche Mühe macht.

7.

Eigensinnige Menschen sind viel schwerer zu behandeln als sehr empfindliche. Noch ist mit ihnen auszukommen, wenn sie übrigens verständig sind. Sie pflegen dann, insofern man ihnen nur in dem ersten Augenblicke nachzugeben scheint, bald von selbst der Stimme der Vernunft Gehör zu geben, ihr Unrecht und die Feinheit unsrer Behandlung zu fühlen und wenigstens auf eine kurze Frist geschmeidiger zu werden; ein Elend aber ist es, Starrköpfigkeit in Gesellschaft von Dummheit anzutreffen und behandein zu müssen. Da helfen weder Gründe noch Schonung. Es ist da mehrenteils nichts weiter zu tun, als einen solchen steifsinnigen Pinsel blindlings handeln zu lassen, ihn aber so in seine eigenen Ideen, Pläne und Unternehmungen zu verwickeln, daß er, wenn er durch übereilte, unkluge Schritte in Verlegenheit gerät, sich selbst nach unsrer Hilfe sehnen muß. Dann läßt man ihn eine Zeitlang zappeln, wodurch er nicht selten demütig und folgsam wird und das Bedürfnis geleitet zu werden fühlt. Hat aber ein schwacher, eigensinniger Kopf von ungefähr ein einzigmal gegen uns recht gehabt oder uns über einen kleinen Fehler erwischt, dann tue man nur Verzicht darauf, ihn je wieder zu leiten. Er wird uns immer zu übersehn glauben, unsrer Einsicht und Rechtschaffenheit nie trauen; und das ist eine höchst verdrießliche Lage.

Bei beiden Gattungen von Leuten aber helfen in dem ersten Augenblicke keine weitläufigen Vorstellungen, indem sie dadurch nur noch mehr verhärtet werden. Hängen wir von ihnen ab, und sie geben uns Aufträge, wovon wir wissen, daß sie dieselben nachher selbst mißbilligen werden, so kann man nichts Klügeres tun, als ihnen ohne Widerrede Gehorsam zu versprechen, aber entweder die Befolgung so lange zu verschieben, bis sie sich indes eines Bessern besinnen, oder in der Stille die Sache nach eigenen Einsichten einzurichten, welches sie gewöhnlich in ruhigen Augenblicken zu billigen pflegen, insofern man nur etwa tut, als habe man ihren Befehl also verstanden, sich aber ja nie seiner größern, kaltblütigen Einsicht rühmt.

Nur in sehr wenig eiligen oder sonst höchst wichtigen Fällen kann es nützlich und nötig sein, Eigensinn gegen Eigensinn aufzuspannen und schlechterdings nicht nachzugeben. Doch geht alle Wirkung dieses Mittels verloren, wenn man es zu oft und bei unbedeutenden Gelegenheiten oder gar da anwendet, wo man unrecht hat. Wer immer zankt, der hat die Vermutung gegen sich, immer unrecht zu haben; es ist also weise gehandelt, den andern in diesen Fall zu setzen.

8.

Eine besondre Gemütsart, die mehrenteils aus Eigensinn entspringt, doch auch wohl zuweilen bloß Bizarrerie oder ungesellige Laune zur Quelle hat, ist die *Zanksucht.* Es gibt Menschen, die alles besser wissen wollen, allem widersprechen, was man vorbringt, oft gegen eigne Überzeugung widersprechen, um nur das Vergnügen zu haben, disputieren zu können; andre setzen eine Ehre darin, *Paradoxa* zu sprechen, Dinge zu behaupten, die kein Vernünftiger irgend ernstlich also meinen kann, bloß damit man mit ihnen streiten solle; endlich noch andre, die man Querelleurs, *Stänker* nennt, suchen vorsätzlich Gelegenheit zu persönlichem Zanke, um eine Art von Triumph über furchtsame Leute zu gewinnen, über Leute, die wenigstens noch feiger sind als sie, oder, wenn sie mit dem Degen umzugehen wissen, ihren falschen Mut in einem törichten Zweikampfe zu offenbaren.

In dem Umgange mit allen diesen Leuten rate ich die unüberwindlichste Kaltblütigkeit an, und daß man sich durchaus nicht in Hitze bringen lasse. Mit denen von der ersten Gattung lasse man sich in gar keinen Streit ein, sondern breche gleich das Gespräch ab, sobald sie aus Mutwillen anfangen zu widersprechen. Das ist das einzige Mittel, ihrem Disputiergeiste, wenigstens gegen uns, Schranken zu setzen und viel unnütze Worte zu sparen. Denen von der zweiten Gattung kann man je zuweilen die Freude machen, ihre Paradoxa ein wenig zu bekämpfen oder, noch besser, zu persiflieren. Die letztern aber müssen viel ernsthafter behandelt werden. Kann man ihre Gesellschaft nicht vermeiden, kann man in derselben durch ein entfernendes, fremdes Betragen sie sich nicht vom Leibe halten, ihren Grobheiten nicht ausweichen, so rate ich, einmal für allemal ihnen so kräftig zu begegnen, daß ihnen die Lust vergehe, sich ein zweites Mal an uns zu reiben. Saget ihnen auf der Stelle in unzweideutigen, männlichen Ausdrücken Eure Meinung und lasset Euch durch ihre Aufschneiderei nicht irremachen! Man wird mir zutrauen, daß ich über den Zweikampf so denke, wie jeder vernünftige Mann darüber denken muß, nämlich daß er eine unmoralische, unvernünftige

Handlung sei; sollte nun aber auch jemand seiner bürgerlichen Lage nach, zum Beispiel ein Offizier, durchaus sich dem Vorurteile unterwerfen müssen, eine Beleidigung durch die andre und durch persönliche Rache auszulöschen, so kann doch dieser Fall nie dann eintreten, wenn er ohne die geringste Veranlassung von seiner Seite hämischerweise angetastet wird, und der hat doppelt unrecht, der gegen einen sogenannten Stänker mit andern Waffen als mit Verachtung, oder, wenn es ihm gar zu nahe gelegt wird, anders als mit einem geschmeidigen spanischen Rohre kämpft, und hat nachher unrecht, wenn er ihm Satisfaktion gibt, wie man das zu nennen pflegt.

Im allgemeinen aber wohnt in manchen Menschen ein sonderbarer Geist des Widerspruchs. Sie wollen immer haben, was sie nicht erlangen können, sind nie von dem zufrieden, was andre tun, murren gegen alles, was grade sie nicht also bestellt haben, und wäre es auch noch so gut. Er ist bekannt, daß man solche Leute sehr oft dadurch leiten kann, daß man ihnen entweder das Gegenteil von dem vorschlägt, was man gern durchsetzen möchte, oder auf andre Weise sorgt, daß sie unsre eigenen Ideen gegen uns durchsetzen müssen.

9.

Jähzornige Leute beleidigen nicht mit Vorsatz. Sie sind aber nicht Meister über die Heftigkeit ihres Temperaments, und so vergessen sie sich in solchen stürmischen Augenblicken selbst gegen ihre geliebtesten Freunde und bereuen nachher zu spät ihre Übereilung. Ich brauche wohl nicht zu erinnern, daß Nachgiebigkeit – vorausgesetzt, daß diese Leute andrer guten Eigenschaften wegen einiger Schonung wert scheinen, denn außerdem muß man sie gänzlich fliehn –, daß weise Nachgiebigkeit und Sanftmut die einzigen Mittel sind, den Jähzornigen zur Vernunft zurückzuführen. Allein ich muß dabei erinnern, daß phlegmatische Kälte dem Erzürnten entgegenzusetzen ärger als der heftigste Widerspruch ist; er glaubt sich dann verachtet und wird doppelt aufgebracht.

10.

Wenn der Jähzornige nur aus Übereilung Unrecht tut und über den kleinsten Anschein von Beleidigung in Hitze gerät, nachher aber auch ebenso schnell wieder das erwiesene Unrecht bereuet und das erlittene verzeiht, so verschließt hingegen der *Rachgierige* seinen Groll im Herzen, bis er Gelegenheit findet, ihm vollen Lauf zu lassen. Er vergißt nicht, vergibt nicht, auch dann nicht, wenn man ihm Versöhnung anbietet, wenn man alles, nur keine niederträchtigen Mittel anwendet, seine Gunst wieder zu erlangen. Er erwidert sowohl das ihm zugefügte wahre als vermeintliche Übel, und dies nicht nach Verhältnis der Größe und Wichtigkeit desselben, sondern tausendfältig; für kleine Neckereien wirkliche Verfolgung; für unüberlegte Ausdrücke, in Übereilung geredet, tätige Rache; für eine Kränkung unter vier Augen öffentliche Genugtuung; für beleidigten Ehrgeiz Zerstörung reeller Glückseligkeit. Seine Rache schränkt sich nicht auf die Person ein, sondern erstreckt sich auf die Familie, auf die bürgerliche Existenz und auf die Freunde des Beleidigers. Mit einem solchen Manne leben zu müssen, das ist in Wahrheit eine höchst traurige Lage, und ich kann da nichts raten, als daß man soviel wie möglich vermeide, ihn zu beleidigen, und zugleich sich in eine Art von ehrerbietiger Furcht bei ihm setze, die überhaupt das einzige wirksame Mittel ist, schlechte Subjekte im Zaume zu halten.

11.

Faule und *phlegmatische* Menschen müssen ohne Unterlaß getrieben werden, und da doch fast jeder Mensch irgendeine herrschende Leidenschaft hat, so findet man zuweilen Gelegenheit, durch Aufrührung derselben solche schläfrigen Geschöpfe in Bewegung zu setzen.

Es gibt unter ihnen solche, die bloß aus *Unentschlossenheit* die kleinsten Arbeiten jahrelang liegen lassen. Auf einen Brief zu antworten, eine Quittung zu schreiben, eine Rechnung zu bezahlen – ja das ist eine Haupt- und Staatsaktion, zu welcher unbeschreibliche Vorbereitungen gehören. Bei ihnen muß man zuweilen wirklich Gewalt brauchen, und ist das schwere Werk einmal überstanden, dann pflegen sie sich recht dankbar zu bezeigen, so übel sie auch anfangs unsre Zudringlichkeit aufnahmen.

12.

Mißtrauische, argwöhnische, mürrische und *verschlossene* Leute sind wohl unter allen die, in deren Umgange ein edler, grader Mann am wenigsten von den Freuden des geselligen Lebens schmeckt. Wenn man jedes Wort abwägen, jeden unbedeutenden Schritt abmessen muß, um ihnen keine Gelegenheit zu schändlichem Verdachte zu geben; wenn kein Funken von erquickender Freude aus unserm Herzen in das ihrige übergeht; wenn sie keinen frohen Genuß mit uns teilen; wenn sie die Wonne der seltenen heitern Augenblicke, welche uns das Schicksal gönnt, nicht nur durch Mangel an Teilnehmung uns unschmackhaft machen, sondern sogar mitten in unsern glücklichsten Launen uns unfreundlich stören, aus unsern süßesten Träumen uns verdrießlich aufwecken; wenn sie unsre Offenherzigkeit nie erwidern, sondern immer auf ihrer Hut sind, in ihrem zärtlichsten Freunde einen Bösewicht, in ihrem treuesten Diener einen Betrüger und Verräter zu sehn glauben; dann gehört wahrlich ein hoher Grad von fester Rechtschaffenheit dazu, um nicht darüber selbst schlecht und menschenfeindlich zu werden. Hierbei ist nichts zu tun, wenn ein ungezwungenes, immer gleich redliches Betragen vergebens angewendet wird; wenn es nicht hilft, daß man ihnen jeden Zweifel, sobald man denselben gewahr wird, hebt, als daß man sich um ihren Argwohn und um ihr mürrisches Wesen schlechterdings nichts bekümmere, sondern mutig und munter den Weg fortgehe, den uns Klugheit und Gewissen vorschreiben. Übrigens sind solche Menschen herzlich zu bedauern; sie leben sich und andern zur Qual. Es liegt bei ihnen nicht immer Bösartigkeit zugrunde, nein, eine unglückliche Stimmung des Gemüts, dickes Blut, oft auch Einwirkung des Schicksals, wenn sie gar zu oft sind hintergangen worden – das sind mehrenteils die Quellen ihrer Seelenkrankheit. Und diese Krankheit ist in jungem Jahren nicht ganz unheilbar, wenn die, welche einen solchen Mann umgeben, stets edel und grade gegen ihn handeln, ohne sich um seine Grillen und Launen zu bekümmern, und er dadurch endlich überzeugt wird, daß es noch Redlichkeit und Freundschaft in der Welt gibt. Bei alten Personen hingegen faßt dies Übel immer tiefre Wurzel und muß mit Geduld ertragen werden.

Am mehrsten sind diejenigen zu beklagen, bei denen dies Mißtrauen bis zum *Menschenhaß* gestiegen ist. Der liebenswürdige Verfasser des Schauspiels »Menschenhaß und Reue« läßt in demselben den Major sagen, ich hätte vergessen, Vorschriften für den Umgang mit dieser Art von Menschen zu geben. Es ist wahr, ich habe wenig darüber gesagt; allein es ist auch unmöglich dazu allgemeine Regeln vorzuschlagen, da es notwendig ist, bei jedem einzelnen Falle genau mit den Quellen des Übels bekannt zu sein.

13.

Neidische, schadenfrohe, mißgünstige und *eifersüchtige* Gemütsarten sollten wohl nur das Erbteil hämischer, niederträchtiger Menschen sein; und doch trifft man leider einen unglücklichen Zusatz in diesen bösen Eigenschaften in den Herzen solcher Leute an, die übrigens manche gute Eigenschaft haben. – Allein so schwach ist die menschliche Natur! – Ehrgeiz und Eitelkeit können in uns das Gefühl erwecken, andern ein Glück nicht zu gönnen, nach welchem wir ausschließlich streben; sei es nun Vermögen, Glanz, Ruhm, Schönheit, Gelehrsamkeit, Macht, ein Freund, eine Geliebte, oder was es auch sei; und sobald dann diese Empfindung einen gewissen Widerwillen gegen die Person in uns erzeugt hat, die, trotz unsrer Mißgunst, trotz unsrer Eifersucht, im Besitze jenes ihr beneideten Guts bleibt, so können wir uns heimlich eines schadenfrohen Kitzels nicht erwehren, wenn es dieser Person ein wenig hinderlich geht, und die Vorsehung unsre feindseligen Gesinnungen, besonders nachdem wir schwach genug gewesen sind, diese bekannt werden zu lassen, gleichsam rechtfertigt. Ich werde bei den Gelegenheiten, wenn von Künstler-, Gelehrten- und Handwerksneide, von Mißgunst unter Fürsten, Vornehmen, Reichen und Leuten, die in der großen Welt leben, von Eifersucht unter Ehegenossen, Freunden und Geliebten die Rede sein wird, manches sagen, was auch hier anwendbar, aber überflüssig zu wiederholen sein würde, und es bleibt mir wirklich nichts hinzuzufügen übrig, als daß, um allem Neide in der Welt auszuweichen, man auf jede gute Eigenschaft, sowie auf alles, was Erfolg unsrer Bemühungen und Glück heißt, Verzicht tun, und wenn es darauf ankommt, mitten unter einem Schwarme von mißgünstigen Leuten zu leben und dennoch dem Neide und der Eifersucht so wenig als möglich Nahrung zu geben, man seine Vorzüge, seine Kenntnisse und seine Talente mehr verbergen als kundmachen, keine Art von Eminenz zeigen, anscheinend wenig fordern, wenig begehren, auf weniges Ansprüche machen und wenig leisten müsse.

Jener Neid nun erzeugt dann oft die schrecklichen Verleumdungen, denen auch der edelste Mann ausgesetzt ist. Es läßt sich nicht fest bestimmen, wie man sich immer zu betragen habe, wenn man verleumdet wird. Oft erfordern Redlichkeit und Klugheit die schnellste und deutlichste Darstellung der wahren Beschaffenheit; oft hingegen ist es unter der Würde eines rechtschaffenen Mannes, sich auf Erläuterungen einzulassen. Der Pöbel hört nicht auf, uns zu necken, wenn er sieht, daß dies uns anficht, und die Zeit pflegt früh oder spät die Wahrheit an das Licht zu ziehn.

14.

Der *Geiz* ist eine der unedelsten, schändlichsten Leidenschaften. Man kann sich keine Niederträchtigkeit denken, zu welcher ein

Geizhals nicht fähig wäre, wenn seine Begierde nach Reichtümern in das Spiel kommt, und jede Empfindung beßrer Art, Freundschaft, Mitleid und Wohlwollen finden keinen Eingang in sein Herz, wenn sie kein Geld einbringen; ja er gönnt sich selber die unschuldigsten Vergnügungen nicht, insofern er sie nicht unentgeltlich schmecken kann. In jedem Fremden sieht er einen Dieb und in sich selber einen Schmarotzer, der auf Unkosten seines bessern Ichs, seines Mammons, zehrt.

Allein in den jetzigen Zeiten, wo der Luxus so übertrieben wird; wo die Bedürfnisse, auch des mäßigsten Mannes, der in der Welt leben und eine Familie unterhalten muß, so groß sind; wo der Preis der nötigen Lebensmittel täglich steigt; wo die Macht des Geldes soviel entscheidet; wo der Reiche ein so beträchtliches Übergewicht über den Armen hat; endlich, wo von der einen Seite Betrug und Falschheit und von der andern Mißtrauen und Mangel an brüderlichen Gesinnungen in allen Ständen sich ausbreiten und daher die Zuversicht auf die Hilfe der Mitmenschen ein unsichres Kapital wird; in diesen Zeiten, meine ich, hat man unrecht, wenn man einen sparsamen, vorsichtigen Mann ohne nähere Prüfung seiner Umstände und der Bewegungsgründe, welche seine Handlungen leiten, sogleich für einen Knicker erklärt.

Es gibt ferner unter den wirklich geizigen Leuten solche, die neben dieser Geldbegierde noch von einer andern mitherrschenden Leidenschaft regiert werden. Diese scharren dann zusammen, sparen, betrüben andre und versagen sich alles, außer wo es auf Befriedigung dieser Leidenschaft ankommt; sei es nun Wollust, Gefräßigkeit, Ehrgeiz, Eitelkeit, Neugier, Spielsucht, oder was es auch immer sei. So habe ich Menschen gekannt, die, um einen Louisd'or zu gewinnen, Bruder und Freund verraten und sich der öffentlichen Beschimpfung ausgesetzt haben würden, für den sinnlichen Genuß eines Augenblicks hingegen hundert hingegebene Gulden für gut angelegtes Geld hielten.

Noch andre kalkulieren so schlecht, daß sie Heller sparen und Taler wegwerfen. Sie lieben das Geld, aber sie verstehen nicht, damit umzugehn. Um also die Summen wieder zu erhaschen, um welche sie von Gaunern, Abenteurern und Schmeichlern betrogen werden, geben sie ihrem Gesinde nicht satt zu essen, und um tausend Taler wiederzugewinnen, die sie verschleudert haben, wechseln sie auf die unanständigste Weise allerorten einzelne feine Gulden ein, damit sie an jedem vielleicht einen Heller Agio* gewinnen.

Endlich noch andre sind in allen Stücken freigebig und achten das Geld nicht, in einem einzigen Punkte aber, worauf sie grade Wert setzen, lächerlich geizig. Meine Freunde haben mir oft im Scherze vorgeworfen, daß ich auf diese Art karg in Schreibmaterialien sei, und ich gestehe diese Schwachheit. So wenig reich ich bin, so kostet es mich doch geringre Überwindung, mich von einem halben Gulden, als von einem holländischen Briefbogen zu scheiden, obgleich man für zwölf Groschen vielleicht ein Buch des feinsten Papiers kaufen kann.

Die allgemeine Regel im Umgange mit geizigen Leuten ist wohl die, daß wenn man ihre Gunst erhalten will, man nichts von ihnen fordern müsse. Da dies nun aber nicht immer zu ändern ist, so scheint es der Klugheit gemäß, daß man prüfe, zu welcher der vorhin geschilderten Gattungen von Geizigen der Mann, mit dem man es zu tun hat, gehöre, um darnach seine Behandlung einzurichten.

Über den Umgang mit *Verschwendern* brauche ich nichts zu sagen, als daß der verständige Mann sich nicht durch ihr Beispiel zu törichten Ausgaben verleiten lassen und daß der redliche Mann von ihrer übel geordneten Freigebigkeit weder für sich noch für andre Vorteile ziehn soll.

15.

Reden wir jetzt von dem Betragen gegen *Undankbare*. Ich habe bei mancher Gelegenheit erinnert, daß man auf dieser Erde auch bei den edelsten und weisesten Handlungen weder auf Erfolg,

---

* Aufgeld im Bankgeschäft

noch auf Dankbarkeit rechnen dürfe. Diesen Grundsatz soll man, wie ich dafür halte, nie aus den Augen verlieren, wenn man nicht karg mit seinen Dienstleistungen, feindselig gegen seine Mitmenschen werden, noch gegen Vorsehung und Schicksal murren will. Bei dem allen aber müßte man jeder menschlichen Empfindung entsagt haben, wenn es uns nicht kränken sollte, daß Menschen, denen wir treulich, eifrig und uneigennützig gedient, die wir aus der Not gerettet, denen wir uns ganz gewidmet, uns ihnen vielleicht aufgeopfert haben, daß diese uns vernachlässigen, sobald sie unsrer nicht mehr bedürfen, oder gar verraten, verfolgen, mißhandeln, wenn sie dadurch zeitliche Vorteile oder die Gunst unsrer mächtigen Feinde gewinnen können. Doch wird der weise Menschenkenner und warme Freund des Guten sich dadurch nicht abschrecken lassen, großmütig zu handeln. Mit Bezug auf das, was hierüber im zehnten Kapitel des zweiten Teils und im fünften Abschnitte des zweiten Kapitels in dem dritten Teile gesagt wird, erinnere ich nur nochmals, daß jede gute Handlung sich selbst belohnt, ja, daß der Edle eine neue Quelle von innrer Freude aus der Undankbarkeit der Menschen zu schöpfen versteht, nämlich die Freude, sich bewußt zu sein, gewiß uneigennützig, bloß aus Liebe zum Guten, Gutes zu tun, wenn er voraus weiß, daß er auf keine Erkenntlichkeit rechnen darf. Er bedauert die Verkehrtheit derer, die fähig sind, ihres Wohltäters zu vergessen, und läßt sich dadurch nicht abhalten, den Menschen zu dienen, die seiner Hilfe um so nötiger bedürfen, je schwächer sie sind, je weniger Glück sie in sich selbst, in ihren Herzen haben. Klage also nicht über die Undankbarkeit, mit welcher man Dich lohnt! Wirf sie dem nicht vor, der sie Dir erzeigt. Fahre fort, ihn großmütig zu behandeln. Nimm ihn wieder auf, wenn er zu Dir zurückkehrt. Vielleicht geht er endlich in sich, fühlt den ganzen Wert, die Feinheit Deiner Behandlung und wird dadurch gebessert – wo nicht, so denke, daß jedes Laster sich selbst bestraft, und daß das eigene Herz des Bösewichts und die unausbleibliche Folge seiner Niederträchtigkeit Dich an ihm rächen werden. – O, welch ein langes Kapitel über die Undankbarkeit der Menschen könnte ich schreiben, wenn ich nicht aus Schonung gegen die, welche sich von dieser Seite an mir versündigt haben, meine vielfachen traurigen Erfahrungen in diesem Fache lieber verschweigen wollte!

16.

Manchen Leuten ist es schlechterdings unmöglich, in irgendeiner Sache den graden Weg zu gehn; *Ränke, Schwanke* und *Winkelzüge* mischen sich in alle ihre Unternehmungen, ohne daß sie deswegen von Grund aus böse sind. Eine unglückliche Stimmung des Gemüts und die Einwirkung von Lebensart und Schicksalen können diesen Charakter bilden. So wird zum Beispiel ein sehr mißtrauischer Mann auch wohl die unschuldigste Handlung heimlich tun, sich verstellen und seinen wahren Zweck verschleiern. Ein Mann von übel geordneter Tätigkeit oder von zu viel raschem Feuer, ein schlauer, unternehmender Kopf, der in einer Lage ist, wo ihm alles zu einfach hergeht, wo es ihm an Gelegenheit fehlt, seine Talente zu entwickeln, wird allerlei schiefe Seitensprünge wagen, um seinen Wirkungskreis zu erweitern oder mehr Interesse in die Szene zu bringen; und dann wird er nicht immer heikel genug in der Wahl seiner Mittel sein. Ein sehr eitler Mensch wird in manchen Fällen versteckt handeln, um seine Schwäche zu verbergen. Ein Mann, der lange an Höfen gelebt hat, um sich her nichts als Verstellung, Intrige, Kabale und Gegeneinanderwirken zu sehn und selbst auf gradem Wege nicht zu erhalten gewöhnt ist, findet ein Leben, das ohne Verwicklung fortgeht, zu einförmig; er wird seine unbedeutendsten Schritte so tun, daß man ihm nicht nachspüren kann, und seinen unschuldigsten Handlungen einen rätselhaften Anschein geben. Der Jurist, der sich stets mit den Spitzfindigkeiten der Schikane beschäftigt, findet innigen Seelengenuß darin, daß er in Worten und Werken allerlei Kantelen und Schwanke anbringt. Wer seine Gehirnnerven durch Romanlesen und andre phantastische Träumereien überspannt, oder wer durch ein üppiges, müßiges Leben, durch schlechte Gesellschaft und dergleichen den Sinn für Einfalt, kunstlose Natur und Wahrheit verloren hat, der kann nicht existieren, ohne Intrige – und so gibt es eine Menge Menschen, die, was sie auf gradem Wege erlangen könnten, nicht halb so eifrig wünschen, als was sie heimlich zu erschleichen hoffen. Man kann aber endlich den edelsten, offenherzigsten Menschen, besonders in jüngern Jahren, zu Winkelzügen verleiten, wenn man ihm ohne Unterlaß Mißtrauen zeigt oder ihn mit soviel Strenge behandelt, ihn in einer solchen Entfernung von uns hält, daß er kein Zutraun zu uns haben kann.

Was nun auch dazu beigetragen haben mag, manchen Menschen Ränke und Winkelzüge zur Gewohnheit zu machen, so ist wohl folgende Art, sich gegen sie zu betragen, die beste, die man wählen kann:

Man handle selbst immer so offen und unverstellt und zeige sich ihnen in Worten und Taten als einen so entschiednen Feind von allem, was Schiefigkeit, Intrige und Verstellung heißt, und als einen so warmen Verehrer jedes redlichen, aufrichtigen Mannes, daß sie wenigstens fühlen, wieviel sie in unsern Augen verlieren würden, wenn wir sie auf bösen Schlichen ertappten.

Man zeige ihnen, solange sie uns noch nicht getäuscht haben, ein unbegrenztes Vertrauen, stelle sich, als könne man sich auch die Möglichkeit nicht einbilden, daß sie uns hintergehn würden. Ist ihnen dann an unser Achtung gelegen, so werden sie sich vor dem ersten uns mißfälligen Schritte hüten.

Man zeige sich so tolerant gegen kleine Schwachheiten und so bereit, begangene Fehler zu verzeihn und zu entschuldigen, insofern nur keine Tücke dabei im Spiele gewesen, daß sie sich nicht vor uns als vor strengen Sittenrichtern zu scheuen und zu verstekken nötig finden.

Man spioniere nie um sie her, beschleiche sie nie, erlaube sich keine versteckten Wege, sondern frage, wenn man Recht dazu hat und uns daran gelegen ist, etwas, das uns nicht klar scheint, erläutert wissen zu wollen, geradezu, mit festem Tone, begleitet von einem durchdringenden Blicke, um den Grund der Sache. Stottern sie, suchen sie auszuweichen, so breche man entweder ab, um ihnen zu verstehn zu geben, daß man ihnen die Schande eines Betruges ersparen wolle, nehme aber nachher eine kältere Aufführung gegen sie an, oder man warne sie, mit freundlichem, doch ernsthaftem Wesen, ihrer nicht unwürdig zu handeln. Haben sie uns aber dennoch einmal hintergangen, so nehme man die Sache nicht auf einen leichten, scherzhaften Fuß. Man zeige sich über diesen ersten falschen Schritt so entrüstet, sei nicht sogleich bereit, denselben zu verzeihn, und hilft dann alles das nicht, und sie fahren fort, uns mit Winkelzügen und Ränken zu hintergehn, so bestrafe man sie durch Verachtung und fortgesetztes Mißtraun, das man in alles, was sie reden und tun, setzt, bis sie sich bessern; aber selten kommt der, welchem schiefe Streiche zur Habitüde* geworden, wieder auf den Weg der Wahrheit zurück.

Alles hierüber Gesagte paßt also auch auf das Betragen gegen *Lügner.*

17.

Was man aber im gemeinen Leben einen *Windbeutel* oder *Aufschneider* und *Prahler* nennt, das ist eine andre Gattung von Menschen. Diese haben nicht die Absicht, jemand eigentlich zu hintergehn; um sich in besserm Glanze zu zeigen, um sich bemerkbar zu machen, um andern eine so hohe Meinung von sich beizubringen, als sie selbst haben, um Aufmerksamkeit durch Erzählung wunderbarer Vorfälle zu erregen oder um für angenehme, unterhaltende Gesellschafter zu gelten, erdichten sie, was nie existiert hat, oder vergrößern, was wenigstens nie also gewesen ist; und haben sie einmal die Fertigkeit erlangt, auf Unkosten der Wahrheit, eine Begebenheit, ein Bild, einen Satz zu verzieren, so fangen sie zuweilen an, ihren eigenen Windbeuteleien zu glauben, alle Gegenstände durch ein Vergrößerungsglas anzusehn und so in Riesengestalten wieder zu Papier zu bringen.

Die Erzählungen und Beschreibungen eines solchen Aufschneiders sind zuweilen ganz lustig anzuhören, und wenn man

---

* Gewohnheit, Gepräge

erst mit seiner Bildersprache bekannt ist, so weiß man schon, was man vom Ganzen abzurechnen hat, um den Überrest für bares Geld anzunehmen. Geht es aber mit seinen Verbrämungen zu weit, so kann es nicht schaden, wenn man ihn entweder durch eine Menge von Fragen über die genauesten Umstände so in sein eigenes Gewebe verwickelt, daß er, indem er weder rückwärts noch vorwärts kann, beschämt wird, oder wenn man ihm für jede Unwahrheit auf komische Art eine noch derbere wieder aufheftet und ihm dadurch merklich macht, daß man nicht dumm genug gewesen sei, ihm zu glauben, oder aber wenn man, sobald er anfängt zu blasen, die Segel der Unterhaltung auf einmal einzieht und seinem Winde ausweicht, da er dann, wenn dies öfter und von mehrern verständigen Männern geschieht, behutsamer zu werden pflegt.

18.

Unverschämte, Müßiggänger, Schmarotzer, Schmeichler und *zudringliche Leute* rate ich in der gehörigen Entfernung von sich zu halten, sich mit ihnen nicht gemein zu machen, ihnen durch ein höfliches, aber immer steifes und ernsthaftes Betragen zu erkennen zu geben, daß ihre Gesellschaft und Vertraulichkeit uns zuwider ist. Einer meiner Bekannten erzählte mir einst: Er habe in Holland über der Tür des Arbeitszimmers eines verständigen Mannes folgende Worte mit großen Buchstaben geschrieben gefunden: »Es ist erschrecklich beschwerlich für einen Mann, der bestimmte Geschäfte hat, von Leuten überlaufen zu werden, die keine Geschäfte haben.« – Der Einfall war nicht übel. Die, welche gern bei uns schmausen, kann man am leichtesten dadurch verscheuchen, daß man sie, ohne ihnen etwas zu reichen, wieder fortgehn lasse; aber gegen Schmeichler, besonders gegen die von feinrer Art, soll man seiner eigenen Moralität wegen auf seiner Hut sein. Sie verderben uns von Grund aus, wenn wir unser Ohr an ihren Sirenengesang gewöhnen. Dann wollen wir ohne Unterlaß gestreichelt und gekitzelt sein, finden die wohltätige Stimme der

Wahrheit nicht harmonisch genug und vernachlässigen und versäumen die treuern, bessern Freunde, die uns aufmerksam auf unsre Fehler machen wollen. Um nicht so tief zu fallen, waffne man sich mit Gleichgültigkeit gegen die gefährlichen Lockungen der Schmeichelei. Man fliehe vor dem Schmeichler wie vor dem bösen Feinde! Allein das ist nicht so leicht, als man wohl glaubt; es gibt eine Art, Süßigkeiten zu sagen, die das Ansehn hat, als wollte man gerade das Gegenteil tun. Der schlaue Schmeichler, der Deine schwache Seite studiert hat, wird, wenn er Dich für zu verständig hält, um nicht die gröbern Schlingen dieser Art für gefährlich zu erkennen, Dir nicht immer recht geben; er wird vielmehr Dich tadeln; er wird Dir sagen: daß er nicht begreifen könne, wie ein so edler und weiser Mann, als Du seiest, sich einen kleinen Augenblick auch einmal habe vergessen können; er hätte geglaubt, so etwas könne nur gemeinen Leuten von seinem Schlage begegnen. Er wird an Deinen Schriften Fehler rügen, die Dir gleich beim ersten Anblicke unbedeutend scheinen müssen, und ihm nur dazu dienen, diejenigen Stellen um desto unverschämter zu loben, von welchen er weiß, daß Du Dir etwas darauf zugute tust. »Schade!« wird er ausrufen, »daß Ihre Sinfonien – ich bin kein Schmeichler, ich sage meine Meinung immer rundheraus – schade, daß diese herrlichen Sinfonien, die gewiß in allem Betracht ein klassisches Werk genannt werden können, so äußerst schwer vorzutragen sind. Wo findet man Meister, die würdig wären, so etwas aufzuführen? Und doch ist das ein wesentlicher Fehler, den Sie, verzeihen Sie meiner Offenherzigkeit! hätten vermeiden sollen.« Er wird Mängel an Dir finden und mit verstelltem Eifer dagegen deklamieren, Schwachheiten und Mängel, auf welche Deine Eitelkeit sich etwas einbildet. Er wird Dich einen Misanthropen schimpfen, wenn Du gern siehst, daß Deine abgezogene Lebensart Aufsehn erregen soll, er wird Dir vorwerfen, Du seiest intrigant, wenn es Dir behagt, für einen schlauen Hofmann angesehn zu werden. Auf diese Weise wird er sich bei Dir und andern Kurzsichtigen in den Ruf eines unparteiischen, wahrheitsliebenden Mannes setzen; sein honigsüßer Trank wird glatt hinuntergehn, und in der Berauschung werden Dein Herz und Dein Beutel dem verschmitzten Spötter offenstehn. Vielfältig habe ich besonders an Höfen dergleichen Männer angetroffen, die, unter der Maske der Bonhomie, und bei dem Rufe, den Fürsten tapfer die Wahrheit zu sagen, die ärgsten Maulschwätzer waren.

19.

Jetzt werde ich im allgemeinen von dem Betragen gegen *Schurken,* das heißt gegen Leute, die von Grund aus schlecht sind, reden, obgleich ich dafürhalte, daß – ein bißchen Erbsünde abgerechnet – eigentlich kein Mensch von Grund aus ganz schlecht, wohl aber durch fehlerhafte Erziehung, Nachgiebigkeit gegen seine Leidenschaften oder durch Schicksale, Lagen und Verhältnisse, so verwildert sein könne, daß von seinen natürlichen guten Anlagen fast keine Spur mehr zu sehn ist. Hier aber kommt es nicht darauf an, wie jemand ein Schurke geworden, sondern wie er, wenn er ein solcher ist, müsse behandelt werden. Ich beziehe mich dabei zuerst auf das, was ich über den Umgang mit Feinden und über das Betragen gegen Verirrte und Gefallene sagen werde, und füge nur noch nachstehende Bemerkung hinzu:

Daß man womöglich den Umgang mit schlechten Leuten fliehn müsse, wenn uns unsre Ruhe und unsre moralische Vervollkommnung am Herzen liegt, das versteht sich wohl von selber. Wenn ein Mann von festen Grundsätzen auch nicht eigentlich schlecht durch sie wird, so gewöhnt er sich doch nach und nach an den Anblick der Untaten und verliert jenen Abscheu gegen alles, was unedel ist, einen Abscheu, der zuweilen einzig hinreicht, uns in Augenblicken von Versuchung vor feinern Vergehungen zu bewahren. Leider aber zwingt uns unsre Lage zuweilen, mitten unter Schurken zu leben und mit ihnen gemeinschaftlich Geschäfte zu treiben, und da ist es denn nötig, gewisse Vorsichtigkeitsregeln nicht aus der Acht zu lassen.

Glaube nicht, wenn Du einiges Verdienst von Seiten des Kopfs und des Herzens hast, glaube nicht, es dahin zu bringen, daß Du von schlechten Menschen je gänzlich in Ruhe gelassen werden, noch mit ihnen in Frieden leben könntest. Es herrscht ein ewiges Bündnis unter Schurken und Pinseln, gegen alle verständigen und edlen Menschen, eine so sonderbare Verbrüderung, daß sie unter allen übrigen Menschen einander erkennen und bereitwillig die Hand reichen, möchten sie auch durch andre Umstände noch so sehr getrennt sein, sobald es darauf ankommt, das wahre Verdienst zu verfolgen und mit Füßen zu treten. Da hilft keine Art von Vorsichtigkeit und Zurückhaltung, da hilft nicht Unschuld, nicht Gradheit, da hilft nicht Schonung, noch Mäßigung, da hilft es nicht, seine guten Eigenschaften verstecken, mittelmäßig scheinen zu wollen. Niemand erkennt so leicht das Gute, das in Dir ist, als der, dem dies Gute fehlt. Niemand läßt innerlich dem Verdienste mehr Gerechtigkeit widerfahren als der Bösewicht; aber er zittert davor, wie Satan vor dem Evangelio, und arbeitet mit Händen und Füßen dagegen. Jene große Verbrüderung wird Dich ohne Unterlaß necken, Deinen Ruf antasten, bald zweideutig, bald übel von Dir reden, die unschuldigsten Deiner Worte und Taten boshaft auslegen – aber laß Dich das nicht anfechten! Würdest Du auch wirklich von Schurken eine Zeitlang gedrückt, so wird doch die Rechtschaffenheit und Konsequenz Deiner Handlungen am Ende siegen und der Unhold bei einer andern Gelegenheit sich selbst die Grube graben. Auch sind die Schelme nur so lange einig unter sich, als es nicht auf männliche Standhaftigkeit ankommt, solange sie im Dunkeln fechten können. Hole aber Licht herbei, und sie werden auseinanderrennen! Und wenn es nun gar zur Teilung der Beute ginge, dann würden sie sich untereinander bei den Ohren zausen und Dich indes mit Deinem Eigentume ruhig davonwandern lassen. Gehe Deinen graden Gang fort. Erlaube Dir nie schiefe Streiche, nie Schleichwege, um Schleichwegen zu begegnen, nie Ränke, um Ränke zu zerstören. Mache nie gemeinschaftliche Sache mit Bösewichten gegen Bösewichte. Handle großmütig! Unedle Behandlung und zu weit getriebenes Mißtrauen können den, welcher auf halbem Wege ist, ein Schelm zu werden, vollends dazu machen, und Großmut hingegen kann einen nicht ganz verstockten Unhold vielleicht auf einige Zeit wenigstens bessern und die Stimme des Gewissens in ihm erwecken. Aber er müsse fühlen, daß Du nur aus Huld, nicht aus Furcht also handelst. Er müsse fühlen, daß, wenn es auf das Äußerste kommt, wenn der Grimm eines unerschrocknen redlichen Mannes losbricht, der kühne, rechtschaffene Weise im niedrigsten Stande mächtiger ist als der Schurke im Purpur; daß ein großes Herz, daß Tugend, Klugheit und Mut stärker machen als erkaufte Heere, an deren Spitze ein Schuft steht. Was kann der fürchten, der nichts mehr zu verlieren hat, als das, was kein Sterblicher ihm rauben kann? Und was vermag in dem Augenblicke der äußersten, verzweifelten Notwehr ein feiger Sultan, ein ungerechter Despot, der in sich selbst einen Feind herumträgt, der ihm immer in die Flanke fällt, gegen den Niedrigsten seiner Untertanen, der ein reines Herz, einen hellen Kopf, Unerschrockenheit und gesunde Arme zu Bundesgenossen hat?

Es ist unmöglich, sich von gewissen Leuten geliebt zu machen, und da kann es nicht schaden, wenn diese uns wenigstens fürchten.

Es gibt Leute, die uns zu Vertraulichkeiten, zu gewissen Konfidenzen zu bewegen suchen, damit sie nachher Waffen gegen uns in Händen haben, womit sie uns drohen können, wenn wir ihnen nicht zu Gebote stehn wollen. Die Klugheit erfordert, davor auf seiner Hut zu sein.

Beschenke den, von dem Du fürchtest, er werde Dich bestehlen, wenn Du glaubst, daß Großmut noch Eindruck auf ihn machen könnte!

Ermuntre, ehre äußerlich Menschen, an denen Du irgendeine Tatkraft zum Guten findest. Bringe sie nicht ohne Not um Kredit. Es gibt Leute, die viel Gutes sagen, im Handeln aber heimliche Schalke sind, oder Menschen voll Inkonsequenz, Leichtsinn und Leidenschaften. Entlarve diese nicht, insofern es nicht der Folgen wegen sein muß! Sie wirken durch ihr Reden manches Gute, das nicht geschieht, wenn man sie verdächtig macht. Man sollte sie immer herumreisen lassen, um gute Zwecke zu befördern; allein sie müssen jeden Ort früh genug verlassen, um sich nicht zu verraten und durch ihr Beispiel nicht die Wirkung ihrer Lehren zu verderben.

20.

Zu übertrieben *bescheidene* und *furchtsame* gute Menschen soll man zu ermuntern, sie mit größrer Zuversicht zu sich selber zu erfüllen suchen. So verachtungswert Unbescheidenheit und Dünkel sind, so unmännlich ist zu weit getriebene Schüchternheit. Der Edle soll seinen Wert fühlen, und ebensowenig ungerecht gegen sich, als gegen andre sein. Übertriebenes Lob und zu weit ausgedehnter Vorzug aber beleidigen den Bescheidenen. Er müsse weniger aus Deinen Worten, als aus Deinen ungekünstelten, wahre Zuneigung verratenden Handlungen Deine Hochachtung zu ihm erkennen.

21.

Unvorsichtigen und *plauderhaften* Leuten darf man natürlicherweise keine Geheimnisse anvertraun. Besser wäre es, man hätte überhaupt keine Geheimnisse in der Welt, könnte immer frei und offen handeln, und alles, was im Herzen vorgeht, vor jedermann sehn lassen; besser wäre es, man dächte und redete nichts, als was man laut denken und reden darf; da dies indessen besonders bei Männern, die in öffentlichen Ämtern stehen oder sonst fremde Geheimnisse zu verwahren haben, nicht möglich ist, so muß man freilich vorsichtig in Mitteilung seiner Heimlichkeiten sein.

Man findet Menschen, denen es schlechterdings unmöglich ist, eine Sache zu verschweigen. Man sieht es ihnen an, wenn sie ängstlich umherlaufen, daß sie etwas Neues tragen, und daß sie leiden, bis sie einem andern Plauderer ihre Nachricht heiß mitgeteilt haben. Andern fehlt es zwar nicht an dem guten Willen zu schweigen, wohl aber an der Klugheit, sich nicht durch Winke, Blicke oder auf andre Art zu verraten, oder an der Festigkeit, sich nicht ausfragen zu lassen, oder sie haben eine zu gute Meinung von der Ehrlichkeit und Verschwiegenheit derer, welchen sie sich anvertrauen – gegen alle diese muß man verschlossen sein. Es kann auch zuweilen nicht schaden, wenn man plauderhafte Leute bei der ersten Gelegenheit, da sie etwas über uns geschwätzt haben, dergestalt in Furcht setzt, daß sie es nicht wagen dürfen, hinter unserm Rücken auch nur einmal unsern Namen zu nennen, es sei im Guten oder Bösen. Die eigentlichen bekannten Zeitungsträger aber, deren es fast in jeder Stadt einige gibt, kann man nützen, wenn man ein Märchen im Publico ausgebreitet wissen will. Nur muß man dann nicht verfehlen, sie um Verheimlichung der Sache zu bitten, sonst halten sie es vielleicht der Mühe nicht wert, dieselbe auszuplaudern.

Vorwitzige und *neugierige* Menschen kann man nach den Umständen entweder auf ernsthafte oder spaßhafte Manier behandeln. Im erstem Falle muß man, sobald man merkt, daß sie sich im mindesten um unsre Angelegenheiten bekümmern, uns belauschen, behorchen, sich in unsre Geschäfte mischen, unsern Schritten nachspüren oder unsre Pläne und Handlungen ausspähn wollen, sich gegen die mündlich, schriftlich oder tätig so kräftig erklären, sie auf eine solche Weise zurückschicken, daß ihnen die Lust vergeht, auch nur von weitem sich an uns zu wagen. Will man aber seine Lust mit ihnen haben, so kann man ihrer Neugier ohne Unterlaß so viel zu schaffen machen, daß sie über die Kindereien, worauf man ihre Achtsamkeit lenkt, keine Muße behalten, sich um diejenigen Dinge zu bekümmern, woran uns gelegen ist, daß sie dieselben nicht beobachten.

Zerstreute und *vergeßliche* Leute taugen nicht zu Geschäften, wo es auf Pünktlichkeit ankommt. Jungen Personen kann man diese Fehler zuweilen noch abgewöhnen und es dahin bringen, daß sie ihre Gedanken beieinanderhalten. Manche, die aus zu großer Lebhaftigkeit des Temperaments leicht alles vergessen und nie da zu Hause sind, wo sie sein sollten, kommen von dieser Schwachheit zurück, wenn sie älter, kühler und sittsamer werden. Andre affektieren zerstreut zu sein, weil sie glauben, das sähe vornehm oder gelehrt aus, und über solche Toren soll man nur die Achseln zucken und sich wohl hüten, ihre Distraktionen* artig zu finden.

Es gilt von ihnen, was ich über sie sage, welche sich körperlich krank stellen, um Interesse zu erwecken. Wessen Gedächtnis aber wirklich schwach und nicht etwa durch Übung nach und nach zu stärken ist, dem rate man, sich alles schriftlich aufzuzeichnen, was er behalten will, und diesen Zettel täglich oder wöchentlich einmal durchzulesen; denn es ist wahrlich nichts verdrießlicher, als wenn uns jemand verspricht, eine Sache zu besorgen, an welcher uns gelegen ist, wir uns auch auf sein Wort verlassen, er aber nachher rein vergißt, wovon die Rede gewesen.

Sehr zerstreuten Leuten muß man es übrigens so hoch nicht anrechnen, wenn sie gegen uns zuweilen in Aufmerksamkeit, Höflichkeit, oder was man sonst im geselligen und freundschaftlichen Umgange fordert, unvorsätzlich fehlen.

22.

Es gibt eine Art Menschen, die man *wunderliche* (difficiles) Leute nennt. Sie sind nicht bösartig, sind nicht immer zänkisch und mürrisch; aber man kann ihnen doch nicht leicht etwas ganz recht machen. Sie haben sich zum Beispiel an eine pedantische Ordnung gewöhnt, deren Regeln nicht jeder so wie sie im Kopfe hat, und da kann es denn leicht kommen, daß man einen Stuhl in ihrem Zimmer anders hinstellt, als sie es gern sehen (wenn dies übrigens aus wahrem Ordnungsgeiste herrührt, so habe ich daran nichts auszusetzen); oder sie hängen gewissen Vorurteilen an, denen man sich unterwerfen muß, wenn man in ihren Augen Wert haben will, zum Beispiel in Kleidertrachten, in der Art laut oder leise zu reden, groß oder klein zu schreiben und dergleichen. Man sollte wohl sagen, daß ein vernünftiger Mann über solche Kleinigkeiten hinausgehn müßte; unterdessen trifft man doch Männer an, die über andre Gegenstände sehr verständig und billig

* Zerstreuungen

denken, nur in solchen Punkten nicht; und was wichtiger als das ist, an dieser Männer Gunst kann uns vielleicht sehr viel gelegen sein. Wenn dies letztre nun der Fall ist, so rate ich, in Dingen von geringem Belange und die mit einiger Aufmerksamkeit so leicht zu befolgen sind, sich ihnen gefällig zu bezeigen. Andre aber, mit denen wir weiter in keinem Verhältnisse stehen, lasse man, insofern sie übrigens brave Männer sind, bei ihrer Weise und vergesse nicht, daß wir alle unsre Schwachheiten haben, die man brüderlich ertragen muß.

Leute, die etwas darin suchen, sich durch ihr Betragen in unwesentlichen Dingen von andern zu unterscheiden, nicht eigentlich aus Überzeugung, daß es so besser sei als anders, sondern hauptsächlich darum, weil sie das zu tun vorziehen, was andre nicht tun; solche Leute nennt man *Sonderlinge*. Sie sehen es gern, wenn man ihre Weise bemerkt, und ein verständiger Mann muß in seinem Betragen gegen sie wohl überlegen, ob ihre Bizarrerien von unschädlicher Art und ob sie Männer sind, die in irgendeiner Rücksicht Schonung verdienen, um darnach im Umgange mit ihnen zu verfahren, wie es Vernunft und Duldung fordern.

Was endlich Leute betrifft, die von *Launen* regiert werden, so daß man ihnen heute der willkommenste Gast, morgen der überlästigste Gesellschafter ist, so rate ich – vorausgesetzt, daß diese Launen nicht ihren Grund in geheimen Leiden haben (denn wenn das ist, so habe Mitleiden!) – gar nicht zu tun, als bemerkte man solche Ebben und Fluten, sondern auf immer gleich vorsichtigem Fuß mit ihnen umzugehn.

23.

Dumme Leute, die ihre Schwäche fühlen, sich von vernünftigen Menschen leiten lassen, und zwar einem natürlich gutmütigen, wohlwollenden, sanften Temperamente gemäß, sich leicht zum Guten und schwer zum Bösen leiten lassen, die sind nicht zu verachten. Es können nicht alle Menschen hohen, erhabenen Geistesschwung haben, und die Welt würde auch sehr übel dabei fahren, wenn es also wäre, es müssen mehr subalterne als Herrschergenies unter den Erdensöhnen sein, wenn nicht alle in ewiger Fehde miteinander leben sollen. Daß ein gewisser höherer Grad von Tugend, zu welcher Kraft, Mut, Festigkeit oder feine Beurteilungskraft gehört, nicht mit Schwäche des Geistes bestehn kann, das ist wohl freilich gewiß; allein das gehört ja nicht hierher. Wenn im ganzen nur das Gute geschieht, und die dümmern Menschen zu diesem Guten sich die Hände führen lassen, so füllen sie ihren Platz nützlicher aus als die überschwenglichen Genies, die Feuerköpfe, mit ihrem sich durchkreuzenden, unaufhörlichen Wirken und Streben.

Unerträglich hingegen ist die Lage, wenn man es mit einem Stockfische zu tun hat, der sich für einen Halbgott hält, mit einem eiteln, eigensinnigen, mißtrauischen Pinsel, mit einem verzogenen, verzärtelten, vornehmen Schöps, der Länder und Völker zu regieren hat und alles selbst regieren will. Doch werde ich bei verschiedenen einzelnen Gelegenheiten in diesem Buche sagen, wie man mit dieser Art Menschen umgehn müsse.

Allein man tut oft den Leuten großes Unrecht, wenn man solche für schwach, dumm, gefühllos oder unwissend hält, die es wahrlich gar nicht sind. Nicht jeder hat die Gabe, seine Gedanken und Empfindungen an den Tag zu legen, am wenigsten auf unsre Manier. Nach seinen Taten muß man ihn richten, aber auch das nur mit Rücksicht auf seine Lage und auf die Gelegenheit, die er gehabt oder die ihm gefehlt hat, sich auszuzeichnen. Man überlegt selten, daß der Mensch schon sehr viel Wert hat, der in der Welt nur nichts Böses tut, und daß die Summe dieses negativen Guten zur Wohlfahrt des ganzen oft mehr beiträgt als der lange Lebenslauf eines tätigen Mannes, dessen heftige Leidenschaften in unaufhörlichem Kampfe mit seinen großen, edeln Zwecken stehen.

Und dann sind Gelehrsamkeit, Kultur und gesunde Vernunft wieder sehr verschiedene Dinge. Es herrscht unter Menschen von einer gewissen Erziehung und Bildung so viel Konvention, und wir verwechseln nur gar zu leicht die Grundsätze, welche auf diesen Übereinkünften beruhen, mit den unwandelbaren

Vorschriften der reinen Weisheit. Wir sind nun einmal gewöhnt, nach jenem Maßstabe zu denken oder vielmehr Worte nachzulallen, deren zweideutigen Sinn wir Mühe haben würden, einem ganz rohen Wilden zu erklären; und so halten wir denn denjenigen für einen Schafskopf, der von allem diesen auswendig gelernten Zeuge nichts weiß und nur so redet – wie ihm der Schnabel gewachsen ist. Wie oft haben mich über Kunstwerke die Aussprüche gemeiner Leute ohne Kultur, Aussprüche, die dem sogenannten Kenner sehr abgeschmackt vorkommen würden, aus dem Zauber einer falschen, erzwungenen Illusion gerissen und den Sinn für wahre, echte Natur in mir wieder erweckt. Wie oft habe ich im Schauspielhause erst das nüchterne Urteil der Galerie erwartet, habe erwartet, was für Eindruck eine Szene auf das unbestochene Volk, das wir Pöbel nennen, machen, habe erwartet, ob ein rührender Auftritt allgemeine Stille oder lautes Gelächter verbreiten würde, um mich zu bestimmen in meinem Glauben, wie treu der Schriftsteller und Schauspieler die Natur kopieren, oder ob er sie verfehlt hätte. Auf mich wirkt Illusion, weil ich in einer Welt voll Täuschungen von Jugend auf gewandelt habe; jene aber leben und weben in Wahrheit. Groß ist der Künstler, der durch das Spiel seiner Phantasie, durch seine die Natur nachahmende Darstellung auch unkultivierte Menschen vergessen machen kann, daß sie getäuscht werden. Groß ist ferner der Mann, der den Sinn für ungeschminkte Wahrheit nicht in dem Meere von Nebenideen, Vorurteilen und Konventionen ersäuft hat. Aber wie selten trifft man Kunst und Wahrheitssinn, Kultur und Einfalt, Arm in Arm an! – Lasset uns also den nicht verachten, der den bessern Teil auf Unkosten des schlechteren gerettet hat, und lasset uns ihn ja nicht aufklären, sondern lieber bei solchen dummen Leuten in die Schule gehn.

Auf *gutmütige* aber *schwache* Leute soll man zum besten zu wirken, soll, wenn man kann, edle Freunde um sich her zu versammeln suchen, von denen sie nicht mißbraucht, sondern zu Taten gelenkt werden, die eines wohlwollenden Herzens würdig sind. Es gibt Personen, die nichts abschlagen können, wenigstens nicht mündlich; und da geschieht es dann, daß, um niemand zu kränken, oder damit man nicht glaube, daß es ihnen an gutem Willen fehle, sie mehr versprechen, als sie erfüllen können, mehr hingeben, mehr Arbeit für andre übernehmen, als sie gerechterweise tun sollten. Andre sind so *leichtgläubig*, daß sie jedem trauen, sich jedem preisgeben und aufopfern, jeden für einen treuen Freund halten, der die Außenseite des ehrlichen, menschenliebenden Mannes trägt. Noch andre sind nicht imstande, für sich etwas zu erbitten, sollten sie auch darüber nichts in der Welt von demjenigen erlangen, worauf sie die billigsten Ansprüche machen dürften. Ich brauche wohl nicht zu sagen, wie sehr alle diese Schwachen gemißhandelt werden; wie man auf die Gutherzigkeit und Dienstfertigkeit der ersten losstürmt, und wie den andern die Unverschämtheit alles vor dem Munde wegnimmt, weil sie nicht den Mut haben, zuzugreifen. Mißbrauche keines Menschen Schwäche! Erschleiche von keinem Vorteile, Geschenke, Verwendung von Kräften, die Du nicht nach den Regeln der strengsten Gerechtigkeit, ohne ihm Verlegenheit und Last aufzuladen, von ihm fordern darfst. Suche auch zu verhindern, daß andre dergleichen tun. Mache dem Blöden Mut! Verwende Dich, rede für ihn, wenn seine Schüchternheit ihn abhält, sein eigener Fürsprecher zu sein.

Manche Leute haben die Schwachheit, mit ganzer Seele *gewissen Liebhabereien nachzuhängen*. Sei es nun irgendeine noble Passion, Jagd, Pferde, Hunde, Katzen, Tanz, Musik, Malerei oder die Wut: Kupferstiche, Naturalien, Schmetterlinge, Petschafte, Pfeifenköpfe und dergleichen zu sammeln, oder Baugeist, Gartenanlage, Kindererziehung, Mäzenatenschaft, physikalische Versuche – oder was für ein Steckenpferd sie auch reiten, so dreht sich doch der ganze Zirkel ihrer Gedanken immer um diesen Punkt herum; sie reden von keiner Sache so gern als von diesem ihrem Lieblingsgegenstande; jedes Gespräch wissen sie dahin zu lenken. Sie vergessen dann, daß der Mann, welchen sie vor sich haben, vielleicht von keinem Dinge in der Welt weniger versteht als von diesem, verlangen aber auch dagegen nicht grade, daß derselbe mit großer Kenntnis davon rede, wenn er nur die Geduld hat, ihnen zuzuhören, oder wenn er ihre Sächelchen nur mit Aufmerksamkeit betrachtet, nur bewundert, was sie ihm als die größte Seltenheit empfehlen, und Interesse daran zu nehmen scheint. Nun, wer wird denn wohl so hartherzig sein, diese kleine Freude einem Manne, der übrigens redlich und verständig ist, nicht zu gewähren? Vorzüglich empfehle ich Aufmerksamkeit auf die – doch wie sich's versteht, unschuldigen – Liebhabereien der Großen, an deren Gunst uns gelegen ist; denn, wie Tristram Shandy anmerkt, so wird ein Hieb, welchen man dem Steckenpferde gibt, schmerzlicher empfunden als ein Schlag, den der Reiter selbst empfängt.

24.

Mit *muntern, aufgeweckten Leuten*, die von echtem Humor beseelt werden, ist leicht und angenehm umzugehn. Ich sage, sie müssen von echtem Humor beseelt werden; die Fröhlichkeit muß aus dem Herzen kommen, muß nicht erzwungen, muß nicht eitle Spaßmacherei, nicht Haschen nach Witz sein. Wer noch aus ganzem Herzen lachen, sich den Aufwallungen einer lebhaften Freude überlassen kann, der ist kein ganz böser Mensch. Tücke und Bosheit machen zerstreut, ernsthaft, nachdenkend, verschlossen, mais un homme, qui rit, ne sera jamais dangereux. Daraus folgt indessen nicht, daß jeder, der nicht von fröhlicher Gemütsart ist, deswegen etwas Böses im Schilde führen sollte. Die Stimmung des Gemüts hängt vom Temperamente sowie von Gesundheit und von innern und äußern Verhältnissen ab. Echte muntre Laune aber pflegt ansteckend zu sein, und diese Epidemie hat etwas so Wohltätiges; es ist ein so wahres Seelenglück, einmal alle Sorgen und Plagen dieser Welt weglachen zu dürfen, daß ich irgend anrate, sich zur Munterkeit anzufeuern, und wenigstens ein paar Stunden in der Woche auf diese Weise der gesitteten Fröhlichkeit zu widmen.

Allein es ist schwer, in lustiger Stimmung, und wenn man dem Witze den Zügel schießen läßt, nicht in einen *satirischen* Ton zu fallen. Was gibt uns reichern Stoff zum Lachen als das unzählige

Heer von Torheiten der Menschen? Und diese Torheiten treten am lebhaftesten vor unsre Augen, wenn wir uns die Originale dazudenken, in welchen sie wohnen. Lachen wir nun über die Narrheit, so ist es fast unvermeidlich, auch über den Narren mitzulachen, und da kann dann dies Lachen sehr ernsthafte, verdrießliche Folgen haben. Wenn ferner unsre Spöttereien Beifall finden, so werden wir verleitet, unsern Witz immer feiner zuzuspitzen, und andre, denen es außerdem vielleicht an Stoff zu muntrer Unterhaltung fehlen würde, schärfen durch unser Beispiel verführt ihre Aufmerksamkeit auf die Mängel ihrer Nebenmenschen, und was daraus entstehn könne, das ist teils bekannt genug, teils habe ich darüber schon etwas im ersten Kapitel gesagt. Ich halte es daher für Pflicht, im Umgange mit sehr satirischen Leuten auf seiner Hut zu sein. Nicht, daß man sich persönlich vor ihrer spitzen Zunge oder Feder furchten müßte, denn das zeigt wirklich den höchsten Grad von innerm Bewußtsein eigner Erbärmlichkeit an; sondern daß man nicht durch sie verführt werde, mit zu lästern, daß man sich und andern dadurch nicht schade, und daß der Geist der Duldung nicht von uns weiche. Man zeige daher satirischen Leuten keinen zu lauten Beifall, bestärke sie nicht in der Gewohnheit, ihren Witz auf andrer Menschen Unkosten spielen zu lassen, und lache nicht mit, wenn sie lästern und schmähen!

25.

Trunkenbolde, grobe *Wollüstlinge* und alle andern Arten von *lasterhaften Leuten* soll man freilich fliehn und ihren Umgang, wenn man kann, vermeiden; ist dies aber durchaus unmöglich, so bedarf es wohl keiner Erinnerung, daß man sich hüten müsse, von ihnen zur Untugend verführt zu werden. Allein das ist nicht genug; es ist auch Pflicht, ihren Ausschweifungen, möchten sie solche auch in das gefälligste Gewand hüllen, nicht durch die Finger zu sehn, sondern vielmehr, wo es mit Klugheit geschehn kann, einen unüberwindlichen Abscheu dagegen zu zeigen, sich auch wohl zu enthalten, an unzüchtigen schmutzigen Gesprächen beifälligen Anteil zu nehmen. Man sieht in der großen Welt die sogenannten agréables débauchés mehrenteils die glänzendste Rolle spielen, und in manchen, besonders männlichen Zirkeln, die Unterhaltung auf Zoten und Zweideutigkeiten hinausgehn, wodurch die Phantasie junger Leute erhitzt, mit schlüpfrigen Bildern erfüllt und die Korruption weiter ausgebreitet wird. Zu diesem allgemeinen Verderbnisse der Sitten, zu Unterdrückung, vielleicht gar zu Verachtung der Keuschheit, Nüchternheit, Mäßigkeit und Schamhaftigkeit darf kein redlicher Mann auch nur das mindeste beitragen. Er muß vielmehr, soviel an ihm ist ohne Ansehn der Person sein Mißfallen daran bestimmt zu erkennen geben und, wenn er Menschen, die auf dem Wege des Lasters wandeln, durch freundschaftliche Warnung und Hinlenkung ihrer Tätigkeit auf würdigere Gegenstände, nicht bessern kann, ihnen wenigstens zeigen, daß er den Sinn für Reinigkeit und Tugend nicht verloren habe, und daß in seiner Gegenwart die Unschuld respektiert werden müsse.

26.

Einen ganz eignen Abschnitt verdienen die *Enthusiasten, überspannten, romanhaften Menschen, Kraftgenies* und *exzentrischen Leute.* Sie leben und weben in einer Atmosphäre von Phantasien wie ein Fisch im nassen Elemente, und sind geschworne Feinde der kalten Überlegung. Modelektüre, Romane, Schauspiele, geheime Verbindungen, Mangel an gründlichen wissenschaftlichen Kenntnissen und Müßiggang stimmen einen großen Teil unsrer heutigen Jugend auf diesen Ton, man trifft aber auch Schwärmer mit grauen Köpfen an. Sie streben ohne Unterlaß nach dem Außerordentlichen und Übernatürlichen; verachten das naheliegende Gute, um nach fernen Erscheinungen zu greifen; versäumen das Nötige und Nützliche, um Pläne für das Entbehrliche zu machen; legen die Hände in den Schoß, wo es Pflicht wäre zu wirken, um sich in Händel zu mischen, die sie nichts angehen; reformieren die Welt und vernachlässigen ihre häuslichen Geschäfte; finden das Wichtigste zu klein und das Abgeschmackteste erhaben; verstehen das Deutlichste nicht und predigen das Unbegreifliche. Vergebens stellst Du ihnen die Gründe der gesunden Vernunft vor; sie werden Dich als einen gemeinen Menschen, ohne Gefühl, ohne Sinn für das Große, verachten, Mitleiden mit Deiner Weisheit haben und sich lieber an ein paar andre Narren von ähnlichem Schwunge schließen, die in ihren Unsinn einstimmen. Ist Dir's also darum zu tun, einen solchen Schwärmer von etwas zu überzeugen oder auch nur irgend in Ansehn bei ihm zu stehn, so müssen Deine Gespräche warm und feurig sein, und Du mußt mit ebensoviel Enthusiasmus der gesunden Vernunft das Wort reden, als womit er die Sache seiner Torheit verficht. Selten aber richtet man überhaupt etwas mit solchen Menschen aus, und es ist am besten getan, der Zeit ihre Kur zu überlassen. Indessen steckt zum Unglücke Schwärmerei an wie der Schnupfen. Wer daher eine sehr lebhafte Einbildungskraft hat, und nicht ganz sicher von der Herrschaft seines Verstandes über dieselbe ist, dem rate ich, im Umgange mit Enthusiasten jeder Gattung auf seiner Hut zu sein. In diesem Jahrhunderte, in welchem die Wut nach geheimen Verbindungen, die fast alle auf solchen Grillen beruhen, so allgemein geworden ist, hat man sogar Mittel gefunden, alle Arten von religiöser, theosophischer, chymischer und politischer, oder wer weiß von was für Schwärmerei in Systeme zu bringen. Ich mag nicht entscheiden, welche von diesen Gattungen die gefährlichste ist, halte aber doch dafür, diejenigen, welche auf politische, halb phantastische, halb jesuitische Pläne und auf Weltreformation hinausgehen, gehören wohl wenigstens nicht zu den unschädlichsten Donquixoterien; ich glaube dies um so fester, da grade diese Art von Schwärmersystemen am mehrsten Verwirrung im Staate anrichten kann und die blendendste Außenseite zu haben pflegt, statt daß die übrigen bald Langeweile machen und nur schiefe und mittelmäßige Köpfe dauerhaft beschäftigen. Man gewöhne sich daher im Umgange mit den Aposteln solcher Systeme die großen Wörter: Glück der Welt, Freiheit, Gleichheit, Rechte der Menschheit, Kultur, allgemeine Aufklärung,

Bildung, Weltbürgergeist und dergleichen für nichts anders als für Lockspeisen oder höchstens für gutgemeinte leere Worte zu nehmen, mit denen diese Leute spielen wie die Schulknaben mit den oratorischen Figuren und Tropen, welche sie in ihren magern Exerzitien anbringen müssen.

Kraftgenies und exzentrische Leute lasse man laufen, solange sie sich noch nicht gänzlich zum Einsperren qualifizieren. Die Erde ist so groß, daß eine Menge Narren nebeneinander Platz darauf haben.

27.

Reden wir jetzt ein Wort von *Andächtlern, Frömmlern, Heuchlern* und *abergläubischen Leuten!*

Wem es mit seinen Empfindungen für die Religion, mit seiner Wärme für Gottesliebe, Gottesfurcht und Gottesverehrung und mit seiner Anhänglichkeit an die gottesdienstlichen Gebräuche der Kirche, zu welcher er sich in seinem Herzen bekennt, ein aufrichtiger Ernst ist, der hat die gegründetsten Ansprüche auf unsre Achtung. Sollte er auch das Wesen der Religion, mehr als wir für gut halten, in bloßem Gefühle, ohne allen Gebrauch seiner ihm von Gott verliehenen Leiterin, der Vernunft, setzen; sollte auch, unsrer Meinung nach, eine erhitzte Phantasie sich in seine religiösen Empfindungen mischen; sollte er auch zu anhänglich an gewisse Zeremonien, Gebräuche und Systeme sein, so verdient er, wenn er übrigens ein redlicher Mann, ein praktischer Christ ist, Duldung, Schonung und Bruderliebe. Allein um desto verachtungswürdiger ist ein Schuft, ein gleisnerischer Bösewicht, der hinter der Larve der Heiligkeit, Sanftmut und Religiosität den wollüstigen Verführer, den tückischen Verleumder, Aufrührer, Anhetzer, rachgierigen Bösewicht oder den fanatischen Verfolger versteckt. Beide Arten von Leuten sind aber nicht schwer zu unterscheiden. Der fromme Edle ist grade, offen, still und heiter, nicht übertrieben höflich, nicht übertrieben zuvorkommend, noch übertrieben demütig, aber liebevoll, einfach und zutraulich in seinem Betragen. Er ist nachsichtig, milde und duldend, redet auch nicht viel außer mit vertrauten Freunden über religiöse Gegenstände; der Heuchler hingegen pflegt süß, kriechend, schmeichelnd, immer auf seiner Hut, ein Sklave der Großen, ein Anhänger der herrschenden Partei, ein Freund der Glücklichen, nie ein Verteidiger der Verlaßnen zu sein. Er führt Rechtschaffenheit und Religion ohne Unterlaß im Munde, gibt seine reichen Almosen und erfüllt seine christlichen Liebespflichten mit Geräusch und Aufsehn, tobt und schäumt über den Gottlosen und Lasterhaften oder entschuldigt fremde Fehler auf solche Weise, daß sie dadurch tausendfältig vergrößert erscheinen. Hüte Dich, diesem auf irgendeine Weise in die Hände zu fallen! Fliehe ihn! Tritt ihm nicht auf den Fuß! Beleidige ihn nicht, wenn Dir Deine Ruhe lieb ist!

Abergläubische Leute, die an Ammenmärchen, Gespensterhistörchen und dergleichen hängen, sind nicht durch Gründe der Philosophie und durch vernünftige Zweifelserweckung von ihrem Wahne zu befrein, am wenigsten aber durch Deklamationen, Persiflage und Ereiferung. Es ist da kein anders Mittel, als ihnen nicht eher zu widersprechen, bis man zugleich eine einzelne Tatsache strenge und kaltblütig untersuchen, und sie mit eigenen Augen von dem Betruge oder Ungrunde überzeugen kann, obgleich es wahrlich unbillig ist, daß man dem, welcher eine übernatürliche Erscheinung behauptet, den Beweis erläßt, und ihn demjenigen auflegt, der die Rechte der Vernunft verteidigt.

28.

Nicht toleranter als die Frömmler pflegen ihre Gegenfüßler, die *Deisten, Freigeister* und *Religionsspötter* von gemeiner Art zu sein. Ein Mann, der unglücklich genug ist, sich von der Wahrheit, Heiligkeit und Notwendigkeit der christlichen Religion nicht überzeugen zu können, verdient Mitleiden, weil er ein sehr wesentliches Glück, einen kräftigen Trost im Leben und Sterben entbehrt; er verdient mehr als Mitleiden, er verdient Liebe und Achtung, wenn er dabei seine Pflichten als Mensch und Bürger, soviel an ihm ist, treulich erfüllt und niemand in seinem Glauben irremacht; wenn aber jemand, der aus bösem Willen, aus Verkehrtheit des Kopfes oder des Herzens ein Religionsverächter geworden oder gar zu sein nur affektiert, allerorten Proselyten zu werben sucht, öffentlich mit schalem Witze oder nachgebeteten voltairischen Floskeln der Lehren spottet, auf welche andre Menschen ihre einzige Hoffnung, ihre zeitliche und ewige Glückseligkeit bauen; wenn er jeden verfolgt, verachtet, schimpft, jeden einen Heuchler oder heimlichen Jesuiten schilt, der nicht wie er denkt, so ist ein solcher bösartiger Ton unsrer Verachtung wert, ist wert, daß man ihm diese Verachtung zeige, wäre er auch ein noch so vornehmer Mann; und wenn man es für vergebliche Mühe hält, seinem Gewäsche ernsthafte Gründe entgegenzusetzen, so stopfe man ihm wenigstens, wenn es irgend möglich ist, sein Lästermaul!

29.

Über die Art, wie man *schwermütige, tolle* und *rasende Menschen* behandeln müsse, sollte billig ein philosophischer Arzt ein eigenes Werk schreiben. Dieser Mann müßte Leute von der Art in und außer den Hospitälern aufsuchen, dieselben genau und in verschiedenen Jahreszeiten und Mondveränderungen beobachten und aus den Resultaten dieser Untersuchungen ein ganzes System ausarbeiten. Mir fehlt es an der Menge von Tatsachen, sowie an medizinischen Kenntnissen dazu, und hier würde eine weitläuftige Abhandlung über diesen Gegenstand auch zu viel Raum wegnehmen, da ich schon so manches Blatt mit Bemerkungen über den Umgang mit nicht eingesperrten Narren anzufüllen habe. Also nur noch wenig Zeilen darüber.

Der wichtigste Punkt scheint bei solchen Kranken anfangs der zu sein, daß man die erste Quelle ihres Übels aufsuche, daß man bewahrheite, ob und wie dieselbe, durch Zerrüttung einzelner körperlicher Werkzeuge oder durch Gemütslagen, heftige Leidenschaften oder Unglücksfälle entstanden sind. Zu diesem Endzwecke muß man acht darauf geben, womit sich ihre Phantasie in den Augenblicken der Raserei oder Verwirrung und außer denselben beschäftigt, worauf ihre Einbildungskraft brütet. Da würde sich's dann zeigen, daß man, um diese Unglücklichen nach und nach zu heilen, mehrenteils nur auf einen einzigen Punkt zu wirken, in ihnen auf vorsichtige Weise nur eine einzige herrschende Grille zu zerstören oder zu modifizieren brauchte. Ferner würde es wichtig sein, darauf achtzugeben, welche Art von Wetterveränderung, Jahreszeit und Mondwandelung Einfluß auf ihre Krankheit hätte, um die glücklichen Augenblicke zur Behandlung zu nützen. Endlich habe ich bemerkt, daß das Einsperren und jede harte Verfahrungsart fast immer das Übel ärger macht. Ich muß bei dieser Gelegenheit mit wahrem, aufrichtigem Lobe der Einrichtung Erwähnung tun, welche im Tollhause in Frankfurt am Main herrscht, und welche ich vielfältig zu beobachten Gelegenheit gefunden habe. Man läßt dort die Wahnsinnigen, wenn es nur irgend ohne Gefahr geschehn kann, wenigstens in den Jahreszeiten, von welchen man weiß, daß alsdann ihre Tollheit weniger heftig ist, unter unmerklicher Beobachtung frei im Hause und Garten herumgehn, und der Zuchtmeister verfährt so sanft und liebreich mit ihnen, daß viele derselben nach einigen Jahren völlig geheilt wieder herauskommen, und eine größere Anzahl wenigstens nur melancholisch bleibt, allerlei Handarbeit zu verrichten imstande ist, indes diese Menschen in manchen andern Hospitälern durch Einsperren und Härte vielleicht im höchsten Grade wütend geworden sein würden.

Man kann aber auch schwache Menschen stufenweise um ihren Verstand bringen, wenn man eine heftige Leidenschaft, von welcher sie regiert werden, sei es Liebe, Hochmut oder Eitelkeit, nährt, reizt und dann wieder kränkt. Zwei solcher elenden Geschöpfe erinnere ich mich gesehn zu haben. Der eine trug ein Hofnarrenkleid an dem Hofe des Fürsten von ***. Er war in der Jugend ein Mensch von feinem Kopfe, guten Anlagen und voll Witz gewesen; noch loderten davon in ruhigen Augenblicken Flammen hervor. Er hatte studieren sollen, aber nichts gelernt, sondern sich einem liederlichen Leben überlassen. Als er darauf in sein Vaterstädtchen zurückkam, behandelte man ihn als einen unwissenden Müßiggänger, und er selbst fühlte, daß er weiter nichts war. Er hatte aber einen ungeheuren Hochmut und war nicht gänzlich arm. Von seiner Familie und den Leuten seines Standes verstoßen, fing er nun an, mit den Hofoffizianten des Fürsten von *** sich herumzutreiben. Seine lustigen Einfälle zogen sogar die Aufmerksamkeit dieses fast sehr muntern Herrn auf ihn. Er wurde bald vertraut mit demselben und mit dem ganzen Hofe, wodurch anfangs seine Eitelkeit gekitzelt wurde; doch endigte sich das natürlicherweise damit, daß man ihn mißbrauchte und als einen privilegierten Spaßmacher betrachtete. Dies war indessen immer noch eine Art von Existenz, die ihm behagte, solange das Ding in gewissen Schranken blieb und es ihm erlaubt war, auf vertraulichem Fuße mit vornehmen Leuten umzugehn und ihnen zuweilen derbe Wahrheiten zu sagen. Weil diese aber sich nicht umsonst so weit herablassen wollten, auch nicht zu aller Zeit gleich gut aufgelegt waren, seinen Witz, der zuweilen in das Grobe fiel, anzunehmen, so erfuhr er Demütigungen aller Art, bekam zuweilen Schläge und konnte doch nun nicht mehr zurück, indem ihm seine Verwandten und Bekannten in der Stadt mit äußerster Verachtung begegneten und sein kleines Vermögen geschmolzen war – und so sank er denn immer tiefer. Er wurde gänzlich abhängig vom Hofe; der Fürst ließ ihm eine buntscheckige Kleidung machen, und es war kein Küchenjunge im Schlosse, der nicht das Recht zu haben glaubte, einen Spaß von ihm zu begehren oder ihm für einen Schoppen Wein einen Nasenstüber zu geben. Aus Verzweiflung berauschte er sich nun täglich, und war er ja einmal nüchtern, so nagten die Vorstellung seiner fürchterlichen Lage, das Gefühl der unedlen Rolle, welche er spielte, die Anstrengung, neue Spaße zu erfinden, um nicht auf immer verstoßen zu werden, und sein aufwachender Hochmut an seiner Seele, indes er seinen Körper durch Ausschweifungen zerrüttete. Er wurde wirklich ein Narr und einmal so rasend, daß man ihn ein halbes Jahr hindurch an der Kette verwahren mußte. Als ich ihn sah, war er ein alter Mann, trieb sich in einem armseligen Zustande umher, wurde als ein verrückter Mensch angesehn, war aber mehr ein Gegenstand des Widerwillens als des Mitleidens, und hatte doch noch helle Augenblicke, in welchen er ungewöhnlichen Scharfsinn, Witz und Genie verriet, auch, wenn er einen halben Gulden erbetteln wollte, auf eine feine Weise zu schmeicheln und mit so schlauer Menschenkenntnis die schwachen Seiten der Leute zu fassen verstand, daß ich nicht wußte, ob ich nicht mehr über die Leute, die ihn so tief hinabgestoßen hatten als über seine Verirrungen seufzen sollte.

Der andre Mensch, von welchem ich reden wollte, war einstens Verwalter auf einem adeligen Gute gewesen, nachher aber in Pension gesetzt worden. Da nun solchergestalt die Herrschaft nichts mit ihm anzufangen wußte, so trieb sie ihren Spaß mit ihm, indem er sehr dumm und zugleich hochmütig und verliebt war. Sie nannten ihn Fürst, gaben ihm einen Orden, ließen erdichtete Briefe von hohen Potentaten an ihn schreiben, in welchem ihm entdeckt wurde, daß er eigentlich aus einem großen Hause abstammte, aber in seiner Jugend entführt worden sei; daß der Großsultan, welcher unrechtmäßigerweise seine Länder besäße, ihm nach dem Leben trachtete; daß eine griechische oder hebräische Prinzessin in ihn verliebt sei, und dergleichen mehr. Es mußten lustige Freunde, als Gesandte verkleidet, in Unterhandlungen mit ihm treten – und kurz, nach wenig Jahren brachte man es dahin, daß der arme Tropf wirklich verrückt wurde und diese Torheiten glaubte.

Ich enthalte mich aller Anmerkungen über diese beiden Geschichten; der Leser wird sie ohne meine Anweisung machen können.

ZWEITER TEIL

Einleitung

Der erste Teil dieses Buches enthält Bemerkungen über den Umgang mit Menschen von allerlei Art, ohne Rücksicht auf ihre besondern Verhältnisse untereinander. Die mannigfaltigen natürlichen, häuslichen und bürgerlichen Verbindungen aber erfordern eine verschiedne Anwendung des Umgangs und neue Vorschriften für einzelne Fälle. Ich rede daher in diesem zweiten Teile zuerst von demjenigen, was wir in der menschlichen Gesellschaft zu beobachten haben, insofern wir auf Verschiedenheit des Alters und des Geschlechts, auf Blutsfreundschaft, auf die ersten Bande des häuslichen Lebens und auf Freundschaft, Liebe, Dankbarkeit, Wohlwollen, endlich auf die Lagen mancher Art, in welche Menschen aus allen Ständen geraten können, unser Augenmerk richten. Der dritte Teil aber wird die Pflichten entwickeln, die uns Stand, bürgerliche Verbindung, Konvenienz und alle übrigen zusammengesetzteren Verhältnisse auflegen.

Erstes Kapitel

Von dem Umgange unter Menschen von verschiedenem Alter

1.

Der Umgang unter Menschen von gleichen Jahren scheint freilich viel Vorzüge und Annehmlichkeiten zu haben. Ähnlichkeit in Denkungsart und wechselseitige Austauschung solcher Ideen, die gleich lebhaft die Aufmerksamkeit erregen, ketten die Menschen aneinander. Jedem Alter sind gewisse Neigungen und leidenschaftliche Triebe eigen. In der Folge der Zeit verändert sich die Stimmung; man rückt nicht so fort mit dem Geschmacke und der Mode; das Herz ist nicht mehr so warm, faßt nicht so leicht Interesse an neuen Gegenständen, Lebhaftigkeit und Phantasie werden herabgestimmt; manche glücklichen Täuschungen sind verschwunden; viel Gegenstände, die uns teuer waren, sind um uns her abgestorben, entwichen, unsern Augen entrückt; die Gefährten unsrer glücklichen Jugend sind fern von uns oder schlummern schon im mütterlichen Schoße; der Jüngling hört die Erzählungen von den Freuden unsrer schönsten Jahre nur aus Gefälligkeit ohne Gähnen zu. Gleiche Erfahrungen geben reichhaltigem Stoff zur Unterhaltung, als wenn das, was ein Mensch erlebt hat, dem andern ganz fremd ist. – Das alles leidet keinen Widerspruch; doch rückt Verschiedenheit der Temperamente, der Erziehung, der Lebensart und der Erfahrungen diese Grenzlinien oft vor und zurück. Viele Menschen bleiben in gewissem Betrachte ewig Kinder, indes andre vor der Zeit Greise werden. Der an Leib und Seele abgenutzte Jüngling, der alle Weltlüste bis zum Ekel geschmeckt hat, findet freilich wenig Genuß im Zirkel junger unschuldiger Landleute, die noch Sinn für einfache Freuden haben, und der alte Biedermann, der nicht weiter als höchstens in einem Umkreise von fünf Meilen sich von seiner Heimat entfernt hat, ist unter einem Haufen erfahrner und belebter Residenzbewohner, mit ihm von gleichem Alter, ebensowenig an seinem Platze als ein betagter Kapuziner in einer Gesellschaft von alten Gelehrten. Dagegen aber binden auch manche Neigungen, zum Beispiel die noblen Passionen der Jagd, des Spiels, der Medisance und des Trunks, vielfältig Greise, Jünglinge und alte Weiber recht herzlich aneinander. Diese Ausnahme von jener allgemeinen Bemerkung, von der Bemerkung: daß der Umgang unter Leuten von gleichen Jahren viel Vorzüge hat, kann indessen die Vorschriften nicht unkräftig machen, die ich jetzt über das Betragen der Menschen von verschiednem Alter gegeneinander geben werde; nur muß ich noch eine Anmerkung hinzufügen. Es ist nicht gut, wenn eine zu bestimmte Absonderung unter Personen von verschiedenem Alter stattfindet, wie zum Beispiel in Bern, wo fast jedes Stufenjahr seine eigenen, angewiesenen gesellschaftlichen Zirkel hat, so daß, wer vierzig Jahre alt ist, anständigerweise nicht mit einem Jüngling von fünfundzwanzig Jahren umgehn kann. Die Nachteile eines solchen konventionellen Gesetzes sind wohl nicht schwer einzusehn. Der Ton, den die Jugend annimmt, wenn sie immer sich selbst überlassen ist, pflegt nicht der sittlichste zu sein; manche gute Einwirkung wird verhindert, und alte Leute bestärken sich im Egoismus, Mangel an Duldung, an Toleranz und werden mürrische Hausväter, wenn sie keine andern als solche Menschen um sich sehen, die mit ihnen gemeinschaftliche Sache machen, sobald von Lobeserhebung alter Zeiten und Heruntersetzung der gegenwärtigen, deren Ton sie nie kennenlernen, die Rede ist.

2.

Selten nehmen ältere Leute so billige Rücksicht, daß sie sich in Gedanken an die Stelle jüngerer Personen setzen, die Freuden derselben nicht störten, sondern vielmehr zu befördern und durch Teilnahme lebhafter zu machen suchten. Sie denken sich nicht in ihre eignen Jugendjahre zurück; Greise verlangen von

Jünglingen dieselbe ruhige, nüchterne, kaltblütige Überlegung, Abwägung des Nützlichen und Nötigen gegen das Entbehrliche, dieselbe Gesetztheit, die ihnen Jahre, Erfahrung und physische Herabspannung gegeben haben. Die Spiele der Jugend scheinen ihnen unbedeutend, die Scherze leichtfertig. Es ist aber wahrlich erstaunlich schwer, sich so ganz in die Lage zurückzudenken, in welcher wir vor zwanzig oder dreißig Jahren waren, und bei dem besten Willen entstehen daraus manche unbilligen Urteile und manche Übereilungen bei Erziehung der Jugend. – O lasset uns doch lieber selbst so lange jung bleiben, als möglich ist, und wenn der Winter unsers Lebens unser Haar mit Schnee deckt, und nun das Blut langsamer durch die Adern rollt, das Herz nicht mehr so warm und laut im Busen pocht, doch mit teilnehmender Wonne auf unsre jüngern Brüder herabsehn, die noch Frühlingsblumen pflücken, wenn wir, dick eingehüllt, am häuslichen, väterlichen Herde Ruhe suchen. Lasset uns nicht durch plattes Räsonnement die süßen Freuden der Phantasie niederpredigen. Wenn wir zurückschauen auf jene seligen Tage, wo ein einziger Liebesblick des holden Mädchens, das jetzt eine alte runzlige Matrone ist, uns bis in den dritten Himmel entzückte; wo bei Musik und Tanz jede Nerve in uns widerhallte; wo Scherz und Witz jeden trüben Gedanken verjagten; wo süße Träume, Ahnungen, Hoffnungen unsre Existenz froh machten – o, so lasset uns doch diese glückliche Periode bei unsern Kindern zu verlängern trachten und so viel möglich teilnehmen an ihren Wonnegefühlen. Mit zärtlicher Ehrerbietung drängen sich dann Kind, Knabe, Mädchen und Jüngling um den freundlichen alten Mann, der sie zu unschuldiger Fröhlichkeit aufmuntert. Ich bin als Jüngling mit so liebenswürdigen alten Damen umgegangen, daß ich wahrlich, wenn ich die Wahl gehabt hätte, an ihrer Seite lieber mein Leben hingebracht haben würde als bei manchen hübschen, jungen Mädchen; und wenn bei großen Tafeln mich als einen jungen Menschen die Reihe traf, neben einer dummen Schönheit Platz zu nehmen, so habe ich oft den Mann beneidet, dem sein Rang ein Recht gab, der Nachbar einer verständigen, muntern alten Frau zu sein.

3.

So schön aber diese gutmütige Herablassung zu der Stimmung der Jugend ist, so lächerlich muß es uns vorkommen, wenn ein Greis so sehr Würde und Anstand verleugnet, daß er in Gesellschaft den Stutzer oder den lustigen Studenten spielt; wenn die Dame ihre vier Lustra vergißt, sich wie ein junges Mädchen kleidet, herausputzt, kokettiert, die alten Gliedmaßen beim englischen Tanze durcheinander wirft oder gar andern Generationen Eroberungen streitig machen will. Solche Szenen wirken Verachtung; nie müssen Personen von gewissen Jahren Gelegenheit geben, daß die Jugend ihrer spotte, die Ehrerbierung oder irgendeine der Rücksichten vergesse, die man ihnen schuldig ist.

4.

Es ist indessen nicht genug, daß der Umgang ältrer Leute den jüngern nicht lästig und hinderlich werde; er muß ihnen auch Nutzen schaffen. Eine größere Summe von Erfahrungen berechtigt und verpflichtet jene, diese zu unterrichten, zurechtzuweisen, ihnen durch Rat und Beispiel nützlich zu werden. Dies muß aber ohne Pedanterie, ohne Stolz und Anmaßung geschehn, ohne auf lächerliche Weise für alles eingenommen zu sein, alles anzupreisen, was alt ist, ohne Aufopferung aller Jugendfreuden, beständige Huldigung und untertänige Aufwartung zu fordern, ohne Langeweile zu erregen, und ohne sich aufzudrängen. Man soll sich vielmehr aufsuchen lassen, und das wird gewiß nicht fehlen, da gutgeartete junge Leute sich's zur Ehre zu rechnen pflegen, mit freundlichen und verständigen Greisen umgehn zu dürfen, und es der Unterhaltung mit einem solchen, der so manches gesehn und erlebt hat und davon zu erzählen weiß, nicht an Reiz fehlt.

5.

Soviel über das Betragen bejahrter Personen gegen jüngere Leute. Jetzt noch etwas von der Aufführung der Jünglinge im Umgange mit Männern und Greisen.

In unsern von Vorurteilen so säuberlich gereinigten, aufgeklärten Zeiten werden manche Empfindungen, welche Mutter Natur uns eingeprägt hat, wegräsoniert. Dahin gehört denn auch das Gefühl der Ehrerbietung gegen das hohe Alter. Unsre Jünglinge werden früher reif, früher klug, früher gelehrt; durch fleißige Lektüre, besonders der reichhaltigen Journale, ersetzen sie, was ihnen an Erfahrung und Fleiß mangeln könnte; dies macht sie so weise, über Dinge entscheiden zu können, wovon man ehemals glaubte, es würde vieljähriges, emsiges Studium dazu erfordert, nur einigermaßen klar darin zu sehn. Daher entsteht auch jene edle Selbstigkeit und Zuversicht, die schwächre Köpfe für Unverschämtheit halten, jene Überzeugung des eignen Werts, mit welcher unbärtige Knaben heutzutage auf alte Männer herabsehen, und alles mündlich und schriftlich überschreien, was ihnen in den Weg kommt. Das Höchste, worauf ein Mann von ältern Jahren Anspruch machen darf, ist gnädige Nachsicht, züchtigende Kritik, Zurechtweisung von seinen unmündigen Kindern und Enkeln, und Mitleiden mit ihm, der das Unglück gehabt hat, nicht in diesen glücklichen Tagen, in welchen die Weisheit ungesät und ungepflegt wie Manna vom Himmel regnet, geboren worden zu sein. Ich, der ich auch das Schicksal gehabt habe, in einem Jahre zur Welt zu kommen, in welchem der größte Teil der Polyhistoren, von denen ich hier rede, ihre jetzt so scharfen Zähne noch am Wolfszahn übten oder gar noch Embryonen waren, ich habe es nicht zu jenem Grade der Aufklärung bringen können, und muß daher um Verzeihung bitten, wenn ich hier einige Regeln zu geben wage, die ziemlich nach der alten Mode schmecken werden. – Doch zur Sache!

6.

Es gibt viele Dinge in dieser Welt, die sich durchaus nicht anders als durch Erfahrung lernen lassen; es gibt Wissenschaften, die so schlechterdings langwährendes Studium, vielfaches Betrachten von verschiednen Seiten und kältres Blut erfordern, daß ich glaube, auch das feurigste Genie, der feinste Kopf sollte einem bejahrten Manne, der selbst bei schwächern Geistesgaben Alter und Erfahrung auf seiner Seite hat, in den mehrsten Fällen einiges Zutrauen, einige Aufmerksamkeit nicht versagen. Und wäre auch nicht von wissenschaftlichen Fächern die Rede, so ist doch wohl im ganzen unleugbar, daß die Summe mannigfaltiger Erfahrungen, die jeder in der Welt lebende Mann in einer langen Reihe von Jahren einsammelt, ihn in den Stand setzt, schwankende Ideen zu berichtigen, von idealischen Grillen zurückzukommen, sich nicht so leicht von Phantasie, warmem Blute und reizbaren Nerven irreführen zu lassen, und die Menschen und die Dinge um ihn her aus einem richtigem Gesichtspunkte anzusehn. Endlich dünkt es mich so schön, so edel, dem, welcher nun nicht lange mehr die Schätze und Freuden dieser Welt schmecken kann, den Rest seines Lebens, in welchem gewöhnlich Sorgen und Kümmernisse wachsen und der Genuß vermindert wird, so leicht als möglich zu machen, daß ich kein Bedenken trage, dem Jünglinge und Knaben zuzurufen: »Vor einem grauen Haupte sollst Du aufstehn! Ehre das Alter! Suche den Umgang älterer kluger Leute! Verachte nicht den Rat der kältern Vernunft, die Warnung des Erfahrnen! Tue dem Greise, was Du willst, daß man Dir tun solle, wenn einst Deiner Scheitel Haar versilbert sein wird! Pflege seiner und verlasse ihn nicht, wenn die wilde, leichtfertige Jugend ihn flieht!«

Übrigens aber ist es auch gewiß, daß es sehr viel alte Gecken und Schöpfe, so wie hie und da weise Jünglinge gibt, die schon geerntet haben, wo andre noch kaum ihr Handwerksgeräte zum Graben und Pflügen schleifen.

7.

Nun noch etwas von dem Umgange mit Kindern, aber nur sehr wenig, denn hiervon weitläufig zu reden, das hieße ein Werk über Erziehung schreiben, und das ist ja nicht mein Zweck.

Der Umgang mit Kindern hat für einen verständigen Mann unendlich viel Interesse. Hier sieht er das Buch der Natur in unverfälschter Ausgabe aufgeschlagen. Er sieht den wahren, einfachen Grundtext, den man nachher oft mit Mühe nur unter dem Wuste von fremden Glossen, Verzierungen und Verbrämungen herausfinden kann; die Anlage zu der Originalität in den Charakteren, die nachher leider mehrenteils entweder ganz verlorengeht oder sich hinter der Maske der feinern Lebensart und konventionellen Rücksichten versteckt, liegt noch offen da; über viel Dinge urteilen Kinder, von Systemgeist, Leidenschaft und Gelehrsamkeit unverführt, weit richtiger als Erwachsene; sie empfangen manche Eindrücke weit schneller, haben noch eine große Anzahl Vorurteile weniger gefaßt – kurz, wer Menschen studieren will, der versäume nicht, sich unter Kinder zu mischen! Allein der Umgang mit denselben erfordert auch Überlegung, die im Leben mit ältern Personen wegfallen. Heilige Pflicht ist es, ihnen auf keine Weise Ärgernis zu geben; sich leichtfertiger Reden und Handlungen zu enthalten, die von niemand so lebhaft als von den auf alles Neue so aufmerksam horchenden, so fein beobachtenden Kinder aufgefangen werden; ihnen in jeder Art Tugend, in Wohlwollen, Treue, Aufrichtigkeit und Anständigkeit Beispiel zu geben – kurz, zu ihrer Bildung alles nur mögliche beizutragen.

Immer herrsche Wahrheit in Deinen Reden und in Deinem Betragen gegen diese jungen Geschöpfe. Laß Dich herab (jedoch nicht auf eine Weise, die ihnen selbst lächerlich vorkommen muß) zu dem Tone, der ihnen nach ihrem Alter verständlich ist! Zerre, necke die Kinder nicht, wie einige Leute die Gewohnheit haben – das hat böse Einflüsse auf den Charakter.

Gutgeartete Kinder werden durch einen ganz eignen Sinn zu edlen, liebevollen Menschen hingezogen, wenn diese sich auch nicht so sehr viel mit ihnen zu tun machen, da sie hingegen andre fliehen, die ihnen außerordentlich gefällig sind. Reinigkeit, Einfalt des Herzens ist das große Zauberband, wodurch dies bewirkt wird, und die läßt sich denn freilich nicht nach Vorschriften lernen.

Daß das Herz des Vaters und der Mutter an ihren Kindern hängt, das ist sehr natürlich; eine Klugheitsregel sei es also, wenn uns an der Gunst der Eltern gelegen ist, ihre geliebten Kinder nicht zu übersehn, sondern ihnen einige Aufmerksamkeit zu widmen. Weit entfernt von uns aber bleibe es, die ungezognen Knaben und Mädchen der Großen niederträchtigerweise zu schmeicheln, dadurch den Hochmut, den Eigensinn und die Eitelkeit dieser mehrenteils schon so sehr verderbten Dingerchen zu nähren, zu ihrer moralischen Verschlimmerung etwas beizutragen und das Grundgesetz der Natur zu übertreten, welches befiehlt, daß das Kind dem reifern Alter, nicht aber der Mann dem Knaben huldige.

Vor allen Dingen hüte man sich auch, wenn Eltern in unsrer Gegenwart ihren Kindern Verweise geben, nicht etwa die Partei der Kinder zu nehmen, denn dadurch werden diese in ihrer Unart bestärkt und jene in ihrem Erziehungsplane gestört.

Zweites Kapitel

Von dem Umgange unter Eltern, Kindern und Blutsfreunden

1.

Das erste und natürlichste Band unter den Menschen, nächst der Vereinigung zwischen Mann und Weib, ist von jeher das Band unter Eltern und Kindern gewesen. Wenngleich das Zeugungsgeschäft nicht eigentlich absichtliche Wohltat für die folgende Generation ist, so gibt es doch wenig Menschen, die nicht ganz gut damit zufrieden wären, daß jemand sich die Mühe gegeben hat, sie in die Welt zu setzen; und obwohl in unsern Staaten die Eltern ihre Kinder nicht bloß aus freiem Willen auferziehen, nähren und pflegen, so ist es doch abgeschmackt zu sagen: die mannigfaltige Bemühung, welche dies erfordert und nach sich zieht, lege keine Art von Verbindlichkeit auf, oder es sei nicht wahr, daß ein Zug von Wohlwollen, Sympathie und Dankbarkeit uns den Personen näherbringe, deren Fleisch und Blut wir sind, unter deren Herzen wir gelegen, die uns gefüttert, für uns gewacht, gesorgt, die alles mit uns geteilt haben.

Unmittelbar darauf folgt die Verbindung unter den Zweigen eines Stammes. Die Mitglieder derselben Familie, durch ähnliche Organisation, gleichförmige Erziehung und gemeinschaftliches Interesse harmonisch gestimmt und aneinander geknüpft, fühlen füreinander, was sie für Fremde nicht fühlen, und fremder werden ihnen die Menschen, je mehr sich dieser Zirkel erweitert.

Vaterlandsliebe ist schon ein zusammengesetztes Gefühl, aber immer noch inniger, wärmer als Weltbürgergeist für einen Menschen, der nicht, früh verwiesen aus der bürgerlichen Gesellschaft, als ein Abenteurer von Lande zu Lande irrend, kein Eigentum und keinen Sinn für bürgerliche Pflichten hat. Wer die Mutter nicht liebt, deren Brüste er gesogen; wessen Herz nicht warm wird bei dem Anblicke der Gefilde, in welchen er die unschuldigen, glücklichen Jahre seiner Jugend fröhlich und sorgenlos verlebt hat – was für Interesse soll der wohl an dem ganzen nehmen, da Eigentum, Moralität und alles, was den Menschen auf dieser Erde irgend teuer sein kann, doch am Ende auf Erhaltung jener Familien- und Vaterlandsbande beruht?

Daß aber diese Bande täglich lockrer werden, beweist nichts, als daß wir uns täglich weiter von der edeln Ordnung der Natur und deren Gesetzen entfernen; und wenn ein schiefer Kopf, den sein Vaterland als ein unbrauchbares Mitglied aufstößt, weil er sich den Gesetzen nicht unterwerfen will, unzufrieden mit dem Zwange, den ihm Sittlichkeit und Polizei auflegen, behauptet, es sei des Philosophen würdig, alle engern Verbindungen aufzulösen und kein anders Band anzuerkennen, als das allgemeine Bruderband unter allen Erdbewohnern; so überzeugt uns das von nichts weiter, als daß kein Satz so närrisch ist, der nicht in unsern Tagen in irgendeinem philosophischen Systeme als Grundpfeiler aufgestellt würde. – Glückliches achtzehntes Jahrhundert, in welchem man so große Entdeckungen macht als zum Beispiel: daß man, um lesen zu lernen, nicht mit den Buchstaben und Silben bekannt zu sein brauche, und daß man, um alle Menschen zu lieben, keinen einzelnen lieben dürfe! Jahrhundert der Universalarzeneien, der Philalethen, Philanthropen, Alchimisten und Kosmopoliten, wohin wirst du uns noch führen? Ich sehe im Geiste allgemeine Aufklärung sich über alle Stände verbreiten; ich sehe den Bauer seinen Pflug müßig stehnlassen, um dem Fürsten eine Vorlesung zu halten über Gleichheit der Stände und über die Schuldigkeit, die Last des Lebens gemeinschaftlich zu tragen; ich sehe, wie jeder die ihm unbequemen Vorurteile wegräsoniert, wie Gesetze und bürgerliche Einrichtungen der Willkür weichen, wie der Klügere und Stärkere sein natürliches Herrscherrecht reklamiert, und seinen Beruf, für das Beste der ganzen Welt zu sorgen, auf Unkosten der Schwächern geltend macht, wie Eigentum, Staatsverfassungen und Grenzlinien aufhören, wie jeder sich selbst regiert und sich ein System zu Befriedigung seiner Triebe erfindet. – O gebenedeites, goldenes Zeitalter! dann machen wir alle nur eine Familie aus; dann drücken wir den edeln, liebenswürdigen Menschenfresser brüderlich an unsre Brust und wandeln, wenn dies Wohlwollen sich erweitert, endlich auch mit dem genievollen Orang-Utan Hand in Hand durch dies Leben. Dann fallen alle Fesseln ab, dann schwinden alle Vorurteile! Ich brauche nicht meines Vaters Schulden zu bezahlen; habe nicht nötig, mich mit einem Weibe zu begnügen, und das Schloß vor meines Nachbars Geldkasten ist kein Hindernis, mein angebornes Recht auf das Gold, das die mütterliche Erde uns allen darreicht, in Ausübung zu bringen.

So weit sind wir nun aber noch gar nicht gekommen, und da es viele Menschen gibt, unter die auch ich gehöre, die ihre Verwandten lieben und Sinn für häusliche Freuden und für das Familienband haben, so will ich doch hier einige Bemerkungen über den Umgang unter Blutsfreunden liefern.

2.

Es gibt Eltern, die, umhergetrieben in einem beständigen Wirbel von Zerstreuungen, ihre Kinder kaum ein paar Stunden des Tages sehen, ihren Vergnügungen nachrennen und indes Mietlingen die Bildung ihrer Söhne und Töchter überlassen, oder wenn diese schon erwachsen sind, mit ihnen auf einem so fremden, höflichen Fuße leben, als wenn sie ihnen gar nicht gehörten. Wie unnatürlich und unverantwortlich dies Verfahren sei, das bedarf wohl keines Beweises. Es gibt aber andre Eltern, die von ihren Kindern eine so sklavische Ehrerbietung und so viel Rücksichten und Aufopferungen fordern, daß durch den Zwang und den gewaltigen Abstand, der hieraus entsteht, alles Zutraun, alle Herzensergießung wegfallt, so daß den Kindern die Stunden, welche sie an der Seite ihrer Eltern hinbringen müssen, fürchterlich und langweilig vorkommen. Noch andre vergessen, daß Knaben auch endlich Männer werden; sie behandeln ihre erwachsenen Söhne und Töchter immer noch als kleine Unmündige, gestatten ihnen nicht den geringsten freien Willen und trauen den Einsichten derselben nicht das mindeste zu. – Das alles sollte nicht so sein. Ehrerbietung besteht nicht in feierlicher, strenger Entfernung, sondern kann recht gut mit freundschaftlicher Vertraulichkeit bestehen. Man liebt den nicht, an welchen man kaum hinaufzuschauen wagen darf; man vertraut sich dem nicht an, der immer mit strengem Ernste Gesetz predigt; Zwang tötet alle edle, freiwillige Hingebung. Was kann hingegen entzückender sein, als der Anblick eines geliebten Vaters mitten unter seinen erwachsenen Kindern, die nach seinem weisen und freundlichen Umgange sich sehnen, keinen Gedanken ihres Herzens verbergen vor ihm, der ihr treuester Ratgeber, ihr nachsichtsvoller Freund ist, der an ihren unschuldigen, jugendlichen Freuden teilnimmt oder sie wenigstens nicht stört, und mit ihnen wie mit seinen besten und natürlichsten Freunden lebt. – Eine Verbindung, zu welcher sich alle Empfindungen vereinigen, die nur dem Menschen teuer sein können, Stimme der Natur, Sympathie, Dankbarkeit, Ähnlichkeit des Geschmacks, gleiches Interesse und Gewohnheit des Umgangs. Allein diese Vertraulichkeit kann auch übertrieben werden, und ich kenne Väter und Mütter, die sich dadurch verächtlich machen, daß sie die Gefährten der Ausschweifungen ihrer Kinder, oder gar, wenn diese besser sind als sie selbst, mit ihren Lastern, die sie nicht zu verhehlen trachten, das Gespötte oder der Abscheu derer werden, denen sie ein lehrreiches Beispiel geben sollten.

3.

Es ist in unsern Tagen nichts Seltnes, Kinder zu sehn, die ihre Eltern vernachlässigen oder unedel behandeln. Die ersten Bande unter den Menschen werden immer lockrer; die Jünglinge finden ihre Väter nicht weise, nicht unterhaltend, nicht aufgeklärt genug. Das Mädchen hat Langeweile bei der alten Mutter und vergißt, wie manche langweilige Stunde diese bei seiner Wiege, bei Wartung desselben in gefährlichen Krankheiten oder bei den kleinen schmutzigen Arbeiten zugebracht, wie sie sich in den schönsten Jahren ihres Lebens so manches Vergnügen versagt hat, um für die Erhaltung und Pflege des kleinen ekelhaften Geschöpfs zu sorgen, das vielleicht ohne diese Sorgfalt nicht mehr dasein würde. Die

Kinder vergessen, wieviel schöne Stunden sie ihren Eltern durch ihr betäubendes Geschrei verdorben, wieviel schlaflose Nächte sie dem sorgsamen Vater gemacht haben, der alle Kräfte aufbot, für seine Familie zu arbeiten, sich manche Bequemlichkeit entziehn, vor manchem Schurken sich krümmen mußte, um Unterhalt für die Seinigen zu erringen. Gutgeartete Gemüter werden indessen nie so sehr das Gefühl der Dankbarkeit ersticken, daß sie meiner Ermahnungen bedürften, und für niedre Seelen schreibe ich nicht. Nur erinnre ich, daß wenn auch Kinder Ursache hätten, sich der Schwachheiten oder gar der Laster ihrer Eltern zu schämen, sie doch weiser und besser handeln, wenn sie die Fehler derselben so viel möglich zu verstecken suchen und im äußern Umgange nie die Ehrerbietung aus den Augen setzen, die sie ihnen in so manchem Betrachte schuldig sind. Segen des Himmels und Achtung aller gutgesinnten Menschen sind der sichre Preis der Sorgfalt, welche die Söhne und Töchter auf die Pflege, Erhaltung und edle Behandlung ihrer Eltern verwenden. Traurig ist die Lage für ein Kind, wenn es durch die Uneinigkeit, in welcher seine Eltern leben, oder sonst in die Verlegenheit gerät, Partei für oder gegen Vater oder Mutter nehmen zu sollen. Vernünftige Eltern werden es aber immer vermeiden, ihre Kinder in solche unglücklichen Zwistigkeiten zu verwickeln, und gute Kinder werden dabei mit derjenigen Vorsichtigkeit zu Werke gehen, die Rechtschaffenheit und Klugheit gebieten.

4.

Ich höre so oft darüber klagen, daß man unter fremden Leuten mehr Schutz, Beistand und Anhänglichkeit finde als bei seinen nächsten Blutsverwandten; allein ich halte diese Klage größtenteils für ungerecht. Freilich gibt es unter Verwandten ebensowohl unfreundschaftliche Menschen als unter solchen, die uns nichts angehen; freilich geschieht es wohl, daß Verwandte ihrem Vetter nur dann Achtung beweisen, wenn er reich, oder geehrt vom großen Haufen ist, sich aber des unbekannten, armen oder verfolgten

Blutsfreundes schämen; ich denke aber, man fordert auch oft von seinen Herrn Oheimen und Frauen Basen mehr, als man billigerweise verlangen sollte. Unsre politischen Verfassungen und der täglich mehr überhandnehmende Luxus machen es wahrlich notwendig, daß jeder für sein Haus, für Weib und Kinder sorge, und die Herrn Vettern, die oft als unwissende und verschwenderische Tagediebe in der sichern Zuversicht, von ihren mächtigen und reichen Verwandten nicht verlassen zu werden, sorglos in die Welt hinein leben, haben dann so unersättliche Forderungen, daß der Mann, dem Pflicht und Gewissen kein Spielwerk sind, diese unmöglich befriedigen kann, ohne ungerecht gegen andre zu handeln. Um nun diesen unangenehmen Kollisionen sich nie auszusetzen, rate ich, zwar die herzliche Vertraulichkeit, die den Umgang im Familienzirkel so angenehm macht, nicht zu verachten, aber so wenig als möglich bei Blutsfreunden Erwartungen von Unterstützung und Schutz zu hegen und zu erwecken, sich seiner Verwandten anzunehmen, insofern es ohne Unbilligkeit gegen bessere Menschen geschehn kann, nicht aber seine dummen Vettern, wenn man die Macht in Händen hat, andre glücklich zu machen, auf Unkosten verdienstvoller Fremden zu befördern und hinaufzuschieben.

Außerdem läßt sich auf den Umgang mit Verwandten noch dasjenige anwenden, was ich unten von dem Umgange unter Eheleuten und Freunden sagen werde, nämlich, daß Menschen, die sich lange kennen und oft ohne Larve und Schminke sehen, doppelt vorsichtig in ihrem Betragen gegeneinander sein müssen, damit einer des andern nicht müde und wegen kleiner Fehler nicht ungerecht gegen größere Tugenden werde.

Endlich wünschte ich auch, daß zahlreiche Familien in mittlern Städten nicht so beständig nur unter sich leben möchten, dadurch die Gesellschaft in kleine abgesonderte Teile zerschnitten, trennten und Menschen, die nicht mit ihnen verwandt noch verschwägert sind, von sich entfernten, so daß, wenn von ungefähr ein Fremder unter sie gerät, derselbe wie verraten und verkauft ist. Doch nun noch ein paar Anmerkungen. Die erste: Alte Vettern und Tanten, besonders unverheiratete, pflegen so gern zu hofmeistern, ihre podagrischen und hysterischen Launen an ihren erwachsenen Nichten und Neffen auszulassen und diese zu behandeln, als liefen sie noch im Rollwägelchen herum. – Ich denke, das sollten sie bleibenlassen. Dadurch sind wirklich die alten Tanten und Onkels zu einem Sprichworte geworden, und manche geringe Erbschaft wird zu teuer erkauft, wenn man dafür so viel einschläfernde, wirkungslose Predigten anhören muß, dahingegen die guten alten Leute von ihren jungen Verwandten mit Freuden liebevoll gepflegt und gewartet werden würden, wenn sie weniger säuerlich in ihrem Betragen gegen sie wären. Die andre Anmerkung: Es herrscht in manchen Städten, besonders in Reichsstädten, ein äußerst steifer und übler Ton unter den Personen einer Familie. Bürgerliche, ökonomische und andre Rücksichten zwingen sie, sich oft zu sehn, und dennoch zanken, necken, hassen sie sich unaufhörlich untereinander und machen sich dadurch das Leben sehr schwer. Wo gar keine Sympathie in Denkungsart ist, wo gar keine Einigkeit und Freundschaft herrschen, da lasse man sich doch lieber ungeplagt, betrage sich höflich gegeneinander, wähle sich aber Freunde nach seinem Herzen.

Drittes Kapitel

Von dem Umgange unter Eheleuten

1.

Eine weise und gute Wahl bei Knüpfung des wichtigsten Bandes im menschlichen Leben, die ist freilich das sicherste Mittel, um in der Folge sich Freude und Glück in dem Umgange unter Eheleuten versprechen zu können. Wenn hingegen Menschen, die nicht gegenseitig dazu beitragen, sich das Leben süß und leicht zu machen, sondern die vielmehr widersprechende, sich durchkreuzende Neigungen und Wünsche und verschiedenes Interesse hegen, unglücklicherweise sich nun auf ewig aneinandergekettet sehen; so ist das in der Tat eine höchst traurige Lage, eine Existenz voll immerwährender herber Aufopferung, ein Stand der schwersten Sklaverei, ein Seufzen unter den eisernen Fesseln der Notwendigkeit, ohne Hoffnung einer andern Erlösung, als wenn der dürre Knochenmann mit seiner Sense dem Unwesen ein Ende macht.

Nicht weniger unglücklich ist dies Band, wenn auch nur von einer Seite Unzufriedenheit und Abneigung die Ehe verbittern, wenn nicht freie Wahl, sondern politische, ökonomische Rücksichten, Zwang, Verzweiflung, Not, Dankbarkeit, dépit amoureux, ein Ungefähr, eine Grille oder nur körperliches Bedürfnis, wobei das Herz nicht war, dieselbe geknüpft hat, wenn der eine Teil immer nur empfangen, nie geben will, unaufhörlich fordert, Befriedigung aller Bedürfnisse, Hilfe, Rat, Aufmerksamkeit, Unterhaltung, Vergnügen, Trost im Leiden – und dagegen nichts leistet. Wähle also mit Vorsicht die Gefährtin Deines Lebens, wenn Deine künftige häusliche Glückseligkeit nicht ein Spiel des Zufalls sein soll.

2.

Überlegt man aber, daß gewöhnlich auch diejenigen Ehen, welche auf eigener Wahl beruhen, in einem Alter und unter Umständen geschlossen werden, wo weniger reife Überlegung und Vernunft als blinde Leidenschaft und Naturtrieb diese Wahl bestimmen, obgleich man in dieser Verblendung wohl sehr viel von Sympathie und Herzenshange träumt und schwätzt, so sollte man sich beinahe verwundern darüber, daß es noch so viele glückliche Ehen in der Welt gibt. Aber die weise Vorsehung hat alles so herrlich geordnet, daß eben das, was diesem Glücke im Wege zu stehn scheint, dasselbe vielmehr befördert. Ist man in den Jahren der Jugend weniger geschickt zu weiser Wahl, so ist man dagegen von der andern Seite auch noch geschmeidiger, leichter zu leiten, zu bilden und nachgiebiger, als in dem reifern Alter. Die Ecken – möchten sie auch noch so scharf sein – schleifen sich leichter ab aneinander und fügen sich, wenn der Stoff noch weich ist. Man nimmt die Sachen nicht so genau als nachher, wenn Erfahrung und Schicksale uns ekel, vorsichtig gemacht, und große Forderungen in uns erweckt haben; wenn die kältere Vernunft alles abwägt, jeden Diebstahl an Genuß sehr hoch anrechnet, kalkuliert, wie wenig Jahre man vielleicht noch zu leben hat und wie geizig man mit Zeit und Vergnügen sein muß. Entstehen unter jungen Eheleuten gern Zwistigkeiten, so ist auch die Versöhnung desto leichter gestiftet. Widerwillen und Zorn fassen nicht so feste Wurzel, und wenn der Körper mitspricht, wird oft der heftigste Streit durch eine einzige eheliche Umarmung wieder geschlichtet. Dazu kommen dann nach und nach Gewohnheit, Bedürfnis, miteinander zu leben, gemeinschaftliches Interesse, häusliche Geschäfte, die uns nicht viel Zeit zu müßigen Grillen lassen, Freude an Kindern, geteilte Sorgfalt über derselben Erziehung und Versorgung – welches alles, statt die Last des Ehestandes zu erschweren, in den Jahren, wo Jugend, Kräfte und Munterkeit mitwirken, dies Joch sehr süß machen und mannigfaltig abwechselnde Freuden gewähren, die durch Teilung mit einer Gattin doppelt schmackhaft werden. Nicht also im männlichen Alter. Da fordert man mehr für sich, will ernten, genießen, nicht neue Bürden übernehmen; man will gepflegt sein; der Charakter hat Festigkeit, mag sich nicht mehr umformen lassen; die Begierden dringen nicht so laut auf Befriedigung. Nur wenig Ausnahmen möchten hier stattfinden, und diese nur unter den edelsten Menschen, die bei zunehmenden Jahren nachsichtiger, sanfter werden, und, fest überzeugt von der allgemeinen Schwäche der menschlichen Natur, wenig fordern und gern geben; aber immer ist dies eine Art von Heroismus, eine Aufopferung, und hier ist ja von wechselseitiger Glückseligkeits-Beförderung die Rede – kurz, ich würde anraten, in diesem Alter langsamer bei der Wahl einer Gattin zu Werke zu gehn, wenn ein solcher Rat nicht überflüssig wäre. Das gibt sich von selbst; wer sich aber in männlichen Jahren auf diese Weise übereilt, der mag dann die Folgen von den Torheiten tragen, zu welchen ein Jünglingskopf auf Mannesschultern verführt.

3.

Ich glaube nicht, daß eine völlige Gleichheit in Temperamenten, Neigungen, Denkungsart, Fähigkeiten und Geschmack durchaus erfordert werde, um eine frohe Ehe zu stiften; vielmehr mag wohl zuweilen grade das Gegenteil (nur nicht in zu hohem Grade, noch in Hauptgrundsätzen, noch ein zu beträchtlicher Unterschied von Jahren) mehr Glück gewähren. Bei einem Bande, das auf gemeinschaftlichem Interesse beruht, und wo alle Ungemächlichkeit des einen Teils zugleich mit auf den andern fällt, ist es zur Vermeidung übereilter Schritte und deren schädlicher Folgen oft sehr gut, wenn die zu große Lebhaftigkeit, das rasche Feuer des Mannes durch Sanftmut oder ein wenig Phlegma von Seiten des Weibes gedämpft wird, und umgekehrt. So würde auch mancher Haushalt zugrunde gehn, wenn beide Eheleute gleichviel Lust an Aufwand, Pracht, Üppigkeit, einerlei Liebhabereien oder gleichviel Hang zu einer nicht immer wohlgeordneten Wohltätigkeit und Geselligkeit hätten; und da unsre jungen Romanleser und -leserinnen gemeiniglich die Ideale zu ihren künftigen Lebensgefährten nach ihrem eigenen werten Ich schnitzeln, so ist es doch so übel nicht, wenn zuweilen ein alter grämlicher Vater oder Vormund einen Querstrich durch dergleichen Verbindungspläne macht. – So viel nur von der Wahl des Gatten, und das ist beinahe schon mehr, als eigentlich hierhergehört.

4.

Wichtig ist die Sorgfalt, welche Eheleute anwenden müssen, wenn sie sich so täglich sehen und sehn müssen und also Muße und Gelegenheit genug haben, einer mit des andern Fehlern und Launen bekannt zu werden und, selbst durch die kleinsten derselben, manche Ungemächlichkeit zu leiden; wichtig ist es, Mittel zu erfinden, sich dann nicht gegenseitig lästig, langweilig, nicht kalt, gleichgültig gegeneinander zu werden oder gar Ekel und Abneigung zu empfinden. Hier ist also weise Vorsicht im Umgange nötig. Verstellung fällt in allem Betrachte weg; aber einer gewissen Achtsamkeit auf sich selbst und der möglichsten Entfernung alles dessen, was sicher widrige Eindrücke machen muß, soll man sich befleißigen. Man setze daher nie gegeneinander jene Höflichkeit aus den Augen, die sehr wohl mit Vertraulichkeit bestehn mag und die den Mann von feiner Erziehung bezeichnet. Ohne sich fremd zu werden, sorge man doch dafür, daß man durch oft wiederholte Gespräche über dieselben Gegenstände nicht langweilig sei, daß man sich nicht so auswendig lerne, daß jedes Gespräch der Eheleute unter vier Augen lästig scheint und man sich nach fremder Unterhaltung sehnt. Ich kenne einen Mann, der eine Anzahl Anekdötchen und Einfälle besitzt, die er nun schon so oft seiner Frau, und in deren Gegenwart fremden Leuten ausgekramt hat, daß man dem guten Weibe jedesmal Ekel und Überdruß ansieht, so oft er mit einem dergleichen Stückchen angezogen kommt. Wer gute Bücher liest, Gesellschaften besucht und nachdenkt, der wird ja leicht täglich neuen Stoff zu interessanten Gesprächen finden; aber freilich reicht dieser nicht zu, wenn man den ganzen Tag müßig einander gegenübersitzt, und man darf sich daher nicht wundern, wenn man solche Eheleute antrifft, die, um dieser tötenden Langeweile auszuweichen, wenn grade keine andre Gesellschaft aufzutreiben ist, miteinander halbe Tage lang Piquet spielen oder sich zusammen an einer Flasche Wein ergötzen. Sehr gut ist es desfalls, wenn der Mann bestimmte Berufsarbeiten hat, die ihn wenigstens einige Stunden täglich an seinen Schreibtisch fesseln oder außer Hause rufen, wenn zuweilen kleine Abwesenheiten, Reisen in Geschäften und dergleichen seiner Gegenwart neuen Reiz geben. Ihn erwartet dann sehnsuchtsvoll die treue Gattin, die indes ihrem Hauswesen vorgestanden. Sie empfangt ihn liebreich und freundlich; die Abendstunden gehen unter frohen Gesprächen, bei Verabredungen, die das Wohl ihrer Familie zum Gegenstand haben, im häuslichen Zirkel vorüber, und man wird sich einander nie überdrüssig. Es gibt eine feine, bescheidne Art sich rar zu machen, zu veranlassen, daß man sich nach uns sehne; diese soll man studieren. Auch im Äußern soll man alles entfernen, was zurückscheuchen könnte. Man soll sich seinem Gatten, seiner Gattin nicht in einer ekelhaften, schmutzigen Kleidung zeigen, sich zu Hause nicht zuviel Unmanierlichkeiten erlauben – das ist man ja schon sich selber schuldig – und vor allen Dingen, wenn man auf dem Lande lebt, nicht verbauern, nicht pöbelhafte Sitten noch niedrige, plumpe Ausdrücke im Reden annehmen noch unreinlich, nachlässig an seinem Körper werden. Denn wie ist es möglich, daß eine Frau, die immer an ihrem Manne unter allen übrigen Menschen, mit welchen sie umgeht, am mehrsten Fehler und Unanständigkeiten wahrnimmt, denselben vor allen andern gern sehn, schätzen und lieben soll? – Noch einmal, wenn die Ehe ein Stand der Aufopferung wird, wenn ihre Pflichten als ein schweres Gewicht auf uns liegen, o wie kann dann wahres Glück ihr Teil sein?

5.

Eine Hauptvorschrift aber für alle Stände und für alle Verhältnisse wende man auch auf den Ehestand an. Sie ist diese: Erfülle so sorgsam, so pünktlich, so nach einem festen Plane Deine Pflichten, daß Du womöglich darin alle Deine Bekannten übertreffest; so wirst Du auch auf die wärmste Hochachtung Anspruch machen können und in der Folge alle diejenigen verdunkeln, welche nur durch einzelne glänzende Eigenschaften augenblickliche vorteilhafte Eindrücke machen. Aber erfülle sie auch alle, diese Pflichten! Der Mann prahle nicht etwa mit seiner Uneigennützigkeit, mit seinem Fleiße, mit seiner guten Hauswirtschaft, mit der Achtung guter Männer, der indes in der Stille sich wöchentlich ein paarmal ein Räuschchen trinkt. Die Frau poche nicht auf ihre Keuschheit, welche vielleicht das Verdienst des Zufalls oder eines kalten Temperaments ist, wenn sie indes sorglos die Erziehung ihrer Kinder vernachlässigt. Nein, wer Achtung und Zuneigung als Pflicht fordert, der muß auch Achtung und Zuneigung zu verdienen wissen, und wenn Du willst, daß Deine Frau Dich unter allen Menschen am mehrsten ehren und lieben soll, so verlasse Dich nicht darauf, daß sie Dir's am Altare versprochen hat – wer kann so etwas versprechen? –, sondern darauf, daß Du alle Kräfte aufbietest, besser zu sein als andre, aber besser in jedem Betrachte. Nur den Folgen nach lassen sich Tugenden und Laster klassifizieren, denn übrigens sind sie alle gleich wichtig, und ein sorgloser Hausvater ist ebenso strafbar als ein unkeusches Eheweib. Allein das ist die gewöhnliche Art zu handeln der Menschen! Sie eifern gegen Laster, zu welchen sie keinen Hang haben, und denken nicht, daß die Verabsäumung wichtiger Tugenden ein ebenso schweres Verbrechen ist als die Ausübung einer bösen Tat. Ein altes Weib verfolgt mit wütendem Grimme ein armes junges Mädchen, das durch Temperament und Verführung zu einem Fehltritte ist verleitet worden; daß aber die gute Matrone ihre Kinder wie das dumme Vieh hat aufwachsen lassen, darüber glaubt sie keine Verantwortung geben zu dürfen – hat sie doch nie die eheliche Treue verletzt! – Sorgsame Pflichterfüllung in allen Rücksichten ist also das sicherste Mittel, der beständig fortdauernden Zärtlichkeit seiner Ehehälfte gewiß zu sein.

6.

Mit dem allen aber wird es nicht fehlen, daß nicht zuweilen fremde liebenswürdige Menschen auf kurze Zeit vorteilhafte Eindrücke auf Ehegenossen machen sollten, als einer von diesen seiner Ruhe wegen wünschen möchte. Es ist nicht zu erwarten, daß, wenn die erste blinde Liebe verraucht ist – und die verraucht denn doch bald –, man so parteiisch füreinander bleiben, daß man nicht oft die Vorzüge andrer Leute sehr lebhaft fühlen sollte. Hierzu kommt dann noch, daß Personen, mit denen wir seltner umgehen, sich immer von ihren besten Seiten zeigen und uns mehr schmeicheln als die, mit denen wir täglich leben. Eindrücke von der Art werden aber bald wieder verschwinden, wenn nur der Gatte fortfährt, seine Pflichten treulich zu erfüllen, und wenn er keinen niedrigen Neid, keine närrische Eifersucht blicken läßt, die ohnehin nie gute, sondern allemal schlimme Folgen haben. Liebe und Achtung lassen sich nicht erzwingen, nicht ertrotzen; ein Herz, das bewacht werden muß, ist wie der Mammon eines Geizigen, mehr eine unnütze Last als ein wahrer Schatz, dessen man froh wird; Widerstand reizt; keine Wachsamkeit ist so groß, daß sie nicht hintergangen werden könnte, und es liegt in der Natur des Menschen, daß man ein Gut, das vielleicht sonst gar keinen Reiz für uns haben würde, doppelt eifrig wünscht, sobald der Besitz desselben mit Schwierigkeiten für uns verbunden ist.

Man soll auch jene kleinen Künste, die höchstens unter Verliebten, nicht aber unter Ehegatten, stattfinden dürfen, verachten, durch welche man, um die Liebe des andern Teils mehr anzufeuern, mit Vorsatz Eifersucht zu erregen sucht. Bei einem Bande, das auf gegenseitiger Hochachtung beruhn muß, darf man sich durchaus keiner schiefen Mittel bedienen. Glaubt meine Frau, ich könne in der Tat meine Pflicht und Zärtlichkeit gegen sie fremden Neigungen aufopfern, so muß das ihre eigene Achtung gegen mich vermindern, und merkt sie hingegen, daß ich nur Spielwerk mit ihr treiben will, so ist das mehr als verlorne Arbeit, die noch obendrein oft ernstliche Folgen haben kann.

Ich sage, wenn auch auf kurze Zeit der Mann seinem Weibe oder die Frau ihrem Gatten Veranlassung zu solchen Unruhen gibt, so wird doch diese kleine Herzensverirrung, wenn der leidende Teil nur fortfährt, seinen Pflichten treu zu sein, nicht dauern können. Bei kaltblütiger Prüfung wird der Gedanke aufleben: »Möchte auch jener, möchte auch jene die liebenswürdigsten Eigenschaften haben, so ist er mir doch, ist sie mir doch nicht, was mir mein Mann, mein Weib ist, teilt doch nicht mit mir jede Sorge des Lebens, hat nicht mit mir schon so viel Glück und Unglück gemeinschaftlich getragen, hängt nicht so mit ganzer Seele, mit erprobter Treue an mir, ist nicht Vater, nicht Mutter meiner lieben Kinder, wird nicht so ewig alles Gute und alles Böse mit mir teilen, wird mir nicht den Verlust ersetzen, wenn ich meinen Gatten von mir stoße.« – Und ein solcher Triumph der Rückkehr, komme er früh oder spät, ist dann süß, und macht alle Leiden vergessen.

7.

Klugheit und Rechtschaffenheit aber erfordern, daß man sich selber gegen die Eindrücke größrer Liebenswürdigkeit, welche fremde Personen auf uns machen könnten, wappne. In der frühen Jugend, wenn die Phantasie lebhaft ist, die Begierden heftig wirken und das Herz noch oft mit dem Kopfe davonläuft, würde ich raten, solchen gefährlichen Gelegenheiten auszuweichen. Ein junger Mann, welcher merkt, daß ein Frauenzimmer, mit dem er umgeht, ihm vielleicht einst besser als seine Frau gefallen, wildes Feuer in ihm entzünden oder wenigstens seine häusliche Glückseligkeit verbittern könnte, tut wohl, wenn er, insofern er sich nicht Festigkeit genug zutrauet – und er urteilt weise, wenn er sich diese nicht leicht zutrauet – tut, sage ich, wohl, wenn er solchen Umgang, soviel wie möglich, meidet, damit derselbe ihm nicht zum Bedürfnisse werde. Diese Vorsicht ist am nötigsten gegen die feinern Koketten zu beobachten, die, ohne eben Pläne auf Verletzung der Ehre zu haben, ihr Spielwerk mit der

Ruhe eines gefühlvollen redlichen Mannes treiben und einen zwecklosen Triumph darin suchen, schlaflose Nächte zu verursachen, Tränen zu veranlassen und andrer Weiber Neid zu erregen. Es gibt viel solcher eitlen Damen, die, nicht immer durch böses Herz noch Temperament, aber wohl durch die rasende Begierde, stets zu glänzen, allgemein zu gefallen, getrieben, manche stille häusliche Ruhe und den Frieden unter Eheleuten auf diese Weise zerstören. In reifern Jahren hingegen rate ich die entgegengesetzte Kurart an. Ein Mann von festen Grundsätzen, der seinem Verstande Rechenschaft von den Gefühlen seines Herzens gibt und dauerhaftes Glück sucht, wird am leichtesten von den zu vorteilhaften Begriffen, die er von fremden Personen in Vergleichung mit seiner Gattin gefaßt hat, zurückkommen, wenn er jene so oft und vielfältig sieht, daß er an ihnen mehr Fehler wahrnimmt als an seinem edlen, verständigen, treuen Weibe. Und dann kommen die Augenblicke des Seelenbedürfnisses, wo man sich nach der teilnehmenden Gefährtin sehnt, wenn schwere Bürden das Herz drücken, die kein Fremder so uns tragen hilft, oder wenn Freuden jedes Gefäß in uns erweitern, Freuden, die kein Fremder so mit uns teilt, oder Verlegenheiten uns aufstoßen, die man keinem Fremden so aufrichtig, so sicher entdecken darf als der Person, die einerlei Interesse mit uns hat; und dann ein Blick auf wohlerzogene, durch gemeinschaftliche Sorgfalt erzogene Kinder, auf die Früchte der ersten jungendlichen Liebe – und das Herz kehrt ungezwungen zu den süßesten Pflichten zurück.

8.

Übrigens aber kann nichts abgeschmackter, läppischer, lästiger, von verkehrterer Wirkung sein, noch was mehr das Leben verbittert, als wenn Eheleute durch die priesterliche Einsegnung ein so ausschließliches Recht auf jede Empfindung des Herzens voneinander erzwungen zu haben glauben, daß sie wähnen, nun dürfe in diesem Herzen auch nicht ein Plätzchen mehr für irgendeinen andern guten Menschen übrigbleiben; der Gatte müsse tot sein für seine Freunde und Freundinnen, dürfe kein Interesse empfinden für kein Geschöpf auf der Welt als für die werte Ehehälfte, und es sei Verbrechen gegen die eheliche Pflicht, mit Wärme, Zärtlichkeit und Teilnahme von und mit andern Personen zu reden. Diese Forderungen werden doppelt abgeschmackt bei einer ungleichen Ehe, wo von der einen Seite schon Aufopferungen mancher Art stattfinden. Wenn da der eine Teil, um sich in dem Umgange mit liebenswürdigen Leuten aufzuheitern, auf einen Augenblick sein Unglück zu vergessen und neue Kräfte zum Ausdauern zu sammeln, seinen Geist zu erheben und wieder zu erwärmen, in die Arme zärtlicher, ihm wahrhaftig treu ergebener Freunde eilt, so soll der andre Teil ihm dafür danken, nicht durch närrisches Betragen oder gar durch Vorwürfe den Gatten, die Gattin kränken, zur Verzweiflung bringen und endlich zu wirklichen Verbrechen verleiten.

9.

Die Wahl aber dieser Freunde muß dem Herzen, sowie die Wahl sittlicher Vergnügungen und unschuldiger Liebhabereien dem Geschmacke eines jeden überlassen bleiben. Ich habe oben gesagt, daß ich glaube, es werde nicht durchaus Gleichheit von Neigungen, Temperamenten und Geschmack zum Eheglück gefordert. Unerträgliche Sklaverei wäre es daher, sich dergleichen aufdrängen lassen zu müssen. Es ist wahrlich schon hart genug, wenn man die Freude entbehren soll, edle Empfindungen, erhabene Gedanken, feinere Eindrücke, welche seelenerhebende Bücher, schöne Künste und dergleichen auf uns machen, mit der Gefährtin unsers Lebens teilen zu können, weil die stumpfen Organe derselben dafür nicht empfänglich sind; aber nun gar diesem allen entsagen oder sich in der Wahl seines Umgangs und seiner Freunde nach den abgeschmackten, gefühllosen Grillen eines schiefen Kopfs und kalten Herzens richten, allen wohltätigen Erquickungen von der Art entsagen zu müssen – das ist Höllenpein; und ich brauche wohl nicht hinzuzufügen, daß am wenigsten der Mann, der doch von der Natur und bürgerlichen Verfassung bestimmt ist, das Haupt, der Regent der Familie zu sein, und der oft Gründe haben kann, warum er diesen oder jenen Umgang wählt, dieser oder jener Beschäftigung sich widmet, diesen oder jenen Schritt tut, der manchen auffallend sein kann, daß dieser wohl am wenigsten auf solche Weise sich wird einschränken lassen. Es erleichtert hingegen das Leben unter Menschen, die nun einmal verbunden sind, alle Leiden und Freuden gemeinschaftlich zu tragen, wenn man nach und nach seine Neigungen, seinen Geschmack gleich zu stimmen, wenn der eine Sinn für das zu bekommen sucht, was der andre liebt und gern sieht, besonders wenn dies wirklich groß, erhaben und edel ist, und es zeugt wahrlich von fast viehischer Dummheit oder von der verächtlichsten Indolenz, wo nicht von dem bösesten Willen, wenn man nach vieljähriger Verbindung mit einem verständigen, gebildeten, feinfühlenden, liebevollen Geschöpfe noch ebenso unwissend, roh, stumpf und starrköpfig geblieben ist, als man vorher war. Wenn dann der erste Rausch der Liebe vorüber ist, und dem leidenden Teile gehen die Augen auf über das, was der Ehegatte ihm sein könnte, sein sollte, sein müßte, was andre ihm gewesen sein würden, oder sind – dann gute Nacht, Ruhe, Frieden, Glück! Zärtlichkeit und Hochachtung hingegen werden bei vernünftigen Personen jene Gleichstimmung leicht bewirken, wenn nicht störrischer Eigensinn oder empörende Ungleichheit in Denkungsart die Trennung unterhalten.

10.

Wie aber soll man sich gegen wirkliche Ausschweifungen waffnen – denn bis jetzt habe ich nur von Herzensverirrungen geredet – wie soll man sich waffnen, wenn von einer Seite heftiges Temperament, ein reizbarer Körper, Mangel an Herrschaft über Leidenschaften, Verführung, Buhlerkünste, anlockende Schönheiten und Gelegenheit uns hinziehn, von der andern vielleicht der Gattin mürrisches Betragen, üble Launen, Dummheit, Kränklichkeit, Mangel an Schönheit, an Jugend, an Gefälligkeit, an Temperament uns zurückstoßen? – Dies Buch ist kein vollkommnes System der Moral; also überlasse ich jedem vernünftigen Manne, diese Frage ausführlich zu beantworten und selbst zu beurteilen, wie er es anfangen müsse, Meister zu werden über seine Begierden, auch gefährlichen Gelegenheiten und Verführungen auszuweichen, welches freilich in der Jugend und in gewissen Lagen und Verhältnissen nicht so leicht ist, als man wohl denkt. Doch soviel über diesen Gegenstand als hierher gehört und sich ohne Beleidigung der Sittsamkeit sagen läßt. Man gewöhne sich selber und einer den andern nicht an Üppigkeit, Wollust, Weichlichkeit und Schwelgerei, mache, daß die körperlichen Bedürfnisse und Begierden nicht zu heftig in uns werden; man sei selbst in der Ehe schamhaft, keusch, delikat und kokett in Gunstbezeugungen, um Ekel, Überdruß und faunische Lüsternheit zu entfernen. Ein Kuß ist ein Kuß, und es wird wahrlich fast immer des Weibes Schuld sein, wenn ein sonst nicht schlechter Mann diesen Kuß, den er von treuen, reinen und warmen Lippen ehrenvoll und bequem zu Hause erlangen könnte, mit Hintansetzung von Pflicht und Anstand, bei Fremden holt. Hat aber die größere Schwierigkeit und Seltenheit so viel Reiz für den Menschen, ei nun! so suche man auch der ehelichen Vertraulichkeit diesen Reiz der Neuheit zu geben, zuweilen kleine Hindernisse in den Weg zu legen oder durch Enthaltsamkeit, Entfernung u. dgl. das Verlangen darnach zu vermehren. In weiter fortrückenden Jahren fällt dann auch dieser Vorwitz so ziemlich weg, denn da werden ja die Triebe bescheidner und leichter von der Vernunft zu regieren, man müßte denn sie mutwilligerweise reizen.

11.

In der Ehe soll gegenseitiges uneingeschränktes Zutraun, soll Offenherzigkeit stattfinden. Kann denn aber gar kein Fall eintreten, wo einer vor dem andern Geheimnisse bewahren dürfte? O ja, gewiß! Freilich, da der Mann von der Natur bestimmt ist, der Ratgeber seines Weibes, das Haupt der Familie zu sein; da die Folgen jedes übereilten Schrittes der Gattin auf ihn fallen; da der Staat sich nur an ihn hält; da die Frau eigentlich gar keine Person in der bürgerlichen Gesellschaft ausmacht; da die Verletzung der Pflichten von ihrer Seite schwer auf ihm liegt und diese Verletzung die Familie weit unmittelbarer beschimpft und derselben Schande und Nachteil bringt als die Ausschweifungen des Mannes dies tun; da sie viel mehr von dem äußern Rufe abhängt als er; endlich da Verschwiegenheit mehr eine männliche als weibliche Tugend ist, so kann es wohl seltner gut sein, wenn die Frau ohne ihres Mannes Wissen Schritte unternimmt und dieselben vor ihm verheimlicht. Er hingegen, der an den Staat geknüpft ist, oft Geheimnisse zu bewahren hat, die nicht ihm gehören, und durch deren Verbreitung er mit andern in Verlegenheit kommen kann, er, der das ganze seines Hauswesens übersehn soll, auch vielfältig den Plan, nach welchem er handelt, nicht den schwächern Einsichten unterwerfen darf, sondern fest und unerschütterlich seinem Verstande und Herzen folgen und das Urteil des Volks verachten muß; er kann unmöglich immer so alles erzählen und mitteilen. Verschiedenheit der Lagen aber kann diesen Gesichtspunkt verrücken. Es gibt Männer, die sehr übel fahren würden, wenn sie einen einzigen Schritt ohne Rat und Wissen ihrer Weiber täten; es gibt sehr plauderhafte Herrn und sehr verschwiegne Damen. Eine Frau kann weibliche Geheimnisse von einer Freundin anvertrauet bekommen haben – in allen diesen und ähnlichen Fällen müssen Klugheit und Redlichkeit das Verhalten beider Teile bestimmen. Das aber bleibt eine heilige Regel, daß, wenn wahrhaftes Mißtrauen sich einschleicht, wenn man Offenherzigkeit erzwingen muß, alles Glück der Ehe entflieht. Nichts kann endlich schändlicher, niederträchtiger sein, als wenn der Mann pöbelhaft genug denkt, heimlich Briefe seiner Frau zu erbrechen, ihre Papiere zu durchwühlen oder ihre Schränke zu durchsuchen. Auch verfehlt er mit solchen unwürdigen Mitteln immer seines Zwecks. Nichts ist leichter, als die

Wachsamkeit eines Menschen zu hintergehn, wenn es bloß auf beweisbare Vergehen ankommt, und man die feinern Bande zerrissen, die Verlegenheiten der Delikatesse und des Zutrauens gehoben hat; ein Mann, der einmal seine Frau eine Ehebrecherin nennt, steckt sich selbst das Horn der Hahnreischaft auf; nichts ist leichter, als einen Menschen zu hintergehn, den man genau kennt, bei dem man allen Glauben verloren hat, den man oft auf falschem Argwohn ertappen kann, weil Leidenschaft ihn blind macht, und der durch Mißtrauen verdient hat, getäuscht zu werden – Betrug ist fast immer die sichre Folge davon, und man kann auf diese Weise das edelste Geschöpf moralisch zugrunde richten und zu Verbrechen reizen.

12.

Ich rate aus Gründen, die wohl jeder vernünftige Mensch selbst einsehn wird, auch nicht einmal an, daß Eheleute alle Geschäfte gemeinschaftlich treiben, sondern daß jeder seinen angewiesenen Wirkungskreis habe. Es geht selten gut im Hause, wenn die Gattin für ihren Gatten die Berichte ad Serenissimum entwerfen und er dagegen, wenn Fremde eingeladen sind, die Kapaune braten, Cremes machen und die Töchter ankleiden helfen muß. Daraus entsteht Verwirrung; man setzt sich dem Gespötte des Hausgesindes aus; der eine verläßt sich auf den andern, will sich aber dagegen in alles mischen, alles wissen – mit einem Worte, das taugt nichts.

13.

Was aber die Verwaltung der Gelder betrifft, so kann ich die Weise der mehrsten Männer von Stande nicht billigen, welche ihren Gemahlinnen eine gewisse Summe geben, womit sie auskommen müssen, um davon den Haushalt zu bestreiten. Dadurch entsteht geteiltes Interesse; die Frau tritt in die Klasse der

Bedienten, wird zu Eigennutz verleitet, sucht zu sparen, findet, daß der Mann zu lecker ist, macht schiefe Gesichter, wenn er einen guten Freund zur Tafel einladet; der Mann, wenn er nicht fein denkt, meint immer, er speise für sein teures Geld zu schlecht, oder, wenn er im Gegenteil zu viel Delikatesse übt, so wagt er es nicht, zuweilen ein Gerichtchen mehr zu fordern, aus Furcht, seine Gattin in Verlegenheit zu setzen. Gib also Deiner Hausfrau (wenn nicht etwa ein Haushofmeister oder eine Ausgeberin diejenigen Geschäfte bei Dir versehen, die eigentlich zu den Pflichten der Gattin gehören), gib ihr eine Summe Geldes, die Deinen Umständen angemessen sei, zur Ausgabe. Wenn diese verwendet ist, so komme sie und fordere mehr von Dir. Findest Du, daß zuviel ausgegeben worden, so laß Dir die Rechnung zeigen. Überlege mit ihr gemeinschaftlich, auf welcher Seite gespart werden könne. Mache ihr kein Geheimnis aus Deinen Vermögensumständen; allein bestimme ihr auch eine kleine Summe zu ihren unschuldigen Vergnügungen, zu ihrem Putze, zu stillen wohltätigen Handlungen, und fordre davon keine Berechnung.

14.

Gute Hauswirtschaft ist eines der notwendigsten Stücke zur ehelichen Glückseligkeit. Man suche desfalls vor allen Dingen, wenn man auch im ledigen Stande einigen Hang zur Verschwendung gehabt hätte, sich davon loszumachen und sich häuslicher Sparsamkeit zu befleißigen, sobald man heiratet. Einem einzelnen Menschen ist alles leicht zu ertragen, Not, Mangel, Demütigung, Zurücksetzung; am Ende steht ihm, wenn er gesunde Arme hat, die ganze Welt offen, er kann alles im Stiche lassen und in einem unbekannten Winkelchen der Erde leicht mit seiner Hände Arbeit sein Leben fristen; aber wenn schlechte Haushaltung den Ehemann und Vater in Armut gestürzt hat, und er nun den Blick umherwirft auf die Personen seiner Familie, die von ihm Unterhalt, Nahrung, Wartung,

Erziehung, Vergnügen fordern; wenn er dann oft nicht weiß, woher er auf morgen Brot nehmen, wovon er die großen Mädchen kleiden soll, die ihre jetzigen Lumpen bald aufgerissen haben; oder wenn seine bürgerliche Ehre, seine Beförderung, die Versorgung seiner Kinder davon abhängt, daß er mit den Seinigen in einem gewissen anständigen Aufzuge, vielleicht gar mit einigem Glanze erscheine, und es doch von allen Seiten dazu fehlt; wenn das Silbergeräte vom Wucherer, wo es im Versatze steht, auf einen Mittag geborgt werden muß, um Gäste darauf bewirten zu können, indes unten im Hause ein Knabe wartet, der es gleich nach der Mahlzeit wieder in Empfang nehmen soll; wenn Gläubiger und Advokaten ihn in die Enge treiben und Juden an den Zipfeln seines schlaffen Geldbeutels melken; dann fallen böse Launen, Krankheit des Leibes und der Seele den Unglücklichen an; Verzweiflung ergreift ihn; er sucht sich zu betäuben, verfällt in Ausschweifungen; von innen zernagt ihn das unruhige Gewissen, von außen verfolgen ihn bittre Vorwürfe seines Weibes; das Winseln seiner Kinder schreckt ihn auf aus fürchterlichen Träumen; die Verachtung, womit der vornehme und reiche Pöbel auf ihn herabblickt, umwölkt jeden Strahl von Hoffnung; Mut und Trost schwinden; die Freunde fliehen; das Hohngelächter der Feinde und Neider erschüttert jede Nerve, und in dieser traurigen Lage schwindet denn freilich aller Schatten von häuslicher Freude; der Elende fliehet auch nichts so sehr als den Anblick und den Umgang derer, die er mit sich in das Unglück gestürzt hat – sollte also einer von den Eheleuten zur Verschwendung geneigt sein, so ist es ratsam, weil es noch Zeit ist, Mittel vorzuschieben, jener gräßlichen Lage auszuweichen. Der andre Teil, der besser mit Gelde umzugehn weiß, übernehme die Kasse! Man mache sich einen genauen Etat, wie man dem Haushalte wieder aufhelfen will, und befolge diesen pünktlich, schränke sich ein, sorge aber dafür, daß, wo möglich, auch etwas zu erlaubten Vergnügungen übrigbleibe, damit dem Verschwender die Einschränkungen und Entbehrungen nicht zu schwer werden.

15.

Ist es aber besser, daß der Mann oder daß die Frau reich sei? Wenn eines sein soll, so stimme ich für ersteres. Gut ist es, wenn beide einiges Vermögen haben, um zu den Notwendigkeiten des Lebens gemeinschaftlich beitragen zu können, damit nicht einer so ganz auf Unkosten des andern zehre. Soll aber die Abhängigkeit, welche doch natürlicherweise daraus auf Seiten des ärmern Teils entsteht, stattfinden, so ist es der Natur gemäßer, daß das Haupt der Familie am mehrsten zum Unterhalte der Familie beitrage. Heiratet aber ein Mann eine reiche Frau, so setze er sich wenigstens in den Fall, dadurch nie ihr Sklave zu werden. Aus Verabsäumung dieser Vorsicht sind so wenig Ehen von der Art glücklich. Hätte meine Frau mir großes Vermögen zugebracht, so würde ich mich doppelt bestreben, ihr zu beweisen, daß ich geringe Bedürfnisse hätte; ich würde wenig an meine Person wenden; ich würde ihr beweisen, daß ich dies Wenige mit meinem Fleiße mir erwerben könnte; ich würde ihr Kostgeld geben; ich würde nur der Verwalter ihres Vermögens sein; ich würde Aufwand im Hause machen, weil das sich für reiche Leute schickt; aber ich würde ihr zeigen, daß dieser Aufwand meiner Eitelkeit nicht schmeichelte; daß ich bei zwei Speisen ebenso vergnügt als bei zwanzigen bin, daß ich keiner Aufwartung bedarf, daß ich gesunde Beine habe, die mich ebenso weit, wenngleich nicht so schnell fortbringen als ihre vergoldeten Wagen; und dann würde ich, wie es dem Hausherrn zukommt, über die Anwendung ihres Vermögens unumschränkte Gewalt verlangen.

16.

Ist es nötig, daß der Mann klüger sei als die Frau? – Das ist wiederum eine nicht unwichtige Frage; wir wollen sie näher beleuchten. Der Begriff von Klugheit und Vernunft wird mit allen seinen Relationen und Modifikationen nicht immer auf einerlei Art verstanden. Die Klugheit eines Mannes soll wohl von ganz andrer Art sein als die, welche man von einer Frau verlangt; und wenn nun vollends Klugheit mit Welterfahrung oder gar mit Gelehrsamkeit verwechselt wird, so wäre es Unsinn, von diesen bei einem Geschlechte soviel als bei dem andern voraussetzen zu wollen. Ich fordre daher von einem Frauenzimmer einen esprit de détail, eine Feinheit, unschuldige Verschlagenheit, Behutsamkeit, einen Witz, ein Dulden, eine Nachgiebigkeit und Geduld – lauter Stücke, die doch auch zur Klugheit gehören! – welche in dem Grade nicht immer das Eigentum des männlichen Charakters sind. Dagegen erwarte ich, daß der Mann zuvorschauender, gefaßter bei allen Vorfällen, fester, unerschütterlicher, weniger den Vorurteilen unterworfen, ausdauernder und gebildeter sei als das Weib. Jene Frage aber war in allgemeinem Sinne zu verstehn, nämlich also: Wenn einer von beiden Teilen schwach, stumpf von Organen und unwissend in manchen zum Weltleben nötigen Kenntnissen sein sollte, würde es da besser sein, daß der Mann oder daß die Frau der schwächere Teil wäre? – Ich antworte ohne Anstand: Noch habe ich nie eine glückliche und weise geordnete Haushaltung gesehn, in welcher die Frau die entschiedene Alleinherrschaft gehabt hätte. Es geht in einem Hause, wo ein Mann von mittelmäßigen Fähigkeiten das Regiment führt, größtenteils immer noch besser her als in einem, wo eine kluge Frau ausschließlich Herr ist. Es kann vielleicht Ausnahmen davon geben; allein ich kenne deren keine. Es versteht sich aber, daß hier nicht von der feinern Herrschaft über das Herz eines edeln Gatten die Rede ist; wer wird diese nicht gern einem klugen Weibe einräumen, welcher verständige Mann wird nicht fühlen, daß er oft sanfter Zurechtweisung bedarf? Jene ausschließliche Herrschaft hingegen scheint der Bestimmung der Natur zuwider. Schwächrer Körperbau; eingepflanzte Neigung zu weniger dauerhaften Freuden; Launen aller Art, die den Verstand oft in den entscheidensten Augenblicken fesseln; Erziehung und endlich bürgerliche Verfassung, welche die Verantwortung des Hausregiments allein auf den

Mann wälzt; das alles bestimmt laut die Gattin, Schutz zu suchen, und legt dem Gatten die Pflicht auf zu schützen. Nun ist aber doch nichts lächerlicher, als wenn der Weisere. und Stärkere Schutz suchen soll bei dem Toren und Schwachen. Frauenzimmer von vorzüglichen Geistesgaben handeln daher wahrlich gegen ihren eigenen Vorteil und bereiten sich unangenehme Aussichten, wenn sie aus Herrschsucht sich dumme Männer wünschen oder wählen; die sichern Folgen davon sind Überdruß, verwirrte Haushaltung und Verachtung des Publikums für einen von beiden Teilen, und das heißt ja für beide Teile. Männer aber, die so unmündig am Geiste sind, daß sie die Rolle eines Hausvaters nicht gehörig zu spielen, nicht Herrn in ihrem Hause zu sein vermögen, tun besser, Hagestolze zu bleiben und sich ein Plätzchen in einem Hospital oder eine Präbende* zu kaufen, als daß sie sich vor Kindern, Hausgesinde und Nachbarn lächerlich machen. Ich habe einen schwachen Fürsten gekannt, dessen Gemahlin so unumschränkte Gebieterin über ihn war, daß, als sie einst bestellt hatte, auszufahren, der Fürst hinunter in den Schloßhof schlich und den Kutscher, welcher da hielt, leise fragte: »Wisset Ihr nicht, ob ich mitfahre?« Das macht solche Ehemänner zum Gespötte, und niemand mag Geschäfte mit einem Manne treiben, dessen Willen, dessen Freundschaft und dessen Art irgendeinen Gegenstand anzusehn, von den Launen, Winken und Zurechtweisungen seiner Frau abhängt, der seine Briefe erst seiner Hofmeisterin zur Durchsicht vorlegen und über die wichtigsten, geheimsten Angelegenheiten erst Instruktion bei dem Bratenwender holen muß. Sogar in der Höflichkeit gegen die Ehefrau soll der Mann seine Würde nicht verleugnen. Verächtlich ist selbst den Weibern ein Mann, der, bevor er sich zu etwas entschließt, erst jedesmal sagt: »Ich will es mit meiner Frau überlegen«, der ihr immer das Mäntelchen nachträgt, sich nicht untersteht, in eine Gesellschaft zu gehn, wo sie nicht ist, oder der seine treuesten Bedienten abschaffen muß, wenn Madame ihre Gesichtsbildung nicht vertragen kann.

---

* Kirchliche Pfründe

17.

Es gibt in diesem Leben eine Menge Ungemachs zu tragen. Auch der, welcher der Glücklichste zu sein scheint, hat insgeheim Leiden mancher Art zu überwinden, wahre und eingebildete, unverschuldete oder selbstgeschaffene – gleichviel, aber immer darum nicht minder Leiden. Sehr wenig Weiber haben Kraft genug, das Unglück standhaft zu leiden, guten Rat in der Not zu erteilen und ihren Gatten die Bürde tragen zu helfen, die nun einmal getragen werden muß. Die mehrsten erschweren das Übel durch unzeitige Klagen, durch Geschwätz über das, was sein könnte, wenn es nicht so wäre, wie es ist, oder gar durch übel angebrachte, zuweilen sehr unbillige Vorwürfe. Ist es daher irgend möglich, kleinere Unannehmlichkeiten (mit Hauptunglücksfällen läßt sich das selten tun) vor Deiner Ehefrau zu verbergen, so verschließe lieber den Kummer in Deinem Herzen. Es kann ja ohnehin ein gut geartetes Gemüt nicht erleichtern, wenn es andre, die es liebt, mit sich leiden macht; und wenn nun gar die Last dadurch nicht erleichtert, sondern vielmehr erschwert wird, wer sollte dann nicht lieber schweigen und seinen Rücken dem Sturme allein preisgeben? Schickt die Vorsehung Dir aber einen großen, nicht zu verschweigenden Unfall, Not, Schmerz, Krankheit zu, verfolgen Dich widrige Geschicke oder böse Menschen, o, dann rufe Deine ganze Standhaftigkeit auf! Fasse Deinen Mut zusammen und versüße der Gefährtin Deines Lebens die Bitterkeit des Kelchs, den sie mit Dir austrinken muß. Wache über Deine Launen, damit nicht der Unschuldige durch Dich leiden müsse. Verschließe Dich in Dein Kämmerlein, wenn das Herz zu schwer wird. Dort erleichtre Dich durch Tränen oder Gebet. Stärke und stähle Dein Herz durch Philosophie, durch Zuversicht auf Gott, durch Hoffnung und durch weise Entschließungen, und dann tritt hervor mit heitrer Stirne und sei der Tröster des Schwächern! Ach, es ist kein Elend in der Welt von beständiger Dauer, kein Schmerz so groß, der nicht freie Augenblicke übrigließe; ein gewisser Heroismus im Kampfe gegen das Unglück führt Freuden mit sich, die wahrlich das härteste Ungemach vergessen machen, und der Gedanke, andre zu trösten und aufzurichten, erhebt wunderbar das Herz, erfüllt mit unbeschreiblicher Heiterkeit – ich rede aus Erfahrung.

18.

Wir sind darüber einig geworden, daß vollkommne Gleichheit in Denkungsart und Temperament zu einer glücklichen Ehe nicht notwendig sei; traurig aber ist doch immer die Lage, wenn die Ungleichheit gar zu auffallend ist, wenn die Gattin so an gar nichts von allem warmen Anteil nimmt, was dem Gatten wichtig und interessant scheint. Traurig ist es immer, wenn man, um Genuß unschuldiger Freuden, um Leiden, um hohe Gefühle, ferne Aussichten, Unternehmen, kurz um alles, was Kopf und Herz beschäftigt, zu teilen, sich nach fremden Mitgenossen umsehn muß. Traurig ist es, wenn ein phlegmatisches Geschöpf zu jedem geistreichen Tropfen, den uns die süße Phantasie einschenkt, Wasser gießt, uns aus jeder seligen Täuschung unsanft aufweckt, unsre wärmsten Gespräche mit Plattitüden beantwortet und unsre schönsten Pflanzungen zertritt. – Was ist aber in solchen Lagen zu tun? Vor allen Dingen Hiobs Spezifikum gebraucht! Nicht lange moralisiert, wo keine Besserung zu hoffen ist; geschwiegen, wenn man doch nicht verstanden wird; und dann die Gelegenheit vermieden, Szenen zu veranlassen, wodurch wir zu arg entrüstet oder gekränkt oder durch die Dummheit des Weibes öffentlich beschimpft würden – so kann man denn doch wenigstens negativ so ziemlich glücklich sein.

19.

Wie aber, wenn das Schicksal oder eigne Torheit uns auf ewig an ein Geschöpf gekettet hat, das mit großen moralischen Gebrechen oder gar mit Lastern behaftet, der Liebe und Achtung edler Menschen unwert ist; wenn unsre Gattin uns durch ein mürrisches, feindseliges Temperament, durch Neid, Geiz oder unvernünftige Eifersucht das Leben verbittert, oder wenn sie sich durch ein falsches, tückisches Herz verächtlich macht, oder wenn sie in Unzucht oder Völlerei lebt? Ich brauche hier nicht zu erinnern, daß mancher ehrliche Mann unschuldigerweise in dies Labyrinth geraten kann, wenn ihm die Liebe in früher Jugend einen Streich gespielt hat, indem der böse Feind Asmodäus im Brautstande immer die schönste Larve vornimmt. Ich schweige hingegen auch davon, daß sehr oft der Mann durch üble oder unvorsichtige Behandlung daran schuld ist, wenn Untugenden und Laster, zu welchen der Keim in dem Herzen seiner Frau lag, zum Ausbruche kommen. Es würde mich endlich zu weit fuhren, wenn ich Regeln für das Verhalten in jeder einzelnen unglücklichen Lage von der Art geben wollte – also nur so viel im allgemeinen. Man muß in solchen Situationen dreierlei Rücksichten nehmen; nämlich: zuerst solche, welche auf Beförderung unsrer eigenen Ruhe abzielen; sodann Rücksichten auf Kinder und Hausgenossen; und endlich auf das Publikum. Was uns selbst betrifft, so rate ich, wenn einmal keine Hoffnung zu Bewirkung sittlicher Besserung da ist, sich nicht mit Klagen, Vorwürfen und Zänkereien aufzuhalten, sondern in der Stille solche kräftige Gegenmittel zu wählen, die uns Vernunft, Rechenschaft und Gefühl von Ehre anraten. Entwirf reiflich und mit möglichst kaltem Blute Deinen Plan. Überlege wohl, ob eine Trennung nötig sei, oder wie Du es anzufangen habest, Deinen Zustand, wenn derselbe nun einmal nicht zu verbessern ist, leidlich zu machen, und laß Dich dann von dieser Richtschnur durch nichts, selbst durch keine bloß anscheinende Besserung noch durch Liebkosungen abwendig machen. Erniedrige Dich aber nie so weit, daß Du Dich durch Hitze zu groben Behandlungen verleiten ließest, sonst hast Du schon zur Hälfte unrecht. Erfülle endlich um so treuer Deine Pflichten, je öfter Dein Weib dieselben übertritt; so wird auch Dein Gewissen beruhigt sein, und mit einem ruhigen Gewissen läßt sich alles, auch das Ärgste, ertragen. In Betracht Deiner Kinder, des Hausgesindes und des Publikums aber vermeide alles Aufsehn. Laß, wo möglich, Dein Unglück nicht ruchbar werden! Wenn Uneinigkeit unter Eheleuten herrscht, so werden die Kinder immer schlecht erzogen. Ist diese Uneinigkeit also nicht zu verbergen, so trenne Dich lieber von Deinen Kindern und überlasse ihre Leitung fremden guten Händen. Wenn bekannte Uneinigkeit unter Eheleuten herrscht, so ist das Hausgesinde nie zur Ordnung, Treue und Gradheit geneigt; es entstehen Parteien und Klatschereien ohne Ende; vermeide daher allen Zank in Gegenwart des Gesindes. Wenn öffentliche Uneinigkeit unter Eheleuten herrscht, so verliert der unschuldige Teil zugleich mit dem schuldigen die Achtung der Mitbürger; vertraue deswegen nicht leicht Dein häusliches Unglück fremden Leuten an.

20.

Sehr gern aber pflegen sich dienstfertige gute Freunde, alte Weiber beiderlei Geschlechts, Vettern und Basen in solche Angelegenheiten zu mischen. Leide nicht, daß irgend jemand, wer es auch sei, ohne Dein Bitten sich um Deine häuslichen Umstände bekümmre. Weise solche Naseweisigkeiten mit aller männlichen Entschlossenheit von Dir! Gute Seelen vertragen sich ohne Vermittlung, und mit schlechten richtet ein Friedensstifter doch nichts aus. Allein bete, daß der Himmel Dich bewahre vor solchen alten Hexen von Schwiegermüttern, die alles wissen, alles tun und, wenn sie auch dumm wie das Vieh sind, dennoch alles dirigieren wollen; deren Geschäft ist, Hetzereien anzustiften, zu unterhalten, und die mit Köchinnen und Haushälterinnen gemeinschaftliche Sache machen, um aus christlicher Liebe die Handlungen des Nächsten auszuspähn. Solltest Du aber zum Unglücke so eine Meerkatze, ein solches satanisches Hausgerät mit erheiratet haben, so ergreife die erste Gelegenheit, da sie sich in Deine Hausvatersangelegenheiten mischen will, um ihre freundlichen, frommen Dienste auf eine solche Art zu verbitten, daß sie Dir so bald nicht wiederkomme. Es gibt aber auch gute, edle Schwiegermütter, die ihrer Kinder Ehegenossen als ihre eigenen Kinder lieben, ihren verheirateten Töchtern mit treuem Rat beistehen, und denen man dann um so mehr Ehrerbietung und Aufmerksamkeit schuldig ist, wenn man ihnen die Bildung eines geliebten Weibes zu danken hat.

Überhaupt sollen alle Zwistigkeiten unter Eheleuten nur unter ihren vier Augen ausgemacht werden, und, wenn es auf das Höchste kommt, vor der Landesobrigkeit; alle Mittelinstanzen taugen gar nichts, und fremde Friedensstifter und Beschützer des leidenden Teils machen immer das Übel ärger. Der Mann muß Herr sein in seinem Hause; so wollen es Natur und Vernunft! Mit einem Herrn zankt man nicht; er hat aber Richter über sich, nicht neben sich. Er soll sich auf keine Weise diese Herrschaft rauben lassen, und auch dann, wenn die weisere Frau seiner offenbaren Macht die heimliche Gewalt über sein Herz entgegenstellt, muß doch das äußere Ansehen der Herrschaft nie wegfallen.

21.

Nichts erschüttert so heftig das Glück unter Gatten und Gattinnen als die Verletzung ehelicher Treue. Der Moralität nach und unsern religiösen und politischen Grundsätzen gemäß ist die Übertretung der ehelichen Pflichten von einer Seite so unedel als von der andern; in Rücksicht auf die Folgen hingegen ist freilich die Unkeuschheit einer Frau weit strafbarer als die eines Mannes. Jene zerreißt die Familienbande, vererbt auf Bastarde die Vorzüge ehelicher Kinder, zerstört die heiligen Rechte des Eigentums und widerspricht laut den Gesetzen der Natur, nach welchen immer Vielweiberei weniger unnatürlich als Vielmännerei sein würde. – Man hat nicht einmal in irgendeiner Sprache einen üblichen Ausdruck für das letztere. Der Mann ist das Haupt der Familie; die schlechte Aufführung seiner Frau wirft zugleich Schande auf ihn als den Hausregenten – nicht umgekehrt also. Ohne Betracht auf Folge und Rechenschaft aber, so dünkt mich, handelt ein Teil, der den andern für untreu hält, sehr unweise, wenn er durch Vorwürfe oder gar durch unvernünftiges Toben ihn in Schranken halten will. Ist ihm um sein Herz zu tun, so muß er wissen, daß man nur durch sanfte, liebevolle Mittel Herzen fesselt, durch das Gegenteil aber zurückstößt; verlangt er nur den alleinigen Besitz seines Leibes, so ist er ein Geschöpf der gemeinsten Art. Eheleute, die durch kein edlers Band aneinandergeknüpft sind, finden tausend Mittel, sich zu hintergehn, und es ist daran nicht viel verloren. Insofern also bei der Untreue nicht Zärtlichkeit und Hochachtung gekränkt werden, so ist wahrlich nach der Franzosen Meinungen die Hahnreischaft, wenn man die Sache weiß, sehr wenig, und wenn man sie nicht weiß, gar nichts. Noch ärger aber, und das sicherste Mittel, auch den treuesten Gatten zu Ausschweifungen zu verleiten, ist, ihn auf bloßen Verdacht durch Vorwürfe und niedriges Mißtraun zu beleidigen. Sollte aber Dein Unglück gewiß und Deine Schande nicht zu verbergen sein, so ist freilich kein andres Mittel als Trennung durch gerichtliche Hilfe oder durch gütliche Übereinkunft, obgleich der Schandfleck dadurch nicht ausgelöscht wird. In allen übrigen Fällen ist die Ehescheidung eine höchst bedenkliche Sache. Leute, die eine Reihe von Jahren miteinander verlebt haben, können einen solchen Schritt nicht leicht tun, ohne beide an öffentlicher Achtung zu verlieren. Eheleute, die Kinder haben, können nie sich trennen, ohne sehr nachteilige Folgen für die Bildung und zeitliche Glückseligkeit dieser Kinder. Ist es daher irgend möglich, bei einem weisen, vorsichtigen Betragen, es miteinander auszuhalten, so ertrage, leide und dulde man und vermeide öffentliches Ärgernis.

22.

Allein alle diese Vorschriften sind wohl nur besonders anwendbar auf Personen im mittlern Stande. Die sehr vornehmen und sehr reichen Leute haben selten Sinn für häusliche Glückseligkeit, fühlen keine Seelenbedürfnisse, leben mehrenteils auf einem sehr fremden Fuß mit ihren Ehegatten und bedürfen also keiner andern Regeln als solcher, die eine feine Erziehung vorschreibt. Und da sie auch eine eigne Moral zu haben pflegen, so werden sie wohl in diesem Kapitel wenig finden, das für sie tauglich wäre.

Viertes Kapitel

Über den Umgang mit und unter Verliebten

1.

Mit Verliebten ist vernünftigerweise gar nicht umzugehn; sie sind so wenig als andre Betrunkene zur Geselligkeit geschickt; außer ihrem Abgotte ist die ganze Welt tot für sie. Man mag übrigens leicht mit ihnen fertig werden, wenn man nur Geduld genug hat, sie von dem Gegenstande ihrer Zärtlichkeit reden zu hören, ohne zu gähnen, wenn man im Gegenteil dabei einiges Interesse zeigt, sich über ihre Torheiten und Launen nicht zu ärgern und, im Fall die Liebe heimlich gehalten sein soll, sie nicht zu beobachten, nichts zu merken scheint, wüßte auch die ganze Stadt das Geheimnis (wie es denn mehrenteils geschieht), endlich wenn man ihre Eifersucht nicht erregt.

Und so hätte ich denn über diesen Gegenstand weiter nichts zu reden. – Doch noch ein paar Bemerkungen. Suchet ihr einen verständigen Freund, der Euch mit weisem Rate oder mit festem Mute, mit Fleiß und dauernder Arbeit dienen soll, so wählet keinen Verliebten dazu. Ist es Euch aber darum zu tun, eine teilnehmende, empfindsame Seele zu finden, die mit Euch klage, winsle oder Euch ohne Sicherheit Geld borge, auf etwas subskribiere, ein reiches Almosen gebe, ein armes Mädchen ausstatte, einen beleidigten Vater besänftigen helfe oder mit Euch Ritterstreiche mache, Kindereien treibe oder Eure Verse, Eure Liederchen und Sonaten lobe, so wendet Euch nach den Umständen an einen glücklichen oder leidenden Liebhaber!

2.

Den Verliebten selbst Regeln über ihren Umgang miteinander zu geben, das würde verlorene Mühe sein; denn da diese Menschen selten bei gesunder Vernunft sind, so wäre es ebenso unsinnig zu verlangen, daß sie sich dabei gewissen Vorschriften unterwerfen sollten, als wenn man einem Rasenden zumuten wollte, in Versen zu phantasieren, oder einem, der die Kolik hat, nach Noten zu schreien. Doch ließe sich einiges sagen, das gut zu beobachten wäre, wenn man hoffen dürfte, daß solche Menschen der Vernunft Gehör gäben.

3.

Die erste Liebe bewirkt ungeheure Revolutionen in der ganzen Sinnesart und dem Wesen des Menschen. Wer nie geliebt hat, kann keinen Begriff haben von den seligen Freuden, die der Umgang unter Verliebten gewährt; wer zu oft mit seinem Herzen Tausch und Handel getrieben hat, verliert den Sinn dafür. Ich habe einst ein Bild davon entworfen, und da ich jetzt nichts Bessers darüber zu sagen weiß; so will ich diese Stelle hier abschreiben.*

»Es ist eine gar sonderbare Sache um die ersten Liebeserklärungen. Wer mit seinem Herzen schon oft Spielwerk getrieben, seine zärtlichen Seufzer vor manchen Schönen schon ausgeblasen hat, dem wird es eben nicht schwer, wenn er einmal wieder sich die Lust macht, verliebt zu werden, seine Empfindungen bei einer schicklichen Gelegenheit an den Tag zu legen; auch weiß dann die Kokette schon, was sie bei solchen Vorfällen zu antworten hat; sie glaubt das Ding nicht sogleich, meint, der Herr wolle sie zum besten haben, er spiele den Romanhelden oder, wenn er dringend wird, und sie glaubt nach und nach überzeugt werden zu müssen, so kommt zuerst eine Bitte, ihrer Schwachheit zu schonen, ihr nicht ein Geständnis abzunötigen, wobei sie erröten müßte; und dann will der entzückte Liebhaber dem holden Engel um den Hals fallen und in Wonne dahinschmelzen; aber die Schöne pro-

---

* Die Verirrungen des Philosophen, oder Geschichte Ludwigs von Seelberg, Teil I, Seite 108.

testiert feierlich gegen alle solche Freiheiten, verläßt sich überhaupt auf seine Ehre und Rechtschaffenheit, reicht ihm höchstens die Backe dar, teilt ihre Gunstverwilligungen in unendlich kleine Parzellen, um täglich nur um ein Haar breit dem Ziele näher rükken zu dürfen, damit der schöne Roman desto länger dauern möge, und wenn auf andre Art keine Zeit mehr zu gewinnen ist, muß ein kleiner Zwist dazwischen kommen, die völlige Entwicklung aufhalten und die Uhr für die Schäferstunde zurückstellen. Bei allen diesen konventionellen Gaukeleien aber empfinden dergleichen Leute gar nichts, lachen, wenn sie allein sind, des Possenspiels, das sie miteinander treiben, können vorauskalkulieren, wie weit sie morgen und übermorgen mit ihrem Geschäfte kommen müssen, und werden dick und fett bei ihrer Liebespein.

Ganz anders aber ist es mit einem paar unschuldigen Herzen, die, zum erstenmal vom wohltätigen Feuer der Liebe erwärmt, so gern ihren süßen, schuldlosen Gefühlen Luft machen möchten und immer nicht Mut fassen können, mit Worten zu sagen, was Augen und Gebärden oft schon so deutlich gesagt und beantwortet haben. Der Jüngling sieht die Geliebte zärtlich an; sie errötet; ihr Blick wird unruhig, unstet, wenn er mit einem andern Mädchen zu viel und zu freundlich redet; sein Auge möchte zürnen, er möchte gleichgültig vor ihr vorbeiblicken, wenn sie einem andern vertraulich etwas in das Ohr gesagt hat; man fühlt den Vorwurf, gibt augenblickliche Genugtuung, bricht plötzlich und fast unhöflich das Gespräch ab, welches den Argwohn erweckt hat; der Versöhnte dankt durch das zärtlichste Lächeln und durch die fröhlichste, plötzlich aufwachende Laune; man nimmt mit den Augen Verabredungen auf morgen, entschuldigt sich, warnt vor Beobachtern, erkennt sich gegenseitige Rechte aufeinander an – und hat sich doch noch mit keinem Wörtchen gesagt, was man füreinander fühlt. Allein man sucht von beiden Seiten ernstlich die Gelegenheit dazu; sie kommt, kommt oft, und man läßt sie ungenutzt vorbeistreichen, drückt sich höchstens einmal leise die Hand, und doch auch das nie ohne irgendeinen schicklichen Vorwand, sagt sich aber kein Wort, ist mißmutig, zweifelt an Gegenliebe und hat sich oft noch nicht gegeneinander erklärt, wenn man schon die Fabel der ganzen Stadt und der Gegenstand der schändlichsten Verleumdung ist. Ist endlich das längst im Busen pochende Bekenntnis den furchtsamen Lippen stotternd entflohn und mit gebrochenen, halb erstickten Worten, von einem bis in das Innerste dringenden Händedrucke begleitet, beantwortet worden, dann lebt man vollends erst ganz füreinander, ist so wenig um die übrige Welt bekümmert, sieht und hört nichts um sich her, ist in keiner Gesellschaft verlegen mit seiner Person, wenn nur der teure Gegenstand uns freundlich anlächelt, findet alles Ungemach des Lebens leicht zu ertragen an der Seite des Geliebten, glaubt nicht, daß es Krankheit, Armut, Druck und Not in der schönen Welt geben könnte, lebt mit aller Kreatur in Frieden, verachtet Gemächlichkeit, köstliche Speise, Schlaf. – O Ihr! wenn Ihr je so wonnevolle Zeiten verlebt habt, sprechet! ist auch ein süßrer Traum zu träumen möglich? Ist unter allen phantastischen Freuden des Lebens eine, die so unschuldig, so natürlich, so unschädlich wäre? Eine, die so überschwenglich glücklich, fröhlich, so friedenvoll machte? – Ach! daß dieser selige Zustand der Bezaubrung nicht ewig dauern kann, daß man oft nur gar zu unsanft aufgeschreckt wird aus diesem elysischen Schlummer!«

4.

In der Ehe ist Eifersucht ein schreckliches, Ruhe und Frieden störendes Übel, und jeder Streit von bösen Folgen; in der Liebe hingegen wirkt Eifersucht neue Mannigfaltigkeit hinein; nichts ist süßer als der Augenblick der Versöhnung nach kleinen Zwistigkeiten, und solche Szenen knüpfen das Band fester; zittre aber vor der Eifersucht einer Kokette, vor der Rache eines Weibes, dessen Liebe Du verschmähet hast, oder für welches Dein Herz nicht mehr spricht, wenn sie Deiner – sei es nun aus Lust oder aus Eitelkeit, aus Vorwitz oder aus Eigensinn – noch begehrt! Sie wird Dich verfolgen mit wütigem Grimme, und keine Schonung von Deiner Seite, keine Nachgiebigkeit, keine Verschwiegenheit über die ehemaligen Verhältnisse, keine öffentlichen Ehrerbietungsbezeigungen werden Dir helfen, besonders wenn sie Dich nicht etwa fürchtet.

5.

Weiberfeinde schreien laut: das schöne Geschlecht liebe nie mit so gänzlich treuer Ergebung als wir Männer; Eitelkeit, Vorwitz, Lust an Abenteuern oder körperliches Bedürfnis sei es nur, was sie hinreiße zu uns, und man dürfe nicht länger auf Weibeitreue rechnen, als so lange wir eine von diesen Leidenschaften und Trieben nach Zeit und Gelegenheit befriedigen könnten; andre hingegen lehren gerade das Gegenteil und beschreiben mit den reizendsten Farben die Beständigkeit, die Innigkeit und das Feuer eines weiblichen, von Liebe erfüllten Herzens. Jene eignen dem Geschlechte viel mehr Sinnlichkeit und Reizbarkeit als edlere Gefühle zu und sagen, es sei nur Grimasse, wenn Weiber ihre Männer glauben machten, sie hätten ein sehr kaltes Temperament; diese hingegen behaupten: die reinste, heiligste Liebe, ohne Begehren, ja! auf gewisse Art ohne Leidenschaft, diese göttliche Flamme, könne nur in weiblichen Seelen in ihrer ganzen Fülle wohnen. Wer von beiden Parteien recht hat, das mögen diejenigen entscheiden, denen eine größere Kenntnis des weiblichen Herzens – obgleich ich in dem Umgange mit Frauenzimmern viele Jahre hindurch kein unaufmerksamer Beobachter gewesen bin –, diejenigen, sage ich, mögen das entscheiden, denen diese größere Kenntnis, ein reiferes Alter und feinre Welterfahrung ein Recht geben, über den Charakter der Weiber kühler, unparteiischer, mit mehr Scharfsinn und mit gründlicherer Vernunft als ich zu urteilen und zu schreiben. Ich wage das nicht; auch sind es zwei verschiedene Fragen: aus welchen Quellen zuerst Weiberliebe zu entspringen pflegt, und: welche Eigenschaften nachher diese Liebe hat, wenn einmal die Seele davon ergriffen ist? Das aber getraue ich mir zu behaupten, ohne einem von beiden Geschlechtern zu nahe zu treten, daß wir Männer an Treue und gänzlicher Hingabe in der Liebe wohl schwerlich die Weiber übertreffen können. Die Geschichte aller Zeiten ist voll von Beispielen der Anhänglichkeit, der Überwindung aller Schwierigkeiten und Verachtung aller Gefahren, mit welcher ein Weib sich an ihren Geliebten kettet. Ich kenne kein höheres Glück auf der Welt, als so innig, so treu geliebt zu werden. Leichtsinnige Gemüter findet man unter Männern wie unter Frauenzimmern; Hang zur Abwechslung ist dem ganzen Menschengeschlechte eigen; neue Eindrücke größerer Liebenswürdigkeit, wahrer oder eingebildeter, können die lebhaftesten Empfindungen verdrängen; aber fast möchte ich sagen, die Fälle der Untreue wären häufiger bei Männern als bei Weibern, würden nur nicht so bekannt, machten weniger Aufsehn; wir wären wirklich schwerer auf immer zu fesseln, und es würde vielleicht nicht schwerhalten, die Ursachen davon anzugeben, wenn das hierhergehörte.

6.

Treue, echte Liebe freuet sich in der Stille des seligen Genusses, prahlt nicht nur nie mit Gunstbezeugungen, sondern gesteht sich's sogar selbst kaum, wie froh sie ist. Die glücklichsten Augenblicke in der Liebe sind da, wo man sich noch nicht gegeneinander mit Worten entdeckt hat, und doch jede Miene, jeden Blick versteht. Die wonnevollsten Freuden sind die, welche man mitteilt und empfängt, ohne dem Verstande davon Rechenschaft zu geben. Die Feinheit des Gefühls leidet oft nicht, daß man sich über Dinge erkläre, die ganz ihren hohen Wert verlieren, die anständigerweise, ohne Beleidigung der Delikatesse, gar nicht mehr gegeben und angenommen werden können, sobald man etwas darüber gesagt hat. Man verwilligt stillschweigend, was man nicht verwilligen darf, wenn es erbeten oder wenn es merkbar wird, daß es mit Absicht gegeben werden soll.

7.

In den Jahren, in welchen so gern das Herz mit dem Kopfe davonläuft, bauet so mancher das Unglück seines Lebens durch übereilte Eheversprechungen. Im Taumel der Liebe vergißt der Jüngling, wie wichtig ein solcher Schritt ist, wie von allen Verbindlichkeiten, die man übernehmen kann, diese die schwerste, die gefährlichste und leider die unauflöslichste ist. Er verbindet sich auf ewig mit einem Geschöpfe, das sich seinen von Leidenschaft geblendeten Augen ganz anders darstellt, als es ihn nachher die nüchterne Vernunft kennen lehrt, und dann hat er sich eine Hölle auf Erden bereitet; oder er vergißt, daß mit einer solchen Verbindung die Bedürfnisse, Sorgen und Arbeiten wachsen, und dann muß er, an der Seite eines innigstgeliebten Weibes, mit Mangel und Kummer kämpfen und doppelt alle Schläge des Schicksals fühlen; oder er bricht sein Wort, wenn ihm vor der priesterlichen Einsegnung noch die Augen aufgehen; und dann sind Gewissensbisse sein Teil. – Allein, was vermögen Rat und Warnung im Augenblicke des Rauches? Übrigens beziehe ich mich auf das, was ich im 14ten und 15ten Abschnitte des folgenden Kapitels sagen werde.

8.

Haben Liebe und Vertraulichkeit Dich an ein Geschöpf gekettet und Eure Bande würden getrennt, sei es nun durch Schicksale, Untreue und Leichtfertigkeit des einen Teils oder durch andre Umstände, so handle nach dem Bruche, oder wenn die Verbindung sonst aufhört, nie unedel! Laß Dich nicht von dépit amoureux hinreißen zu niedriger Rache! Mißbrauche nicht Briefe noch Zutraun! Der Mann, der fähig ist, ein Mädchen zu lästern, einem Weibe zu schaden, das einst in seinem Herzen geherrscht hat, verdient Haß und Verachtung, und wie mancher sonst nicht sehr liebenswürdige Mann hat er die Gunst artiger Frauenzimmer nur allein seiner erprobten Diskretion, seiner Verschwiegenheit in Liebessachen zu danken.

Fünftes Kapitel

Über den Umgang mit Frauenzimmern

1.

Ich will gleich zu Anfange dieses Kapitels feierlich erklären – zwar sollte es billig einer solchen Erklärung nicht bedürfen, weil schon der gesunde Menschenverstand das lehrt, und ich kühn sagen darf, daß meine Schriften nicht Gelegenheit geben, mich für einen Lästrer des schönen Geschlechtes zu halten; doch der Schwachen wegen füge ich es hinzu – daß, was ich hier etwa im allgemeinen zum Nachteile des weiblichen Charakters sagen möchte, der Verehrung unbeschadet gesagt sein soll, die nicht nur jedes einzelne edle Weib und Mädchen, sondern die auch das Geschlecht im ganzen genommen von so manchen Seiten, nur nicht gerade von der fehlerhaften, verdient. Diese zu verschweigen, um jene zu erheben, das ist das Handwerk eines feigen Schmeichlers, und der bin ich nicht; der mag ich nicht sein. Die mehrsten Schriftsteller aber, welche etwas über die Frauenzimmer sagen, scheinen sich's zum Geschäfte zu machen, nur die Schwächen derselben aufzudecken; – das ist noch weniger meine Absicht. Wenn ich über den Umgang mit Menschen schreibe, so muß ich auch die Schwächen in Erwägung ziehn, denen man nachgeben, die man schonen muß, um in diesem Umgange gut fortzukommen. Jedes Geschlecht, jeder Stand, jedes Alter, jeder einzelne Charakter hat dergleichen Schwächen. Insofern ich diese kenne, gehört es zu meinem Zwecke, davon zu reden, und man wird finden, daß ich von der andern Seite weder die Tugenden verschwiegen, die den Umgang mit Männern und Frauenzimmern, mit Alten und Jungen, mit Weisern und Schwächern, mit Vornehmen und Geringen, angenehm machen, noch irgendeine einzelne Klasse auf Unkosten oder zum Vorteile der andern gelobt oder getadelt habe – soviel als Vorrede zu diesem Kapitel.

2.

Nichts ist so geschickt, die letzte Hand an die Bildung des Jünglings zu legen, als der Umgang mit tugendhaften und gesitteten Weibern. Da werden die sanftem Tinten in den Charakter eingetragen; da wird durch mildere und feinere Züge manche rauhe Härte gemäßigt – kurz, wer nie mit Weibern beßrer Art umgegangen ist, der entbehrt nicht nur sehr viel reinen Genuß, sondern er wird auch im geselligen Leben nicht weit kommen, und den Mann, der verächtlich vom ganzen weiblichen Geschlechte denkt und redet, mag ich nicht zum Freunde haben. Ich habe die seligsten Stunden in dem Zirkel liebenswürdiger Frauenzimmer verlebt, und wenn etwas Gutes an mir ist, wenn nach so vielfältigen Täuschungen von Menschen und Schicksalen, Erbitterung, Mißmut und Feindseligkeit noch nicht Wohlwollen, Liebe und Duldung aus meiner Seele verdrängt haben, so danke ich es den sanften Einwirkungen, die dieser Umgang auf meinen Charakter gehabt hat.

3.

Die Weiber haben einen ganz eignen Sinn, um diejenigen unter den Männern zu unterscheiden, welche mit ihnen sympathisieren, sie verstehn, sich in ihren Ton stimmen können. Man hat sehr unrecht, wenn man ihnen schuld gibt, körperliche Schönheit allein mache auf sie so lebhafte Eindrücke; sehr oft hat gerade der entgegengesetzte Fall statt. Ich kenne Jünglinge mit Antinousgestalten, die ihr Glück bei dem schönen Geschlechte nicht machen, und hingegen Männer mit fast garstigen Larven, die dort gefallen und Teilnehmung erwecken. Auch liegt nicht der Grund darin, daß sie die Klügern und Witzigern vorzögen, noch in der mehr oder mindern Schmeichelei und Huldigung; es gibt aber eine Art, mit Frauenzimmern umzugehn, die nur von ihnen selbst erlernt werden kann; und wer die nicht versteht, der mag mit allen innern und äußern Vorzügen ausgerüstet sein – er wird ihnen nicht behagen. Man findet Männer, die von der Gabe, den Frauenzimmern zu gefallen, großen Mißbrauch machen, denen man erwachsene Töchter anvertrauet, die zu allen Tageszeiten bei den Damen freien Zutritt und sich in den Ruf gesetzt haben, sans conséquence zu sein, denen man die freiesten Scherze erlaubt, oft aber Gelegenheit gibt, nachher zu spät zu bereuen, was man ihnen eingeräumt hat. Der Mißbrauch hebt indessen den erlaubten Gebrauch jener Kunst nicht auf. Ein kleiner Anstrich von weiblicher Sanftmut, die aber ja nicht in unmännliche Schwäche übergehn darf; Gefälligkeiten, die nicht so groß, nicht so merklich sein dürfen, daß sie Aufsehn erregen oder größere Gegenforderung veranlassen, aber auch nicht so heimlich, daß sie gar nicht gefühlt, sondern übersehn würden; kleine, feine Aufmerksamkeiten, wofür sich kaum danken läßt, die also kein Recht geben, ohne Anspruch zu sein scheinen und doch verstanden, doch angerechnet werden; eine Art von Augensprache, die, sehr vom Liebäugeln unterschieden, von zarten, empfindungsvollen Herzen aufgefaßt wird, ohne in Worte übersetzt werden zu dürfen; das nie Erläutern gewisser geheimer Gefühle; ein freier, treuherziger Umgang, der nie in freche, gemeine Vertraulichkeit ausarten muß; zuweilen sanfte Schwermut, die nicht Langeweile macht; ein gewisser romanhafter Schwung, der weder ins Süßliche, noch Abenteuerliche fällt; Bescheidenheit ohne Schüchternheit; Unerschrockenheit, Mut und Lebhaftigkeit ohne stürmisches Wesen; körperliche Gewandtheit, Geschicktheit, Behändigkeit, angenehme Talente – ich denke, das ist es ungefähr, was den Weibern an uns gefallen könnte.

4.

Das Gefühl der Schutzbedürftigkeit und die Überzeugung, daß der Mann ein Wesen sein müsse, das fähig ist, diesen Schutz zu verleihn, ist von der Natur auch den Frauen eingepflanzt, die Stärke und Entschlossenheit genug haben, sich selbst zu schützen.

Desfalls fühlen auch weichgeschaffne Damen eine Art von Widerwillen gegen äußerst schwächliche, gebrechliche Männer. Sie können herzliches Mitleid empfinden gegen Leidende, zum Beispiel gegen Verwundete, Kranke und dergleichen; aber eigentliche, bleibende Infirmitäten*, die den freien Gebrauch der Kräfte hemmen, werden die Zuneigung selbst des sittsamsten Weibes von Dir abwendig machen.

5.

Man hat oft den Damen vorgeworfen, daß sie sich vorzüglich für ausschweifende Leute interessierten. Wenn das wahr ist, so kann ich doch nicht etwas durchaus Anstößiges darin finden. Sind sie bei dem Bewußtsein eigner Schwäche toleranter als wir, so macht das ihrem Herzen Ehre; allein wir Männer tadeln auch oft nur aus Neid solche glücklichen Verbrecher von unserm Geschlechte, finden hingegen, wenn wir die Lovelace und Karl Moor nur auf dem Papiere oder auf der Schaubühne sehen, heimliches Wohlgefallen an ihnen. Der Grund von dem allen liegt wohl in einem dunkeln Gefühle, welches uns sagt, daß zu Verirrungen von der Art eine gewisse Prästanz**, eine Tätigkeit, eine Kraft gehöre, die immer Interesse erweckt. Übrigens will man bemerkt haben, daß die mehrsten Frauenzimmer nur vorzüglich tolerant gegen hübsche Männer und gegen garstige Weiber seien.

6.

Noch muß ich erinnern, daß die Frauenzimmer an den Männern Reinlichkeit und eine wohl gewählte, doch nicht phantastische Kleidung lieben und daß sie leicht mit einem Blicke kleine Fehler und Nachlässigkeiten im Anzuge bemerken.

---

* Gebrechen

** Leistungsfähigkeit

7.

Huldige nicht mehrern Frauenzimmern zu gleicher Zeit, an demselben Orte, auf einerlei Weise, wenn es Dir darum zu tun ist, Zuneigung oder Vorzug von einer einzelnen zu erlangen; sie verzeihen uns kleine Untreuen, ja, man kann dadurch bei ihnen zuweilen gewinnen; aber in dem Augenblicke, da man ihnen etwas von Empfindungen vorschwätzt, muß man fühlen, was man sagt, und es nur für sie fühlen. Sobald sie merken, daß Du Dein zärtliches Gewäsche jeder auskramst, ist alles vorbei; sie mögen, was sie uns sind, uns gern ungeteilt, allein bleiben.

8.

Zwei Damen, die Forderungen und Ansprüche von einerlei Art machen, sei es nun von Seiten der Schönheit, Gelehrsamkeit oder sonst, stimmen in einer Gesellschaft nicht gut zusammen; doch werden sie noch zuweilen miteinander fertig; kommt aber die dritte hinzu, dann hat der böse Feind sein Spiel.

Hüte Dich daher auch in Gegenwart einer Dame, die Ansprüche von irgendeiner Art macht, eine andre wegen gleicher Eigenschaften zu sehr zu loben, besonders eine Nebenbuhlerin mit denselben Ansprüchen. Es pflegt allen Menschen, die ein Gefühl von eigenem Werte und Begierde zu glänzen haben, vorzüglich aber den Damen eigen zu sein, daß sie gern ausschließlich bewundert werden mögen, es sei nun wegen Schönheit, wegen Geschmack, wegen Pracht, wegen Talenten, wegen Gelehrsamkeit, oder weswegen es auch sei. Sprich daher auch nicht von Ähnlichkeiten, die Du findest zwischen der Frau, mit welcher Du redest, und ihren Kindern oder irgendeiner andern Person. Frauenzimmer haben zuweilen sonderbare Grillen; man weiß nicht immer, wie sie sich vorstellen, daß sie aussehn, wie sie gern aussehn möchten. Die eine affektiert Simplizität, Unschuld, Naivität; die andre macht Anspruch an hohe Grazie, Adel und Würde in Gang und Gebärde; die eine sähe es gern, wenn man sagte: Ihr Gesicht verrate so viel Sanftmut; eine andre möchte männlich klug, entschlossen, geistvoll, erhaben aussehn; diese möchte mit ihren Blicken zu Boden stürzen können; jene mit ihren Augen alle Herzen wie Butter zerfließen machen; die eine will ein gesundes und frisches, die andre ein kränkliches, leidendes Aussehn haben. – Das sind nun kleine unschädliche Schwachheiten, nach denen man sich wohl richten kann.

9.

Die mehrsten Frauenzimmer wollen ohne Unterlaß amüsiert sein; der angenehme Gesellschafter ist ihnen oft mehr wert als der würdige, konsequente, verdienstvolle Mann, von dessen Lippen Weisheit strömt, wenn er redet, der aber lieber schweigen, als leere Worte sprechen mag. Allein kein Gegenstand scheint ihnen unterhaltender als ihr eigenes Lob, wenn es nicht zu grob eingekleidet wird – doch auch damit nehmen es manche so genau nicht. Man erhebe immer einmal die Schönheit einer alten Matrone, man sehe immer einmal die Mutter für die Tochter im Hause an – sie werden uns darum die Augen nicht auskratzen. Überhaupt aber ist es mit dem Alter der Frauenzimmer ein kitzlicher Punkt; man tut am besten, diese Saite gar nicht zu rühren. Wenn man übrigens die Kunst versteht, ihnen Gelegenheit zu geben zu glänzen, so bedarf man weiter keiner Unterhaltung und man wird ihnen gewiß nicht unangenehm sein. – Ist das nicht bei allen Menschen mehr oder weniger der Fall? Gewiß, doch bei Weibern öfter, weil man wohl ohne Sünde ein wenig mehr Eitelkeit auf Rechnung ihres Geschlechts schreiben, als dem unsrigen schuld geben darf.

10.

Ein großes Ressort im weiblichen Charakter ist die Neugier. Auch darauf muß man zu rechter Zeit im Umgange mit ihnen zu wirken und dies Bedürfnis nach den Umständen zu erwecken, zu beschäftigen und zu befriedigen verstehn. Sonderbar genug ist es, wie weit oft Vorwitz und Neugier bei ihnen gehen. Auch die mitleidigsten Seelen unter ihnen empfinden zuweilen einen unbezwinglichen Trieb, schreckliche Szenen, Exekutionen, Operationen, Wunden und dergleichen anzuschaun, jämmerliche Mordgeschichten zu hören – Gegenstände, denen sich der weniger weichliche Mann nicht ohne Widerwillen gegenübersieht. Deswegen sind ihnen auch diejenigen Romane und Schauspiele größtenteils die angenehmsten, in welchen Abenteuer ohne Ende, unerwartete Begebenheiten in Menge und Greuel auf Greuel gehäuft sind. Deswegen forschen die Schlimmern unter ihnen so gern nach fremden Geheimnissen und spähen die Handlungen ihrer Nachbarn aus, wenn auch nicht immer Bosheit, Neid und Schadenfreude zum Grunde liegen. Chesterfield sagt: »Wenn Du Dich bei Weibern einschmeicheln willst, so vertraue ihnen ein Geheimnis!« – Freilich wohl nur ein kleines Geheimnis. – Doch warum? Können nicht manche Weiber besser schweigen als ihre Männer? Es kommt nur auf den Gegenstand des Geheimnisses an.

11.

Auch die edelsten Weiber haben mehr abwechselnde Launen, sind weniger gleichgestimmt zu allen Zeiten als wir Männer. Reizbarere Nerven, die leichter zu allerlei Gemütsbewegungen in Schwingung zu bringen sind, und ein schwächerer Körperbau, der manchen unbehaglichen Gefühlen ausgesetzt ist, die wir gar nicht kennen, sind schuld daran. Wundert Euch daher nicht, meine Freunde, wenn Ihr nicht jeden Tag denselben Grad von Teilnehmung und Liebe in den Augen dererjenigen Damen zu finden glaubet, an deren Zuneigung Euch gelegen ist! Ertraget diese vorübergehenden Launen, aber hütet Euch, in solchen Augenblicken von Verstimmung, Euch aufzudrängen oder zur Unzeit mit Eurem Witze oder Troste angezogen zu kommen;

sondern überleget wohl, was sie in jeder Gemütslage etwa gern hören möchten, und wartet ruhig den Augenblick ab, wo sie selbst den Wert Eurer Nachsicht und Schonung fühlen und ihr Unrecht gutmachen.

12.

Die Frauenzimmer finden ein gewisses Vergnügen an kleinen Neckereien, mögen selbst den Personen, die ihnen am teuersten sind, zuweilen unruhige Augenblicke machen. Auch hiervon liegt der Grund in ihren Launen und nicht in Bösartigkeit des Gemüts. Wenn man sich dabei vernünftig, duldsam, nicht stürmisch beträgt, noch durch eigne Schuld den kleinen Zwist zu einem wirklichen, feierlichen Bruche heranwachsen läßt, so löschen sie in einer andern Stunde die Beleidigung, so sie uns erwiesen, durch verdoppelte Gefälligkeit aus, und man erlangt dabei oft ein Recht mehr auf ihre Zuneigung.

13.

In solchen und allen übrigen kleinen Kämpfen und Streitigkeiten mit Frauenzimmern muß man ihnen den Triumph des Augenblicks lassen, nie aber sie merklich beschämen, denn das ist etwas, das ihre Eitelkeit selten verzeiht.

14.

Daß die Rache eines unedeln Weibes fürchterlich, grausam, dauernd und nicht leicht zu versöhnen ist, das hat man schon so oft gesagt, daß ich es hier zu wiederholen fast nicht nötig finde. Wirklich sollte man es kaum glauben, welche Mittel solche Furien ausfindig zu machen wissen, einen ehrlichen Mann, von dem sie sich beleidigt glauben, zu martern, zu verfolgen; wie unauslöschlich ihr Haß ist; zu welchen niedrigen Mitteln sie ihre Zuflucht nehmen. Der Verfasser dieses Buchs hat leider selbst eine Erfahrung von der Art gemacht. Ein einziger unbesonnener Schritt in seiner frühen Jugend, durch welchen sich der Ehrgeiz und die Eitelkeit eines Weibes gekränkt hielten, obgleich sie ihn, früher als er sie, auf den Fuß getreten hatte, war schuld daran, daß er nachher allerorten, wo sein Schicksal ihn nötigte, Schutz und Glück zu suchen, Widerstand und fast unübersteigliches Hindernis fand; daß heimliche, durch allerlei Wege gewonnene Verleumder mit bösen Gerüchten vor ihm hergingen, um jeden Schritt zu hindern, jeden unschuldigen Plan zu vereiteln, den er zu seinem Fortkommen und zum Wohl seiner Familie anlegte. Ihm half nicht das vorsichtigste, untadelhafteste Betragen, nicht die öffentliche Erklärung, wie sehr er sein Unrecht erkenne. – Die rachgierige Frau hörte nicht auf, ihn zu verfolgen, bis er endlich freiwillig allem entsagte, wozu man die Hilfe andrer braucht, und sich auf eine häusliche Existenz einschränkte, die sie ihm nicht rauben kann. – Und das tat eine Frau, in deren Macht es gestanden hätte, viel Menschen glücklich zu machen, und die von der Natur mit sehr seltnen Vorzügen des Körpers und des Geistes ausgerüstet war.

Es scheint übrigens in der Natur zu liegen, daß Schwächre immer grausamer in ihrer Rache sind als Stärkre, vielleicht weil das Gefühl dieser Schwäche die Empfindung des erlittnen Drucks verstärkt und lüsterner nach der Gelegenheit macht, auch einmal Kraft zu üben.

15.

Eine philosophische Abhandlung des Herrn Professor Meiners über die Frage: »Ob es in unsrer Macht stehe, verliebt zu werden oder nicht?« läßt mich daran verzweifeln, irgend etwas Neues über die Mittel sagen zu können, welche man anzuwenden hat, um im Umgange mit liebenswürdigen Frauenzimmern die Freiheit seines Herzens nicht einzubüßen. Die Liebe ist zwar ein süßes

Ungemach, das über uns kommt, grade wenn wir uns dessen am wenigsten versehen, gegen welches wir also gewöhnlich erst dann anfangen Maßregeln zu nehmen, wenn es schon zu spät ist; da sie aber oft sehr bittre Leiden und Zerstörung aller Ruhe und alles Friedens mit in ihrem Gefolge führt; da hoffnungslose Liebe wohl eine der schrecklichsten Plagen ist, und äußre Verhältnisse zuweilen auch den edelsten, zärtlichsten Neigungen unübersteigliche Hindernisse in den Weg legen, so ist es doch der Mühe wert, besonders für den, welchen Mutter Natur mit einem lebhaften Temperamente und mit warmer Phantasie ausgestattet hat, sich an eine gewisse Herrschaft des Verstandes über Gefühle und Sinnlichkeit zu gewöhnen, und wo er sich dazu zu schwach fühlt – der Gelegenheit auszuweichen. Groß ist die Verlegenheit für ein fühlendes Herz, geliebt zu werden und Liebe nicht erwidern zu können; schrecklich ist die Qual zu lieben und verschmäht zu werden; verzweiflungsvoll die Lage dessen, der für grenzenlose, treue Zärtlichkeit und Hingebung mit Betrug und Untreue belohnt wird. – Wer gegen dies alles sichre Mittel weiß, der hat den Stein der Weisen gefunden. Ich gestehe meine Schwäche – ich kenne keines als die Flucht, ehe es dahin kommt.

16.

Es leben unter uns Männern Bösewichte, denen Tugend Redlichkeit und die Ruhe ihrer Nebenmenschen so wenig heilig sind, daß sie unschuldige, unerfahrne Mädchen, wo nicht durch schlaue Künste wirklich zum Laster verführen, doch mit falschen Erwartungen oder gar mit Versprechungen einer künftigen Eheverbindung täuschen, sich dadurch für den Augenblick eine angenehme Existenz verschaffen, die armen Kinder aber, die indes ihretwegen aller Gelegenheit zu anderweitiger Versorgung ausgewichen sind, nachher verlassen, um neue Verbindungen zu schließen. Die Schändlichkeit eines solchen Verfahrens wird ja wohl jeder einsehn, der noch einen Funken von Gefühl für Ehre in seinem Busen trägt, und wem ein solches Gefühl fremd ist, für den schreibe ich nicht. Es gibt aber ein anders, den Folgen nach nicht weniger schädliches, obgleich in Betracht der Absicht nicht so strafbares Betragen der Männer gegen gefühlvolle Frauenzimmer, worüber ich einige Worte zur Warnung sagen muß. Es glauben nämlich manche unter uns, es könne gar kein Interesse in den Umgang mit jungen Mädchen kommen, wenn man ihnen nicht Süßigkeiten sagte, ihnen schmeichelte oder eine Art von Wärme und Herzensandringlichkeit aus Worten und Gebärden hervorleuchten ließe. Dies nährt nicht nur den ohnehin schon großen Hang des Geschlechts zur Eitelkeit, sondern, da eben diese Eitelkeit, die Überzeugung von der Macht ihrer Reize, gern jedes Honigwort für Sprache inniger Empfindung hält, so setzen die guten Dingerchen sich leicht in den Kopf, es sei ernstlich auf eine Heirat angesehn. Der Stutzer merkt das nicht, oder wenn er es merkt, so ist er zu leichtsinnig, den Folgen nachzudenken; er verläßt sich darauf, daß er nie bestimmt etwas von Heiratsanträgen hat fallenlassen, und wenn er nun früh oder spät aufhört, einer solchen Schönen zu huldigen, so ist das Mädchen ebenso unglücklich, als wenn er sie absichtlich betrogen hätte. Sie welkt dahin, die arme Verlassene, wenn getäuschte Hoffnung, fehlgeschlagene Erwartung an ihrem Herzen nagt, indes der süße Herr sorglos bei andern herumschwärmt und das Unglück nicht einmal ahnt, da er angerichtet hat.

Eine nicht minder gewöhnliche Art, junge Mädchen zugrunde zu richten, ist, wenn man entweder durch leichtfertige Reden und luxuriösen Witz ihre Neugier und ihre Sinnlichkeit reizt, oder durch Erweckung romanhafter Begriffe ihre Phantasie erhitzt, ihre Aufmerksamkeit von solchen Gegenständen, womit sie ihrem Berufe gemäß sich beschäftigen sollten, ableitet, in ihnen den Sinn für einfaches, häusliches Leben ertötet, oder ein junges Landmädchen durch reizende Darstellung der Stadtfreuden mit ihrer Lage unzufrieden macht. Da ich nicht bloß schreibe, um zu lehren, wie man angenehm, sondern auch, wie man nützlich im Umgange sein solle, so ist es Pflicht für mich, vor dergleichen zu warnen, und glaube mir, junger Mensch, sorgsame Eltern werden Dich segnen, Dich mit Freuden an der Seite ihrer Töchter sehn, ja, sie werden Dir ihr einziges Kind zutrauvoll zur Gattin hingeben, wenn Du meinem Rate folgst und Dich dadurch in den Ruf eines verständigen und gewissenhaften Jünglings setzest.

17.

Ich sollte hier billig auch etwas von dem Umgange mit groben Koketten und Buhlerinnen sagen; allein das würde mich zu weit führen, und schwerlich möchte meine Mühe mit Erfolg belohnt werden. Die Schlingen, denen man auszuweichen hat, sind unzählig. Ich wünschte, man flöhe diese Art Weiber wie die Pest; hat man aber einmal das Unglück, in dergleichen Fallstricke geraten zu sein, so wird man selten so viel kalte Überlegung haben, ehe man ein solches Geschöpf besucht, vorher ein Kapitel aus meinem Buche zu lesen. Zudem hat der König Salomon das alles weit besser gesagt. – Doch ein paar Zeilen darüber. Unbeschreiblich fein sind solche verworfne Geschöpfe in der Kunst, sich zu verstellen, unverschämt zu lügen, Empfindungen zu heucheln, um ihre Habsucht, ihre Eitelkeit, ihre Sinnlichkeit, ihre Rache oder irgendeine andre Leidenschaft zu befriedigen. Unendlich schwer ist es, zu erforschen, ob eine Buhlerin Dir wirklich um Deiner selbst willen anhängt. Hast Du sie vielfältig auf die Probe von Uneigennützigkeit gesetzt und immer so befunden, wie Du wünschest, so ist das etwas, aber noch sehr wenig. Sie verachtet vielleicht Dein Silber, um desto sichrer Dich selbst mit allem Deinem Golde zu gewinnen; oder ihr Temperament leitet sie weniger zum Gelde als zur Wollust. Hast du sie bei mancherlei Versuchungen, wo sie Gelegenheit und Anreizung gehabt hätte, Dich heimlich zu hintergehn, stets treu befunden; hat sie zärtliche Sorgfalt selbst für Deinen Ruf, für Deine Ehre gezeigt; zieht sie Dich nicht ab von andern natürlichen und edeln Verbindungen; opfert sie Dir Jugend, Schönheit, Gewinst, Glanz, Eitelkeit auf – ei nun, die Mischungen der Anlagen und Temperamente sind mannigfaltig – so kann auch eine Buhlerin von andern Seiten gute, liebenswürdige Eigenschaften haben;

aber traue nicht, traue nicht! Ein Weib, das die ersten und heiligsten aller weiblichen Tugenden, die Keuschheit und Sittsamkeit für nichts achtet, wie kann die wahre Ehrfurcht für feinere Pflichten haben! Doch bin ich weit entfernt, alle unglücklichen Gefallenen und Verführten in die Klasse verachtungswerter Buhlerinnen setzen zu wollen. Wahre Liebe kann auch ein verirrtes Herz zur Tugend zurückführen; es ist schon oft gesagt worden, daß derjenige sichrer vor der Verführung sei, der die Gefahr kennt, als der, welcher nie in Versuchung geführt worden; allein es bleibt bei dieser Art von Vergehungen immer eine mißliche Sache um die sichre, dauerhafte Besserung, und keine Lage ist demütigender und beunruhigender, als wenn man die Person, an welcher unser Herz hängt, von andern verachtet sieht, wenn man sich vor der Welt der Bande schämen muß, die uns so teuer sind. Liebe, reine Liebe, sichert übrigens am besten gegen Ausschweifungen, und der Umgang mit edlen, sittsamen Weibern verfeinert den Sinn des Jünglings für Tugend und Unschuld, wappnet sein verwöhntes Herz gegen studierte und freche Buhlerkünste. – Übrigens bleibt es doch immer gewaltig hart, daß wir Männer uns so leicht alle Arten von Ausschweifungen erlauben, den Weibern aber, die von Jugend auf durch uns zur Sünde gereizt werden, keinen Fehltritt verzeihn wollen, obgleich freilich für die bürgerliche Verfassung diese größre Strenge gegen das schwächere Geschlecht sehr heilsam ist.

Ist es aber wohl wahr, was man im gemeinen Leben so oft hört, daß jedes Weib zu verführen ist?– o ja, so wie jeder Richter auf irgendeine Art bestechbar, und jeder Erdensohn, wenn alle inneren und äußeren Umstände dazu mitwirkten, zu jedem Verbrechen fähig sein würde. – Aber was heißt das etwas anders gesagt, als daß wir alle – Menschen sind? Überlegt man dabei, wie auf die feinern Sinne der Frauenzimmer größre Reizung, Verführung, Schmeichelei, Eitelkeit, Neugier, Temperament so mächtigen Einfluß haben; wie der kleinste Fleck von dieser Seite an ihnen so leicht bemerkt wird, weil sie in keinen bürgerlichen Verhältnissen stehen, ihre Verirrungen nicht durch höhere Tugenden vergessen machen können – o, wer wollte dann nicht dulden und schweigen? – Wenden wir uns zu einer erhabenem Klasse von Frauenzimmern – zu den gelehrten Weibern!

18.

Ich muß gestehn, daß mich immer eine Art von Fieberfrost befällt, wenn man mich in Gesellschaft einer Dame gegenüber oder an die Seite setzt, die große Ansprüche auf Schöngeisterei oder gar auf Gelehrsamkeit macht. Wenn die Frauenzimmer doch nur überlegen wollten, wieviel mehr Interesse diejenigen unter ihnen erwecken, die sich einfach an die Bestimmung der Natur halten und sich unter dem Haufen ihrer Mitschwestern durch treue Erfüllung ihres Berufs auszeichnen. Was hilft es ihnen, mit Männern in Fächern wetteifern zu wollen, denen sie nicht gewachsen sind, wozu ihnen mehrenteils die ersten Grundbegriffe, welche den Knaben schon von Kindheit an eingebleuet werden, fehlen? Es gibt Damen, die, neben allen häuslichen und geselligen Tugenden, neben der edelsten Einfalt des Charakters und neben der Anmut weiblicher Schönheit, durch tiefe Kenntnisse, seltene Talente, feine Kultur, philosophischen Scharfsinn in ihren Urteilen und Bestimmtheit im Ausdrucke, Gelehrte vom Handwerke beschämen. Dürfte ich es wagen, hier öffentlich ein paar Namen zu nennen, die ich nie ohne Ehrfurcht ausspreche, so könnte ich beweisen, daß ich Originale zu diesem Bilde nicht weit zu suchen brauchte; allein wie geringe ist nicht die Anzahl solcher Frauen, und ist es nicht Pflicht, die mittelmäßigen weiblichen Genies abzuschrecken, auf Unkosten ihrer und andrer Glückseligkeit nach einer Höhe zu streben, die so wenige erreichen?

Ich tadle nicht, daß ein Frauenzimmer ihre Schreibart und ihre mündliche Unterredung durch einiges Studium und durch keusch gewählte Lektüre zu verfeinern suche, daß sie sich bemühe, nicht ganz ohne wissenschaftliche Kenntnisse zu sein; aber sie soll kein Handwerk aus der Literatur machen; sie soll nicht umherschweifen in allen Teilen der Gelehrsamkeit. Es erregt wahrlich, wo nicht Ekel, doch Mitleiden, wenn man hört, wie solche armen

Geschöpfe sich erkühnen, über die wichtigsten Gegenstände, die Jahrhunderte hindurch der Vorwurf der mühsamsten Nachforschungen großer Männer gewesen sind, und von denen diese dennoch mit Bescheidenheit behauptet haben, sie sähen nicht ganz klar darin; wenn man hört, wie ein eitles Weib darüber am Tee- oder Nachttische in den entscheidendsten Ausdrücken Machtsprüche wagt, indes sie kaum eine klare Vorstellung von der Materie hat, wovon die Rede ist. Aber der Haufen der Stutzer und Anbeter bewundert dennoch mit lautem Beifalle die feinen Kenntnisse der gelehrten Dame und bestärkt sie dadurch in ihren unglücklichen Ansprüchen. Dann sieht sie die wichtigsten Sorgen der Hauswirtschaft, die Erziehung ihrer Kinder und die Achtung unstudierter Mitbürger als Kleinigkeiten an, glaubt sich berechtigt, das Joch der männlichen Herrschaft abzuschütteln, verachtet alle andren Weiber, erweckt sich und ihrem Gatten Feinde, träumt ohne Unterlaß sich in idealische Welten hinein; ihre Phantasie lebt in unzüchtiger Gemeinschaft mit der gesunden Vernunft; es geht alles verkehrt im Hause; die Speisen kommen kalt oder angebrannt auf den Tisch; es werden Schulden auf Schulden gehäuft; der arme Mann muß mit durchlöcherten Strümpfen einherwandeln; wenn er nach häuslichen Freuden seufzt, unterhält ihn die gelehrte Frau mit Journalsnachrichten oder rennt ihm mit einem Musenalmanach entgegen, in welchem ihre platten Verse stehen, und wirft ihm höhnisch vor, wie wenig der Unwürdige, Gefühllose den Wert des Schatzes erkennt, den er zu seinem Jammer besitzt.

Ich hoffe, man wird dies Bild nicht übertrieben finden. Unter den vierzig bis fünfzig Damen, die man jetzt in Deutschland als Schriftstellerinnen zählt – die Legion derer ungerechnet, die keinen Unsinn haben drucken lassen – sind vielleicht kaum ein Dutzend, die, als privilegierte Genies höherer Art, wahren Beruf haben, sich in das Fach der Wissenschaften zu werfen, und diese sind so liebenswürdige, edle Weiber, versäumen so wenig dabei ihre übrigen Pflichten, fühlen selbst so lebhaft die Lächerlichkeiten ihrer halbgelehrten Mitschwestern, daß sie sich durch meine Schilderung gewiß nicht getroffen noch beleidigt finden werden. Ist es aber nicht bei männlichen Schriftstellern auch der Fall, daß unter der großen Menge derselben nur wenige ausgezeichneten Wert haben? Gewiß, nur mit dem Unterschiede, daß Begierde nach Ruhm oder Gewinst diese irreleiten kann; die Frauenzimmer hingegen nicht so leicht Entschuldigung finden können, wenn sie mit mittelmäßigen oder weniger als mittelmäßigen Talenten und Kenntnissen eine Laufbahn betreten, welche weder die Natur noch die bürgerliche Verfassung ihnen angewiesen hat.

Was nun den Umgang mit solchen Frauenzimmern angeht, die auf Literatur Anspruch machen, so versteht sich's, daß, wenn diese Ansprüche gerecht sind, ihr Umgang äußerst lehrreich und unterhaltend ist, und was die von der andern Klasse betrifft, so kann ich nichts weiter anraten als – Geduld, und daß man es wenigstens nicht wage, ihren Machtsprüchen Gründe entgegenzusetzen oder ihren Geschmack zu reformieren, wenn man sich auch nicht so weit erniedrigen will, den Haufen ihrer Schmeichler zu vermehren.

19.

Das weibliche Geschlecht besitzt in viel höherm Grade als wir die Gabe, seine wahren Gesinnungen und Empfindungen zu verbergen. Selbst Frauenzimmer von weniger feinern Verstandeskräften haben zuweilen eine besondre Fertigkeit in der Kunst, sich zu verstellen. Es gibt Fälle, wo diese Kunst ihnen Schutz gegen die Nachstellungen der Männer gewährt. Der Verführer hat gewonnenes Spiel, wenn er bemerkt, daß das Herz der Schönen oder ihre Sinnlichkeit mit ihm gegen ihre Grundsätze gemeinschaftliche Sache macht. Also rechne man es ihnen nicht zum Vorwurfe, wenn sie zuweilen anders scheinen, als sie sind, aber man nehme darauf Rücksicht in dem Umgange mit ihnen, man glaube nicht immer, daß ihnen derjenige gleichgültig sei, dem sie mit merklicher Kälte begegnen, noch daß sie sich vorzüglich für den interessieren, mit dem sie öffentlich vertraulich umgehen, den sie auszuzeichnen scheinen. Oft tun sie dies grade, um ihr Spiel zu verbergen, wenn es nicht etwa bloß Neckerei oder Wirkung ihrer Laune, ihres Eigensinnes ist. Sie ganz zu entziffern, dazu gehört tiefes Studium des weiblichen Herzens, vieljähriger Umgang mit den Feinern unter ihnen, kurz, mehr als in diesen Blättern entwikkelt werden kann.

20.

Ich schweige von der Vorsichtigkeit im Umgange mit alten Koketten; mit solchen, die sich einbilden, die Ansprüche auf Bewunderung, auf Huldigung und die Gewalt ihrer Schönheit würden, wie die gesetzmäßigen Rechte der Juristen, durch dreißigjährigen Besitz um desto sichrer; die in fünf Jahren nur einmal ihren Geburtstag feiern, und die, wenn sie an der Spitze einer Bücherzensur stünden, am ersten den Kalender konfiszieren würden. Ich schweige von den Prüden, Strengen, Spröden und Betschwestern, mit welchen man zuweilen, wie ich höre, unter vier Augen ganz anders als in Gesellschaft umgehn darf, und von denen leichtfertige Leute behaupten: verschwiegene und kühne Männer machten bei dieser Klasse grade am leichtesten ihr Glück. Ich schweige von den sogenannten alten Gevatterinnen und Frauen Basen, die sich's zur christlichen Pflicht machen, den Ruf ihrer Nachbarn und Bekannten von Zeit zu Zeit an die Sonne zu ziehn, und mit denen man es daher nicht verderben darf. – Ich schweige von diesen allen, um die guten Damen nicht gegen mich aufzubringen, der ich an allen diesen Lästerungen keinen Teil nehme.

21.

Aber noch ein paar Worte über die seligen Freuden, die der Umgang mit verständigen und edeln Weibern gewährt. Ich habe schon vorhin gesagt, daß ich demselben die glücklichsten Stunden meines Lebens zu verdanken habe, und in Wahrheit, das sprach ich aus der Fülle meines Herzens. Ihr zartes Gefühl; ihre Gabe, so schnell zu erraten, zu begreifen, Gedanken aufzufassen, Mienen zu verstehn; ihr feiner Sinn für die kleinen, süßen Gefälligkeiten des Lebens; ihr reizender, naiver Witz, ihre oft so scharfsinnigen, von gelehrten, systematischen, vorgefaßten Meinungen so freien Urteile; ihre unnachahmlich liebenswürdigen Launen –interessant, selbst in ihren Ebben und Fluten; ihre Geduld in langwierigen Leiden, wenngleich sie im ersten Augenblicke, wenn der Unfall sie trifft, dem Gefährten das Übel durch Klagen schwerer machen; ihre sanfte, liebliche Art zu trösten, zu pflegen, zu warten, zu harren, zu dulden; die Milde, welche in ihrem ganzen Wesen herrscht; die kleine, unschädliche Geschwätzigkeit und Redseligkeit, wodurch sie die Gesellschaft beleben – das alles kenne ich, schätze ich, verehre ich. – Und wer wird nun, bei dem, was ich zum Nachteil einiger unter ihnen habe sagen müssen, mir Lästerung aufbürden oder gehässige Absichten beimessen?

Sechstes Kapitel

Über den Umgang unter Freunden

1.

Da bei dem Betragen gegen unsre Freunde alles auf die Wahl derselben ankommt, so muß ich zuerst einige Bemerkungen über diesen Gegenstand vorausschicken. Keine freundschaftlichen Verbindungen pflegen dauerhafter zu sein, als die, welche in der frühern Jugend geschlossen werden. Man ist da noch weniger mißtrauisch, weniger schwierig in Kleinigkeiten; das Herz ist offner, geneigter sich mitzuteilen, sich anzuschließen; die Charaktere fügen sich leichter zusammen; man gibt von beiden Seiten nach und setzt sich in gleiche Stimmung; man erfährt miteinander so manches, erinnert sich der sorglosen, gemeinschaftlich vollbrachten glücklichen Jugendjahre und rückt mit gleichen Schritten in Kultur und Erfahrung fort. Dazu kommen dann Gewohnheit und Bedürfnis; wird einer aus dem vertrauten Zirkel durch die Hand des Todes dahingerissen, so kettet das die übrigbleibenden Gefährten um desto fester aneinander. – Ganz anders sieht es aus in reifern Jahren. Von Menschen und Schicksalen vielfältig getäuscht, werden wir verschloßner, trauen nicht so leicht; das Herz steht unter der Vormundschaft der Vernunft, die genauer abwägt und sich selbst Rat zu schaffen sucht, bevor sie sich andern anvertraut. Man fordert mehr, ist ekler in der Wahl, nicht mehr so lüstern nach neuen Bekanntschaften, wird nicht so lebhaft betroffen von glänzenden Außenseiten; man hat echtre Begriffe von Vollkommenheit, von dauerhaften Bündnissen, vom Nutzen und Schaden einer gänzlichen Hingebung; der Charakter ist fester; die Grundsätze sind auf Systeme zurückgeführt, in welche die Gesinnungen und Theorien eines uns fremden Menschen selten passen; folglich wird es schwerer, eine dauerhafte Harmonie zustande zu bringen, und endlich sind wir in so manche Geschäfte und Verbindungen verflochten, daß wir kaum Muße und wenigstens selten Drang haben, neue zu schließen. Also vernachlässige man seine Jugendfreunde nicht; und wenn auch Schicksale, Reisen und andre Umstände uns in der Welt umhergetrieben und von unsern Gespielen getrennt haben, so suche man doch jene alten Bande wieder anzuknüpfen, und man wird selten übel dabei fahren.

2.

Es ist ein ziemlich allgemein angenommener Grundsatz, daß zu vollkommner Freundschaft Gleichheit des Standes und der Jahre erfordert werde. Die Liebe, sagt man, sei blind; sie feßle durch unerklärbaren Instinkt Herzen aneinander, die dem kalten Beobachter gar nicht füreinander geschaffen zu sein schienen, und da sie nur durch Gefühle, nicht durch Vernunft geleitet werde, so fallen bei ihr alle Rücksichten des Abstandes, den äußere Umstände erzeugen, weg. Die Freundschaft hingegen beruhe auf Harmonie in Grundsätzen und Neigungen; nun aber habe jedes Alter sowie jeder Stand seine ihm eigene Stimmung, nach der Verschiedenheit der Erziehung und Erfahrungen, und desfalls finde unter Personen von ungleichen Jahren und ungleichen bürgerlichen Verhältnissen keine so vollkommne Harmonie statt, als zu Knüpfung des Freundschaftsbandes erfordert werde.

Diese Bemerkungen enthalten viel Wahres, doch habe ich schon zärtliche und dauerhafte Freundschaften unter Leuten wahrgenommen, die weder dem Alter noch dem Stande nach sich ähnlich waren, und wenn man sich an dasjenige erinnert, was ich zu Anfange des ersten Kapitels in diesem Teile gesagt habe, so wird man dies leicht erklären können. Es gibt junge Greise und alte Jünglinge; feine Erziehung, Mäßigkeit in Wünschen, Freiheit in Denkungsart und Unabhängigkeit der Lage erheben den Bettler zu einem Mann von hohem Stande, so wie verachtungswürdige Sitten, unedle Begierden und niedrige Gesinnungen selbst einen Fürsten zu dem Pöbel herabwürdigen können. Das ist aber zuverlässig gewiß, daß zu einer dauerhaften, innigen Freundschaft Gleichheit in Grundsätzen und Empfindungen erfordert wird, und daß dieselbe auch bei einer zu großen Verschiedenheit in Fähigkeiten und Kenntnissen nicht leicht Platz finden kann. Fällt nicht eine der höchsten Glückseligkeiten bei solcher Verbindung, die Austauschung von Ideen und Meinungen, die Mitteilung verschwisterter Gefühle, die Berichtigung dunkler Ahnungen und Zurechtweisung in wichtigen Fällen alsdann weg, wenn unser Freund sich durchaus nicht in unsre Lage hineindenken kann, wenn ihm unsre Empfindungen gänzlich fremd sind? Es gibt Leute, die man nur bewundern darf, an welchen man immer hinaufschauen muß, und diese Menschen verehrt man, aber – man liebt sie nicht, oder man verzweifelt wenigstens daran, von ihnen wiedergeliebt zu werden. In der Freundschaft müssen beide Teile gleich viel geben und empfangen können. Jedes zu große Übergewicht von einer Seite, alles, was die Gleichung hebt, stört die Freundschaft.

3.

Warum haben sehr vornehme und sehr reiche Leute so wenig wahren Sinn für Freundschaft? Sie fühlen weniger Seelenbedürfnis. Ihre Leidenschaften zu befriedigen, rauschenden, betäubenden Freuden nachzurennen, immer zu genießen, geschmeichelt, gelobt, geehrt zu werden, darum ist es ihnen allen mehr oder weniger zu tun. Von Personen ihresgleichen werden sie durch Eifersucht, Neid und andre Leidenschaften getrennt; die noch Größeren suchen sie nur auf, wenn sie ihrer zur Begünstigung eigennütziger oder ehrgeiziger Absichten bedürfen; die Geringern und Ärmern aber halten sie in einer so großen Entfernung von sich, daß sie von ihnen weder die Wahrheit annehmen, noch den Gedanken ertragen können, sich mit ihnen gleichzustellen. Auch bei den Besten unter ihnen erwacht früh oder spät die Vorstellung, daß sie von besserem Stoffe seien, und das tötet dann die Freundschaft.

4.

Allein selbst unter den Menschen, die Dir an Stand, Vermögen, Alter und Fähigkeiten gleich sind, rechne nur auf die dauerhafte Freundschaft derer, die nicht von unedlen, heftigen oder törichten Leidenschaften beherrscht, noch wie ein Wetterhahn von Launen und Grillen hin und her getrieben werden. Wer rastlos rauschenden Freuden und Zerstreuungen sich ergibt; wer wilden Begierden, der Wollust, dem Trunke, dem vermaledeieten Spiele alles aufopfert; wessen Abgott falsche Ehre, Gold oder sein eigenes Ich ist; wer, wankelmütig in Grundsätzen und Meinungen, einen Charakter hat, der sich wie Wachs von jedem in jede Form drükken läßt, der mag vielleicht ein guter Gesellschafter, aber nie wird er ein beständiger, treuer Freund sein. Sobald es auf Verleugnung, Aufopferung, auf Beharrlichkeit und Festigkeit ankommt, wird ein solcher Dich im Stiche lassen; Du wirst allein dastehn und Dich hintergangen glauben, da doch Du allein Dich betrogen, indem Du unvorsichtig gewählt hast. Überhaupt ist es in dieser Welt so oft der Fall, daß unsre Phantasie uns die Menschen malt, wie wir gern möchten, daß sie aussehn sollten, und es nachher sehr übelnimmt, wenn sie gewahr wird, daß die Natur nicht das Original dem Gemälde gleich geschaffen hat.

5.

Man pflegt zu sagen: das sicherste Mittel, Freunde zu haben, sei – keiner Freunde zu *bedürfen*; aber jeder Mensch von Gefühl *bedarf* Freunde – und sollte es denn wirklich so schwer sein, in dieser Welt treue Freunde zu finden? Ich meine, nicht halb so schwer, als man gewöhnlich glaubt. Unsre empfindsamen jungen Herrn schaffen sich nur zu überspannte Begriffe von der Freundschaft. Freilich, wenn wir gänzliche Hingebung, unbedingte Aufopfrung, Verleugnung alles eigenen Interesses in höchst kritischen Augenblicken, blinde Ergreifung unsrer Partei gegen eigene bessere Überzeugung, sogar Bewundrung unsrer Fehler, Billigung unsrer Torheiten, Mitwirkung bei unsern leidenschaftlichen Verirrungen – mit einem Worte, wenn wir mehr von unsern Freunden fordern, als Billigkeit und Gerechtigkeit von Menschen verlangen darf, die Fleisch und Bein sind und freien Willen haben, so werden wir nicht leicht unter tausend Wesen eines finden, daß sich so gänzlich in unsre Arme würfe. Suchen wir aber verständige Menschen, deren Hauptgrundsätze und Gefühle mit den unsrigen übereinstimmen, kleine unmerkliche Verschiedenheiten abgerechnet; Menschen, die Freude finden an dem, was uns freut; die uns lieben, ohne von uns bezaubert, das Gute in uns schätzen, ohne blind gegen unsre Schwächen zu sein; die uns im Unglücke nicht verlassen, uns in guten und redlichen Dingen treu und standhaft beistehen, uns trösten, aufrichten, tragen helfen, uns, wo es höchst nötig ist und wir dessen wert sind, alles aufopfern, was man ohne Verletzung seiner Ehre und der Gerechtigkeit gegen sich selbst und die Seinigen aufopfern darf, uns die Wahrheit nicht verhehlen, uns aufmerksam auf unsre Mängel machen, ohne uns vorsätzlich zu beleidigen, uns allen andern Menschen vorziehen, insofern es ohne Unbilligkeit geschehen kann – – suchen wir ernstlich solche, nun, so finden wir deren gewiß – viele? nein! das sage ich nicht, aber doch wohl ein paar für jeden Biedermann – und was braucht man mehr in dieser Welt?

6.

Hast Du nun einen solchen treuen Freund gefunden, so bewahre ihn auch! Halte ihn in Ehren, auch dann, wenn das Glück Dich plötzlich über ihn erhebt, auch da, wo Dein Freund nicht glänzt, wo Deine Verbindung mit ihm durch die Stimme des Volks nicht gerechtfertigt zu werden scheint. Schäme Dich nie Deines ärmern, weniger hochgeschätzten Freundes. Beneide nicht den Dir vorgezogenen Freund. Hänge fest an ihm, ohne ihm lästig zu werden. Fordre nicht mehr von ihm, als Du selbst leisten würdest, ja, fordre nicht einmal so viel, wenn Dein Freund nicht in allen Stükken mit Dir einerlei lebhaftes Temperament, einerlei Fähigkeiten, einerlei Grad von Empfindnis hat. Ergreife warm und eifrig die Partei Deines Freundes, aber nicht auf Unkosten der Gerechtigkeit und Redlichkeit. Du sollst nicht seinetwegen blind gegen die Tugenden andrer sein, noch, wenn Du die Macht in Händen hast, eines würdigen, geschickten Mannes Glück zu bauen, diesen dem weniger fähigen Freund nachsetzen. Du sollst nicht seine Übereilungen verteidigen, seine Leidenschaften als Tugenden erheben, in kleinen Zwistigkeiten mit andern Menschen, wenn er unrecht hat, vorsätzlicherweise die Partei des Beleidigers verstärken; nicht Dich mit in sein Verderben stürzen, wenn ihm dadurch nicht geholfen wird, noch vielleicht gar durch unkluge Verteidigung seine Feinde mehr erbittern und Dich und die Deinigen in das Verderben stürzen. Aber retten sollst Du seinen Ruf, wenn er unschuldig verleumdet wird, auch dann, wenn jedermann ihn verläßt und verkennt, sobald Du hoffen darst, daß dies ihm irgend Vorteil bringen kann. Öffentlich ehren sollst Du den Edeln und Dich nie Deiner Verbindung mit ihm schämen, wenn Schicksale oder böse Menschen ihn unverdient zu Boden gedrückt haben. Nicht mitlächeln sollst Du, wenn lose Buben hinter seinem Rücken her ihn höhnen. Mit Vorsicht und Klugheit sollst Du ihm Nachricht geben von Gefahren, die ihm und seiner bürgerlichen Ehre drohen; aber nur insofern dies dazu dienen kann, dem Übel auszuweichen oder Unvorsichtigkeiten wieder gutzumachen, nicht aber, wenn er dadurch bloß eine unruhige Stunde gewinnt.

7.

Freunde, die uns in der Not nicht verlassen, sind äußerst selten. – Sei Du einer dieser seltenen Freunde! Hilf, rette, wenn Du es vermagst, opfre Dich auf – nur vergiß nicht, was Klugheit und Gerechtigkeit gegen Dich und andre von Dir fordern. Aber tobe nicht, klage nicht, wenn andre nicht ein Gleiches für Dich tun. Nicht immer herrscht böser Willen bei ihnen. Ich habe vorhin gesagt, daß schwache und durch Leidenschaft beherrschte Menschen unsichre Freunde sind; doch wie wenige gibt es, die ganz fest und unerschütterlich in ihrem Charakter, ganz frei von kleinen Leidenschaften und Nebenabsichten wären, die nicht bei ihrer Anhänglichkeit an Dich mit Rücksicht nähmen auf Deinen äußern Ruf, auf Deine Verhältnisse, darauf, daß sie, wo nicht durch Dich geehrt werden, doch wenigstens nicht Schande vor der Welt wegen ihrer Zuneigung zu Dir auf sich laden wollen.

Wenn diese nun, sobald ein Ungewitter sich über deinem Haupte zusammenzieht, einen kleinen Schritt zurücktreten oder wenigstens ihre Liebe und Verehrung in eine Art von Protektion und Ratgeberrolle verwandeln – nun, so sei billig! Schiebe die Schuld auf das ängstliche Temperament der mehrsten Leute, auf ihre Abhängigkeit von äußern Umständen, auf die Notwendigkeit, heutzutage durch Gunst sein Glück zu machen, um bei den wahrhaftig teuren Zeiten fortzukommen. Wie wenig Menschen würden übrigbleiben, mit denen Du Hand in Hand auf dieser Erde durch dick und dünn wandeln könntest, wenn Du es so genau nehmen wolltest. Zuweilen ist auch der Fall da, daß wirklich unsre Freunde (wenn wir uns durch kleine oder große Unvorsichtigkeiten unser Schicksal selbst zugezogen haben) sich die Rechtfertigung schuldig sind, öffentlich zu zeigen, daß sie nicht in unsre Torheiten verwickelt gewesen. Oft werden sie durch unsre widrige Lage grade so gestimmt, als sie immer hätten gestimmt sein sollen, das heißt: sie hören auf, uns so zu schmeicheln, wie sie es vorher aus Furcht, uns zu verlieren, taten, solange wir von jedermann aufgesucht wurden und unsre Freunde wählen konnten. Ich habe in einigen blendenden Situationen meines Lebens einen Haufen von Leuten sich mir aufdrängen gesehn, die mir ohne Unterlaß Weihrauch streuten, jeden meiner witzigen Einfälle mit lauter Bewunderung auffingen, schmeichelhafte Verse auf mich machten, meine Worte als Orakelsprüche ausschrien und meinen Ruf im Posaunenton erhoben. Ich kannte das Menschengeschlecht genug, um nicht alles das für bare Münze anzunehmen, sondern fest überzeugt zu sein, daß, wenn ich einst in eine weniger angenehme Lage kommen und sie meiner nicht mehr bedürfen, sie mir ganz anders begegnen würden. Ich irrte nicht, aber deswegen waren diese doch nicht insgesamt Schurken und

Heuchler. Viele von ihnen, es ist wahr, lernte ich als solche kennen; sie erlaubten sich die ärgsten Niederträchtigkeiten gegen mich; es befremdete mich nicht; ich verachte sie; aber manche waren vorher nur von dem Strome mit fortgerissen worden. Die Stimme meiner Feinde erweckte sie nun; sie stutzten, betrachteten mich mit forschendem Auge und sahen meine Fehler; sie warfen mir diese Fehler durch Worte und einige Kälte in ihrem Betragen vielleicht ein wenig zu unsanft vor, gaben mir dadurch Gelegenheit, selbst aufmerksam auf dieselben zu werden, an mir zu arbeiten, und wahrlich, diese sind mir nützlichre, echtre Freunde gewesen als manche andre, die nicht aufhörten, mich in meiner Eitelkeit und Selbstgenügsamkeit zu bestärken.

8.

Kein Grundsatz scheint mir unfeiner und eines gefühlvollen Herzens unwürdiger als der: daß es ein Trost sei, Gefährten oder Mitleidende im Unglücke zu haben. Ist es nicht genug, selbst leiden und dabei überzeugt sein zu müssen, daß in der Welt noch viele ebenso redlich gute Menschen, wie wir sind, nicht weniger Elend zu tragen haben? Sollen wir noch die Summe dieser Unglücklichen mutwilligerweise dadurch vermehren, daß wir andre zwingen, auch unsre Last mitzutragen, die dadurch um nichts leichter wird? Denn man sage doch nicht, daß es Erleichterung sei, sich von seinem Schmerze zu unterhalten! Nur für einige alte Weiber, nicht aber für einen verständigen Mann, kann Geschwätzigkeit von der Art Wohltat werden. Ich habe im ersten Kapitel des ersten Teils davon geredet: ob es gut sei, andern seine Widerwärtigkeiten zu klagen. Damals sagte ich zur Beantwortung dieser Frage nur das, was Weltklugheit und Vorsichtigkeit lehren; im Umgange mit Freunden hingegen, wovon hier die Rede ist, muß uns auch Feinheit des Gefühls vorschreiben, unsre unangenehme Lage vor dem mitempfindenden, zärtlich teilnehmenden Freunde so viel möglich zu verbergen. Ich sage: so viel möglich, denn es können Fälle kommen, wo die Bedürfnisse des gepreßten Herzens, sich zu entladen, zu groß, oder die liebreichen Anforderungen des Freundes, der den Kummer auf unsrer Stirne liest, zu dringend werden, wo länger zu schweigen Folter für uns oder Beleidigung für den Vertrauten werden würde. In allen übrigen Fällen lasset uns der Ruhe unsers Freundes wie unsrer eignen schonen. Das aber versteht sich, daß hier nicht von Gelegenheiten die Rede ist, wo sein Rat oder seine Hilfe uns retten kann. – Was wäre Freundschaft, wenn man da schwiege?

9.

Klagt Dir ein Freund seine Not, seine Schmerzen so höre ihn mit Teilnehmung an. Halte Dich nicht mit moralischen Gemeinsprüchen auf, mit Bemerkungen über das, was anders hätte sein und was er hätte vermeiden können, da es doch einmal nicht anders ist. Hilf, wenn Du es vermagst, tröste und verwende alles, was ihm Linderung geben kann, aber verzärtle ihn nicht an Leib und Seele durch weibische Klagen. Erwecke vielmehr seinen männlichen Mut, daß er sich erhebe über die nichtigen Leiden dieser Welt. Schmeichle ihm nicht mit falschen Hoffnungen, mit Erwartungen eines blinden Ungefährs, sondern hilf ihm, Wege einschlagen, die eines weisen Mannes würdig sind.

10.

Aus dem Umgange mit Freunden muß alle Verstellung verbannt sein. Da soll alle falsche Scham, da soll aller Zwang, den Konvenienz, übertriebene Gefälligkeit und Mißtrauen im gemeinen Leben auflegen, wegfallen. Zutraun und Aufrichtigkeit müssen unter innigen Freunden herrschen. Allein man überlege dabei, daß die Entdeckung von Heimlichkeiten, deren Mitteilung gar keinen Nutzen stiftet, hingegen durch die kleinste Unvorsichtigkeit in Bewahrung derselben Nachteil bringen kann, kindische Geschwätzigkeit ist; daß wenig Menschen unter allen Umständen unverbrüchlich ein Geheimnis zu bewahren vermögen, wenn auch diese Menschen alle übrigen Eigenschaften haben, die zur Freundschaft erfordert werden; daß fremde Geheimnisse nicht unser Eigentum sind, und endlich, daß es auch eigne Geheimnisse geben kann, die man ohne Schaden, Gefahr und Nachteil durchaus keinem Menschen auf der Welt anvertrauen darf.

11.

Jede Art von schädlicher Schmeichelei muß im Umgange unter echten Freunden wegfallen, nicht aber eine gewisse Gefälligkeit, die das Leben süß macht, Nachgiebigkeit und Geschmeidigkeit in unschuldigen Dingen. Es gibt Menschen, deren Zuneigung man augenblicklich verloren hat, sobald man aufhört, ihnen Weihrauch zu streun, sobald man nicht in allen Dingen einerlei Meinung mit ihnen ist, einerlei Geschmack mit ihnen hat. In ihrer Gegenwart darf man den größten Vorzügen andrer Leute ja nicht Gerechtigkeit widerfahren lassen. Gewisse Saiten kann man gar nicht berühren, ohne sie aufzubringen. Haben sie eine Torheit begangen; sind sie blindlings eingenommen für oder gegen eine Sache, für oder gegen eine Person; werden sie von Phantasie oder Leidenschaft irregeleitet; haben sie unanständige oder schädliche Gewohnheiten an sich; findet man in ihrer Art zu leben und zu wirtschaften etwas mit Grunde auszusetzen und man untersteht sich, hierüber etwas zu sagen, so schlägt das Feuer allerorten heraus. Andre werden hierdurch nicht sowohl beleidigt als gekränkt. Sie sind gewöhnt, sich so zu verzärteln, daß sie die Stimme der Wahrheit gar nicht hören können. Man soll nur von solchen Dingen mit ihnen reden, die ihren faulen Seelenschlummer befördern. – »Wenn ich Dich bitten darf«, sagen sie, »so laß uns davon abbrechen. Das sind Gegenstände, die ich nicht gern in mein Gedächtnis zurückrufe. Es ist nun einmal nicht anders; ich weiß wohl, daß ich unrecht habe, daß ich vielleicht anders handeln sollte; aber es würde einen zu schweren Kampf kosten – meine Gesundheit, meine Ruhe, meine schwachen Nerven vertragen es nicht, daß ich ernstlich darüber nachsinne.« – Pfui, ein Mensch von festem Charakter, und der ernstlich das Gute liebt und sucht, muß den Mut haben, bei jedem Gegenstande mit reifer Überlegung verweilen zu können. – Alle solche weichgekochten Seelen taugen nicht zur Freundschaft. Man muß das Herz haben, Wahrheit zu sagen und Wahrheit anzuhören, auch dann, wenn diese Wahrheit hart ist und unser Innerstes erschüttert. Der Freibrief eines Freundes, dem andern die Wahrheit nicht zu verhehlen, berechtigt ihn aber nicht, dies mit Grobheit, mit Ungestüm, mit Zudringlichkeit zu tun, ihn durch lange Predigten zu ermüden und zu erbittern oder mit ängstlichen Besorgnissen zu erfüllen, wenn seinem Temperamente oder den Umständen nach gar kein Nutzen davon zu erwarten steht.

12.

Ich habe vorhin gesagt, daß alles, was die Gleichheit unter Freunden aufhebt, der Freundschaft schädlich sei; da nun das Verhältnis zwischen einem Wohltäter und dem, welcher Wohltaten empfängt, am wenigsten mit Gleichheit bestehn kann, so scheint es der Zartheit der Gefühle angemessen, zu verhindern, daß durch ein zu großes Gewicht von Wohltaten auf einer Seite ein Freund dem andern gleichsam unterwürfig werde. Verbindlichkeiten von der Art sind der Freiheit, der uneingeschränkten Wahl entgegen, auf welcher die Freundschaft beruhn soll. Sie bringen etwas in dies Bündnis hinein, das nicht hinein gehört, nämlich die Dankbarkeit, welche nicht freiwillig, sondern Pflicht ist. Man hat selten den Mut, so kühn und offenherzig mit dem Wohltäter zu reden als mit dem Freunde. Dazu kommt, daß, wenn ich einen Freund um eine Gefälligkeit bitte, er aus Delikatesse mir nicht gern abschlägt, was er vielleicht einem Fremden abschlagen würde. Ich weiß wohl, daß es ein edles, stolzes Herz, wenn es Wohltaten annimmt, fast mehr kostet, als wenn es gibt, selbst dann, wenn das, was es hingibt, Aufopfrung fordert; allein immer ist dann doch auf einer Seite Last der Verbindlichkeit – und heißt das nicht, unter

Freunden, auf *beiden Seiten?* Wäre es endlich auch nur das der einzigen Rücksicht, daß empfangene Wohltat uns parteiisch für den Wohltäter macht und Parteilichkeit Bestechung ist, so wünschte ich doch schon darum, dergleichen so viel möglich aus der Freundschaft verbannt zu sehn. Also sei man äußerst ekel in Erheischung und Annahme von Freundschaftsdiensten. Man suche lieber in Fällen, wo irgendeine solche Bedenklichkeit stattfinden möchte, Hilfe bei Fremden, besonders in Geldsachen. Doch gibt es Fälle, in denen man ohne Scheu sich an Freunde wenden muß, nämlich, wenn die Freundschaftsdienste, deren wir bedürfen, von der Art sind, daß der Freund sie uns ohne Ungemächlichkeit erweisen, oder ohne uns in Verlegenheit zu setzen und uns im mindesten zu beleidigen, verweigern kann; wenn wir in den Umständen sind, ihm gelegentlich wieder gleiche Gefälligkeiten zu erweisen; wenn niemand so gut als er von der Lage der Sache, von der Sicherheit, mit welcher er unsre Bitten zu gewähren vermag, überzeugt ist, oder wenn unser ganzes Glück auf Verschweigung einer Sache beruht; wenn wir uns keinem andern sicher, ohne Gefahr und Schaden anvertraun, von keinem andern Hilfe erwarten dürfen, und wenn wir dann gewiß wissen, daß unser Freund dabei nicnts verlieren, keiner Gefahr ausgesetzt sein kann. In allen diesen und ähnlichen Fällen würden wir gegen das Zutraun sündigen, da wir ihm schuldig sind, wenn wir ihm unsre Verlegenheit verschweigen.

13.

Etwas von dem, was ich über das Verhältnis unter Eheleuten gesagt habe, findet auch bei Freunden statt, nämlich, daß man sich hüten muß, einander überdrüssig zu werden oder durch zu öftern, zu vertraulichen Umgang widrige Eindrücke zu veranlassen. Zu diesem Endzwecke wähle man dieselben Mittel, die ich bei jener Gelegenheit vorgeschlagen habe. Man sehe sich nicht so übermäßig oft, daß die Gesellschaft unsers Freundes aufhört, Wohltat, daß sie anfängt, etwas Alltägliches für uns zu werden, daß wir zu genaue Bekanntschaft mit den kleinen Fehlern des Freundes machen, deren jeder Mensch mehr oder weniger hat, die auch nicht so sehr auffallen, wenn man nicht immer miteinander lebt, die aber bei manchen Stimmungen und Launen auf die Länge von nachteiliger Wirkung sein können. Diese Vorsicht ist noch nötiger in der Freundschaft als in der Ehe, da in jener nicht, wie in dieser, andre Rücksichten und der Gedanke, daß man nun einmal auf die ganze Lebenszeit miteinander zu Freude und Leid, zu gemeinschaftlicher Ertragung und um ein Leib und eine Seele zu sein, vereint ist; da, sage ich, dieser Gedanke und manches andre Band der Liebe in der Freundschaft wegfällt, folglich die Beständigkeit derselben von feiner Schonung abhängt. Es ist wahr, daß jene unangenehmen Eindrücke bei edeln und verständigen Menschen nicht von Dauer sind und daß es nur eines Zwischenraums von wenig Tagen bedarf, um uns wieder die Augen zu öffnen über den Wert und Vorzug unsers Freundes vor andern mittelmäßigen Leuten, mit denen wir indes gelebt haben; allein besser ist es doch, wenn dergleichen Empfindungen gar nicht in unser Herz kommen, und das kann man ja ändern. Man verbanne daher auch aus dem Umgange mit Freunden jene pöbelhafte Vertraulichkeit, jenen Mangel an Höflichkeit und jene Nachlässigkeit im Äußern, wovon ich im dritten Kapitel dieses Teils, besonders in dessen viertem Abschnitte geredet habe, und lege endlich auch dem Freunde keine Art von Zwang auf, verlange nicht, daß er sich nach unsern Launen, nach unserm Geschmacke richten, noch daß er den Umgang solcher Leute, gegen welche wir eingenommen sind, fliehn solle.

Ebenso wichtig aber ist es auch, sich den Umgang mit geliebten Personen nicht so sehr zum Bedürfnisse zu machen, daß man ohne sie durchaus nicht leben zu können glaubt. Wir sind auf dieser Welt nicht Herr über unser Schicksal. Man muß sich gewöhnen, Trennungen durch Tod, Entfernung und andre Umstände zu ertragen, und wenn man ein Gut besitzt, sich mit dem Gedanken gemeinmachen, daß man dies Gut auch verlieren könne. Ein weiser Mann baut nicht seine Existenz auf das Dasein eines andern Wesens.

14.

Bleibe aber immer, auch in der Entfernung, ein warmer Freund Deiner Freunde, sonst scheint es, als habest Du aus Eigennutz, um den Genuß ihrer Unterhaltung zu schmecken, Dich an sie geschlossen. Sei nicht so nachlässig im Briefwechsel mit ihnen, als wohl manche Menschen es sind.* Wie leicht ist nicht ein Zettelchen beschrieben! Wer hat so viele Geschäfte, daß ihm nicht täglich wenigstens eine Viertelstunde frei bliebe? Wie erfreulich für einen entfernten Freund und wie wohltuend für uns selbst können aber nicht oft ein paar zärtliche, tröstliche Zeilen sein. Ich lasse auch die Entschuldigung nicht gelten, daß man zuweilen lange Zeit hindurch gar nicht gestimmt sei, seine Gedanken in Ordnung auf das Papier zu bringen. Briefe an den Vertrauten unsers Herzens sind keine rednerische Ausarbeitungen; jedes Wort wird ihm willkommen sein, das Abdruck dessen ist, was in unsrer Seele vorgeht, und auf diese Weise wird uns ja die Trennung von geliebten Personen erträglich.

15.

Man sieht zuweilen Menschen ebenso eifersüchtig in der Freundschaft wie in der Liebe sein. Das zeugt mehr von einer neidischen

---

* Wer sollte glauben, daß auch diese Stelle hätte mißverstanden werden können? Und doch ist das geschehn. Ein Rezensent machte dabei die Bemerkung: Mit ein paar aus bloßer Höflichkeit geschriebenen Zeilen könne wohl dem Freunde nicht gedient sein. – Das ist sehr wahr; aber habe ich denn das je behauptet? Folgendes ist der Sinn meiner Vorschrift: Da es Menschen gibt, die es ebensogut mit uns meinen, obgleich sie nicht schreiben, so ist es nicht unnütz, diese zu ermahnen, neben ihrem guten Willen, dem Freunde noch das Vergnügen zu machen, ihm auch zuweilen in einigen Zeilen zu sagen, was sie fühlen.
Eben diese Bewandtnis hat es mit der demselben Rezensenten aufgefallnen Stelle: »Laß niemand von Dir, ohne ihm etwas Lehrreiches oder Verbindliches gesagt zu haben!« usf., welche Stelle ich deswegen in der neuen Ausgabe genauer zu bestimmen versucht habe.

als von einer zärtlichen Gemütsart. Freuen soll es uns, wenn auch andre Leute den Wert dessen zu schätzen wissen, der uns teuer ist; freuen soll es uns, wenn unser Liebling noch außer uns gute Seelen findet, denen er sich mitteilen, in deren Gemeinschaft er reine Wonne schmecken kann. Er wird darum nicht blind gegen unsre Vorzüge, nicht undankbar gegen uns werden – und würden wir denn dadurch mehr innern Wert bekommen, daß wir ihm die Augen über die Vortrefflichkeiten andrer zuhielten?

16.

Alles, was Deinem Freunde angehört, sein Vermögen, sein bürgerliches Glück, seine Gesundheit, sein Ruf, die Ehre seines Weibes, die Unschuld und Bildung seiner Kinder – das alles sei Dir heilig, sei ein Gegenstand Deiner Sorgfalt und Deiner Schonung. Auch Deine heftigste Leidenschaft, Deine unmäßigste Begierde müßte diese Unverletzlichkeit respektieren!

17.

Gaben, Anlagen und die Art, seine Empfindungen an den Tag zu legen, sind bei den Menschen verschieden. Nicht immer ist derjenige der Gefühlvollste, welcher am mehrsten von innern Regungen und Empfindungen schwätzt, nicht immer derjenige der treueste und beharrlichste Freund, der mit dem heftigsten Feuer uns an seine Brust drückt, der mit der größten Hitze hinter unserm Rücken sich unsrer annimmt. Alles Überspannte taugt nicht, dauert nicht; ruhige, stille Hochachtung ist mehr wert als Anbetung, Verehrung, Entzückung. Man verlange daher nicht von jedem denselben Grad von äußern Freundschaftsbezeugungen, sondern beurteile seine Freunde nach der fortgesetzten, immer gleichen Zuneigung und treuen Ergebenheit, welche sie uns in der Tat ohne Übertreibung und ohne Schmeichelei beweisen. Leider aber klassifiziert unsre Eitelkeit mehrenteils den Wert der

Menschen nach dem Grade der Huldigung, welche sie uns leisten, und die mehrsten Leute suchen solche Freunde um sich her zu versammeln, an deren Seite sie in doppelt vorteilhaftem Lichte erscheinen und denen ihre Worte Orakelsprüche sind.

18.

Werbe nicht ängstlich um Freunde. Mache nicht Jagd auf jeden guten Mann, daß er Dir besonders zugetan werden soll. Jede Art von Andringlichkeit, wäre sie auch noch so gut gemeint, pflegt in dieser Welt Verdacht zu erwecken, und wer in der Stille auf dem Pfade fortwandelt, den Redlichkeit und Klugheit bezeichnen, und dabei ein wohlwollendes, zur Mitteilung gestimmtes Herz in seinem Busen trägt, der bleibt nicht unbemerkt, nicht unaufgesucht; er findet planlos ein paar Edle, die ihm die Hand zum brüderlichen Bunde reichen.

19.

Es gibt Menschen, die gar keinen vertrauten Freund, sondern nur Bekannte haben; entweder weil ihnen der Sinn für dies Seelenbedürfnis fehlt oder weil sie keinem lebendigen Wesen trauen oder weil ihre Gemütsart kalt, unverträglich, verschlossen, eitel oder zänkisch ist. Andre sind aller Welt Freunde; sie werfen ihr Herz jedermann vor die Füße, und deswegen bückt sich keiner, greift niemand darnach, es aufzunehmen. – Lasset uns zu keiner von beiden Klassen gehören!

20.

Auch unter den vertrautesten Freunden können Irrungen entstehn, Mißverständnisse eintreten. Wenn man darüber Zeit verstreichen läßt oder zugibt, daß sich dienstfertige Leute hineinmischen, so erwächst daraus nicht selten eine dauerhafte Feindschaft, ja, eine Feindschaft, die mehrenteils um so heftiger wird, je zärtlicher, je vertrauter die Verbindung gewesen, und je ärger man sich also hintergangen glaubt. Es ist wahrlich ein trauriger Anblick, auf diese Weise zuweilen die edelsten Seelen gegeneinander empört zu sehn. Dringend rate ich daher, bei dem ersten Schatten von Unzufriedenheit über irgendein Betragen des Freundes nicht säumen, ohne Zutun eines Dritten, auf Erläuterung zu dringen. Da pflegt alles sehr bald verglichen zu werden, vorausgesetzt, daß kein böser Wille obwaltet, wie man es denn bei gutgesinnten, wohlwollenden Freunden voraussetzen muß.

21.

Wie aber, wenn uns nun Freunde täuschen, wenn wir nach einiger Zeit wahrnehmen, daß unser gutes Herz uns irregeleitet, uns an Menschen gekettet hat, die unsrer nicht wert sind? – Meine Leser! Ich kann es nicht oft genug wiederholen, daß wir mehrenteils selbst daran schuld sind, wenn wir bei näherm Umgange die Menschen anders finden, als wir sie uns anfangs gedacht haben. Parteiische Gefühle, Sympathie, Ähnlichkeit des Geschmacks, der Neigung, feine Schmeichelei, Seelendrang in Augenblicken, wo jeder uns ein Wohltäter scheint, der nur einige Teilnahme an unserm Schicksale zeigt – diese und andre dergleichen Eindrücke lassen uns von den Menschen, denen wir unser Herz schenken, solche Ideale fassen, die nachher unmöglich wahrgemacht werden können. Wir denken sie uns engelrein und sind nachher viel unduldsamer gegen diese unsre Lieblinge als gegen fremde Leute, sobald wir menschliche Schwachheiten an ihnen gewahr werden, indem wir daraus eine Ehrensache für unsre Klugheit machen. Spannet Eure Erwartung, Eure Meinung von Euren Freunden nicht zu hoch, so wird Euch ein menschlicher Fehltritt, den sie in Augenblicken der Versuchung begehen, nicht befremden, nicht ärgern. Habet Nachsicht! Ihr bedürft deren vielleicht selbst bei andern

Gelegenheiten. Richtet nicht, damit auch Ihr nicht gerichtet werdet! – Und was für Recht hast Du denn auch über die Moralität Deines Freundes? Was ist er Dir anders schuldig als Treue, Liebe und Dienstfertigkeit? Wer hat Dich zum Sittenrichter über ihn bestellt? – Suche einen vollkommnen Mann auf dieser Erde, und Du kannst hundert Jahre alt werden und noch immer vergebens umherrennen.

Vor allen Dingen aber soll man sich hüten, jedem elenden Geschwätze, womit böse oder schwache Menschen zum Nachteile unsrer Freunde unsre Ohren erfüllen, Glauben beizumessen. Leute, die heute mit einem Manne, den sie bis in den Himmel erheben, ihren letzten Bissen teilen würden, und morgen, wenn irgendein altes Weib ihnen ein ärgerliches Märchen aufgehängt hat, denselben zu dem verächtlichsten Betrüger herabwürdigen; Leute, die einen vieljährigen, geprüften Freund, auf Angabe des niederträchtigen, unwürdigen Pöbels, einer ihm schuld gegebenen Schandtat fähig halten können – wäre auch alle Wahrscheinlichkeit auf Seiten der Verleumder – solche wankelmütigen, elenden Lumpenseelen verdienen nur Verachtung, und der Verlust ihrer Freundschaft ist barer Gewinst. Der Anschein ist oft sehr trüglich; man kann Veranlassungen haben, es können Notwendigkeiten eintreten, die es uns unmöglich machen, gewisse zweideutig scheinende Schritte zu erläutern; aber daß ein bewährter, edler Mann keine schlechte Handlung begangen habe, davon bedarf es gar weiter keines Beweises als dessen, daß ein edler Mann nie eine schlechte Handlung begeht.

22.

Wenn denn nun aber wirklich unser Freund sich so moralisch verschlimmert, oder unser leichtgläubiges Herz sich in einem solchen Grade in seinem Zutrauen zu ihm betrogen, daß er unsre Vertraulichkeit gemißbraucht, uns mit Undank belohnt hätte – nun, so hört er auf, unser Freund zu sein; ich meine aber, er behält doch nicht mehr und nicht weniger Rechte auf unsre Duldung als jeder andre, uns fremde Mensch. Ich halte es für eine falsche Delikatesse, an welcher mehrenteils die Eitelkeit, indem wir uns ungern wollen geirrt haben, ihren Teil hat, wenn man glaubt, man müsse nun von einem solchen Verräter immer mit großer Schonung reden, weil er einst unser Freund gewesen. Das einzige, was uns bewegen kann, seiner zu schonen, ist der Gedanke, daß überhaupt das menschliche Herz ein schwaches Ding ist und daß man leicht zu weit in seinem Widerwillen geht, wenn eine Art von Rache sich in unser Urteil mischt. Von der andern Seite aber macht der Umstand, daß der Mann uns betrogen, sein Verbrechen auch nicht um ein Haar breit größer, berechtigt uns nicht, ärger gegen ihn zu Felde zu ziehn als gegen jeden andern Schelm, der andre Menschen und überhaupt die Tugend betrügt.

Siebentes Kapitel

Über die Verhältnisse zwischen Herrn und Diener

1.

Es ist traurig genug, daß der größte Teil des Menschengeschlechts durch Schwäche, Armut, Gewalt und andre Umstände gezwungen ist, dem kleinern zu Gebote zu stehn, und daß oft der Bessere den Winken des Schlechtem gehorchen muß. Was ist daher billiger, als daß die, denen das Schicksal die Gewalt in die Hände gegeben hat, ihren Nebenmenschen das Leben süß und das Joch erträglicher zu machen, diese glückliche Lage nicht ungenützt lassen?

2.

Wahr ist es aber auch, daß die mehrsten Menschen zur Sklaverei geboren, daß edle, wahrhaftig große Gesinnungen und Gefühle hingegen nur das Erbteil einer unbeträchtlichen Anzahl zu sein scheinen. Lasset uns indessen den Grund dieser Wahrheit weniger in den natürlichen Anlagen als in der Art der Erziehung und in unsern durch Luxus und Despotismus verderbten Zeiten suchen. Durch sie werden eine ungeheure Menge Bedürfnisse erzeugt, die uns von andern abhängig machen. Das ewige Angeln nach Erwerb und Genuß erzeugt niedrige Leidenschaften, zwingt uns zu erbetteln und zu erkriechen, was wir für so nötig zu unsrer Existenz halten, statt daß Mäßigkeit und Genügsamkeit die Quellen aller Tugend und Freiheit sind.

3.

Bleiben nun die mehrsten Menschen stumpf für feinre Empfindungen und unfähig zu erhabenen, hohen Gesinnungen, so sind sie doch nicht alle unerkenntlich gegen großmütige Behandlung noch blind gegen wahren Wert. Rechne also weder auf die Zuneigung und Achtung noch auf freiwillige Folgsamkeit derer, die Dir unterworfen sind, wenn diese selbst fühlen, daß sie moralisch besser, weiser, geschickter sind als Du, daß Du nötiger ihrer bedarfst als sie Deiner; wenn Du sie mißhandelst, schlecht für wesentliche Dienste belohnst, die Schmeichler unter ihnen den graden, aufrichtigen, treuen Dienern vorziehst; wenn sie sich schämen müssen, einem Manne anzugehören, den jeder haßt oder verachtet; wenn Du mehr von ihnen verlangst, als Du selbst an ihrer Stelle würdest leisten können; wenn Du Dich weder um ihr moralisches noch ökonomisches noch physisches Wohl bekümmerst, ihnen den Lohn ihrer Arbeit so sparsam zuteilst, daß sie verzweifeln oder Dich betrügen müssen oder wenigstens keine frohe Stunde haben können; wenn Du nicht Rücksicht nimmst auf ihren körperlichen Zustand, sie verstoßest, sobald sie alt und schwächlich werden; wenn Du ihnen wenig Ruhe und Schlaf erlaubst; wenn sie, indes Du schwelgst, in rauher Jahreszeit bis nach Mitternacht, vielleicht gar dem bösen Wetter bloßgestellt, auf Dich voll tötender Langeweile waren müssen; wenn Dein lächerlicher Hochmut ein Gegenstand ihres Spottes wird oder Dein Jähzorn sie mit Schimpfwörtern überhäuft; wenn sie mit aller Aufmerksamkeit kein freundliches Wort von Dir gewinnen können – Gradheit, Redlichkeit, wahre Menschenliebe, Würde und Konsequenz in unsern Handlungen zu zeigen, das ist, so wie überhaupt das sicherste Mittel uns allgemeine Achtung zu erwerben, so insbesondre geschickt, uns der Ehrerbietung und Zuneigung derer zu versichern, die von uns abhängen, uns oft ohne Schminke, in mancherlei Launen sehen, und gegen welche wir uns also schwerlich lange verstellen können. Es ist ein altes, aber sehr wahres Sprichwort: »So wie der Herr, also der Knecht!« Es versteht sich, daß dies nur von Domestiken gilt, die lange genug in einem Hause gedient haben, um den darin herrschenden Ton anzunehmen; aber bei diesen trifft es dann auch fast unfehlbar ein. Ein Kammerdiener, der ein Windbeutel ist, dient mehrenteils einem Prahler; bescheidne Herrschaften haben höfliches Gesinde; in stillen, ordentlichen Haushaltungen findet man sittsame, fleißige Leute zur Aufwartung; zänkische, liederliche Bediente und Mägde sind da zu Hause, wo Zwist und zügellose Sitten unter den Herrschaften im Gange sind. – Also ist ein gutes Beispiel (wortreicher Ermahnungen bedarf es nicht) das sicherste Mittel, brauchbare Domestiken zu bilden.

4.

So sehr ich nun einen freundlichen, liebreichen Umgang mit seinen Bedienten anrate, so wenig kann ich es billigen, wenn man sich ihnen vorsetzlicherweise in allen seinen Blößen zeigt, sie zu Vertrauten in heimlichen Angelegenheiten macht, sie durch übermäßige Bezahlung an ein üppiges Leben gewöhnt; wenn man sie nicht gehörig beschäftigt, alles ihrer Willkür überläßt, sie zu unumschränkten Herrn über Kassen und Vorräte macht und dadurch in ihnen Reiz zum Betrug erweckt; wenn man alle Gewalt über sie und alles Ansehn freiwillig aufgibt und sich zu Familiaritäten und übertrieben vertraulichen Scherzen mit ihnen herabläßt. – Man findet unter hundert Menschen von der Art kaum einen, der das vertragen kann, der nicht Mißbrauch von einer solchen Nachsicht macht. Auch ist nicht das grade ein Mittel, sich geliebt zu machen. Ein wohlwollendes, ernsthaftes, gesetztes, immer gleiches Betragen, unterschieden von steifer, hochmütiger Feierlichkeit; gute, richtige, nicht übermäßige, der Wichtigkeit ihrer Dienste angemessene Bezahlung; strenge Pünktlichkeit, wenn es darauf ankommt, sie zur Ordnung und zu demjenigen anzuhalten, wozu sie sich verbindlich gemacht haben; Liebe und Freundlichkeit, wenn sie die Gewährung einer anständigen, bescheidnen Bitte, die Vergünstigung eines unschuldigen Vergnügens von uns begehren oder auch ungebeten nur erwarten können; weise Überlegung in Zuteilung der Arbeit, so daß man sie nicht mit unnützen Arbeiten überhäufe, mit Geschäften, die bloß unser eitles Vergnügen zum Gegenstande haben, dennoch aber nicht leide, daß sie je müßig seien, sondern sie auch anhalte, für sich selber zu arbeiten, sich in Kleidung reinlich und rechtlich zu halten, sich Geschicklichkeit zu erwerben; Aufmerksamkeit und Aufopfrung des eigenen Interesses, wenn man Gelegenheit hat, ihnen ein besseres Schicksal zu verschaffen, sie zu befördern; väterliche Sorgsamkeit für ihre Gesundheit, für ehrlichen Erwerb und für ihre sittliche Aufführung – das sind die sichersten Mittel, gut, treu bedient und von denen, die uns dienen, geliebt zu werden.

5.

Unsre feine Lebensart hat einem der ersten und süßesten Verhältnisse, dem Verhältnisse zwischen Hausvater und Hausgenossen alle Anmut, alle Würde genommen. Hausvaters Rechte und Hausvaters Freuden sind größtenteils verschwunden; die Gesinde werden nicht als Teile der Familien angesehn, sondern als Mietlinge betrachtet, die wir nach Gefallen abschaffen, sowie auch sie uns verlassen können, sobald sie sonst irgendwo mehr Freiheit, mehr Gemächlichkeit oder reichre Bezahlung zu finden glauben, und außer den Stunden, die sie unserm Dienste widmen müssen, haben wir kein Recht auf sie, leben nicht unter ihnen, sehen sie nur dann, wenn wir ihnen das Zeichen mit der Schelle geben, und sie nun aus ihren gewöhnlich sehr schmutzigen, ungesunden Löchern zu uns hervorkriechen. Diese lose, auf Ungewisse Zeit geknüpfte Verbindung zieht daher eine Grenzlinie zwischen dem Interesse beider Teile; der Herr sucht den Mietling recht wohlfeil zu bekommen, er müsse denn aus Eitelkeit oder Verschwendung mehr an ihn wenden; was im Alter aus dem armen dienstbaren Geschöpfe werden wird, darum bekümmert er sich nicht, und der Bediente, der das weiß, sucht bei so Ungewissen Aussichten zu erhaschen, was zu erhaschen ist, um womöglich einen Notpfennig zurückzulegen. Welchen Einfluß dies auf Sittlichkeit, auf Bildung, auf Vertrauen und gegenseitige Zuneigung haben müsse, das ist leicht einzusehn. Es ist wahr, daß nicht alle Herrschaften vollkommen so fremd und unnatürlich mit ihren Gesinden umgehen; aber wo findet man in jetzigen Zeiten noch solche, die als Väter und Lehrer deren, die ihnen dienen, sich's zur Freude machen, mitten unter ihnen zu sitzen, durch weise und freundliche Gespräche sie zu unterrichten, zu ermuntern, an ihrer sittlichen und geistigen Bildung zu arbeiten und für ihr künftiges Schicksal besorgt zu sein? Es ist wahr, daß die wenigsten von denen, die bei Privatleuten in Dienste treten, so wohl erzogen sind, daß sie den Wert einer solchen Herablassung zu erkennen und gehörig zu nützen wissen; allein was hindert uns, die Gesinde selbst zu erziehn, sie als Kinder anzunehmen, sie dann lebenslang, wie die Mitglieder unsrer Familie, bei uns zu behalten, und ihr Schicksal, nach Verhältnis ihres Verdienstes und unsers Vermögens, zu verbessern? Ich kenne aus Erfahrung alle Ungemächlichkeiten einer solchen Unternehmung; seit mehreren Jahren folge ich diesem Plane. Vielfältig mißlingt es; unsre Arbeit belohnt sich nicht, wird nicht erkannt; die Kinder, wenn sie herangewachsen sind, fangen an sich zu fühlen und entziehen sich unsrer väterlichen Zucht. Allein oft sind wir selbst durch fehlerhafte Behandlung daran schuld, und nicht immer handeln sie undankbar gegen uns. Wir geben ihnen zuweilen eine ganz andre Art von Erziehung als für ihre Lage taugt, und dadurch machen wir sie grade unzufrieden mit ihrem Zustande, statt ihr Glück zu bauen; oder wir behandeln sie, wenn sie schon erwachsen sind, noch immer als Kinder. Der Freiheitstrieb ist allen Kreaturen von der Natur eingeprägt; sie glauben sich einem Joche zu entziehn, wenn sie von uns gehen, glauben unsrer nicht mehr zu bedürfen, sich selbst raten und regieren zu können. Vielfältig aber reuet es solche Menschen in der Folge, uns verlassen zu haben, wenn sie erst den Unterschied unter einem Herrn und einem Hausvater erfahren und lebhafte, echte Begriffe von wahrer Freiheit erhalten. Das Fremde, das man nicht kennt, sieht immer besser aus als das gewöhnte auch noch so Gute. Auf Erfolg und Dankbarkeit soll man übrigens in dieser Welt nie rechnen, sondern das Gute bloß aus Liebe zum Guten tun. Nicht alle Mühe aber ist verloren, die verloren zu sein scheint, und die Wirkungen einer guten Erziehung äußern sich oft erst spät nachher. Es ist auch süß, für andre zu pflanzen, dahingegen Früchte zu ziehn, die man selbst genießt, ein sehr gemeines Verdienst ist.

6.

Ein Hausvater hat das Recht, sein Gesinde ernstlich zur Pflichterfüllung anzuhalten: allein nie soll er sich durch Hitze verleiten lassen, erwachsene Dienstboten mit groben Schimpfwörtern oder gar mit Schlägen zu behandeln. Ein edler Mann mag nur Kraft gegen Kraft setzen; nie wird er den mißhandeln, der sich nicht wehren darf.

7.

Fremden Bedienten soll man in aller Rücksicht höflich und liebreich begegnen, denn in Betracht unsrer sind sie freie Leute, oder wir dürfen selbst uns nicht frei nennen, wenn wir Fürsten dienen. Dazu kommt, daß manche Bediente sehr viel Einfluß auf ihre Herrschaften haben, an deren Gunst uns gelegen ist, daß die Stimme der niedrigen Klassen von Menschen oft sehr entscheidend für unsern Ruf werden kann, und endlich, daß diese Klasse es sehr viel genauer damit zu nehmen pflegt, sich leichter beleidigt, nicht gehörig gepflegt glaubt als Personen, welche die Grundsätze einer feinen Erziehung über elende Kleinigkeiten hinaussetzt.

8.

Es wird hier nicht am unrechten Orte stehn, wenn ich die Warnung hinzufüge, sich vor Geschwätzigkeit und Vertraulichkeit in dem Umgange mit Friseurs, Barbiers und Putzmacherinnen zu hüten. Dies Volk – doch gibt es auch da Ausnahmen – ist sehr geneigt, aus einem Hause in das andre zu tragen, Intrigen, Ränke, Klatschereien anzuspinnen und sich zu allerlei unedeln Diensten brauchen zu lassen. Am besten ist es, sich mit ihnen auf einen ernsthaften Fuß zu setzen.

9.

Das Gesinde pflegt kleine Veruntreuungen in dem Artikel von Eßwaren, Kaffee, Zucker u. dgl. für keinen Diebstahl zu halten. So unrecht dies ist, so bleibt es doch darum nicht weniger die Pflicht der Herrschaften, ihren Domestiken die Gelegenheit zu benehmen, dergleichen Unredlichkeiten sich schuldig zu machen. Zwei Dinge sind hiebei am wirksamsten: zuerst ein gutes Beispiel von Mäßigkeit und Bezähmung der Begierlichkeit, und dann von Zeit zu Zeit freiwillige Darreichung solcher Bissen, welche die Lüsternheit reizen könnten.

10.

Und nun sollte ich auch etwas von dem Betragen des Dieners gegen den Herrn reden; ich werde aber diesen Gegenstand größtenteils da abhandeln, wo ich von dem Umgange mit Vornehmern, Reichern und Fürsten rede. Also nur soviel hier: Wer dient, der erfülle treu die Pflichten, zu welchen er sich verbindlich gemacht hat; er tue darin lieber zuviel als zuwenig; den Vorteil seines Herrn sehe er als seinen eigenen an; er handle immer so offenbar und führe seine Geschäfte mit solcher Ordnung, daß es ihm zu keiner Zeit schwerfallen könne, Rechenschaft von seinem Haushalte abzulegen; er mißbrauche nie das Zutraun, die Vertraulichkeit seines Herrn; er decke nie die Fehler dessen auf, dessen Brot er ißt; er lasse sich nicht verleiten, weder im Scherze, noch im Unwillen, die Grenzen der Ehrerbietung zu überschreiten, die er dem schuldig ist, dem das Schicksal ihn unterwürfig gemacht hat; allein er betrage sich auch immer mit einer solchen Würde, daß es dem Obern nie einfallen könne, ihm mit Verachtung zu begegnen oder unedle Dienste zuzumuten, sondern daß dieser seinen Wert als Mensch fühle und, wenn er einer guten Empfindung fähig ist, des Abstandes ungeachtet, den die bürgerliche Verfassung zwischen ihnen gesetzt hat, ihm dennoch seine Hochachtung widmen müsse. Er lasse sich nicht durch blendende Außenseiten bewegen, seinen Zustand zu verändern, sondern überlege, daß jede Lage ihre Ungemächlichkeiten hat, die man in der Ferne nicht wahrnimmt. Hat er bei diesem redlichen und vorsichtigen Betragen dennoch das Unglück, einem undankbaren, harten, ungerechten Herrn zu dienen, so ertrage er, wenn sanfte Vorstellungen nichts helfen, geduldig, ohne Geschwätz und ohne Murren, solange er sich dieser Lage nicht entziehn kann. Kann er aber das, so folge er andern Aussichten, schweige nachher über das, was ihm begegnet ist, und enthalte sich aller Rache, aller Lästerung, aller Plauderei. Doch können Fälle eintreten, wo seine gekränkte Ehre eine öffentliche oder gerichtliche Rechtfertigung gegen den mächtigen Unterdrücker fordert, und dann trete er, ohne Winkelzüge, aber kühn und fest, voll Zuversicht auf die Güte seiner Sache, auf Gottes und der Menschen Gerechtigkeit, hervor, und lasse sich weder durch Menschenfurcht, noch durch Armut und Ränke abschrecken, seinen Ruf zu retten, wenn auch der stärkere Bösewicht ihm alles übrige rauben kann!

Achtes Kapitel

Betragen gegen Hauswirte, Nachbarn und solche, die mit uns in demselben Hause wohnen

1.

Wenn wir in der Ordnung von den ersten und natürlichsten Verhältnissen ausgehen und immer von den einfachen zu den zusammengesetzteren fortschreiten, so denken wir, nach den bis dahin betrachteten Verhältnissen, nun zuerst an die Verbindung mit Nachbarn und Hausgenossen.

Unsre neuere Philosophie überspringt zwar diese engen Verhältnisse; allein ich bin dazu noch nicht aufgeklärt genug und schreibe also aus Überzeugung den Satz hin: Nächst den Personen Deiner Familie bist Du am ersten Deinen Nachbarn und Hausgenossen Rat, Tat und Hilfe schuldig. Es ist sehr süß, sowohl in der Stadt als auf dem Lande, wenn man mit lieben, wackern Nachbarn eines zwanglosen, freundschaftlichen und vertraulichen Umgangs pflegen darf. Es kommen im menschlichen Leben so manche Fälle, wo augenblickliche kleine Hilfe uns Wohltat ist, wo wir uns zur Erholung von ernsthaften Arbeiten, wenn Sorgen uns drücken, nach der Gegenwart eines guten Menschen sehnen, den wir nicht erst weit zu suchen brauchen – also vernachlässige man seine Nachbarn nicht, wenn sie irgend von geselliger, wohlwollender Gemütsart sind. Ich habe die Wohltat eines solchen Umgangs drei Jahre hindurch in meiner Einsamkeit bei Frankfurt am Main geschmeckt und werde mich lebenslang mit Dankbarkeit und Freude der fröhlichen Stunden erinnern, die mir an der Seite einer liebenswürdigen Familie, die neben mir an wohnte, nur zu schnell entflohn sind. Da war es, wo die verständigen und muntern Gespräche dieser edeln Leute mich aufheiterten, mich wieder mit den Menschen aussöhnten, mich so manches Ungemach vergessen machten. In großen Städten pflegt man zu glauben, es gehöre zu dem guten Ton, nicht einmal zu wissen, wer mit uns in demselben Hause wohnt. Das finde ich sehr abgeschmackt, und ich weiß nicht, was mich bewegen sollte, eine halbe Meile weit zu fahren, wenn ich die Unterhaltung oder die Langeweile, welcher ich nachrenne, ebensogut zu Hause finden könnte, oder um einen Freundschaftsdienst die ganze Stadt zu durchjagen, wenn neben mir an ein Mensch wohnt, der mir denselben gern erzeigen würde, insofern ich mir seine Freundschaft und sein Zutraun erworben hätte. Schämen würde ich mich, wenn es der Fall wäre, daß die Mietkutscher und Straßenbuben mich besser als meine Nachbarn kennten.

2.

Man soll sich aber hüten, sowohl sich denen aufzudrängen, diejenigen zu überlaufen, die, wenn sie mit uns unter einem Dache wohnen, uns nicht ausweichen können, als auch besonders ihre Handlungen auszuspähn, uns in ihre häuslichen Angelegenheiten zu mischen, ihren Schritten, die uns nichts angehn, nachzuspüren, und kleine mißfällige Dinge, die wir an ihnen bemerken, unter die Leute zu bringen. Da vor allem das Gesinde hierzu sehr geneigt zu sein pflegt, so soll man seine Domestiken davon abzuhalten und den Geist von Klatscherei aus seinem Hause zu verbannen suchen.

3.

Es gibt kleine Gefälligkeiten, die man denen schuldig ist, mit welchen man in demselben Hause, denen man gegenüber wohnt oder deren Nachbar man ist; Gefälligkeiten, die an sich geringe scheinen, doch aber dazu dienen, Frieden zu erhalten, uns beliebt zu machen, und die man deswegen nicht verabsäumen soll. Dahin gehört: daß wir Poltern, Lärmen, spätes Türzuschlagen im Hause vermeiden, andern nicht in die Fenster gaffen, nichts in fremde Höfe oder Gärten schütten und dergleichen mehr.

mit freundlichem Gesichte dar. Man suche bei Bewirtung eines Fremden oder eines Freundes weniger Glanz als Ordnung und guten Willen zu zeigen. Fremde Reisende kann man sich vorzüglich durch gastfreundschaftliche Aufnahme verpflichten. Es kommt ihnen nicht auf eine köstliche freie Mahlzeit, aber darauf kommt es ihnen an, daß sie Eingang in guten Häusern und dadurch Gelegenheit erhalten, sich über Gegenstände zu unterrichten, die zu dem Zwecke ihrer Reise gehören. Gastfreundschaft gegen Fremde ist desfalls sehr zu empfehlen. Man sehe nicht verlegen aus, wenn uns unerwartet ein Besuch überrascht. Nichts ist unangenehmer und peinlicher, als wenn wir merken, daß es dem Manne, der uns bewirtet, sauer wird, daß er ungern und nur aus Höflichkeit hergibt oder daß er mehr Aufwand dabei verschwendet, als seine Umstände leiden; wenn er ohne Unterlaß seiner Frau oder seinen Bedienten in die Ohren flüstert oder mit ihnen zankt, sobald eine Schüssel unrecht gestellt oder etwas vergessen worden: wenn er selbst im Hause herumlaufen, alles anordnen muß und also an den Freuden der Gesellschaft gar nicht teilnimmt; wenn er zwar gern gibt, seine Frau hingegen uns jeden Bissen in den Mund zählt; wenn so wenig in den Schüsseln liegt, daß der, welcher vorlegt, unmöglich herumreichen kann; wenn der Wirt und die Wirtin uns ungestüm zum Essen und Trinken nötigen oder auf eine Weise geben, die uns zu sagen scheint: »Es ist nun einmal angeschafft, also fresset euch den Balg voll! Werdet recht satt, so habt ihr auf lange Zeit genug und brauchet sobald nicht wiederzukommen!« Endlich wenn wir Zeugen von Familienzwist und der Unordnung, die im Hause herrscht, sein müssen. Mit einem Worte: Es gibt eine Art, Gastfreundschaft zu erweisen, die dem wenigen, das man darreicht, einen höhern Wert gibt, als große Schmausereien haben. Vieles trägt hierzu die Unterhaltung bei. Man muß daher die Kunst verstehn, mit seinen Gästen nur von solchen Dingen zu reden, die sie gern hören, in einem größern Zirkel solche Gespräche zu führen, woran alle mit Vergnügen teilnehmen und sich dabei in vorteilhaftem Lichte zeigen können. Der Blöde muß ermuntert, der Traurige aufgeheitert werden. Jeder Gast muß Gelegenheit bekommen, von etwas zu reden, wovon er gern redet. Weltklugheit und Menschenkenntnis müssen hier in den besondern Fällen zum Leitfaden dienen. Man muß nichts als Auge und Ohr sein, ohne daß dies mühsam aussehe, ohne daß man an uns Anstrengung wahrnehme, oder als geschähe dies nur aus Pflicht, nur, um zu zeigen, man wisse zu leben, nicht aber von Herzen. Man bitte nicht Menschen zusammen oder setze solche an Tafeln nebeneinander, die sich fremd oder gar feind sind, sich nicht verstehen, nicht zueinander passen, sich Langeweile machen. Alle diese Aufmerksamkeiten aber müssen auf eine solche Art erwiesen werden, daß sie nicht mehr Zwang auflegen, als sie Wohltat für den Gast sind. Haben die Bedienten aus Versehn den unrechten Mann oder haben sie einen Gast auf den unrechten Tag gebeten, so muß der Fremde doch nicht merken, daß er uns unerwartet kommt, wenigstens nicht, daß er uns in Verlegenheit setzt, uns unwillkommen ist.

Manche Menschen unterhalten sich und andre am besten, wenn man sie zu großen Zirkeln bittet; andre muß man, wenn sie glänzen oder sich an ihrem Platze finden sollen, ganz allein oder nur zu einem kleinen Familienmahl einladen. Auf dies alles muß man achthaben. Jeder, der auf kurze oder lange Zeit in Deinem Hause ist, und wäre er Dein ärgster Feind, muß daselbst von Dir gegen alle Arten von Beleidigungen und Verfolgungen andrer, soviel an Dir ist, geschützt sein. Es müsse jeder unter unseren Dache sich so frei als unter seinem eigenen fühlen. Man lasse ihn seinen Gang gehn, renne ihm nicht in jeden Winkel nach, wenn er vielleicht allein sein will, und verlange nicht von ihm, daß er für die Kost, welche er genießt, uns unterhalten und dadurch seine Zeche bezahlen solle; endlich lasse man nicht nach, in Gefälligkeit und Bewirtung, wenn der Freund sich längere Zeit bei uns aufhält, sondern erzeige ihm gleich in den ersten Tagen nicht mehr und nicht weniger, als man in der Folge fortsetzen kann.

3.

Der Gast aber hat gegen den Wirt auch gegenseitig Rücksichten zu nehmen. Ein altes Sprichwort sagt: »Ein Fisch und ein Gast halten sich beide nicht gut länger als drei Tage im Hause.« Diese Vorschrift leidet nun wohl Ausnahmen; allein so viel Wahres steckt doch darin, daß man sich niemand aufdrängen und Überlegung genug haben soll zu bemerken, wie lange unsre Gegenwart in einem Hause angenehm und für niemand eine Bürde ist. Nicht immer ist man so aufgelegt, nicht immer in seinen häuslichen Angelegenheiten so eingerichtet, daß man gern Gäste bei sich sieht oder lange beherbergt. Bei Leuten, die nicht auf einem sehr großen Fuß leben, soll man daher nicht leicht unvermutet kommen oder sich selbst einladen. Dem Manne, der uns Gastfreundschaft erweist, sollen wir zum Lohne seiner Güte so wenig Last als möglich machen. Hat der Wirt mit seinen Leuten zu reden oder sonst häusliche Geschäfte, so schleicht man davon, bis er fertig ist. Wir sollen ruhig und still unsern Gang gehn, uns nach den Sitten des Hauses richten, den Ton der Familie annehmen, als wenn wir Glieder derselben wären, wenig Aufwartung fordern, genügsam sein, uns nicht in häusliche Angelegenheiten mischen, nicht durch unsre Launen den Ton verstimmen, und wenn es unsrer Meinung nach irgendwo in der Bewirtung gemangelt hat, nicht undankbar hinter dem Rücken her darüber oder über das, was wir sonst etwa in dem Hause gesehn haben, unsern Spott treiben.

4.

Es gibt aber auch Menschen, die einen so gewaltig hohen Wert auf die Gastfreundschaft setzen, welche sie uns erweisen, daß sie dafür gelobt, geschmeichelt, bedient, häufig besucht, und wer weiß was sonst alles sein wollen. Das ist nun freilich nicht billig. Ein mäßiger Mann verlangt doch nicht mehr, als sich satt zu essen, und das kann er ja leicht um geringern Preis. Das Mehr oder Weniger ist so viel nicht wert, und ich halte wahrhaftig meine Gesellschaft und meine verlorne Zeit ebenso teuer als Ihro Hochmögenden Dero Pasteten und Braten.

Zehntes Kapitel

Über die Verhältnisse unter Wohltätern und denen, welche Wohltaten empfangen, wie auch unter Lehrern und Schülern, Gläubigern und Schuldnern

1.

Die Dankbarkeit ist eine der heiligsten Tugenden; wer Dir Gutes getan hat, den ehre! Danke ihm nicht nur mit Worten, die ihm die Wärme Deiner Erkenntlichkeit zeigen, sondern suche auch jede Gelegenheit auf, wo Du ihm wieder dienen und nützlich werden kannst. Fehlt Dir aber dazu die Veranlassung, so entfalte ihm wenigstens durch ein unterscheidend liebreiches äußeres Betragen Dein dankbares Herz. Miß dies Betragen nicht pünktlich nach der Größe der Wohltat ab, die Du empfangen, sondern nach dem Grade des guten Willens, den Dein Wohltäter Dir gezeigt hat. Höre auch dann nicht auf, dankbar gegen ihn zu sein, wenn Du seiner nicht mehr bedarfst oder wenn Unglücksfälle ihn von seiner Höhe herabgestürzt, ihn seines äußern Glanzes beraubt haben.

2.

Nie aber lasse Dich zu niederträchtiger Schmeichelei herab, um entweder Wohltaten zu erschleichen oder für den empfangenen Schutz auf unedle Weise Dich zum Sklaven eines schlechten Mannes zu machen. Wo Pflicht und Rechtschaffenheit es fordern, da müsse Dein Mund nie zum Unrechte schweigen und keine Art von Bestechung die Stimme der Wahrheit zum Schweigen bringen. Du bezahlst reichlich die Wohltat, wenn Du dafür die Pflichten eines echten Freundes erfüllst und, selbst mit Gefahr, den Schutz zu verlieren und für undankbar gehalten zu werden, dem Wohltäter sagst, was ihm nötig und heilsam ist zu hören. Ebensowenig leide, daß jemand sich's zum Verdienste anrechne, daß er Dich bis jetzt hochgeschätzt, Dich bei andern gelobt und verteidigt hat. Warst Du dessen würdig, so erfüllte er eine Pflicht, die man auch seinen Feinden nicht versagen darf; wo nicht, so hat er nicht gehandelt, wie ein gerechter und verständiger Mann selbst in Rücksicht seiner Freunde handeln soll.

3.

Es ist eine unangenehme Lage, wenn wir jemand, dem wir viel Verbindlichkeit schuldig sind, nachher von einer schlechten Seite kennenlernen. Diesem weicht man nun freilich aus, wenn man das befolgt, was ich schon einmal gesagt habe, nämlich, daß man sowenig als möglich Wohltaten annehmen solle. Allein nicht immer läßt sich das ändern, und wenn wir denn wirklich in die Verlegenheit kommen, einem schlechten Menschen auf diese Art verpflichtet zu werden, so rate ich an, ihn wenigstens mit so viel Schonung zu behandeln, als mit Redlichkeit und weiser Wahrheitsliebe bestehn kann, und zu schweigen über ihn; doch nur insofern Schweigen nicht Verbrechen ist – denn in diesem letztern Falle muß alle Rücksicht aufhören. So wie aber unter den Menschen, welche Wohltaten erzeigen, so ist auch ein Unterschied unter den Wohltaten selbst. Es gibt unbedeutende Gefälligkeiten, die man ohne Furcht auch von den schlechtesten Leuten annehmen kann. Es ist dann ihre Schuld, wenn sie dieselben höher anrechnen, als was sie wert sind. In andern wichtigern Fällen hingegen rate ich, besonders wenn man nicht vorausweiß, ob man je imstande sein wird, das Gute zu erwidern, lieber nicht anzunehmen.

4.

Die Art, wie man Wohltaten erzeigt, ist oft mehr wert als die Handlung selbst. Man kann durch dieselbe den Preis jeder

Gabe erhöhn, sowie von der andern Seite ihr alles Verdienst rauben. Wenig Menschen verstehen diese Kunst; es ist aber wichtig, sie zu studieren; auf edle Weise Gutes zu tun; die Delikatesse dessen zu schonen, dem wir es erzeigen; keine schwere Last von Verbindlichkeit aufzulegen; erwiesene Wohltaten weder auf feine, noch auf grobe Art vorzuwerfen; dem beschämenden Danke auszuweichen; nicht Dank zu erbetteln und dennoch dem dankbaren Herzen nicht die Gelegenheit zu rauben, sich seiner Pflicht zu entledigen. Der gibt doppelt, der gleich zu rechter Zeit, ungebeten und mit Freuden gibt. Gib gern! Es ist seliger Genuß, es ist Wohltat, geben, zur Freude andrer etwas beitragen zu dürfen. Gib also gern, aber verschwende nicht Deine Wohltaten. Sei dienstfertig, bereitwillig; aber dränge niemand Deine Dienste auf. Kalkuliere nicht, ob es erkannt und belohnt werden wird. Brauche doppelte Schonung im Umgange mit denen, welchen Du Gutes erwiesen, aus Furcht, sie möchten argwöhnen, Du wolltest Dich für Deine Mühe bezahlt machen, sie Dein Übergewicht fühlen lassen, Dir größere Freiheit gegen sie erlauben, weil sie aus Dankbarkeit schweigen müssen. Weise nicht die Bittenden von Deiner Tür zurück. Wenn Dich jemand um Rat, Hilfe, Wohltat anspricht, so höre ihm freundlich, teilnehmend und aufmerksam zu. Laß ihn ausreden, Dir seine Sache deutlich vorstellen, ohne ihm in die Rede zu fallen. Und kannst Du ihm nicht willfahren, so sage gradeheraus, ohne beleidigende Ausdrücke den Grund, warum Du es nicht kannst. Enthalte Dich aller falschen Ausflüchte, aller leeren Vertröstungen.

5.

Keine Wohltat ist größer als die des Unterrichts und der Bildung. Wer jemals etwas dazu beigetragen hat, uns zu weisern, bessern und glücklichern Menschen zu machen, der müsse unsers wärmsten Danks lebenslang gewiß sein können. Hat er dabei nicht alles geleistet, was wir jetzt, bei reifern Jahren, bei weitern

Fortschritten in der Kultur von einem Lehrer und Hofmeister fordern würden, so sollen wir doch nicht unerkenntlich gegen das wenige sein, das wir von ihm empfangen haben.

Überhaupt verdienen ja diejenigen wohl mit vorzüglicher Achtung behandelt zu werden, die sich redlich dem wichtigen Erziehungsgeschäfte widmen. Es ist wahrlich eine höchst schwere Arbeit, Menschen zu bilden – eine Arbeit, die sich nicht mit Gelde bezahlen läßt. Der geringste Dorfschulmeister, wenn er seine Pflichten treulich erfüllt, ist eine wichtigere und nützlichere Person im Staate als der Finanzminister, und da sein Gehalt gewöhnlich sparsam genug abgemessen ist, was kann da billiger sein, als daß man diesem Manne wenigstens durch einige Ehrenbezeugung das Leben süß und das Joch erträglich zu machen suche? Schämen sollten sich die Menschen, die den Erzieher ihrer Kinder als eine Art von Dienstboten behandeln! Möchten sie nur bedenken (wenn sie auch nicht fühlen können, wie unedel dies Betragen an sich schon ist), welchen nachteiligen Einfluß dies auf die Bildung der Jugend hat. Es kann mir durch die Seele gehn, wenn ich den Hofmeister in manchem adeligen Hause demütig und stumm an der Tafel seiner gnädigen Herrschaft sitzen sehe, wo er es nicht wagt, sich in irgendein Gespräch zu mischen, sich auf irgendeine Weise der übrigen Gesellschaft gleichzustellen, wenn sogar den ihm untergebenen Kindern von Eltern, Fremden und Bedienten der Rang vor ihm gegeben wird, vor ihm, der, wenn er seinen Platz ganz erfüllt, als der wichtigste Wohltäter der Familie angesehn werden sollte. – Es ist wahr, daß es unter den Männern dieser Art hie und da solche gibt, die eine so traurige Figur außer ihrer Studierstube spielen, daß man nicht wohl auf einem bessern Fuß mit ihnen umgehn kann; allein das widerlegt nicht dasjenige, was ich von der Achtung gesagt habe, die man diesem Stande schuldig ist. – Wehe den Eltern, die ihre Kinder solchen selbst nicht erzogenen Mietlingen anvertrauen! –

Hast Du aber einen edeln Freund gefunden, der sich der Erziehung Deines Sohnes annimmt, so ist es auch nicht genug, daß Du ihm ausgezeichnet freundlich, ehrenvoll und dankbar begegnest;

Du mußt ihm auch freie Macht lassen, ohne Widerspruch seinen Erziehungsplan durchzusetzen; und von dem Augenblicke an, da Du Dein Kind in seine Hände lieferst, hast Du den wichtigsten Teil Deiner väterlichen Rechte auf ihn übertragen. – Doch dies alles gehört mehr in ein Werk über Erziehung, als daß hier der Ort wäre, weitläufig davon zu handeln. Ich schweige daher auch von dem Betragen der Lehrer und Hofmeister im Umgange mit ihren Untergebenen und eile weiter.

6.

Über den Umgang mit Schuldnern und Gläubigern habe ich wenig zu sagen. Man sei menschlich, billig und höflich gegen die erstern. Man glaube nicht, daß jemand, der uns Geld schuldig ist, deswegen unser Sklave geworden sei, daß er sich alle Arten Demütigungen von uns müsse gefallen lassen, daß er uns nichts abschlagen dürfe, noch überhaupt, daß der elende Bettel, der Mammon, einen Menschen berechtigen könne, sein Haupt über den andern emporzuheben. Seine Gläubiger bezahle man pünktlich und halte sein Wort treulich! Man verwechsle nicht den ehrlichen Mann, der von billigen Zinsen leben muß, mit dem jüdischen Wuchrer, so wird man immer Kredit haben, und wenn man sich in Verlegenheit befindet, billige Menschen antreffen, die uns ohne ihren Schaden aus der Not helfen.

Elftes Kapitel

Über das Betragen gegen Leute in allerlei besondern Verhältnissen und Lagen

1.

Zuerst über die Aufführung gegen unsre Feinde. Man kränke niemand vorsätzlich! Man sei wohlwollend, dienstfertig, verständig, vorsichtig, grade und ohne Winkelzüge in allen Handlungen. Man erlaube sich keinen Schritt zum Nachteil eines andern. Man zerstöre keines Menschen Glückseligkeit. Man verleumde niemand. Man verschweige selbst das wirklich Böse, das man von seinen Mitmenschen weiß, wenn man nicht entschiednen Beruf hat oder das Wohl andrer es bestimmt erfordert, darüber zu reden – so wird man – etwa keine Feinde haben? – das sage ich nicht; aber man wird, wenn uns dennoch Neid und Bosheit verfolgen, wenigstens die Beruhigung empfinden, keine Veranlassung zur Feindschaft gegeben zu haben.

Es steht nicht immer in unsrer Willkür, geliebt, aber es hängt immer von uns ab, nicht verachtet zu werden. Allgemeiner Beifall, allgemeines Lob sind sehr entbehrliche Dinge; allgemeine Achtung können dem Redlichen und Weisen wider Willen selbst die Schurken in ihren Herzen nicht versagen, und der warmen Freunde bedarf man etwa nur drei in der Welt, um glücklich zu sein.

Will man ohne Angst in dem Umgange mit Menschen leben, so darf es uns nicht beunruhigen, wenn nicht alle Menschen uns für gut und weise halten. Je mehr hervorleuchtende edle Eigenschaften aber ein Mann hat, um desto gewisser kann er darauf rechnen, von der Scheelsucht schwacher und schlechter Menschen manches ertragen zu müssen, und die, welche die allgemeine Stimme des Pöbels aller Klassen für sich haben, sind mehrenteils die mittelmäßigsten Leute, Leute ohne Charakter oder niedrige Schmeichler und Heuchler. Es ist wahrlich nicht schwer, Menschen zu gewinnen, auch die zu gewinnen, welche am heftigsten gegen uns eingenommen waren, und das oft durch ein einziges Gespräch unter vier Augen, wenn man ihre schwache Seite studiert hat und es recht darauf anlegt – allein das ist eine elende, des redlichen Mannes unwürdige Kunst. – Und was bekümmert es mich am Ende, ob Menschen, die mein Herz nicht kennen, ja, die mich nie gesehn haben, durch die Geschwätze irgendeines alten Weibes gegen mich eingenommen sind oder nicht?

Klage aber nie über Verfolgung und Feinde, wenn Du nicht Lust hast, die Anzahl der letztern zu vermehren. Es schleicht immer eine Anzahl furchtsamer, niederträchtiger Geschöpfe umher, die nicht den Mut haben, gegen einen Mann von Würde sich öffentlich zu erklären, die aber sich augenblicklich an Dich wagen, sobald sie Dich hilflos, scheu und niedergeschlagen erblicken; und diese, so unbedeutend sie Dir auch scheinen möchten, können mit ihren Neckereien Dir tausendfältigen Kummer machen. Der feste Mann muß sich selbst schützen. Zeige Zuversicht zu Dir selber, so wirst Du ganze Heere von Schelmen im Zaume halten! Zudem ist des Kämpfens in der Welt so viel; jeder gute Mann hat mit seinen eignen Angelegenheiten genug zu tun, so daß es vergebens ist, Alliierte zu suchen, weil diese bei der ersten Gelegenheit, wo es eigne Sicherheit gilt, davonlaufen. Der Mann, welcher sich stellt, als merkte er es nicht einmal, daß man ihn verfolgt, der von Zeit zu Zeit sagt: »Gottlob! mir geht es gut; ich habe Freunde«, wird für einen mächtigen Bundesgenossen gehalten, dessen man schonen müsse, dahingegen über den Verlassenen jeder, wie die benachbarten Fürsten über das Eigentum einer kleinen Reichsstadt, herfällt.

Werde nie hitzig oder grob gegen Deine Feinde, weder in Gesprächen noch Schriften; und wenn böser Wille und Leidenschaft, wie es mehrenteils geschieht, bei ihnen im Spiele ist, so lasse Dich auf keine Art von Explikation ein. Schlechte Leute werden am besten durch Verachtung bestraft und Klatschereien am leichtesten widerlegt, wenn man sich gar nicht darum bekümmert.

Wenn man daher unschuldig verleumdet, angeklagt, verkannt wird, so zeige man Stolz und Würde in seinem Betragen, und die Zeit wird alles aufklären.

Nicht alle Bösewichte sind unempfindlich gegen eine edle, großmütige, immer gleiche, grade Behandlung. Mit diesen Waffen also kämpfe man, solange sich's irgend tun läßt, gegen seine Feinde. Sie müssen nicht Rache fürchten, sondern fürchten, daß sie selber sich in den Augen des Publikums herabsetzen würden, wenn sie fortfuhren, einen Mann zu verfolgen, dem niemand seine Ehrerbietung versagt.

Wollen sie aber dennoch nicht das Gewehr strecken und macht Dein Stillschweigen bei ihren Ausfällen sie noch kecker, dann zeige einmal mit großer Kraft, was Du *tun könntest*, wenn Du *wolltest*. Aber gebrauche dabei keine Winkelzüge. Vereinige Dich nie mit andern schlechten Leuten. Mache keine gemeinschaftliche Sache mit einem Schelme, um den andern zu bekämpfen, sondern tritt ganz allein mutig, kühn, schnell, grade und öffentlich gegen sie auf. Es ist unglaublich, wieviel ein einziger mit einem guten Gewissen und edlem Feuer gegen Scharen von Nichtswürdigen vermag.

Sei nur trotzig gegen mächtige, siegende Feinde! Des Überwundenen, des Unglücklichen schone und verschweige alles Unrecht, das er Dir vormals zugefügt, sobald er außerstande ist, Dir ferner zu schaden, sobald er die Stimme des Publikums gegen sich hat. Laß Dir nie zweimal die Hand zur Versöhnung reichen! Vergiß dann alle Beleidigungen, solltest Du auch fürchten müssen, daß der Mann bei der ersten Gelegenheit die Feindseligkeit erneuern wird. Sei zwar auf Deiner Hut; aber zeige kein Mißtraun. Es ist besser, unschuldigerweise zum zweitenmal beleidigt zu werden, als ein einzigmal den Mann zu kränken, zu erbittern und ihm allen Mut zu nehmen, dem es mit seiner Rückkehr zu Dir ein Ernst ist. Aber man muß auch verzeihn können, ohne darum gebeten zu werden.

Man hat oft die beste Gelegenheit, die Gemütsart eines Menschen dann kennenzulernen, wenn er uns beleidigt hat. Man gebe acht, ob er es wiedergutzumachen sucht durch Bitten um Verzeihung – und wie? Gleich oder spät nachher? Öffentlich oder heimlich? Und warum nicht gleich und nicht vor allen Leuten? Aus Starrköpfigkeit, Eitelkeit oder Blödigkeit? Oder ob er gar keinen Schritt tut, sondern uns laufen läßt, wohl gar mault und Feindschaft auf den Beleidigten wirft? Ob jenes aus Leichtsinn oder Tücke? Oder ob er den Fehler zu beschönigen sucht, Winkelzüge macht, den Gesichtspunkt zu verrücken sucht, um recht zu behalten? Schon in den Jahren der Kindheit kann man aus diesen Zügen auf den künftigen Charakter schließen.

Hast Du jemand beleidigt, so suche sobald möglich Dein Unrecht gutzumachen – nicht auf kriechende, aber auf herzliche Weise. Unmöglich lassen sich hier für alle einzelnen Fälle Vorschriften geben; nur muß ich bemerken, daß es Menschen gibt, die durch jede kleine Herablassung, die man ihnen zeigt, so übermütig und geneigt werden, uns Unrecht zuzufügen, daß man gegen diese, wenn man ihnen eine unbedeutende Beleidigung zugefügt hat, die oft nur in ihrer Einbildung besteht, die Ersatzleistung nicht zu weit treiben, sondern lieber durch nachheriges vorsichtigers Betragen die Übereilung vergessen zu machen suchen muß.

Je vornehmer der Mann, der von Feinden verfolgt wird, um desto wichtiger ist es, daß er den größten Teil dieser Vorschriften sich zunutze mache. Ein Minister wird oft durch kleine, sehr kleine Leute, deren Einfluß er verachtet, bloß dadurch gestürzt, daß er bei dem ersten Angriffe Furchtsamkeit, Mangel an Zuversicht blicken läßt.

Übrigens hat man nicht unrecht, wenn man behauptet, daß unsre Feinde oft, ohne es zu wollen, unsre größten Wohltäter sind. Sie machen uns aufmerksam auf Fehler, die unsre eigne Eitelkeit, die Nachsicht unsrer parteiischen Freunde und die niedrige Gefälligkeit der Schmeichler vor unsern Augen verbergen. Ihre Schmähungen feuern in uns den Eifer an, um desto sorgsamer den Beifall der Bessern zu verdienen; und wenn sie jedem unsrer Schritte auflauren, so lehren sie uns, auf unsrer Hut zu sein, um ihnen keine Blöße zu geben.

Keine Feindschaft pflegt heftiger zu sein als die unter entzweieten Freunden. Unsre Eitelkeit kommt da in das Spiel; wir schämen uns, das Spielwerk eines Bösewichts gewesen zu sein; wir wenden alles an, um diesen nun im schlechtesten Lichte zu zeigen, damit wir vor der Welt unsre Trennung von ihm rechtfertigen mögen. – Doch über das Betragen gegen Freunde nach dem Bruche habe ich ja schon im sechsten Kapitel dieses Teils geredet.

2.

Man kommt oft in nicht geringe Verlegenheit, wenn unsre Lage uns zwingt, *mit Leuten* umzugehn, *die einander feind sind*, wo man es also gar leicht mit einer Partei verdirbt, sobald man mit der andern gut steht, und es mit beiden verdirbt, wenn man sich ungebeten oder auf unvorsichtige Weise in diese Händel mischt; ich empfehle dabei folgende Vorsichtigkeitsregeln:

Soviel man kann, vermeide man die Unannehmlichkeit mit zwei Parteien zu gleicher Zeit umzugehn, die miteinander in Zwist leben.

Kann man dies aber nicht ändern, zum Beispiel ohne plötzlich ein Verhältnis aufzuheben, in welchem man lange Zeit gestanden, so setze man sich womöglich auf den Fuß, durchaus nicht eingeflochten zu werden in die obwaltenden Streitigkeiten! Man bitte sich's vielmehr aus, daß in den Gesprächen diese Sache nie berührt werde. Diese Regel findet vorzüglich dann statt, wenn Menschen, die ehemals vertrauete Freunde gewesen sind, nun auf einmal in Feindschaft miteinander geraten. Verhalte Dich ganz leidend, wenn dann einer über den andern bei Dir klagt. Er mag nun in der ersten Empfindlichkeit ein Wort zuviel gesagt haben und nachher wieder einig mit seinem Gegenteile werden, oder es mag in dauernde Feindschaft übergehn, so wird er es doch bei kaltem Blute übelnehmen, wenn Du zum Guten oder Bösen geraten hast.

Kann man aber auch dies nicht ändern, so enthalte man sich zuerst aller Zweizüngigkeit. Das heißt: man rede nicht, wenn man bei der einen Partei ist, zum Nachteile der andern, und wiederum zum Tadel jener, wenn diese es wünscht; sondern, wenn man sich durchaus darüber erklären muß, immer so, wie es einem redlichen, gerechten Manne zukommt.

Noch schändlicher aber als jene Duplizität ist das Verfahren mancher Menschen, die, um dabei im trüben zu fischen oder um dadurch zu einer wichtigen Person zu werden oder aus Schadenfreude und Geist der Intrige, von beiden Seiten Öl zum Feuer gießen und den Zwist unterhalten.

Wenn man ferner die streitenden Teile nicht recht genau kennt; wenn sie nicht unsre vertrautesten Freunde sind; wenn man nicht ganz gewiß weiß, daß man es mit edeln, von Vernunft regierten Leuten zu tun hat, die vielleicht nur durch Mißverständnisse oder durch andre, mit Hilfe eines Dritten leicht zu hebende Irrungen getrennt werden; sondern wenn böser Wille, Eigennutz, ungesellige Gemütsart oder unbändige Leidenschaft im Spiele ist, folglich keine dauerhafte Wiedervereinigung nach den Gemütsarten der Leute zu hoffen steht, so lasse man sich nicht darauf ein, Versöhnungen stiften zu wollen. Man verdirbt es dabei leicht mit einer Partei und nicht selten mit beiden.

Ist es endlich gar nicht zu vermeiden, daß man sich für oder gegen eine von den beiden Parteien bestimmt erkläre, so nehme man sich nicht etwa, wie Leute von niedriger Denkungsart zu tun pflegen, immer der stärkern gegen die schwächre an oder drehe gar den Mantel nach dem Winde, um abzulauern, wer siegen wird, und alsdann den im Stiche zu lassen, der von dem andern durch allerlei Kabale unterdrückt worden; sondern man entscheide sich ohne Ansehn der Person und ohne Rücksicht auf Freundschaft, Schmeichelei und Verwandtschaft männlich und unerschütterlich nach den Regeln der Gerechtigkeit für den, von dem uns unsre Vernunft sagt, daß er recht habe, und bleibe ihm treu und beständig zugetan, es gehe auch, wie es wolle.

3.

Wenden wir uns jetzt zu Kranken und Leidenden. Wer je empfunden hat, welch ein Labsal bei Krankheiten und Schmerzen eine gute, sorgsame, stille und bescheidne Wartung gewährt, der wird es nicht unnütz finden, daß ich ein paar Worte hierüber sage. Die Art der Behandlung und Sorgfalt muß sich aber freilich nach der Verschiedenheit der Krankheiten richten, mit welchen der Leidende kämpft, und ich kann also keine allgemein passenden Regeln vorschlagen; doch soviel sich im ganzen über diesen Gegenstand sagen läßt, möge hier Platz finden.

Es gibt Krankheiten, in welchen Aufmunterung des Gemüts, Zerstreuung und angenehme Unterhaltung sehr viel zur Genesung beitragen, und hingegen andre, bei denen Ruhe und stille Wartung das einzige sind, wodurch man dem Leidenden Linderung verschaffen kann. Man soll daher wohl unterscheiden und beobachten, welche Art von Behandlung anwendbar sein möchte.

Ich gestehe, daß in schweren Krankheiten mir die Aufwartung bezahlter Wächter immer angenehmer gewesen ist als die sorgfältige, liebevolle Zudringlichkeit werter Freunde. Jene sind durch Erfahrung mit den kleinen Handgriffen bekannt und leisten ihre Dienste mit unverdrossener Geduld, Kaltblütigkeit und strenger Pünktlichkeit, bekümmern sich nicht um unsre Launen und leiden nicht bei unsern Schmerzen; diese hingegen werden uns oft, besonders wenn unsre Nerven sehr reizbar sind, durch zu viel Eifer lästig; wissen nicht behutsam genug bei ihren Handreichungen mit uns umzugehn; erregen unsre Ungeduld durch Fragen und machen unser Leiden durch zu warmes Mitgefühl, das wir in ihren Augen lesen, doppelt schwer; wozu denn noch kommt, daß der Gedanke, sie zu häufig zu bemühn, und die Furcht, sie zu beleidigen, wenn wir über etwas unzufrieden sind, uns einen peinlichen Zwang auflegen. Will man daher seinen Freund selbst pflegen, so suche man die Art geübter Krankenwärter nachzuahmen und den Leidenden so wenig als möglich zu genieren, sondern alles mechanisch so zu machen, wie er es gern zu haben scheint. Man werde nicht mißvergnügt, wenn ein Kranker zuweilen auffahrend, böser Laune oder zänkisch wird. Wir fühlen nicht, wie ihm zu Sinne ist und wie seine zerrüttete Maschine auf seinen Geist wirkt.

Man mache nicht, besonders bei einem Kranken von sehr empfindlicher, weicher Gemütsart, sein Leiden durch Wehklagen und ängstliches Bezeigen noch schwerer.

Man rede nicht von Dingen, die ihm, selbst wenn er gesund wäre, unangenehm sein würden, nicht von häuslichen Verlegenheiten, vom Tode, noch von Vergnügungen, an welchen er nicht teilnehmen kann.

Leute, die bloß in der Einbildung krank sind, muß man zwar nicht verspotten, noch zu überzeugen suchen, daß ihnen nichts fehle, denn das macht ganz verkehrte Wirkung auf sie; aber man soll sie auch nicht in ihrer Torheit bestärken, sondern, wenn vernünftige Vorstellungen nichts helfen, nur gar keine Teilnahme zeigen, ihre Klagen mit Stillschweigen beantworten, und wenn der Sitz des Übels im Gemüte ist, sie durch weise gewählte Zerstreuungen auf andre Gedanken zu bringen suchen.

Auch gibt es Menschen, die dadurch Interesse zu erwecken glauben, daß sie sich kränklich stellen. Das ist eine törichte Schwäche. Auf unmännliche, marzipanene Stutzer vielleicht, nicht aber auf verständige Menschen kann geistige und körperliche Gebrechlichkeit besonders vorteilhaft wirken, und nur in einem Zeitalter von allgemeiner Entnervung darf man auf den Gedanken geraten, durch Klagen über Mangel an Prästanz sowie durch blöde Augen, Blähungen und schwache Werkzeuge sich von einer artigen Seite zeigen zu wollen. Man suche solche Leute von ihrer Albernheit zurückzuführen, sie zu überzeugen, daß es besser sei, Bewundrung als Mitleiden zu erregen, und daß nichts so allgemein vorteilhafte Eindrücke mache, als der Anblick eines Wesens, das an Leib und Seele gesund, in seiner vollen Kraft zur Ehre der Schöpfung dasteht.

Endlich in Unpäßlichkeiten, wo der Geist viel über den Körper vermag, wo Seelenleiden das Übel vermehren und die Besserung hindern, da soll man alle Kräfte aufspannen, seine ganze Lebhaftigkeit in Bewegung setzen, um Heiterkeit, Mut, Trost und Hoffnung in das Gemüt des Kranken zurückzurufen.

4.

Noch schonender als mit diesen Leidenden soll man mit Leuten umgehn, auf welchen die schwere Hand des Schicksals liegt; mit Unglücklichen, Armen, Bedrängten, Verstoßenen und Zurückgesetzten, mit Verirrten und Gefallenen. Reden wir von jeder dieser Klassen ein paar Worte besonders.

Nimm Dich des Armen an, wenn Dir Gott die Mittel in die Hände gegeben hat, seine Not zu erleichtern. Weise nicht den Dürftigen von Deiner Tür zurück, solange Du noch ohne Ungerechtigkeit gegen die Deinigen eine kleine Gabe zu geben hast. Sei es wenig oder viel, so gib es mit gutem Herzen, und – wie ich bei Gelegenheit gesagt habe, als von der Art Wohltaten zu erzeigen die Rede war – gib es mit guter Manier. Kalkuliere nicht so genau, ob der Mann, dem Du helfen kannst, selbst an seinem Unglücke schuld sei oder nicht. Wer in der Welt würde ganz unschuldig an den Leiden, die ihn treffen, befunden werden, wenn man alles so strenge untersuchen wollte? Willst oder kannst Du aber gar nichts oder nur wenig geben, so brauche keine leeren Ausflüchte. Laß den Armen nicht durch Deine Bedienten unter allerlei Vorwande wiederbestellen oder vertrösten. Am wenigsten aber erlaube Dir, etwa zur Rechtfertigung Deiner Hartherzigkeit, Grobheiten, beleidigende Strafpredigten gegen den, dessen Bitte Du abzuschlagen entschlossen bist; sondern sprich den Mann selbst und sage ihm kurz und menschenfreundlich, warum Du nicht geben kannst, nicht geben willst. Tue auch auf das erste Wort, was zu tun vernünftig und gut ist, und warte nicht darauf, daß man durch wiederholtes Betteln Dein Herz erweiche. Gib aber nicht als ein Verschwender, sondern laß Deine Wohltaten von der Gerechtigkeit gegen Dich und andre geordnet werden und verschleudre nicht an den Landläufer, Bettler von Handwerke und Faulenzer, was Du dem hilflosen Alter, der Gebrechlichkeit und dem durch widrige Zufälle Verunglückten schuldig bist. Und wo es Labsal geben kann, da begleite Deine kleine Gabe von einem sanften Trostworte, von einem vertraulichen Rate und von einem freundlichen, mitleidigen Blicke. Gehe schonend und äußerst fein mit Leuten um, die in unangenehmen häuslichen Lagen sind. Sie pflegen sehr empfindlich zu sein, pflegen leicht zu glauben, man verachte sie, setze sie zurück ihrer Armut wegen. Das elende Geld hat leider nur gar zu viel Einfluß auf den Pöbel aller Stände. Unterscheide Dich von diesem Haufen. Ehre den verdienstvollen Armen öffentlich. Suche ihm wenigstens einen frohen Augenblick zu machen, wenn Du auch seine Umstände nicht verbessern kannst. Überhaupt sind alle Unglücklichen mißtrauisch und meinen, jedermann sei gegen sie. Suche ihnen diesen Wahn zu benehmen. Bemühe dich, ihr Zutraun zu gewinnen.

Entziehe Dich nicht dem Anblicke des Jammers. Fliehe nicht die Wohnungen der Not und der Dürftigkeit. Man muß vertrauet sein mit dem mancherlei Elende auf dieser Welt, um teilnehmend mitempfinden zu können bei dem Leiden des unglücklichen Bruders. Wo der bescheidne Arme im Verborgnen seufzt, es nicht wagt, sich herbeizudrängen und um Hilfe zu bitten; wo widrige Vorfälle den fleißigen Mann, den Mann, der einst bessere Tage gesehn hat, zu Boden schlagen; wo eine zahlreiche ehrliche Familie mit allem Fleiße durch die tägliche Arbeit ihrer Hände nicht so viel erringen kann, um sich gegen Hunger, Blöße und Krankheit zu schützen; wo auf hartem Lager, in durchwachten, durchseufzten Nächten schamhafte Tränen über gerungene Hände rollen – dahin, menschenfreundlicher Wohltäter, dahin dringe Dein Blick! Da kannst Du Deine Gelder, den Überfluß dessen unterbringen, was Dir der Schöpfer anvertrauet hat, und Zinsen damit erwerben, die keine Bank auf Erden Dir zusichern kann.

Wer kein Geld hat, der hat auch keinen Mut. Er fürchtet allerorten zurückgesetzt zu werden, glaubt jede Demütigung ertragen zu müssen und zeigt sich allerorten in schwachem Lichte – Ach, ermuntre einen also Niedergedrückten! Ehre ihn, wenn er es sonst verdient, und bewege Deine Freunde, daß sie ein Gleiches tun.

Manchen aber drücken schwerere Leiden als die der Armut und des Mangels; *Seelenleiden*, die an der Knospe des Lebens nagen. O, schone des Kummervollen! Pflege seiner! Suche ihn aufzurichten, zu trösten, mit Hoffnung zu erfüllen, Balsam in seine Wunden zu gießen, und wenn Du seine Last nicht erleichtern kannst, so hilf wenigstens tragen und weine eine brüderliche Träne mit ihm. Richte aber die Art Deiner Behandlung nach Vernunft ein. Es gibt Augenblicke des Schmerzens, wo alle Gründe der Philosophie keinen Eingang finden; und da ist Mitgefühl oft das beste Labsal. Es gibt Kummer, dessen Tilgung man ruhig und still der Zeit überlassen muß; es gibt Leidende, die erleichtert werden, wenn man mit ihnen über ihr Unglück plaudert; es gibt Schmerzen, die nur Einsamkeit lindert; es gibt andre Situationen, in welchen ein festes, männliches Zureden, Erweckung des Muts, Aufruf zu stolzerer Zuversicht angewendet werden müssen – ja, es gibt Lagen wo man den Niedergebeugten mit Gewalt herausziehn und der Verzweiflung entreißen muß. Die Klugheit aber soll uns in jedem dieser einzelnen Fälle lehren, was für Mittel wir zu wählen haben.

Die Unglücklichen ketten sich gern aneinander. Statt sich aber gemeinschaftlich zu trösten, winseln sie mehrenteils nur miteinander und versinken immer tiefer in Schwermut und Hoffnungslosigkeit. Hiervor warne ich daher und rate jedem Bedrängten, wenn weder Gründe der Vernunft, die er sich selbst vorhalten kann, noch Zerstreuungen seinen Zustand erträglich machen, den Umgang eines verständigen, nicht empfindelnden Freundes zu wählen, und an dieses Mannes Seite die Gedanken auf andre Gegenstände zu richten, die seinen Schmerz nicht nähren.

Es gibt Menschen, die bei Veranlassung zur Betrübnis weniger *traurig* als *mürrisch, zänkisch*, ja, sogar *hämisch* sind, so daß sie andre Unschuldige darunter leiden lassen, daß nicht alles nach ihrem Kopfe geht. Ein edles Herz wird sanfter durch Schmerz, und selbst der Menschenfeind, den Schicksale erbittert haben, wird, wenn er sonst ein guter Mann ist, wohl düster, verschlossen, auch nach seinem Temperamente vielleicht einmal ungeduldig und geneigt werden, aufzufahren; aber er wird nie vorsätzlich auf einen Dritten die Last seines Kummers wälzen, und dies um so weniger, je schwerer seine Leiden sind.

Der *Unterdrückten, Zurückgesetzten* und *Verfolgten* soll man sich annehmen, insofern es die Klugheit erlaubt und wir ihnen dadurch nicht etwa mehr schaden als nützen. Dies ist nicht nur Pflicht, wenn von tätiger Hilfe und Rettung des ehrlichen Namens die Rede ist; sondern man soll es sich auch zum Gesetze machen, im gesellschaftlichen Umgange, wo das bescheidene Verdienst so oft übersehn und von leeren Windbeuteln über die Achsel angeschauet wird, wo Rang und Glanz den innern Wert verdunkeln und der Schwätzer und Persifleur den Weisen überschreien, in diesen Zirkeln den guten Mann, der stumm und verlegen dasteht, von niemand angeredet, ja mit Verachtung behandelt, gedemütigt, lächerlich gemacht wird, aus seinem Winkel hervorzuholen und ihn durch ehrenvolles, freundliches Zureden in gute Laune zu setzen. Man gebe einem solchen nur Gelegenheit, sich von einer vorteilhaften Seite zu zeigen, sich auf anständige Weise in die Unterhaltung zu mischen, und man wird sich wundern, welch ein ganz andrer Mensch aus ihm werden kann. Oft habe ich mich innerlich geärgert über die Art, mit welcher zuweilen Stabsoffiziere jungen Leuten begegnen, die doch schon die erste Stufe erstiegen haben, um zu werden, was jene sind; wie die Hofmeister in großen Häusern, die Gesellschafterinnen vornehmer Törinnen, die Auditoren auf manchen Ämtern, die armen Landmädchen in den Zirkeln der dürren Stadtfräulein, die Kandidaten an den Tafeln feister Konsistorialräte und die jungen Kaufmannsdiener in den Gesellschaften ihrer Patrone behandelt werden; und wo mein Betragen nur irgend von Gewicht sein konnte, da rechnete ich es mir immer zur Ehre, solche Märtyrer des Hochmuts aus ihrer peinlichen Lage zu reißen, mich ihrer anzunehmen und mit ihnen zu reden, wenn jedermann sie stehn ließ.

Sonderbar ist eine Bemerkung, die ich so oft zu machen Gelegenheit gehabt habe und die ich hier anführen will. Sie ist nämlich diese: Neid und Mißgunst verfolgen den Glücklichen; Bosheit und Kabale ruhen selten eher, als bis sie alles niedergedrückt haben, was über sie emporragte; aber kaum ist ein Mensch ganz zu Boden geschlagen, so sucht jeder, selbst der, welcher ihn verfolgt hat, eine Ehre darin, seine Partei zu ergreifen; doch wohl zu merken, wenn keine Hoffnung mehr da ist, daß er hierdurch wieder emporkomme. Man möchte also fast sagen, man wäre nicht ganz unglücklich, solange man noch Feinde hätte.

Unter allen Unglücklichen sind wohl die *Verirrten* und *Gefallnen* am mehrsten zu bedauern. Hierunter verstehe ich solche, die vielleicht durch einen einzigen begangenen Fehltritt in eine Kettenreihe von Vergehungen eingeflochten, das Gefühl für die Tugend erstickt, oder die Fertigkeit schlecht zu handeln erlangt, oder alle Zuversicht zu Gott, Menschen, zu sich selber und den Mut verloren haben, den bessern Weg wieder zu suchen, oder die wenigstens im Begriff stehen, so tief zu fallen. Sie sind, sage ich, am mehrsten zu bedauern, denn sie entbehren den einzigen Trost, der uns in den schwersten Leiden aufrichten kann, das Bewußtsein, nicht mutwilligerweise sich das Schicksal zugezogen zu haben. Diese Unglücklichen verdienen aber nicht nur unser Mitleiden, nein, auch unsre brüderliche Nachsicht, unsre Zurechtweisung und, wenn es noch Zeit ist, unsern Beistand. Wenn man immer weise, duldend und unparteiisch genug wäre, zu überlegen, wie leicht das schwache menschliche Herz irrezuleiten ist; wie unwiderstehlich bei heftigen Leidenschaften, warmem Blute und verführerischen Gelegenheiten manche Reizungen scheinen; wie blendend, anlockend und bezaubernd die Außenseiten mancher Laster sind; wie diese zuweilen sogar den Mantel der Philosophie umzuhängen und durch sophistische Gründe die innre Stimme der bessern Überzeugung zum Schweigen zu bringen verstehn, und wie es dann nur auf einen kleinen Schritt ankommt, um das Opfer der feinsten Täuschung und stufenweise, unmerklich in das schrecklichste Labyrinth gelockt zu werden; wenn man bedenken wollte, wie oft Mißmut oder Verzweiflung über ein feindseliges Schicksal aus einem Menschen von den besten Anlagen einen Bösewicht und Verbrecher machen, wie ungerechtes, schändliches Mißtraun ihn verleiten kann, das zu werden, wofür man ihn doch einmal hält; wenn man dann demütig auf seine Brust schlüge und gestünde, daß mehrenteils nichts als das Zusammentreffen derselben innern und äußern Umstände, wodurch jene gefallen sind, erfordert worden wäre, um aus uns zu machen, was sie sind – o, so würden wir nicht so strenge richten, würden nicht so zuversichtlich pochen auf unsre Tugenden, die nicht selten nur das Spiel des Temperaments, das Werk des Zufalls sind, würden uns der Gefallenen annehmen und dem Strauchelnden liebevoll die Hand reichen. – Aber heißt das nicht tauben Ohren predigen? – Doch mein Herz drängt mich, über diesen Gegenstand etwas zu sagen; also zur Sache! Nichts bessert weniger als kalte moralische Predigten. Es gibt wenig Menschen selbst unter den Lasterhaften, die nicht eine Menge herrlicher Gemeinsprüche über die Pflichten, welche sie übertreten, zu sagen wüßten; das Unglück will nur, daß die Stimme der Leidenschaft mit wärmerer Beredsamkeit spricht als die Stimme der Vernunft. Willst Du also dieser gegen jene Gewicht geben, so mußt Du die Kunst verstehn, Deine Tugendlehren in ein reizendes Gewand zu hüllen, mußt nicht nur den Kopf, sondern auch das Herz und die Sinnlichkeit dessen, den Du zurechtweisen willst, auf Deine Seite bringen; Dein Vortrag muß warm und nach den Umständen bildreich, sinnlich, erschütternd, hinreißend sein; allein der Mann, den Du vor Dir hast, muß Dich auch lieben und hochschätzen, muß sich zu Dir hingezogen fühlen, muß mit Enthusiasmus für das Gute und Schöne erfüllt werden, und dabei in der Entfernung Ehre, Freude und Genuß auf dem Wege voraussehn, auf welchen Du ihn zu leiten die Absicht hast. Dein Umgang, Dein Rat muß ihm zum Bedürfnisse werden. Dies aber erlangst Du nicht, wenn Du als ein stolzer, strenger Gesetzprediger vor ihn hintrittst; wenn Du ihm mit Deiner kalten Moral Langeweile machst; wenn Du ihn mit Anmerkungen über das Geschehene, das doch nun nicht mehr zu ändern ist, ermüdest, und ihm erzählst, wie es ganz anders würde gekommen sein, wenn – es nicht so gekommen wäre, als es gekommen ist, wenn er Dir hätte folgen wollen. Nichts ist ferner so fähig, zur Niederträchtigkeit zu verleiten als öffentliche Verachtung und Bezeugung eines fortdauernden Mißtrauens in die Besserung eines Menschen. Wem es daher ein Ernst ist, einen Verirrten zurechtzuführen, der begegne ihm mit Schonung und zeige ihm wenigstens äußerlich, daß man die beste Erwartung von ihm habe, daß man von seinen herrlichen und guten Vorsätzen alles hoffen könne, und gebe ihm zu verstehn, daß, wenn er einmal wieder mit festem Fuß auf edlerer Bahn wandle, er sichrer vor neuer Verführung sein werde als der, welcher die Gefahr nicht kennt. Man zeige ihm, wenn er wirklich anfängt sich zu bessern, wäre diese Besserung auch anfangs nur erzwungen oder verstellt, wie mit jedem Tage unsre Achtung für ihn wächst. – Wenn er Verstand hat, so wird er schon sehn, ob Du der Mann bist, den er in der Folge täuschen kann. – Man werfe ihm nie, auch nicht auf die entfernteste Weise, seine ehemaligen Verirrungen vor, sondern scheine nur Augen für seine jetzige Aufführung zu haben. Allein es geht nicht so schnell mit Ablegung von Lastern, die uns schon zu einer Art von Habitüde geworden sind; also darf uns ein kleiner Rückfall nicht befremden, und obgleich man dann die Stärke seines Vortrags und der angewendeten Mittel zur Besserung verdoppeln muß, so soll man doch nicht mutlos werden noch dem Rückkehrenden den Mut benehmen. Lasset uns endlich zur Ehre der Menschheit und zu Erweckung unsers Eifers glauben, daß niemand in der Welt so tief gefallen, so von Grund aus verdorben sein könne, daß ihm nicht bei redlicher, eifriger Anwendung der besten Mittel noch zu helfen wäre! Und Ihr, die Ihr in der großen Welt lebet und so bereitwillig seid, einen Mann oder ein Weib, die durch irgendeine zweideutige oder schlechte Handlung sich erniedrigt oder auch wohl nur etwa lächerlich gemacht haben, auf immer aus Euren Gesellschaften zu verbannen und mit Schande und Spott zu beladen, indes Hunderte unter Euch umherwandeln, die entweder dasselbe heimlich treiben oder wenigstens treiben würden, wenn es die Umstände erlaubten; denket, daß Ihr es zu verantworten habt, wenn Verzweiflung jene ergreift; wenn sie von Stufe zu Stufe hinabsinken und wenn sie, da die bessern Häuser ihnen verschlossen sind, sich einen Umgang wählen, in welchem sie immer niederträchtiger werden und zuletzt, ohne Rettung verloren, durch Eure Schuld zugrunde gehen!

Zwölftes Kapitel

Über das Betragen bei verschiedenen Vorfällen im menschlichen Leben

1.

Ich habe bei mancher Gelegenheit Gegenwart des Geistes und Kaltblütigkeit als Haupterfordernisse zu allen Geschäften und Verrichtungen im menschlichen Leben empfohlen; nirgends aber sind uns diese Eigenschaften notwendiger als in Vorfällen, wo wir oder andre in augenscheinlicher Gefahr schweben. Hier hängt die ganze Rettung in kritischen Augenblicken zuweilen von einem raschen Entschlusse ab. Halte Dich daher nicht mit Geschwätzen auf, wo es not ist zu handeln. Unterdrücke Dein zu zartes Gefühl und winsele nicht, wo Du zugreifen solltest. Sei Dir gegenwärtig in Feuer- und Wassersnot und dergleichen, wo man oft alles verliert, wenn man den Kopf verliert, wo die, welche wir retten können, zuweilen gezwungen werden müssen, sich uns zu überlassen. Vorzüglich wichtig wird diese Gegenwart des Geistes auch dann, wenn man unerwartet von Dieben und Mördern angegriffen wird. Räuber und Banditen sind fast immer entweder furchtsam oder, wenn Verzweiflung sie berauscht, nicht genug auf ihrer Hut, auf ernsthaften, förmlichen Widerstand nicht vorbereitet. Ein entschlossener, kaltblütiger Mann ist da stärker als zehn solcher Elenden, die ihn angreifen. Hier muß aber wohl überlegt werden, ob es Schaden oder Nutzen stiften könne, sich mit Schieß- oder anderm Gewehre zu verteidigen oder nicht; ob es geratner sei, Lärm zu machen oder sich in sein Schicksal zu finden, der Übermacht zu weichen und mit Hingebung seines Mammons sein Leben zu erkaufen. Es lassen sich darüber unmöglich allgemeine Regeln geben. Um aber auf jeden dieser Fälle sich gefaßt zu halten, rate ich, bei kaltem Blute sich in dergleichen Lagen hineinzudenken und sich dann dienliche Maßregeln vorzuschreiben. Ich halte es auch für einen wichtigen Teil der Erziehung, seine

Kinder zuweilen nicht nur durch Fragen, wie sie sich bei solchen Gelegenheiten betragen würden, aufmerksam auf unerwartete Vorfälle aller Art zu machen, sondern sie auch zuweilen in wirkliche Verlegenheit zu setzen, um sie an Gegenwart des Geistes zu gewöhnen und sie auf die Probe zu stellen.

2.

Ich habe einmal den Wunsch geäußert, es möchte jemand, statt die ungeheure Anzahl von Beschreibungen großer und kleiner Reisen durch alle Winkel von Deutschland zu vermehren, ein Werk drucken lassen, in welchem er Vorschriften gäbe, wie man sich im allgemeinen zu betragen hätte, um wohlfeiler, angenehmer und nützlicher zu reisen; sodann darin sagte, in welchen Provinzen zu Wagen, in welchen aber zu Pferde besser fortzukommen wäre und so ferner. Stehen auch Bemerkungen darüber zerstreuet in solchen nützlichen Werken als zum Beispiel in des Herrn Nicolai Reisebeschreibung, so würde dennoch ein Buch, in welchem diese Vorschriften gesammelt wären, meiner Meinung nach nicht überflüssig sein. In einer Schrift über den Umgang mit Menschen kann nur ein geringer Teil dieser Regeln Platz finden; doch darf ich diesen Gegenstand auch nicht ganz mit Stillschweigen übergehn, denn zu dem, was man unter Menschen treibt, gehört doch auch das Reisen mit. Also einige einzelne Anmerkungen über das Betragen auf Reisen.

Es ist weise gehandelt, bevor man ausreist, aus Büchern oder mündlichen Erzählungen sich genau von dem Wege, den man nehmen will, von demjenigen, was unterwegens und in den Örtern, die man besuchen möchte, zu bemerken, zu beobachten und zu vermeiden ist, nicht weniger von den Preisen und den unvermeidlichen Geldausgaben zu unterrichten, damit man weder betrogen werde, noch in Verlegenheit gerate, noch etwas zu sehn versäume, das der Aufmerksamkeit wert scheint.

Man verrechnet sich leicht in seinen Überschlägen der Reisekosten; ich rate daher nicht nur, nach gemachtem Etat sich immer etwa auf ein Drittel mehr gefaßt zu halten, als die gezogene Summe beträgt, sondern auch besorgt zu sein, daß man in den Hauptörtern, durch welche man kommt, an sichre Männer adressiert sei oder sonst Mittel habe, im Fall unvorhergesehene Umstände eintreten, sich aus der Verlegenheit zu reißen.

In Deutschland hat man mehr als in andern Ländern Ursache, wegen des sehr verschiedenen Münzfußes sich beim Geldwechseln in acht zu nehmen, und es ist etwas sehr Gewöhnliches, daß schelmische Gastwirte den Fremden dabei hintergehen oder ihm auf Gold Münze herausgeben, die er auf der nächsten Post nicht brauchen kann.

In manchen Gegenden, besonders im Reiche, ist es vorteilhafter und geht dennoch ebenso schnell (besonders, wenn man nur wenig Tagereisen macht, bevor man sich in einer Stadt verweilt), sich durch sogenannte Hauderer oder Mietkutscher fahren zu lassen; in andern hingegen kommt man am besten mit Postpferden fort. Im erstern Falle ist es nicht gut, einen eigenen Wagen zu haben, wenigstens ist dann selten Vorteil dabei. Es gibt aber auch Landschaften, in welchen man am bequemsten und nützlichsten zu Pferde reist, und andre, wo man seinen Zweck am vollkommensten erreicht, wenn man zu Fuße wandert.

Leute von gewissem Stande pflegen Tag und Nacht fortzurollen, ohne sich unterwegs aufzuhalten. Dies mag recht gut sein, wenn man die teuren Zehrungen in den Wirtshäusern ersparen will, wenn man eilig ist, um den Ort seiner Bestimmung zu erreichen, oder wenn man mit den Gegenden, welche man durchreist, schon so bekannt geworden, daß man da nichts mehr sehn kann, das unsrer Beobachtung wert wäre. Außerdem aber rate ich, lieber kleine Reisen aufmerksam zu unternehmen, als große, auf denen man bis in die Hauptstädte hinein nur Postmeister und Postknechte kennenlernt.

Auch mische man sich, wenn es uns ein Ernst ist, unsre Menschen- und Länderkenntnis zu erweitern, unter Personen von allerlei Ständen. Die Leute von gutem Tone sehen einander in allen europäischen Staaten und Residenzen ähnlich, aber das eigentliche Volk, oder noch mehr der Mittelstand trägt das Gepräge der

Sitten des Landes. Nach ihnen muß man den Grad der Kultur und Aufklärung beurteilen.

Nicht in allen Provinzen von Deutschland sind Wege und Postanstalten gleich gut. Man muß dies in genaue Erwägung ziehn und darnach seine Verfügungen treffen, besonders wenn uns daran gelegen ist, schnell fortzukommen.

Zum Reisen gehört Geduld, Mut, guter Humor, Vergessenheit aller häuslichen Sorgen, und daß man sich durch kleine widrige Zufälle, Schwierigkeiten, böses Wetter, schlechte Kost und dergleichen nicht niederschlagen lasse. Dies ist doppelt zu empfehlen, wenn man einen Gesellschafter bei sich hat; denn nichts ist langweiliger und verdrießlicher, als mit einem Manne zu reisen und in einem Kasten eingesperrt zu sitzen, der stumm und mürrischer Laune ist, bei der geringsten unangenehmen Begebenheit aus der Haut fahren will, über Dinge jammert, die nicht zu ändern sind, und in jedem kleinen Wirtshause so viel Gemächlichkeit, Wohlleben und Ruhe fordert, als er zu Hause hat.

Das Reisen macht gesellig; man wird da mit Menschen bekannt und auf gewisse Weise vertraut, die wir außerdem schwerlich zu Gesellschaftern wählen würden; das ist auch weiter von keinen Folgen, und ich brauche wohl übrigens nicht zu erinnern, daß man sich hüten müsse, in der Vertraulichkeit gegen Fremde, die man unterwegens antrifft, zu weit zu gehn, und dadurch Abenteurern und Spitzbuben in die Hände zu fallen.

Ich rate niemand, sich auf Reisen einen fremden Namen zu geben; man kann dadurch, ehe man sich's versieht, in große Verlegenheit geraten, und selten ist es nötig und nützlich, ein solches Inkognito zu beobachten.

Manche Leute suchen etwas darin, auf Reisen zu prahlen, viel Geld zu verzehren, glänzen zu wollen und prächtig gekleidet zu sein. Das ist eine törichte Eitelkeit, die sie in den Wirtshäusern teuer büßen müssen, ohne für ihr Geld mehr zu erhalten als der einfache Reisende. Niemand erinnert sich weiter des Fremden, der so viel Aufwand gemacht hat, wenn dieser weitergereist und nichts mehr von ihm zu ziehn ist. Doch ist es der Klugheit gemäß, anständig, und was man in Niedersachsen rechtlich nennt, in seinem Aufzuge zu sein, sich nicht zu vornehm und nicht zu demütig, nicht zu reich und nicht zu arm zu stellen, weil man sonst, in beiden Extremitäten, leicht entweder für einen unwissenden Pinsel, dessen erste Ausflucht dies ist, und den man also nach Gefallen prellen kann, oder für einen gewaltig vornehmen Herrn, von dem etwas zu ziehn ist, oder für einen Aventurier angesehn wird, dem man aus dem Wege gehn und der mit schlechter Bewirtung vorliebnehmen muß.

Man kleide sich bequem. Ein ungemächlicher Anzug macht unbehaglich, ungeduldig und müde.

Man spare auf der Reise nicht am unrechten Orte. So gebe man zum Beispiel den Postillons zwar nicht übertriebne, aber doch nach den Umständen reichliche Trinkgelder. Sie sagen sich das einer dem andern auf den Stationen wieder; man kommt dann schneller fort und hat manche Vorteile davon.

Deutsche Posthalter, Wagenmeister und Postknechte pflegen in dem Ruf einer ausgezeichneten Grobheit zu sein. Es kommt aber alles auf die Art an, wie man mit ihnen umgeht, und ein ernsthaftes, von einer gewissen Würde begleitetes Betragen und, wo es anzubringen ist, ein freundliches Wort, das wird bei diesen Leuten selten ohne gute Wirkung angewendet.

Wenn man an dem Wagen etwas zerbricht, so sind mehrenteils in den Städten die Handwerksleute sogleich bei der Hand, verstehen sich auch wohl mit den Postillons, um den Schaden für viel größer auszugeben, als er ist, und desto mehr Geld von uns zu ziehn. Ich rate desfalls, bei solchen Gelegenheiten alles selbst zu untersuchen oder durch treue Bediente untersuchen zu lassen, bevor man Befehle zur Ausbesserung gibt.

Die Postknechte sind größtenteils von den Gastwirten bestochen, oder ein Wirt verabredet sich mit dem andern in der nahe gelegenen Stadt, um den Fremden gewisse Gasthöfe zu empfehlen, die darum aber weder immer die besten noch die wohlfeilsten sind. Es ist daher vernünftig, sich hierauf nicht zu verlassen, sondern sich bei andern sichern Leuten zu erkundigen, wo man am besten und billigsten behandelt wird.

Nichts ist auf Reisen bei kaltem Wetter erwärmender und unschädlicher zu trinken als zuweilen ein wenig Weinessig.

Die Bedienten, die man mit sich auf Reisen nimmt, sollen wohl darauf achtgeben, daß die Postknechte, welche mit den Pferden zurückreiten, nicht, wie es vielfältig geschieht, Schwengel, Nägel oder andre Kleinigkeiten, die zum Wagen gehören, mitnehmen. Auch pflegen diese mit den Chausseeaufsehern sich zu verstehn, an den Weghäusern vorbeizufahren, unter dem Vorwande, uns nicht aufhalten zu wollen, nachher aber eine Rechnung zu machen, vermöge deren wir doppelt soviel bezahlen müssen als festgesetzt ist und man gegeben haben würde, wenn man das Weggeld jedesmal selbst entrichtet hätte.

Es ist eine Gewohnheit der Postknechte, in allen Städten rasch zu fahren; eine Gewohnheit, die ihren Nutzen hat und gegen welche man nicht eifern soll. Ist nämlich an der Kutsche etwas zerbrechlich, so würde es besser sein, wenn es da vollends bräche und risse, wo die Hilfe nahe ist, als auf offner Straße. Hält aber das Fuhrwerk die Probe des Rasseins auf dem Steinpflaster aus, so kann man hoffen, damit an Ort und Stelle zu kommen.

Es ist eine Regel der Klugheit, vorher mit Handwerksleuten auf das genaueste zu akkordieren, bevor man etwas ausbessern läßt oder sonst Dinge, die zur Bequemlichkeit dienen, an fremden Örtern anschafft.

Das sicherste Mittel für einen Gastwirt, viel Zuspruch zu bekommen und also Geld zu gewinnen, ist: höflich, billig, nebst seinen Leuten schnell zur Aufwartung und nicht neugierig zu sein. Da dies aber nicht immer der Fall ist, so fährt der Fremde, der nicht Lust hat, doppelt zu bezahlen, am besten, wenn er sich mit Geduld waffnet und sowenig als möglich zankt.

Wenn der Gastwirt übermäßig viel für die Zehrung fordert und sich nicht auf einen starken Abzug einlassen will, so tut man doch nicht wohl, ihm schriftliche Rechnung und genaue Spezifikation jedes einzelnen Punkts abzufordern, es müßte denn der Mühe wert sein, ihn bei der Polizei zu belangen. Fängt er an aufzuschreiben, so rechnet er immer noch mehr heraus, als er anfangs gefordert hatte – und wer kann denn mit einem solchen Taugenichts über die Preise der Lebensmittel sich herumzanken? In Wirtshäusern, wo Wein zu haben ist, wird der Wirt, wenn man Bier fordert, immer versichern: das Bier sei sehr schlecht. Hier ist der beste Rat, nur gleich Wein zu bestellen und (wenn uns daran gelegen ist, Bier zu trinken) dies hinterher zu verlangen.

In den mehrsten schlechten Wirtshäusern rauchen die Öfen und werden nicht geschmiert, damit der Gast bestelle, daß man das Holz wieder herausziehn soll und dennoch bezahlen müsse; die Betten sind zu kurz, die Kissen mit blauen Überzügen versehn, damit man den Schmutz nicht wahrnehme. Gegen die erste Ungemächlichkeit ist kein Mittel zu finden, als gar nicht einheizen zu lassen. Die andern kann man heben, wenn man auf der Erde auf Stroh – seine eigenen mitgenommenen Betten und Bettücher legen läßt.

Die Wirte fragen uns gemeiniglich: was wir zu essen befehlen? – Das ist ein Kunstgriff, durch den man sich nicht fangen zu lassen braucht; denn bestellt man nun etwas, zum Beispiel ein Huhn, einen Pfannekuchen oder dergleichen, so muß man dies Gericht und noch obendrein eine gewöhnliche Mahlzeit bezahlen. Man tut da am besten zu antworten: man verlange nichts, als was grade im Hause oder schon zubereitet sei. Auch rate ich – ausgenommen in so großen Gasthöfen, als etwa in Frankfurt am Main bei meinem ehrlichen Krug, Herrn Dick, Fritsch, und in andern solchen Häusern – keine fremden Weine, sondern nur gemeinen Tischwein zu begehren. Es kommt doch alles aus demselben Fasse, nur mit dem Unterschiede, daß das, was man uns als alten oder fremden Wein verkauft, kostbareres Gift ist, als das, womit man uns am allgemeinen Wirtstische versorgt. Und selbst an dieser Wirtstafel zu speisen, ist gewiß für einen einzelnen Reisenden wohlfeiler und unterhaltender als auf seinem Zimmer seiner eigenen Person gegenüberzusitzen.

Manche Postmeister, die zugleich Gastwirte sind, brauchen folgenden Kunstgriff zu ihrem ökonomischen Vorteile: Wenn man Pferde wechselt und indes eine kleine Mahlzeit bestellt, so dauert es ungebührlich lange, ehe diese fertig wird. Indes werden die Pferde gefüttert und angeschirrt. Kaum aber steht unser Essen auf dem Tische, so meldet schon der Postillon mit dem Horn, daß er fertig sei und fort wolle. Man soll also in Eil wenig essen und dennoch eine ganze Mahlzeit bezahlen. Ich rate aber, wenn man nicht sehr eilig ist, sich nicht irremachen zu lassen, sondern mit voller Muße zu speisen.

Wenn Postmeister in Ländern, wo keine gute Postordnung eingeführt ist, uns mehr Pferde aufdrängen wollen als billig und zu Fortschaffung unsere Fuhrwerks nötig ist, sei es nun unter dem Vorwande von schlechten Wegen, böser Jahreszeit, oder daß unsre Kutsche zu schwer sei, so hilft es selten, wenn man sich aufs Bitten legt oder ein Recht, auf ebensolche Weise weiterbefördert zu werden, als man gekommen ist, strenge behaupten will; denn jene Leute wissen wohl, daß einem Fremden mehr daran gelegen ist, nicht aufgehalten zu werden, als sich zu verweilen, um einen Prozeß bei dem Oberpostamte zu führen. Da indessen das Vorspannen mehrer Pferde Folgen für alle übrigen Stationen hat, so pflegen sich die Posthalter, wenn sie recht höflich sind, zu erbieten, uns einen schriftlichen Schein auszustellen, daß dies weiter nicht von Konsequenz sein solle. Hierauf aber lasse man sich nicht ein! Dies Dokument hat keinen Nutzen; auf der nächsten Station wird man uns, wenn grade ein paar Pferde müßig stehen, nichtsdestoweniger ebenso viele vorspannen und uns wiederum einen Schein anbieten, der ebenso unwirksam bleiben würde als der erste. Das sicherste Mittel in solchen Fällen ist, entweder dem Wagenmeister ein gutes Trinkgeld zu geben und den Postillon, welcher fahren soll, auf eben diese Art zu gewinnen, oder aber ein oder zwei Pferde mehr zu bezahlen, ohne sie vorspannen zu lassen.

Wenn man Wasserreisen auf Strömen macht oder Hausrat auf diese Weise fortbringen läßt, so baue man nie auf die Versprechungen der Schiffer in Ansehung der Zeit, binnen welcher sie an Ort und Stelle sein wollen. Sie halten sich mehrenteils unterwegens auf, um noch mehr Fracht zu ihrem Profit aufzunehmen oder Schleichhandel zu treiben, wenn sie heimlich Kaufmannsgüter mit eingeladen haben; es müßte denn über dies alles der bündigste schriftliche Kontrakt aufgesetzt sein.

Wer zu Pferde reist, sei es nun mit oder ohne Reitknecht, der darf sich nicht auf die Leute in den Wirtshäusern in Ansehung der Verpflegung seiner Kavallerie verlassen, sondern muß selbst besorgt sein oder seine Bedienten dazu anhalten, daß die Pferde in einem guten, reinen und gesunden Stalle, von fremden Gäulen getrennt, gehörig gewartet und gefüttert werden.

Man unternehme keine weite Reise auf Mietkleppern, wenn man nicht zuverlässig weiß, daß die Pferde gesund und gut sind, ein paar Tage vorher geruht haben und frisch fortgehen; denn wenngleich die Pferdeverleiher sehr ernsthaft zu bitten pflegen: man möge ja dem Gaule mit den Sporen nicht zu nahe kommen, er sei gewaltig feurig, so sind doch diese feurigen Bucephalen* oft mit Sporen, Peitschen und Verwünschungen nicht aus der Stelle zu bringen.

Wenn ich nicht fürchtete, weitschweifig zu werden, so würde ich hier noch manche gewiß nicht unnütze Vorschrift geben, z. B. daß man fremde Pferde schonen; daß man, wenn man größere Reisen machen will, langsam in und langsam aus dem Stall reiten solle; daß man nicht wohl tue, in Städten über Kanäle, die mit Brettern bedeckt sind, zu reiten usf. Man sage nicht, daß dies bekannte Dinge sind! Sehr viel Leute lernen zu Pferde sitzen und Pferde bändigen, aber praktisch reiten lernt man nicht auf der Bahn. Allein ich sehe schon die Herrn Krittler die Nase rümpfen, darüber daß so etwas in einem Buche über den *Umgang mit Menschen* Platz finden sollte. Wer aber überlegt, daß in diesem Buche überhaupt *Vorschriften zu einem glücklichen, ruhigen und nützlichen Leben in der Welt und unter Menschen* gegeben werden sollen, der wird sich wundern, wenn er hört, daß ein *deutscher* Rezensent gesagt hat: ich sei in den Fehler so vieler *deutscher* Schriftsteller gefallen, die ihren Werken zu viel Vollständigkeit geben wollten und darüber freilich – weniger *amüsant* schrieben.

Das Fußgehn ist gewiß die angenehmste Art zu reisen. Man genießt die Schönheiten der Natur; man kann sich unerkannt unter allerlei Leute mischen, beobachten, was man außerdem

---

* Bukephälos, Pferd Alexander des Großen

nicht erfahren würde; man ist ungebunden; kann das freundlichste Wetter und den schönsten Weg wählen; sich aufhalten, einkehren, wenn und wo man will; man stärkt den Körper; wird weniger erhitzt und gerüttelt; hat Appetit, hat Schlaf, und ist, wenn Müdigkeit und Hunger der Bewirtung das Wort reden, leicht mit jeder Kost und jedem Lager zufrieden. Ich bin auf diese Weise einige Kreise von Deutschland verschiedenemal durchwandert und habe unter andern auf solche Art die erste genauere Bekanntschaft mit dem Paradiese von Deutschland, mit der schönen Pfalz gemacht. Hier wurde der Entschluß in mir reif, eine Zeitlang mich da niederzulassen, wo ich nachher vier Jahre hindurch so manche glückliche Stunde in der herrlichsten Gegend, an der Seite edler Menschen und unvergeßlich lieber Freunde verlebt habe, denen ich hier dies kleine Opfer treuer, dankbarer Hochachtung bringe; aber ich habe doch auch gefunden, daß diese Art zu reisen in Deutschland mit einiger Schwierigkeit verknüpft ist. Zuerst hat man die Ungemächlichkeit, nur wenig Kleidungsstücke, Bücher, Schriften und dergleichen mit sich führen zu können. Diesem kann man indessen dadurch einigermaßen abhelfen, daß man, was etwa ein Bote nicht tragen kann, mit der Post in die Hauptörter schickt, durch welche man reisen will. Allein eine zweite Unbequemlichkeit besteht darin, daß diese in Deutschland für einen Mann von Stande ungewöhnliche Art zu reisen zu viel Aufmerksamkeit erregt, und daß die Gasthalter nicht eigentlich wissen, wie sie uns behandeln sollen. Ist man nämlich besser gekleidet als gewöhnliche Fußgänger, so hält man uns entweder für verdächtige Menschen, für Abenteurer oder für Geizhälse; man wird beobachtet, ausgefragt, und mit einem Worte, man paßt nicht in den Tarif, nach welchem die Wirte ihre Fremden zu taxieren pflegen. Ist man aber schlecht gekleidet, so wird man wie ein reisender Handwerksbursche in Dachstübchen und schmutzige Betten einquartiert, oder man muß jedesmal weitläufig erzählen: wer man ist und warum man nicht mit Kutschen und Pferden erscheint. Bei Fußreisen ist die Gesellschaft eines verständigen und muntern Freundes vorzüglich angenehm.

Man verlasse sich nicht auf die Bauern, wenn sie uns Fußwege anzeigen, die näher als die gewöhnlichen sein sollen. So wie überhaupt diese Menschen voll Vorurteile und voll Anhänglichkeit an alte Gewohnheiten sind, so gehen sie auch immer die Wege, die vom Vater auf den Sohn herab als die nächsten sind anerkannt worden, ohne daß sie Augenmaß und Überlegung gebrauchen, um die Irrtümer ihrer Voreltern zu berichtigen.

Hat man große Tagereisen zu Fuße zu machen, so genieße man früh morgens nichts als ein Glas Wasser. Hat man dann einige Stunden zurückgelegt und fühlt sich ermüdet, so ist Kaffee und Brot zur Erquickung heilsam. Selten ein Glas Wein kann auch nicht schaden; Branntwein macht müde und schlaff.

Will man sich ausruhn, so hüte man sich, zu nahe an der Straße sich unter einen Baum zu legen. Das sind gewöhnlich Plätze, wo Bettelleute sich lagern und Ungeziefer zurücklassen.

Macht man den Weg durch einen unbekannten Wald und denkt binnen einen oder zwei Tagen wieder zurückzukehren, so streue man hie und da abgerissene Zweige auf seinen Pfad, um darnach den Weg wiederzufinden. Man gehe nie ohne Gewehr, wenigstens nie ohne Stock.

3.

Ich komme jetzt zu dem Umgange mit betrunkenen Leuten. Der Wein erfreut des Menschen Herz, und wenn man dies Vehiculum nicht als ein notwendiges Bedürfnis, ohne welches man durchaus nicht in frohe Laune zu setzen ist, sondern als ein Erwekkungsmittel braucht, um in trüben Augenblicken den natürlichen guten Humor, der nie ganz aus dem Gemüte eines ehrlichen Biedermanns weichen darf, unter dem Schutte von häuslichen Sorgen hervorzurufen, so habe ich nichts dagegen einzuwenden, sondern gestehe vielmehr, daß ich selbst die wohltätige Wirkung dieser herrlichen Arzenei aus dankbarer Erfahrung kenne. Allein kein Anblick ist so widrig für den verständigen Mann als der eines Menschen, welcher sich durch starke Getränke um Sinne und

Vernunft gebracht hat. Wenn dies auch nicht der Fall ist, so bleibt es schon unangenehm, der einzige ganz Kaltblütige in einer Gesellschaft von Leuten zu sein, die sich durch ein Gläschen über die Gebühr um einen Ton höher gestimmt haben; und wenn man den Tag mit ernsthaften Geschäften hingebracht hat und dann von ungefähr des Abends in einen Zirkel solcher muntrer Gäste gerät, so ist fast kein anders Mittel zu finden (oder man müßte denn von Natur immer zum Scherze aufgelegt sein), als ein wenig mitzuzechen, um sich denselben Schwung zu geben.

Die Wirkungen des Weins auf die Gemüter der Menschen sind aber nach ihren natürlichen Temperamenten sehr verschieden. Manche zeigen sich äußerst lustig; andre sehr zärtlich, wohlwollend und offenherzig. Andre melancholisch, schläfrig, verschlossen; andre hingegen geschwätzig und noch andre zänkisch, wenn sie berauscht sind. Man tut wohl, der Gelegenheit auszuweichen, mit Betrunknen von dieser letztern Art in Gesellschaft zu geraten. Ist dies aber nicht zu vermeiden, so kann man doch darin mehrenteils mit einem vorsichtigen, nachgebenden und höflichen Betragen und dadurch, daß man ihnen nicht widerspricht, so ziemlich gut fortkommen. Daß man auf das, was ein Mensch im Rausche verspricht, nicht bauen dürfe; daß man sich doppelt ernstlich hüten müsse, eine Ausschweifung im Trunke zu begehn, wenn man weiß, daß man einen bösen Rausch hat; daß es unedel gehandelt sei, diesen schwachen Zustand eines Menschen zu nützen, um ihm Zusagen oder Geheimnisse zu entlocken, und endlich, daß man mit Leuten, die zu tief in die Flasche geschaut haben, eine ernsthaften Sachen verhandeln müsse – das versteht sich wohl von selber.

4.

Nun etwas über das Ratgeben. Wenn Dich jemand um Rat und Zurechtweisung bittet, so überlege wohl, ob es Pflicht ist, daß Du ihm Deine Meinung aufrichtig sagest oder nicht; sodann ob es ihm mit seinem Begehren Ernst ist oder nicht. Fragt er Dich, wenn er sich schon vorgenommen hat, was er tun oder lassen will; fordert er Zurechtweisung, Kritik, bloß um gelobt, geschmeichelt zu werden, so lasse Dich darauf nicht ein. Man muß seine Leute kennen, wenn man sich nicht unnütze, oft obendrein sehr undankbare Mühe geben will. Man braucht darum doch kein Schmeichler zu sein, noch in unweisen und unrechten Vorsätzen zu bestärken. – Es gibt leicht einen Weg, den Auftrag von sich abzulehnen. Am vorsichtigsten sei man im Ratgeben bei Heiratsangelegenheiten!

Dagegen aber frage auch Du nicht nach Rat und fremdem Urteile, wenn Du schon entschlossen bist, Dein Ohr nur zum Beifall und Lobe zu neigen.

5.

Bei Sterbebetten, Geburtsfesten und andern solchen Gelegenheiten enthalte Dich aller steifen, feierlichen Akte, prunkvollen Deklamationen und Theaterszenen. Solche Pedantereien und Förmlichkeiten machen doch keine bleibenden Eindrücke, sind mehrenteils für den leidenden Teil ermüdend und für jeden Dritten äußerst langweilig.

6.

Ich habe bemerkt, daß man (dies ist besonders bei Damen der Fall) sich *beim Tanze* oft von einer nicht vorteilhaften Seite zeigt. Wenn das Blut in Wallung kommt, so ist die Vernunft nicht mehr Meister der Sinnlichkeit; verschiedene Arten von Temperamentsfehlern werden dann offenbar. Man sei also auf seiner Hut! Der Tanz versetzt uns in eine Art von Rausch, in welchem die Gemüter die Verstellung vergessen. – Wohl dem, der nichts zu verbergen hat! Anständigkeitsregeln beim Tanze übergehe ich hier. Wer Erziehung hat, bedarf deren nicht, und weiß z. B., daß man sich nicht vordrängen und Damen nicht plump angreifen, drücken und herumreißen darf; daß es beim Händegeben schicklich ist, der Hand des Vornehmern über der seinigen den Platz zu lassen u. dgl. mehr. – Das Alles würde in der Tat nicht verdienen, daß man *ein* Wort darüber verlöre, wenn nicht in der heutigen Welt Mancher der Beobachtung oder Vernachlässigung solcher Kleinigkeiten sein zeitliches *Glück* oder *Unglück* verdankte.

DRITTER TEIL

Einleitung

Nach dem, was ich in der Einleitung zu dem zweiten Teil dieses Buchs über die darin beobachtete Ordnung der Gegenstände gesagt habe, führt mich mein Plan nun zu Entwicklung der Vorschriften für den Umgang mit Personen von verschiedenen Ständen und Verhältnissen im bürgerlichen Leben, da ich dann, wie billig, mit den Großen der Erde den Anfang mache.

Erstes Kapitel

Über den Umgang mit den Grossen der Erde, Fürsten, Vornehmen und Reichen

1.

Man würde ungerecht handeln, wenn man behaupten wollte, alle Fürsten, alle sehr vornehmen und alle sehr reichen Leute hätten dieselben Fehler miteinander gemein, durch welche viele von ihnen ungesellig, kalt, unfähig zum echten Freundschaftsbande und schwer zu behandeln im Umgange werden; allein man versündigt sich wahrlich nicht, wenn man sagt, daß dies bei den mehrsten von ihnen der Fall ist. Sie werden in der Erziehung verwahrlost, von Jugend auf durch Schmeichelei verderbt, durch andre und sich selbst verzärtelt. Da ihre Lage sie über Mangel und Bedürfnis mancher Art hinaussetzt; da sie selten in Verlegenheit und Not geraten, so lernen sie nicht, wie nötig ein Mensch dem andern, wie schwer allein zu tragen manches Ungemach in der Welt, wie süß, teilnehmende, mitleidende Seelen zu finden, und wie wichtig es ist, andrer zu schonen, damit man einst zu ihnen seine Zuflucht nehmen könne. Sie lernen sich selbst nicht kennen, weil man sie aus Furcht oder Hoffnung die widrigen Eindrücke, welche ihre Fehler und Gebrechen wirken, nicht empfinden läßt. Sie sehen sich als Wesen besserer Art an, von der Natur begünstigt, zu herrschen und zu regieren, die niedern Klassen hingegen bestimmt, ihrem Egoismus, ihrer Eitelkeit zu huldigen, ihre Launen zu ertragen und ihre Phantasien zu schmeicheln. Auf die Voraussetzung, daß die mehrsten Großen und Reichen größtenteils diesem Bilde gleichen, muß man sein Betragen im Umgange mit ihnen gründen. Um desto wohltätiger zwar ist die Empfindung, wenn man unter ihnen einen antrifft, der mit einem gewissen edeln Stolze, mit mehr Feinheit, Großmut und besserer Kultur – Vorteile, welche freilich eine zweckmäßige, vornehme Erziehung gewähren kann – alle Privattugenden verbindet. Und noch einmal, es gibt deren selbst unter Fürsten – aber sie sind dünne gesäet, und nicht immer macht der allgemeine Ruf sie uns bekannt. Auf diesen und auf die Posaunen der Zeitungsschreiber und Journalisten rate ich, nicht zu sehr zu bauen. Ich habe oft mit inniger Betrübnis gesehn, wie so ganz anders der allgemein bewunderte, als Wohltäter des Menschengeschlechts und Beförderer alles Edeln, Großen und Schönen gepriesene Erdengott und Liebling des Volks in der Nähe so klein, so erbärmlich war. *Die besten Fürsten sind nicht selten die, von denen am wenigsten geredet wird, sowohl im Guten als im Bösen.*

2.

Der Umgang mit Großen und Reichen muß aber sehr verschieden sein, je nachdem man ihrer bedarf oder nicht, von ihnen abhängig oder frei ist. Im erstem Falle darf man wohl nicht immer so gänzlich seinem Herzen folgen, muß zu manchem schweigen, sich manches gefallen lassen, darf nicht so kühn die Wahrheit sagen, obgleich ein fester, redlicher Mann diese Geschmeidigkeit dennoch nie bis zu niedriger Schmeichelei treiben wird. Indessen verändern kleine Umstände, sowie die feinen Nuancen der Charaktere das Verhältnis, weswegen ich denn in dem Folgenden alle Regeln für den Umgang mit den Großen zusammenfassen und den Lesern überlassen werde, zu ordnen und auszuwählen, was in jeder Lage anwendbar ist.

3.

Ein allgemeiner Satz für alle Fälle ist der: Dränge Dich den Vornehmen und Reichen nicht auf, wenn Du nicht von ihnen verachtet werden willst! Überlaufe sie nicht mit Bitten für Dich und andre, wenn sie Deiner nicht überdrüssig werden, wenn sie Dich nicht fliehn sollen. Laß Dich vielmehr von ihnen aufsuchen.

Mache Dich rar; doch dies alles, ohne daß Deine Absicht merklich, ohne daß es gezwungen scheine.

4.

Suche nicht, Dir das Ansehn zu geben, als gehörest Du zu der Klasse der Vornehmen oder lebtest wenigstens mit ihnen in engster Vertraulichkeit. Rühme Dich nicht ihrer Freundschaft, ihres Briefwechsels, ihres Zutrauens, noch Deines Übergewichts über sie. Wenn eine solche Verbindung ein Glück ist – ich meine, man kennt hierüber meine Grundsätze – so erfreue man sich in der Stille dieses unbequemen Glücks. Es gibt Menschen, die durchaus dafür angesehn sein wollen, eine größere Figur in der Welt zu spielen, in höherem Ansehn zu stehn, als wirklich der Fall ist. Sie führen auf Unkosten ihres Geldbeutels den Luxus der Vornehmen und Reichen in ihren Häusern oder drängen sich in deren Zirkel ein, wo sie eine elende Figur spielen, nur hinterherlaufen müssen und keinen frohen Genuß haben, indes sie lehrreichern und süßern Umgang gänzlich vernachlässigen und gute Freunde und weise Menschen von sich entfernen. Die geizigsten Leute sparen zuweilen keine Kosten, wenn sie Gelegenheit finden können, Zutritt in großen Häusern zu erlangen, und hungern gern Monate hindurch, um einmal einen Fürsten bei sich zu bewirten, der dieses Opfer gar nicht gewahr wird, nicht dankbar dafür ist, vielleicht Langeweile bei ihnen hat, alles sehr bürgerlich findet und nach vierzehn Tagen wohl gar den Namen des törichten Wirts vergessen hat. Andre lassen es sich wenigstens angelegen sein, die nichtsbedeutenden und verderbten Sitten der Großen pünktlich nachzuahmen, ihre hochmütige Herablassung, ihren geschäftigen Müßiggang, ihre Zerstreuung, ihr Wichtigtun, ihre leeren Vertröstungen, ihre seelenlosen Gespräche, ihre Zweizüngigkeit, Windbeutelei, Gefühllosigkeit, Nachahmung der Ausländer, die Verachtung ihrer Muttersprache, ihre fehlerhafte Schreibart, ja sogar ihre lächerlichen Gebärden, Gewohnheiten und Gebrechen, ihr Stammeln, Lispeln,

Achselzucken, ihre Grobheit gegen Niedere, Kränklichkeit, ihr Podagra, ihre schlechte Hauswirtschaft, ihre dummen Launen und mehr dergleichen herrliche Vorzüge zu kopieren und sich eigen zu machen. Ihnen ist der beste Beweis für die Güte einer Sache der, daß sie sagen: Jedermann von Stande handle so und nicht anders, als wenn das eine Narrheit heiligen könnte! – Handle selbständig! Verleugne nicht Deine Grundsätze, Deinen Stand, Deine Geburt, Deine Erziehung; so werden Hohe und Niedre Dir ihre Achtung nicht versagen können.

5.

Man traue nicht zu sehr den freundlichen Gesichtern der mehrsten Großen, glaube sich nicht auf dem Gipfel der Glückseligkeit, wenn der gnädige Herr uns anlächelt, die Hand schüttelt oder uns umarmt. Vielleicht bedarf er unsrer in diesem Augenblicke und behandelt uns mit Verachtung, wenigstens mit Kälte, sobald dieser Augenblick vorüber ist. Vielleicht fühlt er gar nichts bei seiner Freundlichkeit, wechselt Mienen, wie andre Kleider wechseln, ist grade in der Verdauungsstunde zu untätigem Wohlwollen gestimmt oder will einen andern seiner Sklaven dadurch demütigen. Man bleibe mit dieser Gattung Menschen immer in seinen Schranken, mache sich nicht gemein mit ihnen und vernachlässige nie die äußere unterscheidende Höflichkeitund Ehrerbietung, die man ihrem Stande schuldig ist, sollten sie sich auch noch so sehr herablassen. Früh oder spät fällt es ihnen doch ein, ihr Haupt wieder emporzuheben, oder sie verabsäumen uns, wenn ein andrer Schmeichler sie an sich zieht, und dann setzt man sich unangenehmen Demütigungen aus, die man mit weiser Vorsicht vermeiden kann.

6.

Überschreite nicht bei Deiner Gefälligkeit gegen die Großen der Erde, in deren Händen Dein bürgerliches Glück ist, die Grenzen der wahren Ehre. Es ist eine große Versuchung für einen armen oder ehrbegierigen jungen Menschen, der in dem Dienst eines schwachen Fürsten sich emporschwingen will, ob er nicht dessen ränkevollem Minister, dem regierenden Kammerdiener oder einer tyrannischen Buhlerin huldigen soll; aber selten nimmt das ein gutes Ende. Solche Lieblinge stürzen sich früh oder spät selber und reißen dann ihre Kreaturen mit in ihr Verderben; und wäre auch das nicht, so werden doch die größten Vorteile, die man dadurch erlangen könnte, zu teuer erkauft, wenn man dafür die Achtung weiser und rechtschaffener Männer aufopfern muß; und das ist gewiß immer der Fall. – Der grade Weg hingegen führt unfehlbar, wo nicht zu einem glänzenden, doch zu einem dauerhaften Glücke.

7.

Auch lasse man sich von den Erdengöttern nicht nur zu keinen unedeln Geschäften mißbrauchen, sondern sei auch vorsichtig in allen Diensten, welche man ihnen erweist. Sie machen leicht aus jeder Gefälligkeit eine Pflicht und halten es nachher für Verabsäumung unsrer Schuldigkeit, wenn wir zu einer andern Zeit uns nicht grade aufgelegt zeigen, uns eben also preiszugeben. Wenigstens vergessen sie leicht, was man für sie getan hat. Es bat mich einmal der *** von ***, der sonst in der Tat viel gute Eigenschaften hatte, ihm ein paar Aufsätze in französischer und deutscher Sprache zu verfassen, die er bei einer gewissen Gelegenheit öffentlich vorlesen wollte, um die Gemüter zu lenken. »Es fehlt mir an Zeit, mein Lieber!« sagte er, »sonst würde ich Sie nicht bemühn; doch, Sie sind auch in dergleichen Arbeiten geübter als ich.« Ich wendete einige Stunden Fleiß und Anstrengung daran, und als ich ihm das Ganze brachte, drückte er mich an seine Brust, dankte mir unter vier Augen in den zärtlichsten, herablassendsten Ausdrücken dafür und schwur sehr übertrieben: meine Arbeit sei ein Meisterstück von Beredsamkeit. Kurz, er gebärdete sich, als wenn ich ihm den wichtigsten Dienst geleistet hätte, bat mich aber, die Sache zu verschweigen, welches ich auch tat. Nach ein paar Jahren kam ich des Morgens in *** zu ihm. Er erzählte mir allerlei zu seinem eigenen Lobe – ich hörte demütig zu. – »Und das alles«, fuhr er fort, »habe ich durch ein paar Memoires bewirkt, die mir, ohne mich zu rühmen, nicht übel geraten sind. Sie sollen sie selbst lesen. Nehmen Sie sie mit sich nach Hause!« Er überreichte mir darauf meine eigne Geistesware, nur von seiner Hand geschrieben, und ich steckte sie ein, legte aber zu Hause meine Konzepte dazu und schickte ihm dann die Papiere zurück. Er wurde ein wenig beschämt, und wir scherzten nachher darüber. – Allein so sind auch die Besten unter ihnen.

Vor allen Dingen hüte man sich, von ihnen in gefährliche Händel gezogen zu werden. Sehr gern pflegen sie das zu tun und schieben dann entweder die Schuld auf uns, wenn die Unternehmung nicht gelingt, oder lassen uns gar darin stecken und alles Ungemach allein auf uns fallen, wenn die Sache schiefgeht. Auch von letzterer Art habe ich in den Jahren meiner unvorsichtigen Jugend Erfahrungen gemacht, wovon indessen die Erzählung hier um so weniger Platz finden kann, da ich mir fest vorgesetzt habe, keine Anekdote einzumischen, wobei eigentlich irgend jemandes Charakter in ein schlechtes Licht gesetzt würde. Kurz, man lasse sich ihre Geheimnisse nicht mitteilen. Sie schonen des Mannes, der um ihre Heimlichkeiten weiß, nur so lange, als sie seiner unumgänglich bedürfen; aber sich fürchten ihn und suchen sich von ihm loszumachen, sobald sie können, möchte man ihnen auch noch so deutlich zeigen, daß man unfähig ist, dies Übergewicht und ihr Zutrauen zu mißbrauchen.

8.

Überhaupt darf man auf die Dankbarkeit der mehrsten Vornehmen und Reichen sowie auf ihre Versprechungen nicht bauen. Opfre ihnen also nichts auf! Sie fühlen den Wert davon nicht, glauben, alle andern Menschen seien ihnen einen solchen Tribut schuldig, für den Schutz, für die gnädigen Blicke, ja für eine ungestörte Existenz, oder man wolle dadurch kleine Vorteile erringen. Schenke ihnen also auch nichts. Das heißt einen Tropfen köstlichen Balsams in einen Eimer trüben Wassers fallen lassen. Ich besaß ein altes kostbares Gemälde; ein geschickter Maler schätzte den Wert desselben auf hundert Pistolen. Die Hälfte dieser Summe, die ich leicht dafür bekommen haben würde, wäre bei meinen damaligen häuslichen Umständen mir äußerst nützlich gewesen; mein gutmütiges Temperament aber, oder vielmehr meine Torheit verleitete mich, das Gemälde dem Durchlauchtigsten *** von *** zu schenken, welcher es auch annahm. Ich dachte dadurch nichts zu erschleichen, aber teils wollte ich diesem Fürsten hiermit meine Zuneigung bezeugen, teils hoffte ich, da ich im Begriffe stand, ihn um etwas zu bitten, das er mir, weil er mir's versprochen, längst schuldig war, er werde sich nun endlich seines Worts erinnern, sooft er das Gemälde erblickte; allein ich betrog mich. Er umarmte mich, als ich zu ihm kam, und zeigte mir den Ehrenplatz, welchen er meinem Geschenke angewiesen, doch sein Versprechen erfüllte er nicht, und als ich mich nach Jahresfrist eines Abends, zugleich mit einem Gesandten, dem er seine Schätze der Kunst zeigte, in seinem Kabinette befand, sagte er diesem Fremden in meiner Gegenwart, indem er von meinem teuren Gemälde redete: »Es ist wahrlich ein schönes Stück, und ich bin ziemlich wohlfeil daran gekommen.« – Er hatte also vergessen, daß ich es war, der ihm diesen sehr wohlfeilen Preis gemacht hatte, und ich beseufzte die verschwundene Hoffnung und die verlorne Summe, von welcher ich mit den Meinigen eine Zeitlang hätte leben können.

Ebensowenig rate ich, den Großen Geld zu leihn oder von ihnen zu borgen. Im erstem Falle sehen sie nicht nur ihre Gläubiger als Wucherer und als solche an, die sich eine Ehre daraus machen müssen, den gnädigen Herrn mit ihrem Vermögen aufzuwarten, sondern auch, wenn sie saumselig in Wiederbezahlung der Schuld sind, wie man denn das sehr oft erlebt (da sie mehrenteils größern Aufwand machen, und unordentlicher in ihren häuslichen Geschäften zu sein pflegen, als sie sollten), so hat man unerhörte Weitläufigkeiten, hat zuweilen Mühe, Gerechtigkeit gegen sie zu erlangen, und macht sich wohl noch obendrein eine mächtige Partei zu Feinden. Im andern Falle aber, nämlich wenn man von ihnen borgt, wagt man, tausendfältig ihr Sklave zu werden.

9.

Trage nichts dazu bei, sie und ihre Kinder noch mehr zu verderben, moralisch zu verschlimmern. Schmeichle sie nicht. Nähre nicht ihren Stolz, ihre Üppigkeit, ihre Eitelkeit, ihren Hang zu nichtigen und wollüstigen Freuden. Bestärke die Großen nicht in den Grundsätzen von angebornen Vorzügen, von Herrscherrechten, von Gesalbtheit und dergleichen Grillen. Heuchle nicht. Verleugne nicht Wahrheit, selbst die bittre Wahrheit nicht. Sei freimütig, aber ohne grob zu werden, und ohne Dich selbst zugrunde zu richten. Nimm Dich der verkannten Unschuld, des verleumdeten Edeln, des durch Hofränke verschwärzten Ehrenmannes an; doch mit Vorsicht, ohne seine Feinde dadurch noch mehr zu erbittern, und soviel Deine Lage es Dir erlaubt. Befördere, unterstütze, wo Klugheit es gestattet, die Wünsche, den guten Ruf und die billigen Gesuche derer, die zu schüchtern, zu arm, zu bescheiden oder zu sehr niedergedrückt, verkannt, von zu geringem Stande sind, um sich den Palästen zu nähern. Man sollte es kaum glauben, welchen Einfluß die Reden eines verständigen, allgemein geschätzten Mannes auf diese Menschen haben können, sowohl im Guten als Bösen, wie gern sie alles zum Vorteile ihres Dünkels auslegen, und wieviel man auf sie wirken kann, wenn auch die Folgen nicht sichtbar werden.

10.

Man hüte sich, mit ihnen von Plänen und Projekten zu reden, von denen man nicht gewiß ist, daß sie, wenn sie auf dies bloße Wort also unternommen werden, ausführbar sind, teils aus Furcht, sie zu mißleiten (besonders wenn sie uns vielleicht nur halb verstanden haben und nun gleich für sich an das Werk gehen), teils damit nicht die Schuld auf uns falle, wenn der Erfolg nicht der Erwartung gemäß ist. Ich erinnere mich (um nur ein ganz kleines Beispiel zu geben), daß einst ein gewisser Prinz mit mir von einem platten Dache redete, das er auf sein Gartenhaus hatte legen, aber wieder abnehmen lassen, weil er es zu schwer befunden. Mir fiel grade ein, daß ich von einem französischen Ingenieuroffizier gehört hatte: Man könnte ein wohlfeiles, leichtes und dauerhaftes plattes italienisches Dach aus einer Menge Lagen von blauem Zuckerpapiere, zwischendurch und obenauf mit Schiffteer beschmiert und mit Kies (Flußsand) bestreuet, verfertigen. Dies erzählte ich dem Prinzen beiläufig, ohne jedoch für die Güte der Sache einzustehn. Lange nachher erfuhr ich, daß er den Versuch – wer weiß wie? – gemacht hätte, daß dieser mißlungen war und daß er nicht undeutlich zu verstehn gegeben hätte, ich sei ein Mann, auf dessen Projekte man sich nicht zu sicher einlassen dürfte.

Überhaupt kann man kaum vorsichtig genug in seinen Reden mit ihnen sein. Man enthalte sich daher in ihrer Gegenwart aller nachteiligen Urteile über andre Leute, aller Medisance. Sie pflegen dergleichen ganz gern zu hören, aber die Folgen sind oft sehr unglücklich. Zuerst setzt man dadurch sich und andre in ihren Augen herab, denn sie lachen zwar mit, hassen aber doch den Lästerer und Ausspäher fremder Fehler, bei dem heimlichen Bewußtsein ihrer eigenen vielfachen Gebrechen (so gern sie dies auch unterdrücken), und da sie schon alle übrigen Menschen verachten, so wächst diese Verachtung durch Aufdekkung fremder Schwachheiten. Sodann mißbrauchen sie wohl gelegentlich unsern Namen, kompromittieren uns, indem sie unsern Einfall nacherzählen, hetzen uns mit andern zusammen. Endlich weiß man zuweilen nicht, ob nicht das zeitliche Glück solcher Menschen, von denen man nachteilige Begriffe erweckt, in ihren Händen ist, und da erstaunt man, wenn man erfährt, wie oft ein einziges, ohne böse Absicht hingeworfenes Wort feste Wurzel faßt und nach langer Zeit noch die schädlichsten, unglücklichsten Folgen haben kann. Das Gute gleitet auf ihren unteilnehmenden Herzen ab, das Böse hingegen setzt sich fest und wird so leicht nicht ausgelöscht. Ich könnte davon die sonderbarsten Beispiele anführen, wenn ich nicht fürchtete, dadurch die Geduld der Leser zu ermüden. Am allervorsichtigsten aber soll man in seinen Gesprächen über andre Personen von höherem Stande sein. Obgleich die Erdengötter sich untereinander selten lieben, sondern mehrenteils durch allerlei Leidenschaften getrennt sind, so hören sie doch nicht gern, daß man die privilegierten Lieblinge des Himmels in ihrer Gegenwart ohne Ehrerbietung nennt. Übrigens wollen die Vornehmen und Reichen angenehm unterhalten und in fröhliche Laune gesetzt sein. Tue dies auf unschuldige Weise, wenn Dir an ihrer Gunst gelegen ist. Aber erniedrige Dich nicht zu ihrem besoldeten Spaßmacher, der Schwanke liefern muß, so oft sie winken, und von dem sie kein vernünftiges Wort hören mögen.

11.

In den Herzen der mehrsten Großen wohnt Mißtrauen. Es herrscht bei ihnen der Gedanke, alle übrigen Menschen hätten einen Bund gegen sie gemacht. Deswegen sehen sie es so ungern, wenn unter denen, welche ihnen unterworfen sind, enge Freundschaften entstehen. Wer sich um Fürsten und Vornehme nicht zu bekümmern braucht, der kann sich hierüber gänzlich hinaussetzen, Verbindungen nach seinem Herzen schließen, und überhaupt wird kein redlicher Mann aus niedriger Gefälligkeit gegen irgendeinen Beschützer und Gönner einen wahren Freund vernachlässigen, noch einen würdigen Mann, der ihm die Hand reicht, von sich stoßen. Wer aber an Höfen sein Glück machen will, der tut doch wohl, wenn er vorsichtig in der Wahl seines Umgangs, seiner Vertraueten und der Gesellschaften ist, welche er am häufigsten besucht. Es herrschen da immer Parteien und Kabalen, in welche ein wohlwollendes, teilnehmendes Herz gar zu leicht hineingezogen wird; und wenn nun eine dieser Parteien über die andre siegt, so muß oft der Unschuldigste, insofern er nur irgend Mitwissender bei dem, was vorgefallen, gewesen ist, die Zeche bezahlen helfen. Ich habe an einem Orte, wo ich mich wahrlich – wider meine sündliche Natur – äußerst vorsichtig aufgeführt hatte, unbeschreiblichen Verdruß bloß dadurch gelitten, daß man mutmaßte, ich habe eine gewisse Sache, die vorgegangen, gewußt oder wenigstens gemerkt, weil ich viel mit den Personen umging, welche darin verwickelt waren. Und doch konnte man leicht schließen, daß ich keine Rolle dabei gespielt, ja, daß ich diese Sache nicht eher erfahren haben konnnte, als bis sie schon geschehn, folglich durch meinen Rat oder Angabe nicht mehr zu hindern gewesen. Man hätte mir also meine Verschwiegenheit in jedem Betrachte und auch deswegen zum Verdienste anrechnen sollen, weil ich meine Freunde nicht verraten hatte. Man hätte überlegen sollen, daß ich ein freier, dienst- und pflichtloser Mensch war, folglich keine Obliegenheit hatte, den Fiskal oder Angeber zu machen und mich in solche Händel zu mischen. – Aber man ist denn nicht so billig, und ich rate angelegentlichst, an Höfen sich zu keiner Partei merklich zu schlagen, sondern seinen graden Gang fortzugehn und sich um nichts zu bekümmern, was uns nicht unmittelbar betrifft, höflich gegen jedermann, vertraulich aber nur unter vier Augen gegen die Allergeprüftesten zu sein

12.

Rede mit den Goßen der Erde ohne Not nicht von Deinen häuslichen Umständen, von Dingen, die nur persönlich Dich und Deine Familie angehen. Klage ihnen nicht Dein Ungemach. Vertraue ihnen nicht den Kummer Deines Herzens. Sie fühlen ja doch kein warmes Interesse dabei, haben keinen Sinn für freundschaftliche Teilnahme; es macht ihnen Langeweile; Deine Geheimnisse sind ihnen nicht wichtig genug, um sie treu zu bewahren; immer meinen sie, man wolle bei ihnen betteln, und sie verachten den Mann, der nicht glücklich, nicht frei ist. Von Jugend auf glauben sie, jedermann mache Plan auf ihren Geldbeutel, auf ihre Wohltaten. Überhaupt sehen uns die Leute von dem Augenblicke, da wir etwas zu suchen, andrer zu bedürfen scheinen, mit ganz andern Augen an als vorher. Man läßt uns Gerechtigkeit widerfahren, ja man zeigt sich bezaubert von unsern angenehmen Talenten, von unsern Kenntnissen, von unsrer Herzensgüte, von den glänzenden Vorzügen unsers Geistes, solange wir mit allen diesen schönen Eigenschaften nichts als höfliche Behandlung und Gefälligkeit verdienen wollen, solange wir als Fremde, als unabhängige Menschen niemand im Wege stehen, niemand verdunkeln; aber viel genauer, strenger und unbilliger fängt man an, uns zu beobachten und zu richten, wenn wir unsre Vorzüge im Staate gelten machen und die erlaubten Vorteile damit erringen wollen, worin sich so gern die vornehmen Dummköpfe und deren Kreaturen teilen. Am besten wird man von den Vornehmen und Reichen behandelt, wenn sie erkennen, daß man ihrer gar nicht bedarf; wenn man ihnen dies auf feine Art zeigt, ohne sich dessen laut zu rühmen; wenn ihnen im Gegenteil unsre Hilfe, unsre Einsicht unentbehrlich ist; wenn wir dabei nie die Bescheidenheit und äußere Huldigung außer Augen setzen; wenn unser Scharfsinn, unsre größere Weisheit, unsre Festigkeit und Gradheit ihnen Ehrerbietung einflößen, ohne daß sie uns eigentlich fürchten; wenn wir uns bitten, uns aufsuchen lassen, nicht aber unsern Beistand aufdrängen. – Einen solchen Mann schonen sie sorgfältig. –

13.

Hüte Dich aber, einen Großen, der Ansprüche auf Verstand, Witz, hohe Tugenden, Gelehrsamkeit, Kunstgefühl, oder worauf es immer sei, macht, hüte Dich, ihn deutlich oder gar in Gegenwart andrer merken zu lassen, daß Du Dir bewußt bist, Du übertreffest, Du übersehest, Du verdunkelst ihn. In der Stille darf er das wohl fühlen, aber er muß es nur allein zu fühlen glauben. Vor allen Dingen ist diese Vorsicht nötig gegen Vorgesetzte, die ungeschickter in ihrem Fache sind als Du. Gern mögen sie Dir Deine bessern Einsichten, gleichsam als prüften sie Dich, abfragen, sich zu eigen machen, Dir nach Gelegenheit Deine eigene Ware wieder verkaufen; doch wehe Dir, wenn Du das rügst, wenn Du nur einmal tust, als merktest Du das, oder gar wenn Du den unterrichtenden Ton gegen sie annimmst. – Wie werden sie Dir das Leben sauer machen! Wieviel werden sie von Dir fordern, das sie selbst nie zu leisten imstande sein würden, damit sie Gelegenheit haben, Dich eines Fehlers zu zeihen.

14.

Es gibt aber geringe, unschuldige Gefälligkeiten gegen die Großen der Erde, die man ihnen, ohne sich ein Gewissen daraus zu machen, erweisen, und unwichtige Forderungen von ihrer Seite, die man ohne niedrige Schmeichelei erfüllen kann. Diese verzogenen Schoßkinder des Glücks sind nämlich von Jugend auf daran gewöhnt worden, daß man sich in Kleinigkeiten nach ihren Phantasien fügt, ihren Geschmack zur Richtschnur annimmt, ihre Liebhabereien artig findet und alles vermeidet, was ihnen aus Vorurteil oder kindischem Eigensinne zuwider ist. Auch die Besten unter ihnen sind von solchen Grillen und Einbildungen nicht ganz frei, und wenn man nun auf einen sonst redlichen, edeln Fürsten dadurch zum Guten wirken kann, daß man sich hierzu bequemt, oder wenn unser und unsrer Familie zeitliches Glück in seinen Händen ist – wer wird da nicht nachgebend sein und sich ein wenig nach einem solchen richten? So reden zum Beispiel manche Fürstenkinder sehr geschwind und undeutlich und sehen es nicht gern, wenn man noch einmal fragt, sondern wollen gleich verstanden sein. Freilich wäre es besser, wenn man ihnen diese Unart in der Kindheit abgewöhnt hätte; aber es ist nun einmal nicht geschehen; oder sie lieben Pferde, Hunde, bunte Soldätchen, Schauspiele, Pfeifenköpfe, Bilder, Geiger, Fiedler, komponieren auch wohl selbst, bauen, pflanzen, errichten Akademien, Museen und dergleichen. – Wie unschuldig ist es nicht da, zuweilen mit einzustimmen, einige

Kennerschaft zu zeigen? Nur muß man sie in ihren Lieblingsfächern nicht übersehn, nicht übertreffen wollen, welches leicht zu geschehn pflegt, da sie oft von den Dingen, womit sie sich am mehrsten beschäftigen, am wenigsten verstehen (wie sich denn über den vorsichtigen Umgang mit vornehmen Komponisten und unwissenden Mäzenaten ein weitläufiges Kapitel schreiben ließe). Auch was gewisse Kleidertrachten, Manieren, den Ton der Stimme, was Stil, Handschrift und mehr solche Dinge betrifft, darüber haben sie zuweilen gewisse eigene Meinungen, die man schonen muß, wenn man sich ihnen nicht unangenehm machen will. Übrigens versteht sich's, daß diese Gefälligkeit aufhören soll, sobald dieselbe schädlichen Einfluß auf den Charakter haben kann, wenn sie dadurch im Egoismus merklich bestärkt, von ernsthaften Beschäftigungen abgezogen, unbillig gegen andre, ungerecht gegen wirkliche Verdienste werden, oder wenn ihre Liebhabereien von solcher Art sind, daß dadurch ihr Herz verwildert, verhärtet, grausam wird.

Zu den mehrenteils schädlichen Liebhabereien großer, besonders regierender Herrn gehört auch die Lust, außer Lande zu reisen. Ungern möchte ich einen Fürsten darin bestärken. Sie rennen da gewöhnlich in fremden Himmelsgegenden herum, bevor sie ihr eigenes Land kennen, in welchem tausend Gegenstände mehr als die Karnevals von Venedig und die Pferderennen in England ihrer Aufmerksamkeit wert sind, kaufen für den sauren Erwerb ihrer Untertanen ausländische Possen, Krankheiten des Leibes und der Seele und bringen nicht selten große Forderungen, Hang zur Verschwendung, Wollust und Üppigkeit, böse Laune, Müßiggang, Avantüriers u. dgl. in ihre arme Residenz zurück.

15.

Fürsten, Vornehme und Reiche pflegen zuweilen sich so weit zu Leuten von geringerm Stande herabzulassen, daß sie dieselben um Rat fragen oder sie um Beurteilung ihrer Spielwerke, ihrer Schriften, Anlagen, Pläne, Meinungen und dergleichen bitten. Ich empfehle da Behutsamkeit und daß man sich erinnere, wie übel das Ratgeben und Warnen dem armen Gil Blas von Santillana in dem Hause des Kardinals bekam, obgleich dieser ihn so dringend aufgefordert hatte, ihm zu erzählen, was die Leute von seinen Predigten redeten. So wie fast alle übrigen Menschen, so legen besonders die Großen der Erde uns mehrenteils nur darum solche Dinge zur Beurteilung vor, damit wir sie loben sollen, und fragen nicht eher um Rat, als bis sie schon entschlossen sind über das, was sie tun wollen.

16.

Noch möchten alle diese Regeln der Vorsichtigkeit nicht so gefährlich zu übertreten sein im Umgange mit solchen Personen, die zwar nicht frei von den Fehlern einer vornehmen Erziehung, übrigens aber gut geartet, wohlwollend und verständig sind; allein doppelt wichtig wird ihre Befolgung, wenn man es mit vornehmen Pinseln, mit Menschen zu tun hat, die zugleich hochmütig, unwissend, dumm, von jedem wie ein Rohr hin und her zu leiten, mißtrauisch, kalt und rachsüchtig sind, und ich bedaure jede Christenseele, die von dergleichen kleinen und großen Tyrannen abhängen muß.

17.

Wenn Du das glänzende Unglück hast, der Liebling eines schwachen Erdengötzen zu sein, so bereite Dich nicht nur selber dazu vor, daß diese Freude nicht lange dauern, daß ein Schmeichler Dich aus Deinem Posten verdrängen wird; sondern zeige auch sowohl Deinem Sultane, daß Du nicht gänzlich von seinen Blikken lebst, als auch dem Volke, wie wenig Du Dir auf diesen nichtigen Vorzug zugute tust, wie unwesentlich zu Deiner moralischen Existenz ein solcher unbedeutender, zufälliger Glanz ist. Wenn Du dann in tiefe Ungnade fällst, so fliehen doch wenigstens die Bessern nicht vor Dir wie vor einem vernichteten verweseten Menschen, und der undankbare Despot fühlt, daß es noch Leute gibt, die seiner entbehren können. Baue überhaupt nicht auf die Freundschaft, Festigkeit und Anhänglichkeit der Großen. Sie achten Dich, solange sie Deiner bedürfen, sind wankelmütig, glauben lieber das Böse als das Gute, und der letzte hat bei ihnen immer Recht.

Nütze aber die Zeit ihrer Gunst, um sie zur Gerechtigkeit, Treue, Wahrheit und Menschenliebe zu ermuntern. Stimme ihnen nicht bei, wenn sie je vergessen wollen, *daß sie, was sie sind und was sie haben, nur durch Übereinkunft des Volks sind und haben; daß man ihnen diese Vorrechte wieder nehmen kann, wenn sie Mißbrauch davon machen; daß unsre Güter und unsre Existenz nicht ihr Eigentum, sondern daß alles, was sie besitzen, unser Eigentum ist, weil wir dafür alle ihre und der Ihrigen Bedürfnisse befriedigen und ihnen noch obendrein Rang und Ehre und Sicherheit geben und Geiger und Pfeifer bezahlen; endlich, daß in diesen Zeiten der Aufklärung bald kein Mensch mehr daran glauben wird, daß ein einziger, vielleicht der Schwächste der ganzen Nation, ein angeerbtes Recht haben könnte, hunderttausend weisern und bessern Menschen das Fell über die Ohren zu ziehn, daß sie aber ohne Trabanten und Wachen ruhig schlafen können, wenn das dankbare Volk, dessen treue Diener sie sind, sie liebt und für das Wohl der Edlen Segen vom Himmel erfleht.* – Es versteht sich, daß diese Wahrheiten einiger Einkleidung bedürfen, wenn sie den verwöhnten Ohren der Großen harmonisch klingen sollen.

Willst Du Dich in Gunst erhalten, so mache, daß nie der eitle Große merke, daß Du Dich Deiner Gewalt über ihn freuest, noch daß Du gern Deine Meinung gegen die seinigen durchsetzen wollest. Zeige ihm, daß wirklich Achtung und Liebe zu seiner Person und das Verlangen, nützlich zu sein, Deine Schritte leiten, nicht aber Eigennutz oder kindische Eitelkeit. Aber sei auch nicht so närrisch, billige Vorteile, Belohnungen Deiner Dienste zurückzuweisen, Dein Vermögen aufzuopfern und nachher vielleicht, wenn er Deiner müde ist, Dich mit einem weißen Stabe fortschicken zu lassen.

Über alle Geschäfte, die Dir von Fürsten aufgetragen werden, führe so genaue pünktliche Rechnung und Kontrolle, daß Du zu jeder Zeit die Rechtmäßigkeit Deiner Schritte gegen Verleumder und Ankläger beweisen könnest.

Ungebeten übernimm kein Geschäft, das nicht zu Deinem Amte gehört.

Vermeide es, ihnen durch trocknen, langweiligen Vortrag die Geschäfte noch unangenehmer zu machen, als sie ihnen schon gewöhnlich sind.

Bist Du des Fürsten Günstling, so fehlt Dir's nicht an Neidern und Ausspähern; sei daher dann doppelt vorsichtig in Deinem sittlichen Betragen.

Es gibt immer an Höfen Leute, denen daran gelegen ist, genau zu wissen, wie groß Dein Einfluß auf den Kopf und das Herz des Fürsten ist. Um diese nie in Deine Karte blicken zu lassen, und damit sie nicht wissen mögen, von welcher Seite etwa der Herr gegen Dich gewonnen werden könnte, so vermeide alle Gelegenheit, in andrer Gegenwart mit ihm von Geschäften oder sonst von Gegenständen, über welche Du vielleicht mit ihm nicht gleicher Meinung bist, zu reden.

Sei vorsichtig, höchst vorsichtig in bestimmter Anempfehlung andrer Leute zum Dienste des Fürsten.

Baue nie auf die Anhänglichkeit Deiner sogenannten Kreaturen, das heißt solcher Menschen, die Dir ihr Glück zu verdanken haben.

Versprich nicht Dein Fürwort, wenn Du des Erfolges nicht gewiß bist.

Begünstige die Gesuche der Kreaturen Deiner präsumtiven Feinde in billigen Dingen.

18.

Wenn Dein Beschützer, wenn ein Großer, dem Du in der Zeit seines äußern Glücks aus Not, Höflichkeit, Politik oder gutem Willen gehuldigt hast, von seiner Höhe herabstürzt, wenn er

Stand, Vermögen, Einfluß oder Glanz verliert, so schlage Dich nicht zu der Partei der Niederträchtigen, die dem Unglücklichen, der ihnen zu nichts mehr helfen kann, den Rücken zukehren. Verdient er Deine Hochachtung, so zeige ihm nun mit doppeltem Eifer, daß Dein Herz nicht von der Stimme des Pöbels abhängt; ist er aber Deiner Zuneigung unwert, so schone seiner wenigstens darum, weil er von jedermann verlassen ist und also zu Mißhandlungen schweigen muß. Räche Dich auch eben deswegen nie an dem, von welchem Du verfolgt, gedrückt worden, solange er Gewicht hatte. Sammle vielmehr feurige Kohlen auf sein Haupt, damit er in sich gehe und womöglich durch Großmut gebessert werde.

19.

Sammle nicht leicht für Arme bei Vornehmen und andern Leuten von der großen Welt. Sie geben mehrenteils nur aus Prahlerei und behandeln Dich, als wäre es ein Almosen für Dich. – Überhaupt hilf selbst, wo Du kannst! Gib nicht Assignationen* auf fremde Hilfe. Tadle aber auch nicht sogleich den Reichen, wenn er Dir eine Wohltat für einen Dürftigen versagt, die ein Ärmerer Dir gewährt. Denke immer, daß seine größern Bedürfnisse (ob wahrhafte, oder eingebildete – gleichviel!) und die größern Anforderungen andrer auf seine Wohltätigkeit ihn mit dem, der weniger hat, in eine Klasse setzen, und daß, wenn man gegen alle freigebig sein will, man nicht gegen einige wohltätig sein kann.

20.

Und nun noch einmal! Wenn ich hier sehr viel zum Nachteile des Charakters der mehrsten Großen und Reichen gesagt habe, so bin ich doch weit entfernt, dies ohne Unterschied auf alle Per-

---

* Anweisungen

sonen der höhern Klassen ausdehnen zu wollen. Es ist mir immer äußerst zuwider gewesen zu sehn, wie manche unsrer armseligen neuern Schriftsteller es sich zum Geschäfte machen, auf die höhern Stände zu schimpfen. Viele von ihnen sind so wenig mit den erhabnem Menschenklassen bekannt, daß es die höchste Impertinenz verrät, wenn sie über Sitten und Denkungsart derselben ein Urteil wagen. Von ihren Dachstübchen herunter schielen sie neidisch und hämisch nach den Palästen der Glücklichern hinunter; wenn bei grober Kost und dem Wasserkruge die süßen Düfte aus den Küchen und Kellern derer, die im Überflusse leben, zu ihnen hinaufsteigen, so reizt das ihre Nerven, erregt ihre Galle; es ärgert sie, daß ihre Glücksumstände ihnen nicht wie jenen erlauben, ihre Leidenschaften zu befriedigen; sie verwünschen den Mann im vergoldeten Wagen, den sie zu Fuße nicht einholen können, schimpfen auf den hartherzigen Mäzen, der nicht ebenso überzeugt scheint von ihren großen Verdiensten, als sie selbst es sind, und fluchen auf das Geschick, welches die Güter der Erde so ungleich ausgeteilt hat. Da müssen es dann die armen Fürsten, Minister, Edelleute und Reichen entgelten, die sie als Tyrannen, Bösewichte, Toren und hartherzige Unterdrücker alles dessen, was edel und gut ist, abschildern. Ein so fanatischer Eifer kann wohl nie mein Gehirn ergreifen. Selbst im Überflusse und mit großen Erwartungen aufgewachsen, kenne ich recht gut die Vorteile und Nachteile einer reichen und vornehmen Erziehung. Meine nachherigen Schicksale aber, mein Aufenthalt an Höfen und der Umgang mit Menschen aller Art, das alles hat mich gelehrt, wie nötig es sei, denen, die nicht durch widrige Erfahrungen vollends ausgebildet werden, und die so selten reine, lautre, unparteiische Wahrheit hören, ohne Leidenschaft zu sagen, was ihnen so nötig ist zu hören. Viele von ihnen sind wahrlich herzlich gut; selbst die Schwächern haben oft manche Temperamentstugend, deren Wirkungen für die Welt viel wohltätiger werden können als die sanften Aufwallungen ärmerer und ohnmächtigerer Sterblicher. Sie haben von ihrer ersten Jugend an alle Muße und Gelegenheit, ihren Geist zu bilden, sich Talente zu erwerben, Welt und Menschen kennenzulernen, haben Veranlassungen in Menge, Gutes zu tun, die Freuden der Wohltätigkeit zu schmecken. Ihr Charakter wird nicht niedergedrückt, verschoben durch Unglück und Mangel, durch die Notwendigkeit, sich zu schmiegen und zu beugen. Und wenn von einer Seite Schmeichelei sie leicht verderben kann, so ist von der andern der Gedanke, daß jede ihrer edeln Handlungen bemerkt wird und ihre Verirrungen oft noch der späten Nachwelt vorerzählt werden, ein Sporn mehr, groß und vortrefflich zu werden. Auch nützen viele von ihnen alle diese Triebfedern, und es ist ein Glück, an der Seite eines Fürsten zu leben und Einfluß auf ihn zu haben, der die Würde seines Standes kennt und sich seines hohen Berufs wert zeigt. Ich kenne deren einige, die es auch gewiß nicht übel aufnehmen, wenn man ihnen die Klippen zeigt, an welchen so viele von ihnen scheitern.

21.

Zum Schlusse noch ein paar Worte über den Umgang der Großen und Reichen unter sich. Sie verderben sich größtenteils einer den andern. Die Kleinern beeifern sich, es den Größern nach, ja es ihnen an Aufwande und übel verstandener Erhabenheit zuvorzutun, und so verewigen sie ihre Torheiten, welche von noch kleinern Magnaten bis auf den geringsten, der nur einen Schuhputzer in seiner Livree herumlaufen hat, nach möglichsten Kräften nachgeahmt werden. Lustige Beispiele von dieser Art sieht man an den kleinen deutschen Höfen; wie sie einander aufpassen, sich wechselseitig kontrollieren, beneiden, zu übertreffen suchen; wie, wenn der durchlauchtige Herr in Y *** an seinem Geburtstage einen Ball und zugleich eine Illumination von sieben Pfund Talglichtern gegeben hat, der Fürst in V *** an seinem Feste ein Feuerwerk von acht Pfunden Pulver hinzutut; wie, wenn der eine sich einen Oberhofmarschall für dreihundert Gulden Gage und zwölf Scheffel Haber hält, der andre dem Chef seines Hofes noch obendrein ein breites Ordensband über den hungrigen Magen hängt. Der eine regierende Graf verschreibt sich eine Meute Jagdhunde, wie sie kein Potentat in Europa hat, der angrenzende besoldet eine Meute Hofmusici, die wenigstens ebensoviel Lärm macht. Der dritte voll Verzweiflung darüber, daß er es seinen Nachbarn nicht zuvortun kann, verzehrt lieber den sauern Erwerb seiner geplünderten Untertanen in Paris, spielt lieber da eine elende Rolle, als in seiner Residenz den guten, treuen Landesvater vorzustellen. Und so geht das weiter hinunter! Man fange nur in Städten an, ein Konzert oder dergleichen zu geben, welches abwechselnd von einer geschlossenen Gesellschaft gehalten wird, und womit etwa ein Abendessen verknüpft ist. Der erste, bei welchem sich der Zirkel versammelt, wird ein paar Flaschen Wein und kalte Küche hergeben; der andre fügt einen Punsch hinzu; und ehe ein Vierteljahr vergeht, ist die Anstalt in eine kostspielige Fresserei ausgeartet. Das sollte nun unter verständigen vornehmen und reichen Leuten nicht also sein. Sie sollten den Niedern Beispiel geben von Ordnung, Einfalt, Hinwegsetzung über steife Etikette und Mäßigkeit in Speise, Kleidung, Pracht, Bedienung, Hausrat und allen solchen Dingen. Sie sollten das Vorurteil vernichten, daß die Herzen der Großen zu keinen dauerhaften Freundschaften fähig seien – mit einem Worte, sie sollten nicht vergessen, daß die Augen so vieler auf sie gerichtet sind.

22.

Spöttle nicht über das Kleine an kleinen Höfen. Besser so, als wenn ein Herr über vier Quadratmeilen Landes Garden zu Fuß und zu Pferde, Ministers, Hofkavaliere in Menge hält und Schulden über Schulden macht. Es ist nur alles relativ klein und ist immer gut, wenn es nur nicht zwecklos und voll abgeschmackter Forderungen ist. Dreißig Mann, die abwechselnd Ordnung in der Stadt halten, sind mehr wert als dreißigtausend, die man von nützlicher Arbeit abzieht, um auf Kosten des fleißigen armen Untertanen Spielwerk mit ihnen zu treiben.

Zweites Kapitel

Über den Umgang mit Geringern

1.

Im siebenten Kapitel des zweiten Teils dieses Werks habe ich von dem Betragen des Herrn gegen den Diener und von den Pflichten geredet, welche der Vornehmere auf sich hat, denen, die vom Schicksale bestimmt sind, in Unterwürfigkeit zu leben, ihr Dasein leicht und süß zu machen. Ich verweise also zuerst die Leser dahin und füge hier nur noch einige Regeln für den Umgang mit solchen Personen hinzu, die zwar nicht in unsern Diensten, aber doch der Geburt, dem Vermögen oder andern bürgerlichen Verhältnissen nach tiefer als wir stehen.

2.

Man sei höflich und freundlich gegen solche Leute, denen das Glück nicht grade eine so reichliche Summe nichtiger zeitlicher Vorteile zugeworfen hat als uns, und ehre das wahre Verdienst, den echten Wert des Menschen auch im niedern Stande. Man sei nicht wie die mehrsten Vornehmen und Reichen etwa nur dann herablassend gegen Leute von geringerm Stande, wenn man ihrer bedarf, da man sie hingegen verabsäumt oder ihnen übermütig begegnet, sobald man ihrer entbehren kann. Man vernachlässige nicht, sobald ein Größerer gegenwärtig ist, den Mann, den man unter vier Augen mit Freundschaft und Vertraulichkeit behandelt, schäme sich nicht, öffentlich den Mann vor der Welt zu ehren, der Achtung verdient, möchte er auch weder Rang, noch Geld, noch Titel führen. Man ziehe aber nicht die niedern Klassen bloß aus Eigennutz und Eitelkeit vor, um die Stimme des Volks auf unsre Seite zu bringen, um als ein lieber, leutseliger Herr gepriesen und über andre erhoben zu werden.

Man wähle nicht vorzüglich den Umgang mit Leuten von gemeiner Erziehung, um etwa in diesen Zirkeln mehr geehrt, mehr geschmeichelt zu werden, und glaube nicht, daß man populär und natürlich sei, wenn man die Sitten des Pöbels nachahmt. Man sei nicht lediglich darum freundlich gegen die Geringern, um irgendeinen Höhern im Range zu demütigen, nicht aus Stolz herablassend, um desto mehr geehrt zu werden, sondern überall aus reiner, redlicher Absicht, aus richtigen Begriffen von Adel und aus Gefühl von Gerechtigkeit, die über alle zufälligen Verhältnisse hinaus in dem Menschen nur den Wert schätzt, den er als Mensch hat.

3.

Aber diese Höflichkeit sei auch wohl geordnet; sie sei nicht übertrieben. Sobald der Geringere fühlt, daß ihm die Ehre, welche wir ihm erweisen, unmöglich zukommen kann: so hält er es entweder für Mangel an Vernunft, für Spott oder gar für Falschheit, argwöhnt, es stecke etwas dahinter, wir wollen ihn mißbrauchen. Sodann gibt es auch eine Art von Herablassung, die wahrhaftig kränkend ist, wobei der leidende Teil offenbar fühlt, daß man ihm nur ein mildtätiges Almosen der Höflichkeit darreicht. Endlich gibt es eine abgeschmackte Art von Höflichkeit, wenn man nämlich mit Leuten von geringerm Stande eine Sprache redet, die sie gar nicht verstehen, die unter Personen von der Klasse gar nicht üblich ist, wenn man das konventionelle Gewäsche von Untertänigkeit, Gnade, Ehre, Entzücken und so ferner bei Personen anbringt, die an solche starken Gewürze gar nicht gewöhnt sind. Dies ist der gemeine Fehler der Hofleute. Sie halten ihren Jargon für die einzige allgemeine Sprache und machen sich dadurch oft bei dem besten Willen lächerlich oder verdächtig. Die große Kunst des Umgangs ist, wie ich gleich zu Anfange dieses Buchs gesagt habe, den Ton jeder Gesellschaft zu studieren und nach Gelegenheit annehmen zu können.

4.

Man hüte sich aber vor grenzenloser Vertraulichkeit gegen solche Menschen, die keine feine Erziehung haben. Sie mißbrauchen leicht unsre Gutwilligkeit, fordern immer mehr und werden unbescheiden. Man gebe jedem, so viel er zu ertragen vermag.

5.

Laß es den Geringern in Deinen glänzenden Umständen nicht entgelten, wenn er Dich, solange Dich das Glück nicht anlächelt, verabsäumt, wenn er Deinen mächtigen Feinden gehuldigt hat, wenn er sich wie die großen gelben Blumen nach der Sonne dreht. Denke, daß solche Menschen oft in die Notwendigkeit versetzt werden, wenn sie mit den Ihrigen leben und essen wollen, sich zu krümmen und zu schmiegen, daß wenige unter ihnen so erzogen sind, daß sie Sinn für gewisse feinere Gefühle und Aufopferungen haben, und daß alle Menschen mehr oder weniger nach Eigennutz handeln, den die Geschliffenem nur künstlicher verbergen.

6.

Täusche nicht den Niedern, der Dich um Schutz, Fürsprache oder Hilfe bittet, mit falschen Hoffnungen, leeren Versprechungen und nichtigen Vertröstungen, wie es die Weise der mehrsten Vornehmen ist, die, um die Klienten sich vom Halse zu schaffen oder in den Ruf von Leutseligkeit zu kommen, oder aus Schwäche, aus Mangel an Festigkeit, jeden Bittenden mit süßen Worten und Verheißungen überschütten, sobald er aber den Rücken gewendet hat, nicht mehr an sein Anliegen denken. Der Arme geht indes voll Hoffnung nach Hause, glaubt seine Angelegenheit den besten Händen anvertraut zu haben, versäumt alle andern Wege, die er zu Erlangung seines Zwecks einschlagen könnte, und fühlt sich nachher doppelt unglücklich, wenn er sieht, wie sehr er sich betrogen hat.

7.

Hilf dem, der dessen bedarf. Befördere und schütze die, welche Dich um Hilfe, Wohltat und Schutz ansprechen, insofern die Gerechtigkeit es gestattet. Aber hüte Dich, so schwach zu sein, daß Du durchaus nichts abschlagen könnest. Daraus entstehen zweierlei nachteilige Folgen: zuerst, daß Leute von niedriger Denkungsart Deine Schwäche mißbrauchen und Dir eine Last von Verbindlichkeiten, Arbeiten und Sorgen auferlegen, die für Dein Herz, für Deine Kräfte oder für Deinen Geldbeutel zu schwer ist, oder wodurch Du gezwungen wirst, ungerecht gegen andre zu handeln, die weniger zudringlich sind. Und dann der zweite Schaden: Wer zu viel verspricht, der wird wider Willen zuweilen sein Wort zu brechen genötigt. Ein fester Mann muß auch den Mut haben, eine abschlägige Antwort geben zu können, und wenn er dies auf edle, nicht beleidigende Weise, aus wichtigen Gründen tut, und sonst dafür bekannt ist, daß er gerecht handelt und gern hilft, so wird er sich dadurch keine Feinde erwecken. Allen Menschen kann man es freilich nicht recht machen, aber wenn man immer konsequent und weise handelt, so werden uns wenigstens die Bessern nicht verkennen. Schwäche ist nicht Güte, und verweigern, was man vernünftigerweise nicht zugestehn kann, heißt nicht hartherzig sein.

8.

Verlange nicht einen übermäßigen Grad von Kultur und Aufklärung von Leuten, die bestimmt sind, im niedern Stande zu leben. Trage auch nichts dazu bei, ihre intellektuellen Kräfte zu überspannen und sie mit Kenntnissen zu bereichern, die ihnen ihren Zustand widrig machen und den Geschmack an solchen Arbeiten verbittern, wozu Stand und Bedürfnis sie aufrufen. Das Wort Aufklärung wird in unsern Zeiten oft sehr gemißbraucht und bedeutet nicht sowohl Veredlung des Geistes als Richtung desselben auf grillenhafte, spekulative und phantastische Spielwerke. Die beste Aufklärung des Verstandes ist die, welche uns lehrt, mit unsrer Lage zufrieden und in unsern Verhältnissen brauchbar, nützlich und zweckmäßig tätig zu sein. Alles übrige ist Torheit und führt zum Verderben.

9.

Begegne Deinen Untergebenen liebreich, ohne Dein Ansehn bei ihnen zu verlieren. Es taugt nie, wenn die Subalternen sich ihren Vorgesetzten unentbehrlich machen, und verächtlich wird der Chef eines Departements, der, weil er selbst nicht arbeiten will oder nicht arbeiten kann, sich auf die Untergebenen verlassen muß; da er dann nicht Ansehn und nicht Mut genug behält, einen nachlässigen oder eigensinnigen Sekretär an seine Pflicht zu erinnern, sondern sich alles muß gefallen lassen, was dieser gut findet vorzunehmen oder zurückzulegen.

Drittes Kapitel

Über den Umgang mit Hofleuten und Ihresgleichen

1.

Ich fasse hier die Bemerkungen über den Umgang mit Hofleuten und mit solchen Personen überhaupt, die in der sogenannten großen Welt leben und den Ton derselben angenommen haben, zusammen. Leider wird dieser Ton, den Fürsten und Vornehme von solcher Art, wie ich sie im ersten Kapitel dieses Teils beschrieben habe, angeben und ausbreiten, von allen Ständen, die einigen Anspruch auf feine Lebensart machen, nachgeäfft. Entfernung von Natur; Gleichgültigkeit gegen die ersten und süßesten Bande der Menschheit; Verspottung der Einfalt, Unschuld, Reinigkeit und der heiligsten Gefühle; Flachheit; Vertilgung, Abschleifung jeder charakteristischen Eigenheit und Originalität; Mangel an gründlichen, wahrhaftig nützlichen Kenntnissen; an deren Stelle hingegen Unverschämtheit, Persiflage, Impertinenz, Geschwätzigkeit, Inkonsequenz, Nachlallen; Kälte gegen alles, was gut, edel und groß ist; Üppigkeit, Unmäßigkeit, Unkeuschheit, Weichlichkeit, Ziererei, Wankelmut, Leichtsinn; abgeschmackter Hochmut; Flitterpracht als Maske der Bettelei; schlechte Hauswirtschaft; Rang- und Titelsucht; Vorurteile aller Art; Abhängigkeit von den Blicken der Despoten und Mäzenaten; sklavisches Kriechen, um etwas zu erringen; Schmeichelei gegen den, dessen Hilfe man bedarf, aber Vernachlässigung auch des Würdigsten, der nicht helfen kann; Aufopferung auch des Heiligsten, um seinen Zweck zu erlangen; Falschheit, Untreue, Verstellung, Eidbrüchigkeit, Klatscherei, Kabale; Schadenfreude, Lästerung, Anekdotenjagd; lächerliche Manieren, Gebräuche und Gewohnheiten – das sind zum Teil die herrlichen Dinge, welche unsre Männer und Weiber, unsre Söhne und Töchter von dem liebenswürdigen Hofgesindel lernen – das sind die Studien, nach welchen sich die Leute von feinem Tone bilden. Da wo dieser Ton herrscht, wird das wahre Verdienst nicht nur bloß übersehn, sondern soviel als möglich mit Füßen getreten, unterdrückt, von leeren Köpfen zurückgedrängt, verdunkelt, verspottet. Kein größrer Triumph für einen faden Hofschranzen, als wenn er den Mann von entschiedenem Werte, dessen Übergewicht er heimlich fühlt, demütigen, ihn auf einen Mangel an konventioneller feiner Lebensart ertappen, und durch die Art, wie er dies bemerken macht, oder dadurch, daß er mit ihm in einer Sprache oder über Gegenstände redet, wovon er nichts versteht, es dahin bringen kann, daß jener verwirrt wird und sich in schiefem Lichte zeigt. Kein größrer Triumph für die petite Maîtresse, als wenn sie eine redliche Frau, voll wahrer innerer und äußerer Vorzüge und Würde, in einer Gesellschaft von Weltleuten von einer lächerlichen Seite darstellen kann. Das alles muß man erwarten, wenn man sich unter Menschen von dieser Klasse mischt. Man muß sich dann nicht beunruhigen, wenn uns dergleichen widerfährt, und hinterher sich kein graues Haar darum wachsen lassen. Man hat sonst keinen friedlichen Augenblick, wird unaufhörlich von tausend Leidenschaften, besonders von Ehrgeiz und Eitelkeit in Aufruhr gebracht. Es gibt aber drei Mittel, allen diesen Ungemächlichkeiten auszuweichen, indem man nämlich entweder sich mit der großen Welt unbefangen läßt oder aber in derselben seinen graden Gang fortgeht, ohne sich alle diese Torheiten anfechten zu lassen, oder endlich, indem man den Ton derselben studiert, und soviel es ohne Verleugnung des Charakters geschehen kann, mit den Wölfen heult.

2.

Wer nicht, seiner Lage nach, schlechterdings dazu verdammt ist, an Höfen oder sonst in der großen Welt zu leben, der bleibe fern von diesem Schauplatze des glänzenden Elends, bleibe fern vom Getümmel, das Geist und Herz betäubt, verstimmt und zugrunde richtet. In friedlicher häuslicher Eingezogenheit, im

Umgange mit einigen edeln, verständigen und muntern Freunden ein Leben zu führen, das unsrer Bestimmung, unsern Pflichten, den Wissenschaften und unschuldigen Freuden gewidmet ist, und dann zuweilen einmal mit Nüchternheit an öffentlichen Vergnügungen, an großen, gemischten Gesellschaften teilzunehmen, um für die Phantasie, die doch auch nicht leer ausgehn will, neue Bilder zu sammeln und die kleinen, widrigen Gefühle der Einförmigkeit zu verlöschen – das ist ein Leben, das eines weisen Mannes wert ist! Und in Wahrheit, es steht öfter in unsrer Macht, als man gemeiniglich denkt, sich der großen Welt zu entziehn. Menschenfurcht, elende Gefälligkeit gegen mittelmäßige Leute, Eitelkeit, Schwäche, Nachahmungssucht, das ist es, was so manchen sonst nicht schlechten Mann bewegt, seine schönsten Stunden da zu verschleudern, wo er im Grunde nicht zu Hause ist, wo so oft Ekel und Langeweile ihn anwandeln und allerlei unedle Leidenschaften ihr Spielwerk mit ihm treiben. Freilich aber muß man, um sich diesem zu entziehn, nicht nur seinen Verhältnissen nach unabhängig sein, sondern auch nach festen Grundsätzen zu handeln und sich über das Geschwätz der Leute hinauszusetzen den Mut haben, mag auch davon gesprochen werden, was da will.

3.

Muß oder will man aber in der großen Welt leben, und man ist nicht ganz sicher, den Ton derselben annehmen zu können, so bleibe man lieber der Art von Stimmung und Wendung treu, die uns Natur und Erziehung gegeben haben. Nichts kann abgeschmackter sein, als wenn man jene Sitten halb und unvollständig kopiert, wenn der ehrliche Landmann, der schlichte Bürger, der grade, deutsche Biedermann den französischen petit Maître, den Hofmann, den Politiker spielen will, wenn Leute, die einer ausländischen Sprache nicht mächtig sind, alle Gelegenheit aufsuchen, mit fremden Zungen zu reden, oder, wenn sie auch in ihrer Jugend an Höfen gelebt haben, nicht merken, daß die galante Sprache aus Ludwig des Vierzehnten Zeiten jetzt gar nicht mehr im Umlaufe ist und eine Stutzergarderobe aus dem vorigen Jahrhundert im Jahr 1790 nur auf dem komischen Theater Wirkung tut. Solche Menschen machen sich mutwilligerweise zum Gespötte, da man hingegen mit einem ungezwungenen, natürlichen und verständigen Betragen, Anstande und Anzuge, wenn dies alles auch nicht nach dem feinsten Hofschnitte ist, sich mitten unter dem leichtfertigen Gesindel Achtung und, wo nicht ein angenehmes, doch ein ruhiges, ungekränktes Leben verschaffen kann. Sei also einfach in Deiner Kleidung und in Deinen Manieren, ehrlicher Biedermann. Sei ernsthaft, bescheiden, höflich, ruhig, wahrhaftig. Rede nicht zuviel und nie von Dingen, wovon Du nichts weißt, noch in einer Sprache, die Dir nicht geläufig ist, insofern der, welcher mit Dir spricht, Deine Muttersprache versteht. Betrage Dich mit Würde und Gradheit, ohne grob zu sein, ohne Ungeschliffenheit, so wird man Dich ungeneckt lassen. Allein freilich wirst Du auch nicht sehr vorgezogen, Dein Gesicht wird kein Modegesicht werden. Hierüber aber beruhige Dich. Zeige Dich nicht verlegen, ängstlich, wenn in einer großen Gesellschaft kein Mensch mit Dir redet. Du verlierst nichts dabei, kannst für Dich an allerlei gute Dinge denken, auch manche nützliche Bemerkung machen, und man wird Dich nicht verachten, sondern vielleicht gar fürchten, ohne Dich zu hassen, und das ist denn doch zuweilen so übel nicht.

Leute, die in der Jugend an Höfen und in großen Städten keine unbeträchtliche Rolle gespielt, die vielmehr dort geglänzt, nachher aber sich zurückgezogen, sich einer einfachern Lebensart gewidmet haben, vergessen gar zu leicht, daß, um hier immer ein Modegesicht zu bleiben, man nie den Faden der herrschenden Konversation aus der Hand verlieren, nie versäumen darf, auch in den kleinsten Fortschritten, der Kultur – wenn man das Kultur nennen muß – nachzufolgen. Das ist aber bei der unbeschreiblichen Veränderlichkeit des Geschmacks und der Phantasie unmöglich, sobald man nicht immer mit der ganzen Flotte auf dem großen Weltmeere herumschwimmt. Es geschieht dann, daß wir böser Laune werden, wenn wir sehen, daß man uns vernachlässigt, daß jüngere, oft sehr unbedeutende Menschen jetzt die Koryphäen sind, daß diese und deren Bewunderer uns über die Achsel ansehn, uns nur aus nachsichtiger Höflichkeit einige Aufmerksamkeit beweisen – oh, es ist unglaublich, wie so etwas die Gemütsruhe auch des klugen Mannes (denn selbst kluge Leute sind nicht immer ganz von Eitelkeit frei) erschüttern, wie es verstimmen und bewirken kann, daß man sich in recht unangenehmer Haltung zeigt und, wenn man etwas zu suchen hat, die Frucht einer weiten Reise und große Unkosten verliert, dahingegen unser Witz, unsre Laune unaufhaltsam und bezaubernd fortströmen, wo wir uns geehrt, geliebt und mit Aufmerksamkeit behandelt wissen. Wer sich viel Jahre hindurch an großen und kleinen Höfen und sonst in der großen Welt hat umhertreiben müssen, der wird nie in Verlegenheit von jener Art kommen können. Er wird die Fertigkeit erlangt haben, sich geschwind zu orientieren, schnell zu fassen, welche Sprache anwendbar ist; die guten Leute hingegen, die nicht Gelegenheit gefunden haben, diesen Grad von Verfeinerung zu erlangen, sollen wohl beherzigen, was zu Anfange dieses Abschnitts ist gesagt worden.

4.

Wer aber endlich viel und immer in der großen Welt lebt, der tut doch wohl, den herrschenden Ton zu studieren und die äußern Gebräuche derselben anzunehmen. Ersteres ist so schwer nicht, und letzteres kann ohne schädlichen Einfluß auf unsern Charakter geschehn. Zeichne Dich also nicht aus durch altväterische Kleidung oder Manieren, aber vergiß nicht, dabei auf Dein Alter, Deinen Stand und Dein Vermögen Rücksicht zu nehmen, und kopiere nicht die Lächerlichkeiten einzelner Toren noch die ephemerischen* Moden des Augenblicks. Mache Dich mit der Sprache

* eintägig, vorübergehend

der Hofleute, mit ihrer Art sich gegeneinander zu betragen, mit den Konventionen im Umgange bekannt; aber verleugne nicht innere Würde, Charakter und Wahrheit.

5.

Es lassen sich unmöglich allgemeine Regeln geben, wie weit man in Nachahmung der Hofsitten gehn dürfe. Ein verständiger und redlicher Mann wird das am besten selbst nach seiner Lage, Gemütsart und nach seinem Gewissen abmessen können. Doch nur soviel: Unschädliche Torheiten, die man nicht Lust hat nachzuahmen, hat man deswegen nicht immer Beruf, zu bekämpfen, und gleichgültige Gewohnheiten und Sitten, die weiter keinen Einfluß auf den Charakter haben, kann man, ja muß man zuweilen auf kurze Zeit mitmachen und darf sich das um so weniger übelnehmen, wenn man dadurch manches größere Gute zu bewirken in den Stand gesetzt wird.

Es gibt auch Moden in Literatur und Kunst, im Geschmacke, in gewissen Vergnügungen und Schauspielen, in dem Beifalle, den irgendeine Sängerin, irgendein Tonkünstler, Schriftsteller, Prediger, Maler, Geisterseher, Schneider oder Friseur oft gegen Verdienst und Würdigkeit vom vornehmen großen Haufen einerntet, und es ist verlorne Mühe, diesem Modegeschmacke sich widersetzen zu wollen. Am besten ist es da, ruhig abzuwarten, daß eine neue Narrheit die alte verdränge. Es gibt Moden im Gebrauche von Arzeneien, denen sich die Vornehmern unterwerfen zu müssen glauben – sei es, daß sie sich täglich klistieren oder in ein gewisses Bad und in kein anders reisen, oder sich mit den Pillen oder Pulvern irgendeines Marktschreiers langsam vergiften. Lächle in der Stille darüber. Klistiere Dich unmaßgeblich auch ein wenig und mache mit, was sich ohne Gefahr und Tollheit mitmachen läßt. Wenigstens mache Dich mit diesen Moden bekannt, um nicht in Deinen Gesprächen dagegen anzustoßen. Du wirst übel anlaufen, wenn Du nach Deiner Empfindung eine Theaternymphe tadelst, deren Gebrülle grade zu der Zeit in der feinen

Welt für Götterstimme gilt, oder wenn Du ein Buch erbärmlich nennst, dessen Verfasser als ein großes Genie anerkannt wird. Du wirst übel anlaufen, wenn Du eine Dame, die grade in der Periode ist, in welcher sie nach der Mode freigeisterische Grundsätze haben muß, von religiösen Gegenständen unterhältst. Denn auch das hat seine Gesetze, die von der Mode bestimmt werden. Jünglinge fangen an, im fünfundzwanzigsten Jahre alt zu werden, nicht mehr zu tanzen, sich den Zirkeln der Greise zuzugesellen, ein feierliches, philosophisches, ein Geschäftsgesicht mit in die Gesellschaft zu bringen. Kommen sie aber nahe an die Vierzig, dann werden sie wieder jung, hüpfen herum, spielen um Pfänder mit jungen Mädchen – das alles muß man beobachten und seine Maßregeln danach nehmen.

6.

Übrigens gestehe ich – es bleibt aber unter uns – daß der Ton, welcher jetzt unter unsern ganz jungen Leuten ziemlich allgemein an Höfen und in der feinen Welt eingeschlichen ist, mir gar nicht so gefallen will wie der, welcher vor etwa zwanzig Jahren herrschte. Viele von ihnen kommen mir äußerst ungeschliffen und plump vor; es scheint mir, als suchten sie etwas darin, Bescheidenheit, Höflichkeit und Delikatesse zu beleidigen, stumm, ungefällig gegen Damen und Fremde zu sein, selbst ihren Körper zu vernachlässigen, ohne alle Grazie beim Tanze herumzuspringen, krumm und schief und gebückt zu gehn, keine Kunst, keine Wissenschaft gründlich zu lernen, ungeachtet aller Mühe, welche die neuern Pädagogen anwenden, und ungeachtet des vortrefflichen Beispiels, das sie der Jugend in Höflichkeit, Bescheidenheit und Gründlichkeit geben. Es gibt freilich einen Bocksbeutel, einen Zwang und eine Steifigkeit im Umgange, die in vorigen Zeiten in Deutschland herrschend waren, und wovon es ein Glück ist, daß wir anfangen, sie abzulegen; aber edler Anstand ist nicht Steifigkeit, verbindliche Höflichkeit und Aufmerksamkeit nicht Bocksbeutel, Grazie nicht Zwang, und echtes Talent, wahre

Geschicklichkeit nicht Pedanterie. Und man sehe auch die papiernen Männchen an, wie Überdruß und Langeweile auf ihrer früh sich runzelnden Stirne wohnen, wie sie unfähig sind, von ganzem Herzen froh zu werden, wie sie in den schönsten Jahren des Lebens schon bei den unschuldigen Freuden der Jugend Ekel empfinden. – Doch ich habe Hoffnung, daß es bald wieder besser damit werden soll, und ohne Stolz auf unsre Vaterstadt kann ich es wohl sagen, wir haben hier eine liebenswürdige, wohlerzogene Jugend in allen Klassen und Ständen aufzuweisen.

7.

Verachte nicht alles, was bloß konventionellen Wert hat, wenn Du mit Annehmlichkeiten in der großen Welt leben willst. Verachte nicht so ganz und gar Titel, Orden, Glanz, äußere Zierate und dergleichen, aber setzte keinen innern Wert darauf, ringe nicht ängstlich darnach. Es gibt doch wohl Fälle, wo ein solcher an sich nichtiger Stempel Dir und den Deinigen wo nicht reelle Vorteile, doch Annehmlichkeiten zuwege bringen kann. Heimlich in Deinem Kämmerlein darfst Du herzlich aller dieser Torheiten lachen; aber tue das nicht laut. Mit einem Worte: zeichne Dich nicht zu sehr aus unter den Weltleuten, mit denen Du leben mußt. Dies ist nicht nur Regel der Klugheit, nein, sondern es ist auch Pflicht, die Sitten des Standes anzunehmen, den man wählt, ganz zu sein, was man ist, doch wie sich das versteht, nie auf Unkosten des Charakters. Erwarte übrigens auf diesem Schauplatze nicht, daß man in Dir den edeln, weisen, geschickten Mann schätze, sondern nur, daß man Dich artig finde, daß man von Dir sage: Par dieu! il a de l'esprit, comme nous autres!

8.

Und willst Du auch nur dies eitle Lob davontragen, so darfst Du selbst nicht einmal merken lassen, daß Du von besserm Stoffe bist als der große Haufen jener hirnlosen Müßiggänger. Der klügere und edlere Mann, bequemte er sich auch noch so pünktlich nach den Sitten der sogenannten feinen Sozietät, wird dennoch dem Neide, der Verleumdung und den unaufhörlichen Neckereien und Klatschereien, welche hier herrschen, nicht ausweichen; denn um schalen Köpfen zu gefallen, muß man selbst ein schaler Kopf sein. Ich rate dann, sich das gar nicht anfechten zu lassen, vor allen Dingen aber keinen Verdruß, keine Unruhe zu äußern, sonst bekommt man nie Frieden. Man gehe also seinen Gang fort, folge seinem Systeme und lasse die Toren schwätzen, bis sie müde werden. Hier sind auch alle Erläuterungen, alle Entschuldigungen übel angebracht, und wenn Du mit Widerlegung einer Verleumdung fertig bist, so wird man schon eine andre in Bereitschaft haben.

9.

In der großen Welt ist der oben entwickelte Grundsatz vorzüglich nicht außer Augen zu lassen, nämlich daß jedermann nur so viel gilt, als er sich selbst gelten macht. Man zeige sich also frei, zuversichtlich, seiner Sache gewiß. Man lasse die Leute nicht einmal ahnen, daß es möglich wäre, man könne uns zurücksetzen, sich unsers Umgangs schämen, in unsrer Gesellschaft Langeweile haben. Hofleute und ihresgleichen pflegen die Grade ihrer Höflichkeit und Aufmerksamkeit gegen uns darnach abzumessen, in welcher äußern Achtung wir in den vornehmen Zirkeln stehen. Man mache sich also da gelten, mache sich eine gewisse Aisance* eigen, die man nur durch Übung erlernt, die sehr unterschieden von Unverschämtheit, Zudringlichkeit und Prahlerei ist und die vorzüglich in einem ruhigen, leidenschaftsfreien, anständigen, gleichmütigen Betragen, das planlos und ohne Forderungen zu sein scheint, besteht, und zu welchem man nie gelangt, wenn unsre Eitelkeit allerorten Glanz

---

* ungezwungenes Auftreten

sucht und wenn im Grunde des Herzens unser eigener Beifall uns nicht mehr wert ist als die Bewunderung, womit leere Köpfe uns beehren.

10.

Man messe sein Betragen gegen Hofleute pünktlich nach dem ihrigen gegen uns ab und gehe ihnen keinen Schritt entgegen. Diese Menschengattung nimmt eine Handbreit, wo man ihnen einen Fingerbreit einräumt. Man erwidere Stolz mit Stolz, Kälte mit Kälte, Freundlichkeit mit Freundlichkeit, gebe aber nicht mehr und nicht weniger als man empfängt. Die Befolgung dieser Vorsicht hat mannigfaltigen Nutzen. Die feinen Weltleute sind wie ein Rohr, das vom Winde bewegt wird. Da sie selbst so wenig Bewußtsein innerer Würde haben, so beruht ihre ganze Existenz auf ihrem äußern Ruf. Sie werden sich an Dich schließen, sobald sie sehen, daß Du in gutem Lichte wandelst. Aber wenn Du nicht durch die niedrigste Schmeichelei und Preisgebung alle alten Weiber beiderlei Geschlechts auf Deine Seite ziehst, so wird bald einmal eine Lästerzunge etwas Nachteiliges gegen Dich aussprechen. Kaum wird ein solches Gerücht herumlaufen, so werden jene Sklaven lauern, welche Wirkung dies auf das Publikum macht, und faßt es Wurzel, so werden sie den Kopf um ein paar Zoll höher gegen Dich tragen. Macht Dich das unruhig, ängstlich, behandelst Du sie nach Deinem Herzen wie Leute, deren Freundschaft Du gern erhalten möchtest, so werden sie immer unbescheidener und helfen die elende Klatscherei weitertragen, woraus Dir denn, so geringe auch die Sache scheinen möchte, mancherlei Verdruß erwachsen kann. Wirf aber auf den ersten, der Dir kalt begegnet, einen verächtlichen Blick, so wird er zurückspringen, für seinen eigenen Ruf beben, kein nachteiliges Wort von Dir über seine Zunge kommen lassen und sich vor dem Manne beugen, von dem er glaubt, er müsse geheimen Schutz haben, weil er so fest steht, so gleichgültig gegen die seligmachende Stimme des hohen Pöbels ist. Ja gib ihm doppelt wieder, was er wagt, Dir zu bieten. Laß Dich durch kein freundliches Wörtchen wieder heranlocken, bis er gänzlich zu Kreuze kriecht. Ich, der ich nun keine Pläne mehr auf das Glück mache, in der großen Welt zu glänzen, folge darin eben keinem festen Systeme, sondern meiner jedesmaligen Gemütsstimmung und Laune. An echte, unverfälschte Herzensergießung gewöhnt, voll Wärme für alles, was Freundschaft und Zuneigung heißt, weniger darum bekümmert, geehrt als geliebt zu sein, beunruhigt mich – ich schäme mich dieses Geständnisses nicht – beunruhigt, verstimmt mich jedes kalte Betragen von Leuten, die mir gute Eigenschaften zu haben scheinen, mehr als mir, nach so mancher Erfahrung in der großen Welt, zu verzeihn ist. Zu andern Zeiten aber behandle ich auch das Ding von der lustigen Seite und freue mich herzlich, indem ich höre, daß das müßige Publikum sich auf Unkosten meiner Wenigkeit beschäftigt, darüber, daß dies grade einen Mann trifft, der nur als Volontär in der großen Welt dient und kein Avancement verlangt. Indessen ist was ich meinem Temperamente nach tue, darum noch nicht gut getan. Am besten ist es gewiß, über dergleichen und über Klatschereien aller Art wenigstens nicht die geringste Unruhe zu zeigen, mit niemand weiter darüber zu reden und sich auf keine Explikationen einzulassen. Dann ist in acht Tagen das Märchen vergessen, da auf jede andre Art hingegen die Sache ärger gemacht wird.

11.

Sei höflich und geschliffen im Äußern. Man muß an Höfen und im Umgange in großen Städten manchen Menschen sehn, ertragen und freundlich behandeln, den man nicht schätzt, auch sucht man ja in diesem Getümmel keine Freunde, sondern nur Gesellschafter. Allein wo es Nutzen stiften oder wenigstens unser Ansehn befestigen, wo es wirken kann, daß der Dich fürchte, der nicht anders als durch Furcht im Zaume zu halten ist, da laß ihn Dein Ansehn fühlen. Nimm eine Art von Würde, von edelm Stolze und von Hoheit an gegen den Hofschranzen, damit nie der

Gedanke in ihm aufkeimen könne, Dich zu foppen oder zu mißbrauchen. Diese Sklavenseelen zittern vor dem Übergewichte des verständigen, konsequenten Mannes; allein das muß weder in Aufgeblasenheit noch in Bauernstolz ausarten. Sage diesen Leuten zuweilen einmal, doch ohne Hitze und Grobheit, die Wahrheit. Schlage ihre flachen, schiefen Urteile kaltblütig mit Gründen nieder, wo es nach den Umständen die Klugheit erlaubt. Stopfe ihnen das Maul, wenn sie den Redlichen lästern. Setze ihren Schleichwegen Mut, Tätigkeit und wahre Kraft entgegen. Scherze nicht vertraulich mit ihnen. Laß echter Laune nicht den Lauf, aus Furcht ein Wort zu sprechen, das man mißbrauchen, verdrehn könnte.

12.

Überhaupt rede in der großen Welt nie warme Herzenssprache. Das ist dort eine fremde Mundart. Rede nicht von den reinen, süßen, einfachen häuslichen Freuden. Das sind Mysterien für solche Profanen. Habe Dein Gesicht in Deiner Gewalt, daß man nichts darauf geschrieben finde, weder Verwunderung noch Freude, noch Widerwillen noch Verdruß. Die Hofleute lesen besser Mienen als gedruckte Sachen; das ist fast ihr einziges Studium. Vertraue Deine Angelegenheiten niemand. Sei vorsichtig nicht nur im Reden, sondern sogar im Hören, sonst wird Dein Name leicht kompromittiert.

13.

Ich habe schon vorhin gesagt, daß unser Betragen in der großen Welt nach eines jeden individuellen Lage modifiziert werden müsse, und daß, was dem einen darin zu beobachten wichtig, für den andern vielleicht von gar keinem Belange sein könne. Wer nicht bloß in derselben leben und geachtet werden, sondern wer auch wirken, sich emporarbeiten, regieren will, der muß das Ding freilich noch viel feiner studieren. Da kann es äußerst wichtig werden, entweder zu der herrschenden Partei oder (wobei man größtenteils am sichersten geht, wenn man sonst kein ganz unwichtiger Mann ist) zu gar keiner zu gehören, um von allen aufgesucht zu werden und nach Gelegenheit unmerklich Anführer einer eigenen zu werden. Da muß oft die Politik uns lehren, wo wir des sichern Vorteils nicht gewiß sind, wo nicht zu helfen, vielleicht gar zu schaden ist, unsre verfolgten Freunde allein kämpfen zu lassen und uns ihrer nicht öffentlich anzunehmen. Da kann es nötig sein, sich anfangs sehr klein zu stellen, um nicht beobachtet, in unsern Plänen nicht gestört, vielmehr als ein unbedeutender Mensch (weil ein solcher immer mehr Stimmen auf seiner Seite hat als der von beßrer Art) befördert zu werden. Zu allen Geschäften aber, die man in der großen Welt führen muß, ist nichts so dringend anzuempfehlen als – *Kaltblütigkeit*, das heißt: sich nie zu vergessen; nie sich zu übereilen; den Verstand nie dem Herzen, dem Temperamente, der Phantasie preiszugeben; Vorsicht, Verschlossenheit, Wachsamkeit, Gegenwart des Geistes, Unterdrükkung willkürlicher Aufwallungen und Gewalt über Launen. Mit Kaltblütigkeit und den dahin gehörigen Eigenschaften sieht man Personen von den mittelmäßigsten natürlichen Gaben über den lebhaftesten, feinsten Feuerkopf herrschen. Aber diese schwere Kunst – wenn sie sich je erlernen läßt, wenn sie nicht ausschließlich ein Geschenk der Natur ist – erlangt man nur nach vieljähriger Arbeit und Erfahrung.

14.

Und nun zum Schlusse dieses Kapitels auch etwas über den Nutzen, den uns der Umgang mit Menschen in der großen Welt gewährt. Er ist wahrlich nicht unbeträchtlich. Vorschriften, welche uns auf die erlaubten Sitten der feinern Sozietät verweisen, sind freilich keine Grundsätze der Moral, sondern nur der Übereinkunft; allein eben diese Übereinkunft beruht doch darauf, daß man suche, sich und andern in einer zwangvollen Lage, deren

Ungemächlichkeit wir nun einmal nicht ganz aus dem Wege räumen können, seinen Zustand so leidlich als möglich zu machen, ohne dazu solche Mittel zu ergreifen, die unsern innern Wert auf das Spiel setzen. Dieser innre Wert aber, der wie ein Schatz unter der Erde immer, auch verborgen, Gold bleibt, kann doch Witwen und Waisen nähren und Monarchen und Reiche zum Wohl der Welt in Wirksamkeit setzen, wenn er hervorgeholt und durch den Stempel der Konvention in Umlauf gebracht, wenn er allgemein anerkannt wird – anerkannt von denen, die sich auf reines Gold verstehen, und anerkannt von denen, die nur auf das Gepräge achten. – Also wünschte ich, man eiferte nicht so heftig gegen den wahren feinen Weltton. Er lehrt uns, die kleinen Gefälligkeiten nicht außer acht zu lassen, die das Leben süß und leicht machen. Er erweckt in uns Aufmerksamkeit auf den Gang des menschlichen Herzens, schärft unsern Beobachtungsgeist, gewöhnt uns daran, ohne zu kränken und ohne gekränkt zu werden, mit Menschen aller Art leben zu können. Der echte und zugleich redliche alte Hofmann verdient wahrlich Verehrung, und man braucht nicht in die Wüsten zu fliehn noch sich in Studierzimmern zu vergraben, um auf den Titel eines Philosophen Anspruch machen zu dürfen. Ja ohne einige Kenntnis der großen Welt hilft uns alle Stubengelehrsamkeit, alle Menschenkunde aus Büchern sehr wenig. Ich rate also jedem jungen Manne, der edeln Ehrgeiz, Durst nach Welt- und Menschenkenntnis und Begierde hat, nützlich und tätig zu sein, wenigstens auf einige Zeit den größern Schauplatz zu betreten, wäre es auch nur, um Stoff zu sammeln zu Beobachtungen, die einst im Alter seinen Geist beschäftigen und ihn in den Stand setzen, seinen Kindern und Enkeln, die vielleicht bestimmt sind, an Höfen oder in großen Städten ihr Glück zu suchen, weise Lehren zu geben.

Viertes Kapitel

Über den Umgang mit Geistlichen

1.

Ich mache, da ich nun auf den Umgang mit Leuten von andern Ständen und Verhältnissen komme, billigerweise in einem eigenen Kapitel mit der Geistlichkeit den Anfang. Lehrreich und wohltätig ist der Umgang mit einem solchen, der sich aus ganzer Seele seinem heiligen Berufe widmet, seinen Verstand und Willen durch den sanften Einfluß der liebevollsten Religion Jesu geläutert hat; der Wahrheit und Tugend mit Eifer und Wärme nachstrebt und die Kraft des Worts durch eigenes Beispiel bestätigt; der seiner Gemeine Bruder, Freund, Wohltäter und Ratgeber, in seinem Vortrage populär, warm und herzlich ist; durch Bescheidenheit, Einfalt der Sitten, Mäßigkeit und Uneigennützigkeit sich als einen würdigen Nachfolger der Apostel auszeichnet; duldend gegen fremde Religionsverwandte, väterlich nachsichtig gegen Verirrte, kein Feind unschuldiger Fröhlichkeit und dabei in seinem häuslichen Zirkel ein guter, zärtlicher und weiser Hausvater ist. Allein nicht alle Diener der Kirche sehen diesem Bilde ähnlich. Menschen ohne Erziehung und Sitten, aus dem niedrigsten Pöbel entsprossen, ohne gesunde Vernunft und ohne andre Kenntnisse, als die dazu gehören, sich nach einem elenden Schlendrian examinieren zu lassen, drängen sich in diesen Stand ein, haschen nach reichen Pfründen und Pfarreien und erlauben sich, um dahin zu gelangen, alle Arten von Schleichwegen und Niederträchtigkeiten. Haben sie nun ihren Zweck erreicht, dann fährt der echte Pfaffengeist in sie. Geizig, habsüchtig, wollüstig, gefräßig, Schmeichler der Großen und Reichen, übermütig und stolz gegen Niedre, voll Neid und Scheelsucht gegen ihresgleichen, sind sie größtenteils daran schuld, wenn Verachtung der heiligsten Religion so allgemein einreißt. Diese Religion behandeln sie als eine trockne Wissenschaft und ihr Amt als ein einträgliches Handwerk. Auf dem

Lande verbauern sie, ergeben sich dem Müßiggange und der Bequemlichkeit und klagen über ungeheure Arbeit, wenn sie alle acht Tage einmal von der Kanzel herunter die Zuhörer mit ihren dogmatischen, armseligen Spitzfindigkeiten einschläfern müssen. Sie angeln nach Geschenken, Erbschaften und Vermächtnissen wie der Teufel nach ihrer Seele. Ihr Ehrgeiz ist unermeßlich; ihr geistlicher Stolz, ihr Despotismus, ihre hierarchische Herrschsucht ohne Grenzen. Den Eifer für die Religion brauchen sie zum Deckmantel ihrer Leidenschaften. Orthodoxie ist die Parole, blinder Glauben und Ehre Gottes das Feldgeschrei, wenn sie den unschuldigen, ruhigen Bürger, der einen Unterschied unter Religion und Theologie macht, die Pfaffen nicht schmeichelt und ihnen nicht opfert, bis in den Tod verfolgen wollen. Ihre Rache ist fürchterlich, unersättlich, ihre Feindschaft unversöhnlich – ich rede aus Erfahrung – gegen den, der sich ihrem eisernen Szepter nicht unterwerfen oder zu ihren Bosheiten nicht schweigen will. Ihre Eitelkeit ist größer als die eines Weibes. Sie schleichen sich in die Häuser und Familien ein, aus Vorwitz, kindischer Neugier, um sich in Händel zu mischen, die sie nichts angehn, um Ränke zu schmieden, Zwietracht zu stiften und im Trüben zu fischen. Ihre Predigten, ihre Gespräche und Mienen sind Bannstrahlen, Verdammungsurteile und Drohungen gegen andre Religionsverwandte und gegen jeden, der das Unglück hat, nicht glauben zu können, was sie – oft selbst nicht glauben, sondern nur lehren, weil es Geld einbringt. Sie lauschen auf die Fehler ihrer Nebenmenschen, schreien dieselben vergrößert aus, oder wo sie das alles nicht öffentlich tun dürfen, da wirken sie durch andre im Verborgenen oder hängen die Maske der Demut, der Heuchelei, des Eifers für Gottseligkeit und gute Sitten vor, um mit sanfter Stimme, mit Klagen und Winseln die Schwachen auf ihre Seite zu bringen und den Weisern und Bessern bei dem Volke verdächtig zu machen. – Ja solche Ungeheuer gibt es unter den Dienern der Kirchen, und nicht etwa nur in Mönchskutten und Jesuitenmänteln – nein, mancher protestantische Pfaffe würde ein zweiter Hildebrand sein, wenn ihm nicht die Flügel beschnitten wären.

2.

Da nun aber hie und da auch unter den weniger boshaften, ja unter den redlichen Geistlichen einige doch einen kleinen Anstrich von manchen dieser Fehler, zum Beispiel von geistlichem Stolze, von Intoleranz, von Anhänglichkeit an Systemgeist, von falschem esprit de corps, von Habsucht oder von Rachsucht haben, so kann es wohl nicht schaden, wenn man gewisse Vorsichtigkeitsregeln beobachtet, die im Umgange mit allen Personen dieses Standes ohne Unterschied nicht ganz übel angebracht sind.

Man hüte sich also, ihnen Gelegenheit zu Verketzerungen zu geben, und so wie überhaupt ein verständiger Mann sich enthält, über religiöse Gegenstände in Gesellschaften zu räsonieren, so soll man vorzüglich achthaben, in Gegenwart eines Geistlichen nie ein Wort fallenzulassen, das übel ausgelegt und als ein Ausfall gegen irgendein Kirchensystem oder einen Religionsgebrauch angesehn werden könnte. Auch besuche man die Kirchen, selbst wenn die Art des Gottesdienstes und der Vortrag des Predigers unsre Andacht nicht sehr befördern, des Beispiels wegen, und um nicht Gelegenheit zu geben, daß man uns Gleichgültigkeit gegen Religion aufbürde.

Man mache in Gesellschaft nie einen Geistlichen lächerlich, möchte er auch noch so viel Veranlassung dazu geben, auch rede man mit Vorsicht von ihnen! Teils machen diese Herrn gar zu gern ihre eigene Sache zur Sache Gottes, teils verdient dieser ehrwürdige Stand auf alle Weise eine Schonung, die man wegen der Unwürdigkeit einzelner Mitglieder nicht aus den Augen setzen darf, teils kann man durch das Gegenteil Verachtung der Religion, die leider so sehr einreißt, wider Willen befördern.

Man bezeuge hingegen den Geistlichen alle äußere Ehrerbietung, die sie nur irgend billigerweise fordern können, und beleidige nicht nur keinen derselben auf keine auch noch so geringe Art, sondern mache sich auch nicht der mindesten, von jedem andern leicht zu verzeihenden Unterlassungssünde, keines Mangels an Höflichkeit gegen sie schuldig.

Man lasse in Entrichtung der ihnen zukommenden Gebühren und Abgaben sich keine Abkürzung noch Saumseligkeit zuschulden kommen, gebe aber auch bei Fällen, die öfter eintreten können, nicht zu viel. Denn sie schreiben gern alles auf und machen aus Freigebigkeit ein Gesetz, ein Recht, das sie sogar auf ihre Nachfolger zu vererben trachten.

Man sei gastfrei gegen diejenigen, welche eine gute Tafel und ein volles Gläschen lieben.

Man hüte sich, bevor man den Mann nicht recht genau kennt, einen Geistlichen von der alltäglichen Art zum Vertrauten in häuslichen Angelegenheiten und andern Dingen von Wichtigkeit zu machen, und halte ihn entfernt, wenn er sich unberufen in dergleichen mischen will.

Man verhindre die zu große Vertraulichkeit der Weiber und Töchter mit gewissen Beichtvätern und geistlichen Ratgebern.

3.

In Prälaturen und Klöstern muß man den Ton der Herrn Patrum anzunehmen verstehn, wenn man ihnen willkommen sein will. Ein guter, gesunder Appetit; nach Verhältnis ebensoviel Durst und die Gabe, ein Gläschen mit Geschmack und oft genug ausleeren zu können; ein jovialischer Humor; ein Witz, der nicht zu fein, sondern ein wenig materiell sein muß; zuweilen ein Wortspielchen; ein lateinisches Rätsel, eine Anspielung auf eine scholastische Spitzfindigkeit; einige Bekanntschaft mit Legenden und Kirchenvätern; Beifall, durch baucherschütterndes Lachen an den Tag gelegt, wenn der Pater Spaßmacher – dies Amt pflegt selten unbesetzt zu sein – einen Schwank hervorbringt; viel Ehrerbietung gegen den hochwürdigen Herrn Prälaten, Guardian oder Prior; Bewunderung der Kostbarkeiten, Reliquien, Gebäude und Anstalten; kein Gespräch über Aufklärung und Literatur, aber desto mehr über Politik, Krieg und Frieden; Zeitungsnachrichten; Befriedigung der Neugier, wenn nach Familienumständen und Anekdoten geforscht wird; da, wo man Musik treibt, gezeigt, daß man in dieser Kunst nicht fremd ist; Vorsichtigkeit, wenn von andern geistlichen Orden, besonders von Jesuiten die Rede ist; Rang, Ansehn, Reichtum, Pracht, Titel, Orden und mehr als dies alles, wo es nötig ist, Geschenke – das sind ungefähr die Mittel, dort gut aufgenommen zu werden und sich Achtung zu erwerben.

Zu Domherrn braucht man größtenteils nur Appetit zum Essen und Trinken, mutwillige, ein wenig faunische Laune und Stillschweigen über gelehrte Gegenstände mitzubringen.

In Nonnenklöstern sowie in katholischen und protestantischen weiblichen Stiftern kann man mit einer hübschen stämmigen Figur, mit treuherziger, doch äußerlich anständiger Vertraulichkeit, mit einem Sacke voll Märchen, Neuigkeiten und Späßchen auch ziemlich weit kommen.

Von dem Umgange der Religiösen unter sich rede ich nicht; darüber ist in den Briefen über das Mönchswesen, in den Briefen aus dem Noviziate und in unzähligen andern Schriften schon sehr viel Gutes und Treffendes gesagt worden.

Fünftes Kapitel

Über den Umgang mit Gelehrten und Künstlern

1.

Wenn der Titel eines Gelehrten nicht heutzutage so gemein würde als der eines Gentleman in England; wenn man sich unter einem Gelehrten immer nur einen Mann denken dürfte, der seinen Geist durch wahrhaftig nützliche Kenntnisse ausgebildet und diese Kenntnisse zur Veredlung seines Herzens angewendet hätte – kurz, einen Mann, den Wissenschaften und Künste zu einem weisern, bessern und für das Wohl seiner Mitbürger tätigern Menschen gemacht hätten, dann brauchte ich hier kein Kapitel über den Umgang mit solchen Leuten zu schreiben. Was bedarf es einer Vorschrift, wie man mit dem Weisen und Edeln umgehn soll? An seiner Seite zu horchen auf die Lehren, die von seinen Lippen strömen; seine Augen auf ihn gerichtet zu haben, um sein Beispiel die Richtschnur unsrer Handlungen sein zu lassen; die Wahrheit von ihm zu vernehmen und dieser Wahrheit zu folgen – das ist ein Glück, dessen Genuß nicht nach Regeln gelernt zu werden braucht. Wenn aber heutzutage jeder elende Verseschmied, Kompilator, Journalist, Anekdotenjäger, Übersetzer, Plündrer fremder literarischer Güter und überhaupt jeder, der die unbegreifliche Nachsicht unsers Publikums mißbraucht, um ganze Bände voll Unsinn, Torheit und Wiederholung längst besser gesagter Dinge drucken zu lassen, sich selber einen Gelehrten nennt; wenn die Wissenschaften nicht nach dem Grade ihrer Nützlichkeit für die Welt, sondern nach dem veränderlichen, leichtfertigen Geschmacke des lesenden Pöbels geschätzt, spekulative Grillen Weisheit genannt werden, fieberhafte Phantasie für Schwung und Begeisterung gilt; wenn ein Knabe, der sein rauhes Gewäsche in abwechselnd kurzen und langen Zeilen in einen Musen-Almanach einrücken läßt, ein Dichter heißt; wenn der Mensch, der mit seinen Fingern ein Gewühl von falschen Tönen, ohne Verbindung und Ausdruck, den Saiten entlockt, ein Tonkünstler; der, welcher schwarze Punkte, in Abschnitte eingeteilt, auf Papier setzen kann, ein Komponist; der, welcher auf Brettern herumspringt, ein Tänzer genannt wird, dann muß man wohl ein paar Worte darüber sagen, wie man sich im Umgange mit solchen Leuten zu betragen hat, wenn man nicht für einen Mann ohne Geschmack und Kenntnis angesehn sein will.

2.

Beurteile nicht den moralischen Charakter des Gelehrten nach dem Inhalte seiner Schriften. Auf dem Papiere sieht der Mann oft ganz anders aus als in natura. Auch ist das so übel nicht zu nehmen. Am Schreibtische, wo man die ruhigste Gemütsverfassung wählen kann, wenn keine stürmischen Leidenschaften unsern Geist aus seiner Fassung bringen, da lassen sich herrliche moralische Vorschriften geben, die nachher in der wirklichen Welt, wo Reizung, Überraschung und Verführung von Seiten der berüchtigten drei geistlichen Feinde uns hin und her treiben, nicht so leicht zu befolgen sind. Also soll man freilich den Mann, der Tugend predigt, darum nicht immer für ein Muster von Tugend halten, sondern auch bedenken, daß er ein Mensch bleibt, ihm wenigstens dafür danken, daß er vor Fehlern warnt, wenn er selbst auch nicht stark genug ist, diese Fehler zu vermeiden, und es würde unbillig sein, ihn desfalls für einen Heuchler zu halten (obgleich es ebenso unbillig wäre, ohne Beweis vorauszusetzen, er tue das Gegenteil von dem, was er lehrt, oder man müsse seine Worte anders auslegen als sie lauten). Von der andern Seite soll man auch nicht die Grundsätze, die ein Schriftsteller den Personen seiner eignen Schöpfung in den Mund legt, als seine eignen ansehn, noch einen Mann deswegen für einen Bösewicht oder Faun oder Menschenhasser halten, weil seine üppige Phantasie, sein Feuer ihn verleitet, irgendeinen boshaften Charakter von einer glänzenden Seite darzustellen oder eine wollüstige Szene mit lebhaften Farben zu schildern oder mit Bitterkeit über Torheiten zu spotten. Wohl täte er besser, wenn er das unterließe, aber er ist darum noch kein schlechter Mann, und so wie man bei hungrigem Magen Göttermahlzeiten schildern kann, so kenne ich Dichter, die Wein und materielle Liebe besingen und dennoch die mäßigsten, keuschesten Menschen sind; kenne Schriftsteller, die Greuel von Schandtaten mit der treffendsten Wahrheit dargestellt haben und dennoch Rechtschaffenheit und Sanftmut in ihren Handlungen zeigen; kenne endlich Satiriker voll Menschenliebe und Wohlwollen.

Eine andre Art von Ungerechtigkeit gegen Schriftsteller und Künstler begeht man, wenn man von ihnen erwartet, sie sollen auch im gemeinen Leben nichts als Sentenzen reden, nichts als Weisheit und Gelehrsamkeit predigen. Der Mann, der am glänzendsten von einer Kunst schwätzt, ist darum nicht immer der, welcher die gründlichsten Kenntnisse davon besitzt. Es ist nicht einmal angenehm und schmeckt nach Pedanterie, wenn wir jeden ohne Unterlaß von unsern eigenen Lieblingsbeschäftigungen unterhalten. Man geht in Gesellschaften, um sich zu zerstreun, um auch einmal andre als sich selber zu hören. Nicht jeder hat so viel Gegenwart des Geistes, mitten im Getümmel, und wenn er durch Fragen und Vorwitz überrascht wird, mit Würde und Bestimmtheit von Gegenständen zu reden, die er vielleicht zu Hause in seinem einsamen Zimmer mit der größten Klarheit durchschaut. Und dann gibt es auch Gesellschaften, in welchen die Leute so gänzlich anders als wir gestimmt sind, die Dinge von so durchaus andern Seiten ansehen, daß es nicht möglich ist, in dem ersten Augenblicke sich so zu fassen, daß man etwas Gescheutes auf das antworte, was sie uns vortragen. Auch hat ja ein Gelehrter so gut als ein andrer Erdensohn seine Launen, ist nicht stets gleich aufgelegt zu wissenschaftlichen und überhaupt zu solchen Gesprächen, die Nachdenken erfordern; oder die Menschen, die er um sich sieht, behagen ihm nicht, scheinen ihm keines Aufwandes von Verstand und Witz würdig.

Als vor ungefähr neun Jahren der Abbé Raynal in den Rheingegenden war, wurde ich einst mit ihm in einem vornehmen Hause zu Gaste geladen. Es hatte sich da eine Schar neugieriger Damen und Herrn nebst einigen schönen Geistern versammelt, um ihn zu bewundern und von ihm bewundert zu werden. Er schien zu beidem nicht aufgelegt, und, ich gestehe es, der Ton seiner Unterhaltung gefiel mir gar nicht. Die ganze Gesellschaft aber war aufgebracht und erbittert gegen den Mann, der ihre Erwartungen so getäuscht hatte, und das ging denn so weit, daß alle behaupteten: Dieser sei nicht der Abbé Raynal gewesen, oder es sei unmöglich, daß der Abbé Raynal so schöne Sachen geschrieben habe.

Es ist ein recht garstiger Zug in dem Charakter unsers Zeitalters, daß man so gern von guten Schriftstellern und überhaupt von Männern, die sich Ruf erworben haben, ärgerliche Anekdoten aufsammelt, um ihnen einen Grad der öffentlichen Achtung zu entziehn, wenn ihre Schriften ihnen Bewunderer gewonnen, wenn ihre Talente die Aufmerksamkeit verständiger Menschen mehr auf sie als auf Männer gleichen Standes gezogen haben, ja es gibt so gewisse abderitische kleine Städte, in welchen man wirklich affektiert, den Mann mit Verachtung zu behandeln, dem es gelungen ist, durch gute literarische Produkte auswärts, das heißt außer dem Kreise der Herrn Vettern und Frauen Basen, seinen Namen bekannt zu machen. Daß man einen solchen im Vaterlande nicht aufkommen, auch allenfalls darben lasse, das finde ich ganz in der Ordnung; aber seinen moralischen Charakter aus Neide verdächtig zu machen und ihm, wenn er auch noch so demütig, noch so forderungslos seinen stillen Gang fortgeht, ausgezeichnet grob zu behandeln – das ist zu hart und geschieht doch hie und da, besonders in einigen Reichsstädten.

Spricht aber ein Gelehrter, ein Künstler gern und viel von seinem Fache, so nimm ihm auch das nicht übel auf. Die unglückliche Polyhistorei, die Wut, auf allen Zweigen der Wissenschaften und Künste herumzuhüpfen, sich zu schämen, daß irgend etwas unter der Sonne sein dürfte, worüber wir nicht räsonieren könnten, ist nicht eben das, was unserm Zeitalter am mehrsten Ehre macht, und wenn es langweilig ist, einen Mann alle Gespräche auf seinen Lieblingsgegenstand lenken zu hören, so ist es mehr als langweilig, es ist empörend, wenn ein Schwätzer entscheidende Urteile über Dinge ausspricht, die gänzlich außer seinem Gesichtskreise liegen, wenn der Priester über Politik, der Jurist über Theater, der Arzt über Malerei, die Kokette über philosophische Gegenstände, der süße Herr über Taktik deräsoniert. Erlaube dem Mann, der etwas gelernt hat, mit Leidenschaft von seiner Kunst, von seiner Wissenschaft zu reden, ja gib ihm Gelegenheit dazu. Man ist wahrlich recht viel wert in der Welt, wenn man – doch übrigens bei gesundem Hausverstande – ein Fach aus dem Grunde versteht, und mich ekelt vor den herumwandelnden enzyklopädischen Wörterbüchern; mich ekelt vor den allwissenden, rezitierenden jungen Herrn, mit denen man denn so zuweilen einmal das Unglück hat, in Gesellschaft zu kommen, die den bescheidenen, zweifelnden Forscher mit Machtsprüchen zu Boden schlagen und die, besonders wenn sie von liebenswürdigen gelehrten Damen amüsant gefunden, ganz unausstehlich werden.

3.

Die mehrsten Schriftsteller verzeihn es uns leichter, wenn wir ihren sittlichen Charakter, als wenn wir ihren Ruf in der gelehrten Welt antasten. Man sei daher vorsichtig in Beurteilung ihrer Produkte. Selbst dann, wenn sie uns um unsre Meinung darüber fragen, ist dies immer so auszulegen, als bäten sie uns um ein Lob. Den Fall ausgenommen, wenn Freundschaft uns zu völliger Offenherzigkeit verpflichtet, rate ich also, bei solchen Gelegenheiten, wo man unmöglich ohne Niederträchtigkeit loben, wenigstens etwas zu sagen, das die beleidigte Eitelkeit nicht als Tadel auslegen kann.

Fast noch ungnädiger pflegen es die Herrn aufzunehmen, wenn man gar nichts von ihrer Autorschaft weiß, gar nichts von ihnen gelesen hat, oder wenn man den Mann eines Buches wegen, das er geschrieben, dennoch im gemeinen Leben nicht anders wie jeden behandelt, der auf andre Weise der Welt nützlich wird, endlich wenn man Grundsätze äußert, die nicht in ihr System passen, die mit denen streiten, zu deren Behauptung sie so manchen Bogen Papier mit Buchstaben versehn haben. Hüte Dich vor diesem allem, wenn Du einen Schriftsteller nicht beleidigen willst. Allein unterscheide auch wohl, welchen Mann Du vor Dir hast, groß, klein oder mittelmäßig. Alle riechen den Weihrauch gern, der ihnen gestreut wird, aber nicht jeden darf man auf gleich grobe Art einräuchern. Der eine nimmt vorlieb, wenn Du es ihm grade in den Bart sagst: er sei ein großer Mann; der andre ist zufrieden, wenn Du nur ohne Widerspruch erlaubst, daß er dies selbst von sich sage; der dritte verlangt nichts von Dir als Hiobs Geduld, wenn er Dir seine elenden Produkte vorliest; den vierten kitzelt eine kleine vorteilhafte Anspielung auf irgendeine Stelle aus seinen Schriften; dem fünften behagt äußere ausgezeichnete Ehrerbietung, wenn auch von seiner Autorschaft nicht ausdrücklich Erwähnung geschieht, und ein sechster endlich – es sei mir erlaubt, neben diesem mein Plätzchen zu nehmen! – begnügt sich, wenn die wenigen Edeln ihm die Gerechtigkeit widerfahren lassen zu glauben, daß es ihm wenigstens um Wahrheit und Tugend zu tun sei, daß er nichts geschrieben habe, dessen sein Herz sich zu schämen brauchte, und daß, wenn seine Werke keine Meisterstücke sind, sie sich doch auch nicht ausschließlich zu Rosinentüten qualifizieren.

4.

Lustig anzusehn aber ist es, wenn zwei Schriftsteller sich einander mündlich oder schriftlich loben und preisen, vorteilhafte Rezensionen gegenseitig erschleichen, sich bei lebendigem Leibe einbalsamieren und sich eine glänzende Ewigkeit zusichern. Überhaupt mag ich wohl ein ruhiger Zuschauer sein, wenn ein paar Leute zusammenkommen, die gern voneinander bewundert werden möchten oder die sehr viel Gutes voneinander gehört haben. Wie sie sich drehen und wenden, um sich wechselweise die schwache Seite abzujagen. Und wenn sie nun auseinandergehen, dann zeigt sich immer, daß der eine den andern vortrefflich findet, wenn dieser ihm entweder Gelegenheit gegeben hat, seine Talente auszukramen, oder wenn beide Narren sich auf ähnlichen sympathetischen Torheiten ertappt haben.

Nicht so lustig aber ist der Anblick des Unwesens, das man so oft unter Gelehrten wahrnimmt, die entweder wegen der Verschiedenheit ihrer Meinungen und Systeme sich vor dem ehrsamen Volke wie Bettelbuben herumzanken, oder wenn sie an demselben Orte leben und in demselben Fache auf Ruhm Anspruch machen, einander verfolgen, hassen, einander auch nicht die mindeste Gerechtigkeit widerfahren lassen; wie einer den andern zu verkleinern und bei dem Publico herabzusetzen sucht. – Pfui der Niederträchtigkeit! Ist denn die Quelle der Wahrheit nicht reich genug, um zugleich den Durst vieler Tausende zu stillen, und können Neid, Scheelsucht und pöbelhafte Erbitterung auch Geister herabwürdigen, die der Weisheit geweihet sind? – Doch hierüber ist schon oft so viel gesagt worden, daß ich es für besser halte, einen Vorhang vor solche gelehrten Prostitutionen zu ziehn, die leider in unsern Zeiten nicht selten gesehn werden.

5.

Es gibt Leute, die sich dadurch Gewicht zu geben suchen, daß sie sich ihrer Verbindung, ihrer Verwandtschaft, Freundschaft oder ihres Briefwechsels mit Gelehrten rühmen. Das ist eine Torheit, der man sich enthalten soll. Ein Mann kann große Verdienste als Schriftsteller haben, ohne daß uns desfalls eine genaue Verbindung mit seiner Person Ehre macht. Man ist auch darum nicht gleich weise und gut, wenn Weise und Edle uns mit Nachsicht und Freundlichkeit behandeln. Auch kann ich das Zitieren und Berufen auf fremde Autoritäten wie überhaupt alles Prahlen und Schmücken mit fremden Federn nicht leiden. Das mittelmäßigste selbst Gedachte und mit Überzeugung Gefühlte ist für uns mehr wert als das Vortrefflichste, das wir bloß nachlallen.

6.

Unter den heutigen sogenannten Gelehrten muß man billigerweise einigen unsrer Journalisten und Anekdotensammler einen ansehnlichen Rang einräumen. Mit diesen Leuten aber ist eine ganz besondre Vorsicht im Umgange nötig. Sie stehen gemeiniglich bei geringem Vorrate an eigener Gelehrsamkeit im Solde irgendeiner herrschsüchtigen Partei oder eines Anführers derselben, sei es nun von Naturalisten, Orthodoxen, Deisten, Schwärmern, Philanthropen, Weltbürgern, Mystikern, oder wovon es immer sei. Dann ziehen sie durchs Land, um Märchen zu sammeln, die sie nach Gelegenheit Dokumente nennen, oder mit dem Schwerte der Verleumdung jeden zu verfolgen, der nicht zu ihrer Fahne schwören will, jedem das Maul zu stopfen, der es wagt, an ihrer Unfehlbarkeit zu zweifeln. Ein einziges Wörtchen, das nicht in ihr System paßt und das sie irgendwo auffangen,gibt ihnen Stoff zu Verketzerungen, zu unwürdigen Nekkereien, zu Verfolgungen der besten, sorglosesten, planlosesten Menschen. Sei behutsam im Reden, wenn ein solcher Dich freundlich besucht, und erwarte, daß er nachher einmal Dein Porträt und alles drucken lassen werde, was er bei Dir gesehn und gehört hat. Der Mann, der dies Handwerk in Deutschland am heftigsten treibt und gegen den alle Art von rechtlicher und handfester Hilfe vergebens angewendet wird, dieser Mann heißt – ich muß ihn hier öffentlich nennen – heißt – Anonymus und ist ein gar sonderbarer Mann. Da er sich wie Cartouche in so vielfache Gestalten umzuformen weiß, daß kein Steckbrief auf ihn paßt, so rate ich, jeden Unbekannten, der gewisse Modewörter, wie zum Beispiel: Aufklärung, Publizität, Denkfreiheit, Pädagogie, Toleranz oder einzig seligmachenden Glauben oder Jesuitismus, Katholizismus, Hierarchie, höhere Wissenschaften, Magnetismus oder dergleichen gar zu oft im Munde führt, vorerst für jenen Herrn Anonymus zu halten, der ein garstiger, schadenfroher Spitzbube ist und umhergeht wie ein brüllender Löwe, um zu suchen, wen er verschlingen möchte – leo rugiens, mugiens, quaerens, quem devoret.

7.

Mit Tonkünstlern, einer Gattung von Dichtern, Komponisten, Tänzern, Schauspielern, Malern und Bildhauern ist der casus ganz anders zu behandeln. Diese sind – es versteht sich immer, daß ich in jeder Klasse von Menschen die bessern ausnehme – wohl keine gefährlichen, aber desto eitlere und oft sehr zudringliche und unsichre Leute. Weit entfernt zu fühlen, daß die schönen Künste, obgleich man ihnen nicht den Einfluß auf Herz und Sitten absprechen kann, doch am Ende zum Hauptzwecke nur das *Vergnügen* haben, folglich im Werte für das Glück der Welt den höhern, wichtigern, ernsthaftern Wissenschaften nachstehn müssen; weit entfernt zu fühlen, daß, um wahrhaftig den Titel eines großen Mannes zu verdienen, man mehr verstehn und mehr müsse bewirken können als Augen zu vergnügen, Ohren zu kitzeln, Phantasien zu erhitzen und Herzchen in Aufruhr zu bringen, sehen sie ihre Kunst als das einzige an, was des Bestrebens eines vernünftigen Menschen wert wäre, und es muß uns nicht befremden, wenn ein Tänzer, der höher besoldet wird als ein Staatsminister, herzlich bedauert, daß dieser nichts bessers gelernt habe. Der philosophische Künstler, so wie Georg Benda einer war, der bescheidnen Virtuosen, wie der edle Franzi und sein liebenswürdiger Sohn in Mannheim, der verständigen, mit allen Privattugenden geschmückten Maler, wie der alte Tischbein, der Schauspieler, bei denen Kopf, Herz und Sitten gleich viel Verehrung verdienen, wie unser Iffland, wie Großmann, wie der unnachahmliche Schröder, solcher Männer gibt es nicht so gar viele unter ihnen. Ich rate desfalls, einen äußerst vertrauten Umgang mit dieser Menschenklasse nur nach der strengsten Auswahl zu suchen. Cantores amant humores, das heißt: auf ein Liedchen schmeckt ein Schlückchen. Sänger, Dichter und dergleichen lieben das Wohlleben, und das kann uns nicht wundern. Es gibt wohl eine Art von Begeisterung, zu der sich die Seele bei der einfachsten, mäßigsten Lebensart erheben kann und, die Wahrheit zu gestehn, das ist wohl die einzige, deren Früchte auf Unsterblichkeit Anspruch machen dürfen. Hoher

Schwung des Genius, hinauf zu der heiligen, reinen Quelle, aus welcher er entsprungen, ist freilich ganz von andrer Art als Spannung der Nerven, Erhitzung der Phantasie durch Reizung der Sinne; und man sieht es solchen Werken, wie Klopstocks Messias und Schillers Don Carlos sind, bald an, daß ihr Feuer nicht aus der Champagnerflasche ist gezogen worden. Allein wie wenig Künstler werden von jener bessern Glut entzündet. Ihre durch unordentliche Aufführung und unglückliche äußerliche Verhältnisse, über welche sie nicht Kraft genug haben, sich durch Philosophie zu erheben, ihre dadurch geschwächte Maschine, sage ich, fordert, um nicht ganz den Geist niederzudrükken, gewaltsame Stärkungs- oder vielmehr berauschende Mittel. Dies treibt sie zuerst zu einem den sinnlichen Freuden gewidmeten Leben. Dazu kommt, daß der, welcher einmal die schönen Künste zu seinem einzigen Berufe gemacht hat, selten noch Geschmack an ernsthaften Geschäften findet, sondern daß diese ihm äußerst trocken scheinen, und da man doch nicht immer singen, geigen, pfeifen und klecksen kann, so bleiben viel Stunden des Tages auszufüllen, welche dann dem Wohlleben geopfert werden. An weise Verteilung und Anwendung der Zeit, an Aufsuchung eines lehrreichen und vernünftigen Umgangs denken also diese Herren selten, und sie schätzen den Mann, der ihnen sinnliche Freuden gewährt und sie dabei schmeichelt, höher als den Weisen, der sie auf den Weg der Wahrheit und Ordnung führt. Jenem drängen sie sich auf, diese fliehen sie. Bei dem allgemein einreißenden frivolen Geschmacke unsers Zeitalters, bei der Vernachlässigung solider Wissenschaften ist dies, wie ich glaube, ein Wort zu seiner Zeit geredet, möchte man mich auch deswegen für einen Pedanten halten. Jeder seichte Kopf, der nur ein weiches Herzchen hat, den edeln Müßiggang und ein liederliches Leben liebt, legt sich heutzutage auf die schönen Wissenschaften, glaubt Beruf zum Künstler zu haben, macht Verse, schreibt für das Theater, spielt ein Instrument, komponiert, pinselt – und so muß denn am Ende der Geschmack ausarten und die Kunst verächtlich werden. Deswegen sehen wir auch ganze Herden solcher Künstler herumlaufen, die nicht einmal mit den ersten theoretischen Grundsätzen ihrer Kunst bekannt sind; Musiker, die nicht wissen, aus welcher Tonart sie spielen, die nichts vorzutragen verstehen, als was sie auf ihrer Geige oder Pfeife auswendig gelernt haben; ohne philosophischen Geist, ohne gesunde Vernunft, ohne Studium, ohne wahres Naturgefühl, aber dagegen mit desto mehr Selbstgenügsamkeit und Impertinenz ausgerüstet; unter sich von Brotneid entbrannt; neidisch auf einen Liebhaber, der ihr Hauptstudium nur als Nebensache treibt und denoch mehr davon weiß als sie, die weiter nichts gelernt haben. Hat ein solcher aber Anhang unter den Leuten nach der Mode, genießt er die Protektion der anmaßlichen Kenner, so wage man es ja nicht, laut zu sagen, daß er ein Stümper sei, wenn man nicht für einen unwissenden Menschen gelten und alle Dilettanten gegen sich aufbringen will: Allein wen ekelt nicht vor der Menge solcher vornehmen und geringen Dilettanten, vor ihren schiefen Urteilen, vor ihrem albernen Gewäsche? Willst Du Dich bei diesem wilden Haufen beliebt machen, so mußt Du die Geduld haben, ihren Unsinn anzuhören, oder gar die Niederträchtigkeit begehn, ihn zu loben und ihren Machtsprüchen beizupflichten. Willst Du Dich aber bei ihnen in Ansehn setzen, so sei ja nicht bescheiden, sondern ebenso unverschämt wie sie. Entscheide mit Kühnheit. Tritt mit Zuversicht mitten unter die größten Männer. Dränge Dich hervor. Tue, als seiest Du äußerst ekel in Deinem Geschmacke, als sei es schwer, den Beifall Deines verwöhnten Auges und Ohrs zu gewinnen. Rede von dem allgemeinen Rufe, in welchem Deine Kenntnisse stünden. Verachte, was Dir zu hoch ist. Schüttle bedeutend mit dem Kopfe, wenn Du nichts Passendes zu sagen weißt. Begegne dem Anfänger mit Übermute. Schmeichle vornehme, reiche und mächtige Dilettanten und Mäzenaten. Befördre die Lust an Spielwerken und Kleinigkeiten, an niedlichen Rondos, an Bierhausmenuetten mitten in ernsthaften Stücken, an buntscheckigem Kolorit, an Sinngedichten, an Bombast und leerer Phraseologie, an Schauspielen voll Greuel, Verwicklung und Übertreibung. – So kannst Du Dein Scherflein zum allgemeinen Verderbnisse des Geschmacks redlich beitragen. Fühlst Du aber

Kraft in Dir und hast nicht Ursache, Menschen zu scheun, so widersetze Dich dem Unwesen. Eifre gegen diese Erbärmlichkeiten, aber eifre mit Gründen und rücke den Midassen unsrer Zeit die großen Perücken und Narrenkappen zurück, damit man ihre langen Ohren sehe und sich nicht durch ihre Amtsgesichter täuschen lasse. Traurig ist es indessen, daß auch der wahrhaftig große Künstler heutzutage einen Teil dieser Wege einschlagen muß, wenn er nicht dem Charlatan das Feld räumen will; daß er oft Natur, Bescheidenheit, Einfalt und Würde der Mode und dem Vorurteile aufzuopfern, sich mit falschem Glanze auszurüsten, sich zum Windbeutel und Spaßmacher zu erniedrigen gezwungen ist, um zu gefallen und Brot zu finden. Übel ist auch oft der Künstler, besonders der Musiker, daran, wenn er in eine Gesellschaft von Leuten gerät, die ihn bewundern wollen, die ihn bitten, sich vor ihnen hören zu lassen, und die dann doch weder Aufmerksamkeit noch Kenntnis der hohen Kunst haben. Abschlagen darf er es nicht, wenn er nicht will für eigensinnig gehalten werden, und doch fühlt er, daß er seine Perlen den Säuen vorwirft. Er setzt sich an das Klavier, spielt das sanfteste Adagio, und nun brüllen die zuhörenden Liebhaber mitten in der rührendsten Stelle überlaut: »Oh! das ist gar schön! vortrefflich!« – und darüber geht die Stelle verloren. – Solcher Unschicklichkeiten soll man sich enthalten.

8.

Nun noch ein Wort zur Warnung für den Jüngling in Betracht der Künstler, besonders der Schauspieler, von gemeiner Art. Ich habe vorhin gesagt, daß der vertraute Umgang mit den mehrsten derselben vonseiten ihrer Kenntnisse, ihres sittlichen Lebens und ihrer ökonomischen Umstände für Kopf, Herz und Geldbeutel nicht sehr vorteilhaft sein könne; allein noch in andern Rücksichten muß ich Vorsicht empfehlen. Wenn man aber weiß, welch ein warmer Verehrer der schönen Künste ich selbst bin, so wird man mir wohl nicht schuld geben, daß es aus Vorurteil oder

Kälte geschehe, wenn ich dem Jünglinge rate, mäßig im Genusse der schönen Künste, mäßig im Genusse des Umgangs mit der gefälligen Muse und deren Priestern zu sein. Musik, Poesie, Schauspielkunst, Tanz und Malerei wirken freilich wohltätig auf das Herz. Sie machen es weich und empfänglich für manche edle Gefühle; sie erheben und bereichern die Phantasie, schärfen den Witz, erwecken Fröhlichkeit und Laune, mildern die Sitten und befördern die geselligen Tugenden. Allein eben diese herrlichen Wirkungen können, wenn sie übertrieben werden, mannigfaltiges Elend veranlassen. Ein zu weiches, weibisches, von allen wahren und eingebildeten, eignen und fremden Leiden in Aufruhr zu bringendes Gemüt ist wahrlich ein trauriges Geschenk; ein Herz, das, empfänglich für jeden Eindruck, wie ein Rohr von mannigfaltigen Leidenschaften hin und her zu bewegen, jeden Augenblick von andern sich durchkreuzenden Empfindungen hingerissen wird; ein Nervensystem, auf welchem jeder Betrüger, der nur den rechten Ton zu treffen weiß, nach Gefallen spielen kann – das alles wird uns sehr zur Last da, wo es auf Festigkeit, unerschütterlichen männlichen Mut, auf Ausdauer und Beharrlichkeit ankommt. Eine zu warme, zu hochfliegende Phantasie, die allen unsern geistigen Anstrengungen einen romanhaften Schwung gibt und uns in eine Ideenwelt versetzt, kann uns in der wirklichen Welt teils sehr unglücklich, teils zu gänzlich unbrauchbaren Menschen machen. Sie spannt uns zu Erwartungen, erregt Forderungen, die wir nicht befriedigen können, und erfüllt uns mit Ekel gegen alles, was den Idealen nicht entspricht, nach welchen wir in der Bezauberung wie nach Schatten greifen. Ein luxuriöser Witz, eine schalkhafte Laune, die nicht unter der Vormundschaft einer keuschen Vernunft stehen, können nicht nur leicht auf Unkosten des Herzens ausarten, sondern würdigen uns auch herab, verleiten zu Spielwerken, so daß wir, statt der höhern Weisheit und nüchternen Wahrheit nachzustreben und unsre Denkkraft auf wahrhaftig nützliche Gegenstände zu verwenden, nur den Genuß des Augenblicks suchen, und statt mitten durch die Vorurteile hindurch in das Wesen der Dinge einzudringen, uns bei den glänzenden Außenseiten verweilen. Fröhlichkeit kann in Zügellosigkeit, in Streben nach immerwährendem Taumel übergehn. Milde Sitten verwandeln sich nicht selten in Weichlichkeit, in übertriebene Geschmeidigkeit, in niedre, unverantwortliche Gefälligkeit, die alles Gepräge von männlichem Charakter abschleifen und ein Leben, das bloß den geselligen Freuden und dem sinnlichen Vergnügen gewidmet ist, leitet uns fern von allen ernsthaften Geschäften, bei welchen der spätere, aber sichere, dauerndere Genuß durch Überwindung von Schwierigkeiten und durch anhaltende Arbeit und Anstrengung erkauft werden muß; es macht uns die für Geist und Herz so wohltätige Einsamkeit unerträglich, macht uns ein stilles häusliches, den Familien- und bürgerlichen Pflichten gewidmetes Dasein unschmackhaft – mit einem Worte, wer sich gänzlich den schönen Künsten widmet und mit den Priestern ihrer Gottheiten sein ganzes Leben verschwelgt, der wagt es darauf, sein eignes dauerhaftes Wohl zu verscherzen und wenigstens nicht so viel zur Glückseligkeit andrer beizutragen, als er nach seinem Berufe und nach seinen Fähigkeiten vermöchte. Alles, was ich hier gesagt habe, trifft vorzüglich bei dem Theater und bei dem Umgange mit Schauspielern ein. Wenn unsre Schauspiele das wären, wofür wir sie so gern ausgeben möchten; wenn sie eine Schule der Sitten wären, wo uns auf eine gefällige und zweckmäßige Weise unsre Verirrungen und Torheiten dargestellt und an das Herz gelegt würden; ja, dann könnte es immer recht gut sein; oft die Bühne zu besuchen und den Umgang mit Männern zu wählen, welche man als Wohltäter ihres Zeitalters ansehn müsse. Man darf aber nicht das Theater nach demjenigen beurteilen, was es sein könnte, sondern nach dem, was es ist. Wenn in unsern Lustspielen die komischen Züge der Narrheiten der Menschen so übertrieben geschildert sind, daß niemand das Bild seiner eignen Schwachheiten darin erkennt; wenn romanhafte Liebe darin begünstigt wird; wenn junge Phantasten und verliebte Mädchen daraus lernen, wie man die alten vernünftigen Väter und Mütter, die zur ehelichen Glückseligkeit mehr als eingebildete Sympathie und vorübergehenden Liebesrausch fordern, betrügen und zu ihrer Einwilligung bewegen muß; wenn in unsern Schauspielen Leichtsinn im gefälligen Gewande erscheint, eminentes Laster in Glanz und Hoheit auftritt und durch einen Anstrich von Größe und Kraft wider Willen Bewunderung erzwingt; wenn im Trauerspiele unser Auge mit dem Anblicke der ärgsten Greuel vertrauet; wenn unsre Einbildungskraft an Erwartung wunderbarer, feenmäßiger Entwicklungen und Auflösungen gewöhnt wird; wenn man uns in den Opern dahin bringt, daß es uns gleichgültig ist, ob die gesunde Vernunft empört wird, insofern nur die Ohren gekitzelt werden; wenn der elendeste Grimassenschneider, die ungeschickteste Dirne, wenn sie Anhang unter dem Volke haben, allgemeine Bewunderung einernten; wenn endlich, um alle diese nichtigen Zwecke zu erlangen, unsre Theaterdichter sich über Wahrscheinlichkeit, echte Natur, weise Kunst und Anordnung hinaus, folglich den Zuschauer in den Fall setzen, im Schauspielhause keine Nahrung für den Geist, sondern nur Zeitverkürzung und sinnlichen Genuß zu suchen – wer wird sich's da nicht zur Pflicht machen, Jünglingen und Mädchen den sparsamsten Genuß dieser Vergnügungen zu empfehlen? Und nun, was die Schauspieler betrifft! Ihr Stand hat sehr viel Blendendes: Freiheit, Unabhängigkeit von dem Zwange des bürgerlichen Lebens; gute Bezahlung, Beifall, Vorliebe des Publikums; Gelegenheit, da einem ganzen Volke öffentlich Talente zu zeigen, die außerdem vielleicht versteckt geblieben wären; Schmeichelei, gute, gastfreundschaftliche Aufnahme von jungen Leuten und Liebhabern der Kunst; viel Muße, Gelegenheit, Städte und Menschen kennenzulernen – das alles kann manchen Jüngling, der mit einer unangenehmen Lage oder mit einem unruhigen Gemüte, mit übel geordneter Tätigkeit kämpft, bewegen, diesen Stand zu wählen, besonders, wenn er in vertraueten Umgang mit Schauspielern und Schauspielerinnen gerät. Aber nun die Sache näher betrachtet; was für Menschen sind gewöhnlich diese Theaterhelden und -heldinnen? Leute ohne Sitten, ohne Erziehung, ohne Grundsätze, ohne Kenntnisse, Abenteurer, Leute aus den niedrigsten Ständen, freche Buhlerinnen – mit diesen lebt man, wenn man sich demselben Stande gewidmet hat, in täglicher Gemeinschaft. Es ist schwer, da nicht mit dem Strome fortgerissen zu werden, nicht zugrunde zu gehn. Neid, Feindschaft und Kabale erhalten immerwährenden Zwist unter ihnen; diese Menschen sind nicht an den Staat geknüpft, folglich fällt bei ihnen ein großer Bewegungsgrund, gut zu sein, die Rücksicht auf ihren Ruf unter den Mitbürgern, weg. Kommt noch etwa die Verachtung, mit welcher, freilich unbilligerweise, manche ernsthaften Leute auf sie herabsehen, hinzu, so wird das Herz erbittert und schlecht. Die tägliche Abwechslung von Rollen benimmt dem Charakter die Eigenheit; man wird zuletzt aus Habitüde, was man so oft vorstellen muß; man darf dabei nicht Rücksicht auf seine Gemütsstimmung nehmen, muß oft den Spaßmacher spielen, wenn das Herz trauert, und umgekehrt; dies leitet zur Verstellung; das Publikum wird des Mannes und seines Spiels überdrüssig; seine Manier gefällt nicht mehr nach zehn Jahren; das so leichtfertigerweise gewonnene Geld geht ebenso leichtfertig wieder fort – und so ist denn ein armseliges, dürftiges, kränkliches Alter nicht selten der letzte Auftritt des Schauspielerlebens.

9.

Wer Schauspieler und Tonkünstler unter seiner Aufsicht und Direktion hat, dem rate ich, sich gleich anfangs auf einen gewissen Fuß mit ihnen zu setzen, wenn man nicht von ihrem Eigensinne und ihren Grillen abhängen will. Die Hauptpunkte, worauf es dabei ankommt, sind: ihnen zu zeigen, daß man dem Geschäfte gewachsen sei; daß man einen Künstler zu beurteilen und zurechtzuweisen verstehe; sie an Pünktlichkeit und Ordnung zu gewöhnen und bei der ersten Übertretung, Naseweisigkeit oder Zügellosigkeit Strenge fühlen zu lassen; sie übrigens aber, nach Verhältnis der Talente und der sittlichen Aufführung eines jeden, mit Höflichkeit und Auszeichnung zu behandeln, ohne sich je gemein mit ihnen zu machen.

10.

Ermuntre durch bescheidnes Lob, aber schmeichle nicht, erhebe nicht zur Ungebühr den jungen angehenden Schriftsteller und Künstler, dadurch verdirbt man die mehrsten von ihnen in Deutschland. Das übertriebne Beklatschen und Lobpreisen macht sie schwindlig, aufgeblasen, hochmütig. Sie beeifern sich dann nicht weiter, der größern Vollkommenheit nachzustreben, und hören auf, ein Publikum zu respektieren, das so leicht zu befriedigen scheint. Leider aber treibt uns der Zustand unsrer heutigen Literatur gar zu leicht, alles zu loben, was nicht offenbar Unsinn ist, weil man fast gewöhnt ist, lauter abgeschmacktes Zeug gedruckt zu lesen, besonders in dem Fache der schönen Wissenschaften.

Laß Dich dadurch nicht verderben, junger Mann von Talenten! Bewahre auch Dein Herz vor Neid. Laß fremdem Verdienste Gerechtigkeit widerfahren. Suche immer die Gesellschaft solcher Männer, durch deren Umgang Du zum Vorteile Deiner Kunst weiser und besser werden kannst, nicht aber den Schwarm niedriger Schmeichler oder Enthusiasten.

11.

So wenig Vorteil man von der Vertraulichkeit mit Künstlern von gemeiner Art hat, so lehrreich und unterhaltend ist der Umgang mit einem Manne, der philosophischen Geist, Gelehrsamkeit und Witz mit seiner Kunst verbindet. Es ist ein Glück, an der Seite eines solchen Künstlers zu leben, dessen Geist durch Kenntnisse gebildet, dessen Blick durch Studium der Natur und der Menschen geschärft, bei dem durch die milden Einwirkungen der Musen das Herz zu Liebe, Freundschaft und Wohlwollen gestimmt und die Sitten sind gereinigt worden. Seine freundliche Beredsamkeit wird uns in trüben Stunden aufheitern, sein Umgang wird uns wieder mit der Welt aussöhnen, wenn Mißmut und Unzufriedenheit uns plagen; er wird uns Erholung gewähren von verdrießlichen, mühsamen, trocknen Berufsgeschäften, wird uns erwärmen, wird uns neue Federkraft geben, wenn wir durch lange Anstrengung herabgespannt sind; er wird uns die mäßigste Kost zu einem Göttermahle, unsre Hütte zu einem Heiligtume, zu einem Tempel, unsern Herd zu einem Altare der Musen erhöhn.

Sechstes Kapitel

Über den Umgang mit Leuten von allerlei Ständen im bürgerlichen Leben

1.

Machen wir den Anfang mit den *Ärzten*. Kein Stand ist für das Menschengeschlecht wohltätiger als dieser, wenn er seine Bestimmung erfüllt. Der Mann, welcher alle Schätze der Natur durchwühlt und ihre Kräfte erforscht, um Mittel aufzusuchen, das Meisterstück der irdischen Schöpfung, den Menschen, von den Plagen zu befreien, von denen sein sichtbarer, materieller Teil befallen wird, die seinen Geist zu Boden drücken und oft schon seine Maschine zerstören, ehe noch einmal sich jede Kraft in ihm entwickelt hat; der Mann, der sich nicht scheuet vor dem Anblicke des Elendes, Jammers und Schmerzes, der seine Gemächlichkeit, seine Ruhe, selbst seine eigene Gesundheit und sein Leben daranwagt, um den leidenden Brüdern beizustehn, dieser Mann verdient Verehrung und warmen Dank. Er gibt einer zahlreichen Familie ihren Beschützer, ihren Erhalter, ihren Wohltäter wieder, erhält unmündigen Kindern ihren Vater, Ernährer und Erzieher, führt vom Rande des Grabes den edeln Gatten zurück in die Arme seines treuen Weibes – mit einem Worte, kein Stand hat so unmittelbar segenvollen Einfluß auf das Wohl der Welt, auf das Glück, auf die Ruhe, auf die Zufriedenheit der Mitbürger als der eines Arztes. Und wenn man bedenkt, welch ein Umfang von Kenntnissen dazu gehört! – Man wird es ohne Genie in keinem Stande recht weit bringen; doch gibt es Wissenschaften, in welchen ein schlichter gesunder Hausverstand und wohl noch etwas weniger recht gute Dienste tut; große Ärzte hingegen können durchaus nur die feinsten Köpfe sein. Doch das Genie macht es nicht allein aus; es gehört das emsigste Studium dazu, um es in diesem Fache weit zu bringen; endlich, wenn man überlegt, daß diese Kenntnisse mit allen

Hilfswissenschaften, welche die Arzneikunde voraussetzt, grade die erhabensten, natürlichsten, ersten Grundkenntnisse des Menschen sind – Studium der Natur in allen ihren Reichen, in allen ihren möglichen Wirkungen, in allen ihren Bestandteilen; Studium des Menschen an Leib und Seele, in seinen festen und flüssigen Teilen, in seiner ganzen Komposition, in seinen Gemütsbewegungen und Leidenschaften – was kann dann lehrreicher, tröstender, erquickender sein als der Umgang und die Hilfe eines solchen Mannes? Es gibt aber unter den Söhnen Äskulaps auch unzählige Leute von ganz andrer Art, Leute, denen der Doktorhut das Privilegium gibt, an armen Kranken Versuche ihrer Unwissenheit zu machen; Leute, die den Körper des Patienten als ihr Eigentum, als ein Gefäß ansehn, in welches sie nach Willkür allerlei flüssige und trockne Materien schütten dürfen, um wahrzunehmen, welche Wirkung durch den Streit dieser salzartigen, sauren und geistigen Dinge hervorgebracht wird, und wobei sie nichts wagen als höchstens, daß – das Gefäß zugrunde geht. Andern fehlt es bei der gründlichsten Kenntnis an Beobachtungsgeist. Sie verwechseln die Zeichen der Krankheiten, lassen sich durch falsche Berichte der Patienten täuschen, forschen nicht kaltblütig, nicht tief, nicht fleißig genug und verordnen dann Mittel, die gewiß helfen würden – wenn wir die Krankheit hätten, mit welcher sie uns behaftet glauben. Wieder andre kleben an Systemgeist, an Autorität, an Mode und schieben nie auf ihre Blindheit, sondern auf die Natur die Schuld, wenn ihre Arzneimittel andre Wirkungen hervorbringen als die, welche sie aus Vorurteil ihnen zutrauen; endlich noch andre halten aus Gewinnsucht die Genesung der Leidenden auf, um desto länger nebst dem Apotheker und Wundarzte den Vorteil davon zu ziehn. In wessen von dieser Herrn Händen man nun auch fällt, so wagt man es doch darauf, das Opfer der Ungewißheit, der Sorglosigkeit, des Eigensinns oder der Bosheit zu werden.

Nun ist es freilich selbst einem Laien, der sonst einen graden Blick mit ein bißchen Menschenkenntnis, Erfahrung und Gelehrsamkeit verbindet, nicht so schwer, den groben Scharlatan von dem geschickten Manne an seinem Vortrage, an der Art seiner

Fragen und Verordnungen auszuzeichnen; unter den bessern aber den zu unterscheiden, dem man am sichersten seinen Körper anvertrauen kann, das ist sehr viel schwerer. Folgende Vorschriften würde ich daher in Rücksicht auf den Umgang mit Ärzten empfehlen.

Lebe mäßig in allem Betrachte, so magst Du den Arzt als Freund bei Dir sehn, aber Du wirst seiner Hilfe selten bedürfen.

Gib wohl acht auf das, was Deiner Konstitution schädlich und heilsam ist, was Dir wohl und was Dir übel bekommt. Richte darnach strenge Deine Lebensart ein, so wirst Du nicht oft in den Fall kommen, Dein Geld in die Apotheke zu schicken.

Wenn man nicht ganz fremd in der Physik, dabei ein wenig bewandert in medizinischen Büchern ist, sein Temperament kennt und weiß, zu welchen Krankheiten man Anlage hat und was Wirkung auf uns macht, so kann man auch oft bei wirklichen Krankheiten sein eigener Arzt sein. Jeder Mensch ist einer Art von Gebrechen mehr ausgesetzt als einer andern, insofern er einförmig lebt. Studiert er nun mit Ernst diesen einzigen Zweig der Heilkunde, so müsse es sonderbar zugehn, wenn er davon nicht vielleicht mehr, wenigstens ebensoviel Einsicht erlangen sollte als ein Mann, der das ganze Heer von Krankheiten übersehn muß.

Fordert aber die Not, daß Du Dich an einen Doktor wendest, und Du willst Dir einen unter dem Haufen aussuchen, so gib zuerst acht, ob der Mann gesunde Vernunft hat; ob er über andre Gegenstände mit Klarheit, unparteiisch, ohne Vorurteil räsoniert; ob er bescheiden, verschwiegen, fleißig, anhänglich an seine Kunst ist; ob er ein gefühlvolles, menschenliebendes Herz offenbart; ob er seine Kranken mit einer Menge verschiedener Arzneien zu bestürmen oder sich einfacher Mittel zu bedienen, der Natur womöglich ihren Lauf zu lassen pflegt; ob er eine Diät empfiehlt, die nach seinen Begierden abgemessen, ob er verbietet, was ihm zuwider ist, anrät, wozu er Appetit hat; ob er sich im Reden zuweilen widerspricht; ob er Brotneid gegen seine Kunstverwandten, ob er sich bereitwilliger zeigt, den Großen und Reichen als den Niedern und Armen beizustehn? Bist Du über diese Punkte befriedigt und beruhigt, so vertraue Dich ihm an.

Vertraue Dich aber ihm allein, gänzlich und ohne Zurückhaltung. Verschweige auch nicht den kleinsten Umstand, der dazu dienen mag, ihn mit dem Zustande und dem Sitze Deines Übels bekannt zu machen. Doch mische keine nichtsbedeutende Kleinigkeit, keine Torheiten, keine Grillen, keine Einbildungen hinein, die ihn irremachen könnten. Folge strenge und pünktlich seinen Vorschriften, damit er sicher sein dürfe, ob das, was Du nachher empfindest, die Folge seiner angewendeten Mittel sei. Desfalls lasse Dich auch nicht verleiten, nebenher kleine Hausarkana, möchten sie auch noch so unschuldig scheinen, zu gebrauchen, noch heimlich einen zweiten Arzt um Rat zu fragen. Vor allen Dingen nimm nicht etwa zu gleicher Zeit zwei solcher Herrn öffentlich an. Die Resultate ihrer medizinischen Konsilien werden ebensoviel Todesurteile für Dich sein; keinem von beiden wird Deine Genesung am Herzen liegen; sie werden Deinen Körper zu dem Kampfplatze ihrer verschiedenen Meinungen gebrauchen; sie werden einer dem andern die Ehre mißgönnen, Dich gesund zu machen und Dich also lieber gemeinschaftlich in jene Welt schicken, um nachher wechselseitig die Schuld aufeinander schieben zu können.

Den Mann, der alles anwendet, was in seinen Kräften steht, Deine Gesundheit herzustellen, belohne nicht sparsam. Gib ihm reichlich nach Deinem Vermögen. Hast Du aber Ursache zu glauben, daß er eigennützig sei, so setze Dich auf den Fuß, ihm jährlich etwas Festgesetztes zu zahlen, Du möchtest unpaß oder gesund sein, damit er kein Interesse dabei habe, Dich mit allerlei Krankheiten zu versehn oder Deine Herstellung aufzuhalten.

2.

Wenden wir uns nun zu den *Juristen*. Nächst den natürlichen Gütern, nächst der Wohlfahrt des Geistes, der Seele und des Leibes ist in der bürgerlichen Gesellschaft der sichre Besitz des Eigentums das Heiligste und Teuerste. Wer dazu beiträgt, uns diesen Besitz zuzusichern; wer sich weder durch Freundschaft noch Parteilichkeit noch Weichlichkeit noch Leidenschaft noch Schmeichelei noch Eigennutz noch Menschenfurcht bewegen läßt, auch nur einen einzigen kleinen Schritt von dem graden Wege der Gerechtigkeit abzuweichen; wer durch alle Künste der Schikane und Überredung, durch die Unbestimmtheit, Zweideutigkeit und Verwirrung der geschriebenen Gesetze hindurch klar zu schauen und den Punkt, den Vernunft, Wahrheit, Redlichkeit und Billigkeit bestimmen, zu treffen weiß; wer der Beschützer des Armern, des Schwächern und Unterdrückten gegen den Stärkern, Reichern und Unterdrücker; wer der Waisen Vater, der Unschuldigen Retter und Verteidiger ist – der ist gewiß unsrer ganzen Verehrung wert.

Was ich hier gesagt habe, beweist aber auch zugleich, wie sehr viel dazu gehört, auf den Titel eines würdigen Richters und auf den eines edeln Sachwalters Anspruch machen zu dürfen, und es ist, am gelindesten gesprochen, sehr übereilt geurteilt, wenn man behauptet, es werde, um ein guter Jurist zu sein, wenig gesunde Vernunft, sondern nur Gedächtnis, Schlendrian und ein hartes Herz erfordert, oder die Rechtsgelehrsamkeit sei nichts anders als die Kunst, die Leute auf privilegierte Art um Geld und Gut zu bringen. Freilich, wenn man unter einem Juristen einen Mann versteht, der nur sein römisches Recht im Kopfe hat, die Schlupfwinkel der Schikane kennt und die spitzfindigen Distinktionen der Rabulisten studiert hat, so mag man recht haben; aber ein solcher entheiligt auch sein ehrwürdiges Amt.

Doch ist es in der Tat traurig – um auch das Böse nicht zu verschweigen – daß in diesem Stande die Handlungen so vieler Richter und Advokaten sowie die Justizverfassung in den mehrsten Ländern sehr mannigfaltige Gelegenheit zu jenen harten Beschuldigungen geben. Da widmen sich denn die schiefsten Köpfe dem Studium der Rechtsgelehrsamkeit, womit sie keine andren feinen Kenntnisse verbinden, dennoch aber so stolz auf diesen Wust von alten römischen, auf unsre Zeiten wenig passenden Gesetzen sind, daß sie von dem Manne, der die edlen Pandekten nicht am Schnürchen hat, glauben, er könne gar nichts gelernt haben. Ihre ganze Gedankenreihe knüpft sich nur an ihr Buch aller Bücher, an das Corpus Juris an, und ein steifer Zivilist* ist wahrlich im gesellschaftlichen Leben das langweiligste Geschöpf, das man sich denken mag. In allen übrigen menschlichen Dingen, in allen andern den Geist aufklärenden, das Herz bildenden Kenntnissen unerfahren, treten sie dann in öffentliche Ämter. Ihr barbarischer Stil, ihre bogenlangen Perioden, ihre Gabe, die einfachste, deutlichste Sache weitschweifig und unverständlich zu machen, erfüllt jeden, der Geschmack und Gefühl für Klarheit hat, mit Ekel und Ungeduld. Wenn Du auch nicht das Unglück erlebst, daß Deine Angelegenheit einem eigennützigen, parteiischen, faulen oder schwachköpfigen Richter in die Hände fällt, so ist es schon genug, daß Dein oder Deines Gegners Advokat ein Mensch ohne Gefühl, ein gewinnsüchtiger Gauner, ein Pinsel oder ein Schikaneur sei, um bei einem Rechtsstreite, den jeder unbefangene gesunde Kopf in einer Stunde schlichten könnte, viel Jahre lang hingehalten zu werden, ganze Zimmer voll Akten zusammengeschmiert zu sehn und dreimal soviel an Unkosten zu bezahlen, als der Gegenstand des ganzen Streits wert ist, ja am Ende die gerechteste Sache zu verlieren und Dein offenbares Eigentum fremden Händen preiszugeben. Und wäre beides nicht der Fall, wären Richter und Sachwalter geschickte und redliche Männer, so ist der Gang der Justiz in manchen Ländern von der Art, daß man Methusalems Alter erreichen muß, um das Ende eines Prozesses zu erleben. Da schmachten dann ganze Familien im Elende und Jammer, indes sich Schelme und hungrige Skribler in ihr Vermögen teilen. Da wird die gegründeteste Forderung wegen eines kleinen Mangels an elenden Formalitäten für nichtig erklärt. Da muß der Ärmere sich's gefallen lassen, daß sein reicherer Nachbar ihm sein väterliches Erbe entreißt, wenn die Schikane Mittel findet, den Sinn irgendeines alten Dokuments zu verdrehn, oder wenn der Unterdrückte nicht Vermögen genug hat, die ungeheuren Kosten zu Führung des Prozesses aufzubringen. Da müssen Söhne und Enkel ruhig zusehn, wie die Güter ihrer Vor-

* hier abgeleitet von Zivilrecht

eltern unter dem Vorwande, die darauf haftenden Schulden zu bezahlen, Jahrhunderte hindurch in den Händen privilegierter Diebe bleiben, indes weder sie noch die Gläubiger Genuß davon haben, wenn diese Diebe nur die Kunst besitzen, Rechnungen aufzustellen, die der gebräuchlichen Form nach richtig sind. Da muß mancher Unschuldige sein Leben auf dem Blutgerüste hingeben, weil die Richter nicht so bekannt mit der Sprache der Unschuld als mit den Wendungen einer falschen Beredsamkeit sind. Da lassen Professoren Urteile über Gut und Blut durch ihre unbärtigen Schüler verfassen und geben demjenigen recht, der das Responsum* bezahlt. – Doch was helfen alle Deklamationen, und wer kennt nicht diesen Greuel der Verwüstung?

Einen bessern Rat weiß ich nicht zu geben als den: Man hüte sich, mit seinem Vermögen oder seiner Person in die Hände der Justiz zu fallen!

Man weiche auf alle mögliche Weise jedem Prozesse aus und vergleiche sich lieber, auch bei der sichersten Überzeugung von Recht, gebe lieber die Hälfte dessen hin, was uns ein andrer streitig macht, bevor man es zum Schriftwechsel kommen lasse.

Man halte seine Geschäfte in solcher Ordnung, mache alles darin bei Lebzeiten so klar, daß man auch seinen Erben nicht die Wahrscheinlichkeit eines gerichtlichen Zwistes hinterlasse.

Hat uns aber der böse Feind zu einem Prozesse verholfen, so suche man sich einen redlichen, uneigennützigen, geschickten Advokaten – man wird oft ein wenig lange suchen müssen – und bemühe sich, mit ihm also einig zu werden, daß man ihm außer seinen Gebühren noch reichere Bezahlung verspreche nach Verhältnis der Kürze der Zeit, binnen welcher er die Sache zu Ende bringen wird.

Man mache sich gefaßt, nie wieder in den Besitz seiner Güter zu kommen, wenn diese einmal in Advokaten- und Kuratorenhände geraten sind, besonders in Ländern, wo alter Schlendrian, Schläfrigkeit und Inkonsequenz in Geschäften herrschen.

---

* Gutachten

Man erlaube sich keine Art von Bestechung der Richter. Wer dergleichen gibt, der ist beinahe ein ebenso arger Schelm als der, welcher nimmt.

Man wappne sich mit Geduld in allen Geschäften, die man mit Juristen von gemeinem Schlage vorhat.

Man bediene sich auch keines solchen zu Dingen, die schleunig und einfach behandelt werden sollen.

Man sei äußerst vorsichtig im Schreiben, Reden, Versprechen und Behaupten gegen Rechtsgelehrte. Sie kleben am Buchstaben; ein juristischer Beweis ist nicht immer ein Beweis der gesunden Vernunft; juristische Wahrheit zuweilen etwas mehr, zuweilen etwas weniger als gemeine Wahrheit; juristischer Ausdruck nicht selten einer andern Auslegung fähig als gewöhnlicher Ausdruck und juristischer Wille oft das Gegenteil von dem, was man im gemeinen Leben Willen nennt.

3.

Ich komme jetzt zu dem *Wehrstande*. Wenn in unsern heutigen Kriegen noch Mann gegen Mann föchte und die Kunst, Menschen zu vertilgen, nicht so methodisch und maschinenmäßig getrieben würde; wenn allein persönliche Tapferkeit das Glück des Kriegs entschiede, und der Soldat nur für sein Vaterland, zu Verteidigung seines Eigentums und seiner Freiheit stritte, so würde auch freilich noch kein solcher Ton unter diesen Männern herrschen als jetzt, da zu einem geschickten Kriegshelden ganz andre Arten von Kenntnissen gehören, da ein paar neue Ressorts, nämlich Subordination und ein konventioneller Begriff von Ehre, auf gewisse Weise an die Stelle des kühnen Muts getreten sind und diese die Menschen zwingen müssen, da stehn zu bleiben und aus der Ferne auf sich schießen zu lassen, wo die Leidenschaften der Fürsten ihnen gebieten zu stehn und ihr Leben für wenig Groschen daran zu wagen. Dennoch war eine gewisse Rohigkeit, Zügellosigkeit und ein Hinaussetzen über alle Regeln der Moral und bürgerlichen Übereinkunft – gleich als wären diese Gesetze nur Kinder des Friedens – noch in der ersten Hälfte dieses Jahrhunderts fast der allgemeine Charakter eines Soldaten von hohem und niederm Range. In unsern Tagen aber sieht es damit ganz anders aus. Fast in allen europäischen Staaten findet man unter Männern und Jünglingen im Soldatenstande Personen, die durch Kenntnisse in allen Fächern der Wissenschaften und Künste, besonders in solchen, die zu ihrem Handwerke gehören, durch eine bescheidne, feine Aufführung, durch strenge Sittlichkeit, Sanftmut des Charakters und nützliche Anwendungen ihrer Muße zu Bildung des Geistes und Herzens sich der allgemeinen Achtung und Liebe wert machen. Ich würde also gar keine besondre Vorschriften über den Umgang mit Offizieren zu geben haben, wenn nicht teils so wie in allen Ständen also auch hier Ausnahmen vom Guten stattfänden, teils einige andre Rücksichten nicht mit Stillschweigen übergangen werden dürften; doch kann ich mich dabei kurz fassen.

Wer seinem Stande, seinem Alter oder seinen Grundsätzen nach sich weder aufziehn und beleidigen zu lassen, noch eine Beleidigung durch den Zweikampf auszutilgen Lust haben kann, der tut wohl, wenn er die Gelegenheit vermeidet, bei Spiel, Trunk oder andern dergleichen Fällen mit rohen Leuten vom Soldatenstande in Gemeinschaft zu kommen, oder, wenn er solchen Gelegenheiten nicht ausweichen kann, sich so behutsam, höflich und ernsthaft als möglich aufzuführen. Indessen kommt hiebei auch sehr viel auf den Ruf an, in welchen man sich gesetzt hat, und ein grader, fester, redlicher und verständiger Mann pflegt selbst von ausschweifenden, ungesitteten Leuten respektiert und geschont zu werden.

Überhaupt aber rate ich, im Reden und Handeln gegen Offiziers vorsichtig zu sein. Das Vorurteil von übel verstandner Ehre, das in den mehrsten Armeen, vorzüglich in der französischen, herrschend ist, und das von mancher andern Seite einen Nutzen stiften kann, der hier zu weitläufig zu entwickeln sein würde, befiehlt dem Offizier, auch nicht das kleinste zweideutige Wörtchen, das ihm gesagt wird, hinzunehmen, ohne Genugtuung durch Waffen zu fordern, und da hat denn vielmals ein Ausdruck, den man sich im gemeinen Leben erlauben dürfte, für ihn einen beleidigenden Sinn. Man darf zum Beispiel wohl sagen: »das war doch nicht gut«, aber keineswegs: »das war schlecht von Ihnen«, und doch muß das, was nicht gut ist, notwendig schlecht sein. Mit dieser Sprache der Übereinkunft soll man sich also auch bekannt machen, wenn man mit Personen, denen dieselbe Gesetze auflegt, umgehn will.

Daß man in Gegenwart eines Offiziers nie, auch nicht das mindeste, zum Nachteil dieses Standes vorbringen dürfe, versteht sich wohl um so mehr von selbst, da es in der Tat nötig ist, daß der Soldat seinen Stand für den ersten und wichtigsten in der Welt halte. – Denn was soll ihn denn bewegen, sich einer so beschwerlichen und gefährlichen Lebensart zu widmen, wenn es nicht die Ansprüche auf Ruhm und Ehre sind?

Endlich pflegt bei dem Soldatenstande eine Art von offnem, treuherzigem, nicht sehr feierlichem, sondern munterm, freiem und durch gesitteten Scherz gewürztem Betragen uns beliebt zu machen, mit welcher man daher vertraut werden muß, wenn man mit dieser Klasse leben will.

4.

Kein Stand hat vielleicht so viel Annehmlichkeit als der eines *Kaufmanns*, wenn dieser nicht ganz mit leerer Hand anfängt, wenn das Glück ihm nicht entschieden zuwider ist, wenn er ein wenig vor sich gebracht hat, wenn er seine Unternehmungen mit gehöriger Klugheit treibt, nicht zu viel wagt und auf das Spiel setzt. Kein Stand genießt einer so glücklichen Freiheit als dieser. Kein Stand hat von jeher so unmittelbar tätigen, wichtigen Einfluß auf Moralität, Kultur und Luxus gehabt als die Kaufmannschaft. Wenn durch sie und durch die Verbindung, welche dieselbe zwischen entlegenen, voneinander in so viel Dingen verschiednen Völkern stiftet, der Ton ganzer Nationen umgestimmt und Menschen mit geistigen und körperlichen Bedürfnissen, mit Wissenschaften, Wünschen, Krankheiten, Schätzen und Sitten bekannt werden, die außerdem vielleicht nie, wenigstens sehr viel später, bis dahin gedrungen sein würden, so läßt sich wohl nicht zweifeln, daß, wofern die feinsten Köpfe unter den Kaufleuten eines großen Reichs sich über ein System von Wirksamkeit nach festen Grundsätzen vereinigten, es in ihrer Macht stehn müßte, welche Richtung des Verstandes und Willens sie ihrem Vaterlande geben wollten. Zum Glück für unsre Freiheit aber gibt es teils nicht viel so weitsehende, planvolle Köpfe unter Leuten dieses Standes in der Welt, teils sind sie durch sehr verschiednes Interesse so getrennt, daß sie sich nicht zur Tyrannei vereinigen können; und so fällt zwar die Wirkung nicht weg, welche der Handel auf Sitten und Aufklärung hat, aber es geht doch damit nicht methodisch zu, sondern alles geht seinen Gang an der Hand der Zeit. Indessen begreift man leicht, das eben das Ideal, welches ich von einem großen Negotianten* aufgestellt habe, einen Mann von feinem, vorausschauendem, weit umfassendem Geiste und, wenn es ihm um das Wohl der Welt zu tun ist, einen Mann von edlen, erhabnen Gesinnungen bezeichnet. Auch gibt es solcher Männer in diesem Stande, und ich habe besonders während meines Aufenthalts in Frankfurt am Main und den benachbarten Gegenden deren einige kennengelernt, die wahrlich, wenn sie auf einem andern Schauplatze gestanden, unter den größten Männern ihrer Zeit genannt worden wären.

Da man nun aber keiner Vorschriften bedarf, um zu lernen, wie man mit weisen und guten Menschen umgehn soll, so will ich hier nur von dem Betragen im Umgange mit Kaufleuten von gemeinem Schlage reden. Diese werden von ihrer ersten Jugend an gewöhnlich so mit Leib und Seele nur dahin gerichtet, auf Geld und Gut ihr Augenmerk und für nichts anders Sinn zu haben als für Reichtum und Erwerb, daß sie den Wert eines Menschen fast immer nach der Schwere seiner Geldkasten beurteilen, und bei ihnen: *der Mann ist gut*, soviel heißt als: *der Mann ist reich*. Hierzu gesellt sich wohl noch besonders in Reichsstädten eine Art von Prahlerei, eine Begierde, es andern ihresglei-

* Kaufmann

chen, da wo es in die Augen fällt, an Pracht zuvorzutun, um zu zeigen, daß ihre Sachen fest stehen. Da sich aber mit dieser Neigung immer noch Sparsamkeit und Habsucht verbinden, und sie, sobald es nicht bemerkt wird, in ihren Häusern äußerst eingeschränkt und hungrig leben und sich sehr viel versagen, so bemerkt man da einen Kontrast von Kleinlichkeit und Glanz, von Geiz und Verschwendung, von Niederträchtigkeit und Stolz, von Unwissenheit und Prätension, der Mitleiden erregt, und so industriös auch sonst die Kaufleute sind, so fehlt es ihnen doch mehrenteils an der Gabe, ein kleines Fest durch geschmackvolle Anordnung glänzend und mit wenig Kosten einen anständigen Aufwand zu machen.

Willst Du bei diesen Leuten geachtet sein, so mußt Du wenigstens in dem Rufe stehn, daß Deine Vermögensumstände nicht zerrüttet sind; Wohlstand macht auf sie den besten Eindruck. Sei es durch Deine Schuld oder durch Unglück, so wirst Du auch bei den herrlichsten Vorzügen des Verstandes und Herzens von ihnen verachtet werden, wenn Du Mangel leidest.

Willst Du einen solchen zu einer milden Gabe oder sonst zu einer großmütigen Handlung bewegen, so mußt Du entweder seine Eitelkeit mit in das Spiel bringen, daß es bekannt werde, wieviel dies große Haus an Arme gibt, oder der Mann muß glauben, daß der Himmel ihm die Gabe hundertfältig vergelten werde; dann wird es andächtiger Wucher.

Große Kaufleute spielen, wenn sie spielen, gewöhnlich um hohes Geld. Sie betrachten das wie jeden andern Spekulationshandel; aber sie spielen dann auch mit aller Kunst und Aufmerksamkeit. Man hüte sich daher, wenn man das Spiel nicht versteht oder es nachlässig, bloß als Zeitvertreib ansieht, sich mit solchen Männern darauf einzulassen.

Laß es Dir hier ja nicht einfallen, wert auf Geburt und Rang zu setzen, besonders wenn Du arm bist, oder Du wist Dich kränkenden Demütigungen aussetzen.

Doch pflegt in manchen Kaufmannshäusern ein Mann mit Stern, Orden und Titel geschmeichelt zu werden, und das geschieht dann aus Prahlerei, um zu zeigen, daß auch Vornehme da

Gastfreundschaft genießen oder daß man mit Höfen und großen Familien in Verhältnissen steht.

Auch der Gelehrte und Künstler wird hier übersehn oder nur aus Eitelkeit vorgezogen. Er erwarte nicht, daß sein wahrer Wert erkannt werde.

Da die Sicherheit des Handels auf Pünktlichkeit im Bezahlen und auf Treue und Glauben beruht, so setze Dich bei den Kaufleuten in den Ruf, strenge Wort zu halten und ordentlich zu bezahlen; so werden sie Dich höher achten als manchen viel reichern Mann.

Wer wohlfeil kaufen will, der kaufe für bares Geld – das ist eine sehr bekannte Lehre. Man hat dann die Wahl von Kaufleuten und von Waren, und man kann es niemand übel auslegen, wenn er, bei der Ungewißheit, ob und wie bald er bezahlt werden wird, für seine Ware einen übertriebnen Preis fordert oder das Schlechteste hingibt, was er hat.

Hat man Ursache, mit dem Betragen des Mannes zufrieden zu sein, mit welchem man Handlungsgeschäfte getrieben hat, so wechsle man nicht ohne Not, laufe nicht von einem Kaufmanne zu dem andern. Man wird treuer bedient von Leuten, die uns kennen, denen an der Erhaltung unsrer Kundschaft gelegen ist, und sie geben uns auch, wenn es ja unsre Umstände erforderten, leichter Kredit, ohne deswegen den Preis der Waren zu erhöhn.

Man enthalte sich, einem Kaufmanne für den geringen Vorteil, der ihm aus einem kleinen Handel mit uns zuwächst, viel Mühe, Zeitverlust und Wege zu machen. Diese Unart ist besonders den Frauenzimmern eigen, die zuweilen sich für tausend Taler Waren auspacken lassen, um nach zweistündiger Beäugelung und Betastung für einen Gulden zu kaufen oder gar alles Gesehene zu schlecht und zu teuer finden.

Bei kleinen Kaufleuten und in Städten, wo eigentlich nur Krämer wohnen, ist die unartige Gewohnheit eingerissen, daß diese oft sehr viel mehr für ihre Waren fordern, als wofür sie dieselbe hingeben wollen. Andre affektieren mit angenommener Treuherzigkeit und Biederkeit, immer den äußersten Preis zu setzen und sich keinen Heller abdingen zu lassen, und so muß man oft doppelt soviel bezahlen, als die Sache wert ist. Ersteren würde man ihre kleinen Künste leicht abgewöhnen können, wenn die Angesehensten in einer Stadt sich vereinigten, solchen Gaunern gar nichts abzukaufen. Es ist aber das jüdische Verfahren beider Art von christlichen Kaufleuten ebenso unredlich als unklug. Sie betrügen damit höchstens nur einige Fremde und solche, die von dem Werte der Waren nichts verstehen; bei andern hingegen verlieren sie allen Glauben; und wenn man erst ihre Weise kennt, so bietet man ihnen nur die Hälfte von dem, was sie fordern. Übrigens soll der, welcher kaufen will, die Augen auftun, und es ist unvernünftig, einen Handel von einiger Wichtigkeit zu schließen, ohne vorher sich Kenntnis von dem wahren Werte der Sache erworben zu haben, die man zu kaufen die Absicht hat.

Welch eine große Vorsicht man im Pferdehandel zu beobachten habe, das ist eine bekannte Sache. Bei diesem hat sich das Vorurteil eingeschlichen, daß Eltern und Kinder, Geschwister und Freunde, Herrn und Diener sich keinen Gewissensvorwurf machen zu dürfen glauben, wenn sie sich einander betrügen.

5.

Die Herrn *Buchhändler* verdienten wohl ein eignes Kapitel. In demselben könnte man sehr viel Wahres zum Lobe derer unter ihnen sagen, die diesen Handel nicht als einen jüdischen Erwerb treiben, so daß sie etwa wenig darum bekümmert wären, was für Bücher bei ihnen verlegt und gekauft, insofern nur Gelder daraus gelöst werden; denen es nicht gleichgültig ist, ob man sie zu Hebammen von kleinen Krüppeln und Mißgeburten braucht, ob sie zu Werkzeugen der Ausbreitung eines elenden, frivolen, falschen Geschmacks und schlechter Grundsätze dienen; sondern denen, wie unserm Nicolai, Wahrheit, Kultur und Aufklärung am Herzen liegt; die das mißkannte, im Dunkeln lebende Talent ermuntern, aus dem Staube hervorziehen, in Tätigkeit setzen und großmütig unterstützen; die den täglichen Umgang und den Verkehr mit Gelehrten und Büchern dazu anwenden, sich selber Kenntnisse zu sammeln, ihren Geist zu bilden und beßre Menschen zu werden. Und dann würde des Kontrastes wegen das Gegenbild keine üble Wirkungen machen. – Das Bild eines Mannes, der, nachdem ein halbes Jahrhundert hindurch die vortrefflichsten Werke durch seine schmutzigen, geldgierigen Finger gegangen, noch immer ebenso unwissend und dumm geblieben – außer was die kleinen Wucherkünste betrifft – als ein zehnjähriger Knabe; der Manuskripte und neue Bücher nach der Dicke, nach dem Titel und nach dem Verhältnisse schätzt und kauft, nach welchem er vermuten kann, daß ein von falschem Geschmacke irregeleitetes Publikum darnach greifen wird; der, um diesen falschen Geschmack zu unterhalten, durch unbärtige Knaben jämmerliche Broschüren, Romänchen und Märchen schreiben und unter seiner Firma in die Welt gehn läßt; der die erbärmlichste Schmiererei, deren Nichtswürdigkeit er selbst fühlt, durch einen vielversprechenden Modetitel oder durch saubre Bildlein aufgesetzt nach Frankfurt und Leipzig schleppt und für diese Lumpereien ein schändendes Lob von feilen Rezensenten erkauft; der den Mann von Talenten wie einen Taglöhner behandelt und bezahlt, von der eingeschränkten häuslichen Lage eines armen Schriftstellers Vorteil zieht, um ein Werk, das Anstrengung aller Kräfte, Nachtwachen und Aufwand von wahrer Geistesgröße erfordert hat, und womit er Tausende gewinnen kann, wie Makulatur zu erhandeln; der, so oft ihm ein Werk angeboten wird, verächtlich die Nase rümpft und den Kopf schüttelt, um desto wohlfeiler daranzukommen; der, wie unter andern unsre Karlsruher und Frankenthaler Freunde, durch Nachdruck ein Dieb an fremdem Eigentume wird. Endlich könnte ich Vorschriften geben, wie die Schriftsteller mit Buchhändlern von dieser Art umgehn sollen, um nicht ihre Sklaven zu werden; wie man sich bei ihnen Gewicht geben kann, und in welche Form man seine Geistesprodukte gießen muß, damit sie von den Sosiern* unsrer Zeit in Verlag genommen werden. – Das aber sind zum Teil Zunftgeheimnisse, die unter uns

---

* Sosius, Buchhändler im alten Rom

großen Gelehrten nur mündlich fortgepflanzt werden und die man also nicht jedem, der bloß Leser ist, auf die Nase heften darf.

Bei der ersten flüchtigen Übersicht sollte man glauben, alle Buchhändler, die nur irgend einigen Verlag hätten, müßten reich werden. Wenn man in Deutschland vierundzwanzig Millionen Einwohner annimmt und dann rechnet, daß jedes Buch tausendmal abgedruckt würde, so beträgt das auf 24000 Menschen nur ein Exemplar – und welches Buch könnte so schlecht sein, daß nicht unter 24000 Leuten einer Lust bekäme, es zu kaufen? Allein man wird bald andrer Meinung, wenn man die Schuldbücher der Herrn Buchhändler durchsieht; wenn man erfährt, daß sie von ihren Amtsbrüdern nicht mit Gelde, sondern mit Makulatur und Ladenhütern, von andern Käufern aber oft mit Vertröstungen bezahlt werden, daß man von der Summe jener 24000 beinahe den ganzen Bauernstand abrechnen muß, und daß die häufigen Leihbibliotheken und Nachdruckfabriken ihnen beträchtlichen Schaden zufügen.

Doch noch eine Bemerkung. Wer sich bei Buchhändlern, besonders in minder großen Städten beliebt machen will, der leihe und verleihe nicht viel Bücher und errichte keine Lesegesellschaften. Man kann es sonst wahrlich den armen Handelsmännern nicht übelnehmen, daß sie sich durch Nachdruck, kleine Künste und sparsames Honorarium an ihren Kollegen, am Publico und an den Autoren zu erholen suchen, wenn unter zwanzig Personen kaum einer ein Buch kauft, die übrigen aber umsonst mitlesen.

6.

Ich habe im ersten Teile dieses Buchs, bei Gelegenheit, da ich Bemerkungen über den Umgang mit Wohltätern machte, zugleich von dem Betragen in Rücksicht auf Lehrer und Erzieher geredet. Unter dieser Klasse habe ich aber die sogenannten Maîtres, das heißt: die stundenweise bedungenen *Unterweiser in Sprachen und Künsten* nicht mitbegriffen. Von diesen werde ich daher noch hier ein paar Worte sagen.

Wirklich ist es eine recht lästige Beschäftigung, zu Erringung seines Unterhalts den ganzen Tag durch Wind und Wetter von einem Hause in das andre zu laufen und ohne freie Wahl der Schüler dieselben Anfangsgründe einer Kunst oder Sprache unzähligemal wiederholen zu müssen. Findet man nun unter diesen Meistern dennoch einen Mann, dem trotz dieser abschreckenden Schwierigkeiten die Fortschritte, welche seine Schüler machen, mehr als der Gewinst am Herzen liegen, dem es ernstlich darum zu tun ist, seine Kunst leicht, gründlich, lebhaft und deutlich vorzutragen, so ehre man diesen wie jeden andern, der etwas zu unsrer Bildung beiträgt. Man folge ihm. Man lasse es nicht dabei bewenden, die Lehrstunde auszuhalten, sondern bereite sich darauf vor und wiederhole das Gelernte, damit er seine schwere Arbeit nicht mit Seufzen verrichte. Oft aber trifft man unter diesen Herrn sehr schlechte Subjekte an; Menschen ohne Erziehung und Sitten, die von dem, was sie andern beibringen wollen, selbst keine klaren Begriffe, am wenigsten aber die Gabe haben, in andern dergleichen zu erwecken; Menschen, die, besonders wenn sie es mit Kindern zu tun haben, ihre Schüler etwas auswendig lernen lassen, womit sie gelegentlich die unwissenden Eltern täuschen können, welche dann große Begriffe von den Fortschritten fassen, die gemacht werden, indes der Meister froh ist, wenn die Stunde glücklich vorübergegangen; Menschen, die, um diese Stunde zu vertreiben, Stadtmärchen erzählen, aus einem Hause in das andre tragen oder gar das unedle Handwerk von Kupplern und Liebesbriefträgern verwalten. Ich kann jeden sorgsamen Vater und wem sonst junge Leute anvertraut sind, nicht genug vor dieser bösen Gattung von Unterweisern warnen und rate soviel möglich bei den Lehrstunden solcher Meister, die man nicht recht genau kennt, gegenwärtig zu sein.

7.

Ein redlicher, arbeitsamer und geschickter *Handwerksmann* oder *Künstler* ist eine der nützlichsten Personen im Staate, und es macht unsern Sitten wenig Ehre, daß wir diesen Stand so geringschätzen. Was hat ein müßiger Hofschranze, was hat ein reicher Tagedieb, der um sein bares Geld sich Titel und Rang erkauft hat, vor dem fleißigen Bürger voraus, der seinen Unterhalt auf erlaubte Weise durch seiner Hände Arbeit erwirbt? Dieser Stand befriedigt unsre ersten und natürlichsten Bedürfnisse; ohne ihn würden wir für unsre Nahrung und Kleidung und für alle Gemächlichkeiten des Lebens mit eigenen hohen Händen sorgen müssen; und erhebt sich nun gar der Handwerker oder Künstler (wie es sehr oft der Fall ist) über das Mechanische durch Erfindungskraft und Verfeinerung seiner Kunst, so verdient er doppelte Achtung. Dazu kommt, daß man wirklich unter diesen Leuten, die bei ihren Geschäften Zeit genug haben, an andre gute Dinge zu denken, zuweilen die hellsten Köpfe und Männer antrifft, die freier von Vorurteilen sind als viele, die durch Studieren und Systemgeist ihre gesunde Vernunft verschroben haben.

Man ehre also einen rechtschaffenen und fleißigen Handwerksmann und betrage sich höflich gegen ihn. Man gehe nicht ohne Not, solange man von seiner Arbeit, von seinem Fleiße und von seinen Preisen zufrieden ist, von ihm ab, um sich an einen andern zu wenden. Man mache nicht den Handwerksneid unter diesen Leuten rege. Man ziehe bei gleichen Umständen den Handwerksmann, der unser Nachbar ist, dem entfernter wohnenden vor. Man bezahle ordentlich, pünktlich, bar und dinge ihm nicht über die Grenzen der Billigkeit ab. Unverantwortlich ist das Verfahren so vieler Vornehmen und selbst Reichen, die bei allem Aufwande, den sie machen, nur zuletzt daran denken, die Handwerksleute, welche für sie arbeiten, zu befriedigen. Sie verlieren vielleicht in einem Abende Tausende im Spiel und machen es sich zu einem Ehrenpunkte, diese Schuld ohne Aufschub zu tilgen; ihr armer Schuster hingegen muß, um eine Rechnung von zehn Talern, worunter mehr als die Hälfte in baren Auslagen von seiner Armut besteht, bezahlt zu erhalten, jahrelang manchen sauren Weg vergebens tun und sich von einem groben Haushofmeister abweisen lassen. Dies stürzt so manchen ehrlichen, sonst wohlhabenden Bürger in Mangel oder verleitet ihn, ein Betrüger zu werden.

Es herrscht aber unter den Handwerksleuten die unartige Gewohnheit des Lügens. Sie versprechen, was sie weder halten können noch halten wollen, und übernehmen mehr Arbeit, als sie in der verheißenen Frist zu liefern imstande sind. Es würde der Mühe wert sein, daß sich, wie ich etwas Ähnliches vorgeschlagen habe, als ich von dem Überfordern der Krämer redete, die angesehensten Leute einer Stadt dahin vereinigten, bei einem solchen Windbeutel nicht mehr arbeiten zu lassen. Was mich betrifft (der ich vielleicht zu pedantisch auf Worterfüllung und Ordnung halte), ich mache mit den Handwerksleuten, welche für mich arbeiten, den Vertrag, daß ich augenblicklich von ihnen abgehe, sobald sie mir ihre Zusage nicht halten. In ihrer Gegenwart schreibe ich mehrenteils die Stunde auf, in welcher sie die Arbeit zu liefern verheißen; ist nun diese Stunde erschienen und sie stellen sich nicht ein, so haben sie vom frühen Morgen bis in die Nacht vor mir und meinen Leuten keine Ruhe. Dadurch nun, und weil ich jedesmal bei Ablieferung der Arbeit bar bezahle, erlange ich, daß ich seltener belogen werde als andre.

8.

Ein Blick zurück auf das, was ich von dem Umgange mit Kaufleuten gesagt habe, erinnert mich, daß ich bei dieser Gelegenheit auch von den *Juden* als gebornen Handelsmännern hätte reden sollen. Ich will aber das wenige, so ich etwa über diesen Gegenstand vorzutragen habe, hier nachholen.

In Amerika trifft man sehr viele Juden an, die durchaus in allen ihren Sitten mit den Christen übereinstimmen, auch sogar mit christlichen Familien durch wechselseitige Heiraten sich verbinden. In Holland und einigen Städten von Deutschland, besonders in Berlin, ist die Lebensart mancher jüdischen Familien von der Weise, wie andre Religionsverwandte leben, auch fast gar nicht unterschieden. In diesen Fällen nun ist eine von den Ursachen gehoben, weswegen der Charakter dieses Volks so viel nicht vorteilhafte Eigenschaften hat. Daß übrigens die höchst unverantwortliche Verachtung, mit welcher wir den Juden begegnen, der Druck, in welchem sie in den mehrsten Ländern leben, und die Unmöglichkeit, auf andre Weise als durch Wucher ihren Lebensunterhalt zu gewinnen, daß dies alles nicht wenig dazu beiträgt, sie moralisch schlecht zu machen und zur Niederträchtigkeit und zum Betruge zu reizen; endlich daß es, ungeachtet aller dieser Umstände, dennoch edle, wohlwollende, großmütige Menschen unter ihnen gibt – das sind bekannte, oft gesagte Dinge. Betrachten wir aber hier die Juden nicht wie sie unter andern Umständen sein könnten, noch wie einzelne Subjekte unter ihnen sind, sondern so, wie wir jetzt ihren Volkscharakter nach der größern Anzahl beurteilen müsssen.

Sie sind unermüdet da, wo etwas zu gewinnen ist und machen durch ihren engen Zusammenhang in allen Ländern und dadurch, daß sie sich durch keine Art von Behandlung und Zurückweisung abschrecken lassen, fast unmögliche Dinge möglich. Man kann sie daher unter der Hand zu den wichtigsten Verhandlungen brauchen, nur muß man ihre Dienste gut bezahlen.

Sie sind verschwiegen, wo sie Interesse dabei finden; vorsichtig, zuweilen zu furchtsam, doch fürs Geld bereit, das Ärgste zu wagen; verschlagen, witzig, originell in ihren Einfällen; Schmeichler im höchsten Grade, und finden also Mittel, sich ohne Aufsehn in den größten Häusern Einfluß zu verschaffen und durchzusetzen, was man ohne sie schwerlich erlangen würde.

Sie sind mißtrauisch. Haben wir sie aber einmal von unsrer Pünktlichkeit im Bezahlen und von der Heilighaltung unsers Worts überzeugt; haben sie oft Geschäfte mit uns gemacht und wissen, daß wir mit unsern Finanzen nicht ganz übel stehen, so kann man auch bei ihnen Hilfe finden, wenn alle christlichen Wucherer uns im Stiche lassen.

Bist Du aber ein schlechter Wirt oder sind Deine Vermögensumstände in einer zweideutigen Lage, so wird niemand dies leichter gewahr werden als der Jude. Rechne dann nicht darauf, daß er Dir Geld vorschießen werde, oder mache Dich gefaßt, ihm, wenn er es auf Spekulation daran wagt, Dich zu so übertriebenen Prozenten und zu solchen Klauseln verbindlich machen zu müssen, daß dadurch Deine Lage gewiß noch unglücklicher wird.

Es wird den Juden gewaltig schwer, sich vom Gelde zu scheiden. Wenn jemand, den sie nicht recht genau kennen, sie um ein Darlehn anspricht, so werden sie denselben auf einen andern Tag wieder bestellen. Unterdessen forschen sie bei Handwerkern, Nachbarn, Bedienten und dergleichen nach den kleinsten Umständen des künftigen Schuldners. Kommt dieser zur bestimmten Zeit wieder, so läßt sich der Jude verleugnen oder verschiebt die Zahlungen noch um einige Wochen, Tage oder Stunden. Und ist auf Deinem Gesichte nur irgendeine Spur von Verlegenheit über Deine Umstände oder von zu großer Freude über die zu hoffende Hilfe zu lesen, so wird der Jude sich nicht von seinem Mammon trennen, und hätte er auch schon angefangen, das Geld hinzuzählen. Daß er Dir immer das leichteste Gold gibt, das versteht sich von selber. Auf dies alles muß man sich gefaßt machen, wenn man in solche Fälle kommt.

Bei dem Handel mit Hebräern gemeiner Art rate ich die Augen oder den Beutel zu öffnen. Es ist sehr natürlich, daß ein Christ sich auf ihre Gewissenhaftigkeit, auf ihre Beteuerungen nicht verlassen darf. Sie werden Euch Kupfer für Gold, drei Ellen für vier, alte Sachen für neue verkaufen, falsche Münze für echte geben, wenn Ihr es nicht besser versteht.

Wenn man alte Kleider oder andre Sachen an Juden verhandeln will, so suche man mit dem ersten, der uns ein irgend leidliches Gebot tut, sogleich einig zu werden. Läßt Du ihn fortgehn, ohne sein Gebot anzunehmen, so wird die Nachricht, daß bei Dir etwas zu schachern sei und daß man Mendeln oder Jokef den Handel nicht verderben dürfe, wie ein Lauffeuer durch die ganze Judenschaft gehn und in der Synagoge publiziert werden; in solchen Fällen halten sie treulich zusammen. Es werden dann haufenweise die Israeliten, fremde und einheimische, Dein Haus bestürmen, aber jeder später kommende wird immer etwas weniger bieten als der vorhergehende, bis Du endlich entweder den ersten wieder aufsuchst, der aber dann die gleich anfangs gebotene

Summe noch vermindert, oder bis Deine Ware Dir so zuwider wird, daß Du sie für die Hälfte des Werts einem andern hingibst, der sie treulich dem ersten einhändigt. Wenn auch ein Jude von gemeiner Art Dir im Handel so viel bietet, als Du etwa fordern zu dürfen glaubst, so schlage doch nicht gleich zu. Er wird sonst zurückziehn, entweder weil er nun denkt, er hätte noch wohlfeiler darankommen können oder es stecke Betrug dahinter.

Ist man seines Kaufs mit einem Trödeljuden völlig einig, so wird er doch noch versuchen, uns zu hintergehn. Er wird gewöhnlich sagen: er habe kein bares Geld bei sich, wolle uns aber die Uhr oder so twas zum Unterpfande lassen. Er weiß wohl, daß man das selten annimmt. Gibt man ihm nun Kredit und das Gekaufte mit, so schleppt er dies in der ganzen Stadt umher, bietet es feil und bringt es endlich wieder, mit dem Bedeuten: man solle etwas schwinden lassen; er habe sich übereilt. Oder er kommt gar nicht wieder, und man muß lange hinter der Bezahlung herlaufen. Auch wollen sie gar zu gern Ware statt Geld geben, denn die bare Münze ist ihnen sehr an das Herz gewachsen. – Auf dies alles darf man sich nicht einlassen. Etwas ganz Charakteristisches hat diese Nation übrigens in allem. – Ich rede von dem großen Haufen derselben, nicht von denen, die sich (vielleicht nicht zu ihrem Glücke) nach den Sitten der Christen umgebildet haben. – Man höre die Musik in ihren Tempeln und die ganz originelle Art, wie sie dieselbe vortragen. Man sehe sie tanzen. Man gebe acht auf die Verzierungen, welche auch die reichsten alten Juden in ihren Häusern anbringen, ob nicht immer etwas von den Knäufen an dem Tempel Salomons, von den Verzierungen der Bundeslade, Scharlach, Rosenrot und gezwirnte weiße Seide mit unterläuft.

9.

In den mehrsten Provinzen von Deutschland lebt der *Bauer* in einer Art von Druck und Sklaverei, die wahrlich oft härter ist als die Leibeigenschaft desselben in andern Ländern. Mit Abgaben überhäuft, zu schweren Diensten verurteilt, unter dem Joche grausamer, rauhherziger Beamter seufzend, werden sie des Lebens nie froh, haben keinen Schatten von Freiheit, kein sicheres Eigentum und arbeiten nicht für sich und die Ihrigen, sondern nur für ihre Tyrannen.

Wen nun die Vorsehung in die glückliche Lage gesetzt hat, zu Erleichterung dieser so sehr gedrückten und doch so wichtigen, so nützlichen Menschenklasse etwas beitragen zu können, oh der schaffe sich doch die süße Wonne, in den kleinen Hütten der Landleute Freude zu verbreiten und seinen Namen von Kindern und Enkeln mit Segen genannt zu hören.

Wohl freilich sind die Bauern zum Teil so hartnäckige, zänkische, widerspenstige und unverschämte Geschöpfe, daß sie aus der geringsten Wohltat eine Schuldigkeit machen, daß sie nie zufrieden sind, immer klagen, immer mehr haben wollen, als man ihnen zugestehn kann; allein sind wir nicht selbst durch lange fortgesetzte unedle Behandlung und Vernachlässigung ihrer Bildung daran Schuld, daß niederträchtige Gesinnungen bei ihnen herrschend werden? Und gibt es nicht einen Mittelweg zwischen übertriebener Nachsicht und despotischer Strenge und Grausamkeit? Ich verlange nicht, daß ein Landes- oder Gutsherr sich des Rechts begeben soll, seine Untertanen zu gewissen schuldigen Diensten zu brauchen; allein er soll nicht, damit er zum Beispiel das grausame Vergnügen einer Hirsch- und Schweinemetzelei schmecke, den Bauern zu einer Zeit, wo seine Gegenwart zu Hause ihn und seine Familie gegen Mangel schützen muß, mehr Tage hintereinander in strenger Kälte mit leerem Magen herumlaufen und Ohren und Nasen erfrieren lassen. Er soll ihm die schuldigen Abgaben nicht schenken; aber er soll Nachsicht mit seinen Umständen haben, Rücksicht auf erlittene Unglücksfälle nehmen und darauf achten, daß die Beamten die Gelder zu einer Zeit eintreiben, wo es dem armen Landmanne weniger schwer wird, bare Münze aufzutreiben, ohne sich mit Leib und Seele dem Juden oder dem bösen Feinde zu verschreiben.

Man schwätzt soviel von Verbesserung der Dorfschulen und Aufklärung des Landvolks; allein überlegt man auch wohl immer genau genug, welch ein Grad von Aufklärung für den Landmann, besonders für den von niedrigem Stande taugt? Daß man den Bauern nach und nach mehr durch Beispiele als durch Demonstrationen zu bewegen suche, von manchen ererbten Vorurteilen in der Art des Feldbaues und überhaupt in Führung des Haushalts zurückzukommen; daß man durch zweckmäßigen Schulunterricht die törichten Grillen, den dummen Aberglauben, den Glauben an Gespenster, Hexen und dergleichen zu zerstören trachte; daß man die Bauern gut schreiben, lesen und rechnen lehre; das ist löblich und nützlich. Ihnen aber allerlei Bücher, Geschichten und Fabeln in die Hände zu spielen; sie zu gewöhnen, sich in eine Ideenwelt zu versetzen; ihnen die Augen über ihren armseligen Zustand zu öffnen, den man nun einmal nicht verbessern kann; sie durch zu viel Aufklärung unzufrieden mit ihrer Lage, sie zu Philosophen zu machen, die über ungleiche Austeilung der Glücksgüter deklamieren; ihren Sitten Geschmeidigkeit und den Anstrich der feinen Höflichkeit zu geben – das taugt wahrlich nicht. Ohne alle diese künstlichen Hilfsmittel trifft man indessen unter alten Landleuten Menschen von so unverfälschtem Sinne, von so hellem, heiterm Kopfe und von so festem Charakter an, daß diese manchen hochstudierten Herrn beschämen könnten. Im ganzen betrage man sich gegen den Bauern treuherzig, grade, offen, ernsthaft, wohlwollend, nicht geschwätzig, konsequent, immer gleich, und man wird sich seine Achtung, sein Zutrauen erwerben und viel über ihn vermögen.

Von *Land-Edelleuten* und andern Personen höhern Standes, die in den Dörfern leben, gilt zum Teil dasselbe. Man nehme keinen Residenzton mit zu ihnen hin, hüte sich vor leeren Komplimenten, nehme teil an ihren ländlichen Freuden, Sorgen und Geschäften und verbanne allen Zwang im Umgange mit ihnen, ohne jedoch zu schmutziger, pöbelhafter Aufführung herabzusinken, so wird man ihnen als Gast, Nachbar, Freund und Ratgeber willkommen sein.

Siebentes Kapitel

Über den Umgang mit Leuten von allerlei Lebensart und Gewerbe

1.

Zuerst von den sogenannten *Aventuriers*. Ich rede hier nicht von den eigentlichen Betrügern und Gaunern; von diesen soll gleich nachher gehandelt werden; sondern von der unschädlichen Art der Abenteurer, die, wenn sie sich mit Madame Fortuna gar zu oft überworfen haben, zuletzt an die kleinen Neckereien dieses launischen Weibes so gewöhnt sind, daß sie immer aufs neue blindlings in den Glückstopf hineingreifen und es wagen, entweder auf die Finger geklopft zu werden oder einmal einen fetten Brocken zu erhaschen. Sie leben ohne festen Plan für den folgenden Tag auf gute Hoffnung los, unternehmen alles, was ihnen für den Augenblick eine Aussicht zu einigem Unterhalte zu eröffnen scheint. Wo reine reiche Witwe zu heiraten, eine Pension, eine Bedienung an irgendeinem Hofe oder dergleichen zu erhalten ist, da sind sie nicht saumselig. Sie taufen sich, adeln sich, schaffen sich um, sooft es ihnen beliebt und es die Sache erleichtern kann. Was sich als Edelmann nicht durchsetzen läßt, das versuchen sie als Marquis, als Abbé, als Offizier. Zwischen Himmel und Erde ist kein Fach, kein Departement, in welchem sie nicht bereit wären, sich an die Spitze der Geschäfte stellen zu lassen, keine Wissenschaft, über welche sie nicht mit einer Zuversicht plaudern, die sogar den Gelehrten zuweilen stutzen macht. Mit einer bewundernswürdigen Gewandtheit, mit einem savoir faire, das selbst der bessere Mann zum Teil von ihnen lernen sollte, gelangen sie zu Dingen, die der Rechtschaffenste und Verständigste nicht einmal zu wünschen den Mut hat. Ohne tiefe Menschenkenntnis haben sie grade das, womit man in dieser Welt über wahre Weisheit den Meister spielt – esprit de conduite. Gelingt das nicht, was sie unternehmen, so werden sie doch dadurch nicht in ihrem guten

Humor gestört; die ganze Welt ist ihr Vaterland, und als blinde Passagiers sind sie auf den Postwagen ebenso zu Hause als in einer prächtigen Karosse. – Ein gutmütiges Völkchen, durch das Nomadenleben gewöhnt, Freuden und Leiden geduldig zu ertragen und zu teilen. Haben sie irgendwo ihre Rolle ausgespielt, so schnüren sie ihr Bündelchen und gehen aus ihren Palästen so leichtfüßig davon wie ein flüchtiger Morgentraum.

Als Gesellschafter mag man diese Leute nicht verachten! Sie haben so manches gesehn und erfahren, daß dem Menschenkenner ihr Umgang nicht ganz uninteressant sein kann. Ja, wenn sie sonst nicht bösartig sind, so findet man bei ihnen Teilnehmung, Dienstfertigkeit und Gefälligkeit in hohem Grade. Dagegen ist zu einer genauen freundschaftlichen Verbindung mit ihnen gar nicht zu raten. Man sei nicht zu vertraulich gegen sie und bediene sich nicht ihrer Hilfe zu wichtigen Geschäften. Teils leidet dadurch unser eigner Ruf; teils kann man sich von ihrem Leichtsinne und ihrer Charakterlosigkeit wenig wahre Hilfe versprechen; auch pflegen sie nicht eben sehr edel in der Wahl der Mittel zu sein, welche sie anwenden, um zu einem Zwecke zu gelangen.

2.

Beschäme nicht leicht den Aventurier, auch den von schlechtrer Art nicht, wenn Du ihn irgendwo in einer erborgten Gestalt, unter falschem Namen oder mit selbstgeschaffnen Titeln und Ehrenzeichen geschmückt antriffst, insofern nicht wichtige Gründe eintreten oder Du besondern Beruf dazu hast. Auch würde Dir das nicht immer gelingen, denn seine Unverschämtheit möchte vielleicht Wege finden, das Unangenehme einer solchen Szene auf Dich selbst fallen zu machen. Doch kann es zuweilen nützlich sein, so einen Herrn unter vier Augen merken zu lassen, daß er von unsrer Bekanntschaft sei und daß es in unsrer Macht stehn würde, ihn zu entlarven, daß man aber seiner schonen wolle. Dann wird ihn vielleicht die Furcht vor der Entdeckung zurückhalten, böse Streiche zu spielen. Es gibt aber unter diesen Landläufern äußerst gefährliche Leute, Ausspäher, Verführer, Verleumder, Diebe und Schelme aller Art. Nicht nur sollte diesen die Tür jedes ehrlichen Mannes verschlossen bleiben, sondern die kleinern deutschen Fürsten würden auch wohltun, wenn sie sich weniger mit solchem Gesindel einließen, welches gewöhnlich mit einer Tasche voll von Plänen und Projekten zum Besten des Landes, zur Beförderung des Handels, zum Flor und zur Verschönerung ihrer Residenzen angezogen kommt, redliche Diener aus ihren Ämtern verdrängt und verdächtig macht, seinen Beutel zum Ruin des Landes spickt, freilich seine Rolle selten lange spielt, aber wenn es auch mit Schimpf und Schande beladen davongehn muß, mehrenteils viel gestiftetes Unglück zurückläßt, was es nie wiedergutmachen kann, und irgendeinen andern schwachen Herrn findet, mit dem es seine Operationen auf das neue anfängt. In diesen Fällen ist es Pflicht, dem Bösewichte öffentlich die Maske abzuziehn; doch tue man das nicht eher, als bis man die deutlichsten Beweise gegen ihn in Händen hat, denn dergleichen Menschen haben die Gabe, ihre Sache von solchen Seiten vorzustellen, daß man sehr viel wagt, wenn man sie mit unsichern Waffen angreift.

3.

Unter allen Abenteurern sind nach meiner Empfindung die *Spieler* vom Handwerke die verächtlichsten. Indem ich nun von ihnen rede, werde ich auch Gelegenheit nehmen, über das Spiel im allgemeinen und über das Betragen bei demselben etwas zu sagen.

Keine Leidenschaft kann so weit führen, keine kann den Jüngling, den Mann und ganze Familien in ein grenzenloseres Elend stürzen, keine den Menschen in eine solche Kettenreihe von Verbrechen und Lastern verwickeln als die vermaledeite Spielsucht. Sie erzeugt und nährt alle nur ersinnlichen unedeln Empfindungen: Habsucht, Neid, Haß, Zorn, Schadenfreude, Verstellung, Falschheit und Vertraun auf blindes Glück; sie kann zu Betrug, Zank, Mord, Niederträchtigkeit und Verzweiflung führen und tötet auf die unverantwortlichste Weise die goldne Zeit. Wer reich ist, der tut töricht, wenn er sein Geld auf so ungewisse Spekulation anlegt, und wer nicht viel zu wagen hat, der muß furchtsam spielen, kann die Launen des Glücks nicht abwarten, sondern muß bei dem ersten widrigen Schlage das Feld räumen, oder er wagt es darauf, aus einem Dürftigen ein Bettler zu werden. Doch ist die Torheit der erstern noch weit größer als die der letztern. Selten stirbt der Spieler als ein reicher Mann; wer daher auf diesem elenden Wege Vermögen erworben hat und dann nicht aufhört zu spielen, der hat zehnfaches Unrecht.

Hüte Dich, mit Leuten vom Handwerke Dich auf ein Spiel einzulassen, wenn Dir Dein Geld lieb ist!

Traue keinem von ihnen; in keiner Sache. – Die wenigen Ausnahmen, wo diese Regel einem ehrlichen Spieler von Profession unrecht tun könnte, verdienen nicht in Anschlag gebracht zu werden, und wer sich dieser verächtlichen Lebensart widmet, der mag es nicht übelnehmen, daß man ihm den Geist der Zunft zutraut, zu welcher er sich bekennt.

Laß Dich auf keine bloße Hasardspiele ein. Um geringen Preis gespielt, sind sie äußerst langweilig, und hohes Geld dem Ungefähr preiszugeben, ist Narrheit. Ein verständiger Mann verachtet jede Beschäftigung, bei welcher Kopf und Herz schlummern müssen, und man darf nur ein mittelmäßiger Rechner sein, um leicht zu kalkulieren, daß bei solchen Glücksspielen die Wahrscheinlichkeit immer gegen uns ist. Wollen wir aber gar keine Wahrscheinlichkeit annehmen, so bleibt der Erfolg ein Werk des Zufalls, und wer wird denn vom Zufalle abhängen wollen?

Auf die sogenannten Commercespiele tue entweder auch Verzicht oder lerne sie vorher recht und spiele mit gleicher Aufmerksamkeit, es mag um hohen Preis oder um eine Kleinigkeit gelten. Lerne Dich aber auch im Spiel bemeistern. Mache nicht durch gehäufte Fehler an Aufmerksamkeit und Kunst Dich selber arm und Deinen Mitspielern Ungeduld und Langeweile.

Zeige keine böse Laune, wenn Du schlechte Karten bekommst, wenn Du verlierst. Wer nie Geld im Spiele verlieren will, der muß sich auf die Blindekuh einschränken.

Spiele nicht so unerträglich langsam, daß Deinen Gesellschaftern alle Geduld vergeht.

Zanke nicht, wenn Deine Mitspieler Fehler machen.

Zeige keine laute Freude, wenn Du gewinnst; das pflegt dem, welcher verloren hat, empfindlicher zu sein als der Verlust selbst.

Nötige niemand zum Spielen, wenn er nicht gern oder unglücklich spielt. Dies geschieht vielfältig von Leuten, denen es eine wichtige Angelegenheit ist, ihre Partien vollzählig zu haben.

– Doch diese Materie ist wohl kaum einer so langen Abhandlung wert. – Wenden wir uns zu andern Gegenständen.

4.

Unter den Abenteurern unsrer Zeit spielen die *Geisterseher, Goldmacher* und andre *mystische Betrüger* keine unbeträchtliche Rolle. Diese Art von Schwärmerei, nämlich der Glaube an übernatürliche Wirkungen und Erscheinungen, ist sehr ansteckend. Bei dem Gefühle, wie manche Lücke in unsern philosophischen Systemen und Theorien übrigbleibt, solange unser Geist in den Grenzen irdischer Ausdehnung eingeschränkt ist, und bei der Begierde, dennoch über die Grenzen dieser Eingeschränktheit hinaus Blicke zu tun, scheint es dem Menschen ganz natürlich, die unerklärbaren Sachen a posteriori zu erläutern, wenn es mit den Beweisen a priori nicht recht gehn will; das heißt: aus den gesammelten Tatsachen Resultate zu ziehn, die ihm angenehm sind, Resultate, die theoretisch durch Schlüsse nicht vollständig herauskommen. Da geschieht es denn, daß, um eine Menge solcher Tatsachen zu gewinnen, man geneigt ist, jedes Märchen für wahr, jede Täuschung für Realität zu halten, damit man seinem Glauben Gewicht gebe. Je aufgeklärter aber die Zeiten werden, je emsiger man sich bestrebt, der Wahrheit auf den Grund zu kommen, desto sichtbarer wird es uns, daß wir auf Erden diesen Grund nicht finden, um desto leichter also geraten wir auf jenen Weg, den wir vorher verachtet haben, solange noch auf dem hellen Wege der Theorien neue Entdeckungen zu machen waren. Ich glaube, das dies eine ungezwungene Erklärung des Phänomens ist, das so manchen höchst wunderbar scheint, des Phänomens, daß in den Zeiten der größten Aufklärung ein blinder Glaube an Ammenmärchen grade am stärksten einreißt.

Diese Stimmung des Publikums nun machen sich eine Menge Betrüger zunutze, die teils planmäßig verbunden, uns zu unterjochen, teils einzeln nach Zeit und Gelegenheit darauf ausgehn, die Augen der Schwachen zu blenden.

Sei es nun dabei auf unsre Geldbeutel oder auf Tyrannei über unsern Willen, oder auf irgendeinen andern moralischen, intellektuellen oder politischen Mißbrauch abgesehn, so ist es immer sehr wichtig, dagegen auf seiner Hut zu sein.

Obgleich ich mich nicht fest überzeugen kann, daß eben alle Abenteurer solcher Art, daß die Cagliostros, Saint Germains, Schröpfer und Konsorten bis auf den armen Masius hinunter sämtlich von einer einzigen Triebfeder regiert werden und daß jeder solcher Wundermann seine Unternehmungen auf denselben Zweck zu leiten die Absicht haben sollte, so sind wir doch denen allen Dank schuldig, die uns vor solchen Abenteurern warnen und uns wenigstens zeigen, wohin das führen könnte. Um aber nicht zu wiederholen, was so vielfältig ist gesagt worden und noch immer gesagt wird, so will ich hier bei dem Betragen gegen Leute von der Art nur folgende Vorsichtigkeitsregeln vorschlagen:

Laß es an seinen Ort gestellt sein, ob man Geister sehn und Gold machen könne oder nicht. Leugne nicht das, wovon Du nicht das Gegenteil so klar beweisen kannst, daß es nicht möglich ist, dagegen etwas einzuwenden – denn Beweise, die auf Vordersätzen beruhn, welche nur konventionell angenommen sind, können bloß den überzeugen, der Lust hat, davon überzeugt zu werden. – Aber baue nicht auf die Möglichkeit einer Sache den Schluß auf ihre Wirklichkeit, noch auf metaphysische Positionen moralische Handlungen. Sollte auch jemand durch Schlüsse überfuhrt werden können, daß wohl sehr wahrscheinlich jedes sichtbare Wesen von einer Menge unsichtbarer umgeben ist, so bleibt es doch immer töricht gehandelt, wenn dies sichtbare Wesen seine sichtbaren Handlungen mehr nach der vermutlich unsichtbaren Gesellschaft, die ihn umgibt, einrichtet als nach den Sitten der wackern wirklichen Personen, unter denen es umherwandelt.

Man zeige also in Worten und Handlungen mehr Wärme für tätige, nützliche Wirksamkeit als für Spekulation, so werden sich die Herrn Mystiker nicht leicht zu uns gesellen.

Gerät man aber an einen solchen Wundermann, und es ist uns daran gelegen, ihn und sein System genauer kennenzulernen, so hüte man sich, vorher Unglauben und Vorwitz zu offenbaren. Er wird sonst bald merken, daß mit uns nicht viel anzufangen ist, daß wir nicht empfänglich für seine Weisheit sind; er wird uns nicht einweihn in seine Geheimnisse, nicht zulassen zu seinem esoterischen Unterrichte, und wir werden den Vorteil entbehren, uns und unsre Freunde von dem wahren Zusammenhange zu unterrichten – ungerechnet, daß es sich wirklich für einen vernünftigen Mann nicht schickt, sich früher für oder gegen eine Sache einnehmen zu lassen, bevor er dieselbe kaltblütig untersucht hat, wäre auch aller Anschein dagegen, besonders wenn es Dinge betrifft, in welchen selbst der Weiseste lebenslang im Finstern tappt.

Glaubt man zuversichtlich einen Betrug entdeckt zu haben, so ist Spott, so ist Persiflage nicht das Mittel, Schwärmer zu bekehren. Man gehe also Schritt vor Schritt, und da die Sinne leichter getäuscht werden können als die Vernunft, so fordre man, bevor man sich auf Erscheinungen, Proben und Prozesse einläßt, daß uns vor allen Dingen zuerst die Theorie, auf welcher das alles beruht, recht deutlich erklärt werde, und hier lasse man sich nicht etwa auf eine bildliche Sprache ein, sondern auf bestimmte, verständliche deutsche Worte und auf den Ideengang und Sprachgebrauch, der einmal unter Gelehrten üblich ist. Es mag vielleicht sehr viel Weisheit in dem Jargon der Mystiker stecken; aber für uns kann nur das Wert haben, was wir verstehen. Man gönne also einem jeden die Freude, einen schmutzigen Kiesel für einen Diamanten zu halten, aber wenn man kein ebenso großer Kenner von Edelgesteinen ist, so sage man gutmütig ohne Scham frei heraus, daß man diesen Stein für nichts anders als für einen schmutzigen Kiesel halten könne. Es ist keine Schande, etwas nicht einzusehn, aber es ist mehr als Schande, es ist Betrug, das Ansehn haben zu wollen, als verstünde man – was man nicht versteht.

Hat Dich indessen ein Landstreicher, ein Goldmacher oder Geisterseher bei Deiner schwachen Seite gefaßt, eine Zeitlang sein Spielwerk mit Dir getrieben – oh, wer ist mehr in dieser Leute Händen gewesen als ich? – und Du entlarvst endlich den Schurken, dann scheue Dich nicht, nein denke, daß es Pflicht ist zur Warnung andrer ehrlicher, leichtgläubiger Leute öffentlich den Betrug bekanntzumachen – möchtest Du auch dabei in keinem sehr vorteilhaften Lichte erscheinen.

Achtes Kapitel

Über Geheime Verbindungen und den Umgang mit den Mitgliedern derselben

1.

Unter die mancherlei schädlichen und unschädlichen Spielwerke, mit welchen sich unser philosophisches Jahrhundert beschäftigt, gehört auch die Menge geheimer Verbindungen und Orden verschiedner Art. Man wird heutzutage in allen Ständen wenig Menschen antreffen, die nicht von Wißbegierde, Tätigkeitstrieb, Geselligkeit oder Vorwitz geleitet, wenigstens eine Zeitlang Mitglieder einer solchen geheimen Verbrüderung gewesen wären. Und doch möchte es wohl nun endlich einmal Zeit sein, diese teils zwecklosen, törichten, teils dem gesellschaftlichen Leben gefährlichen Bündnisse aufzugeben. Ich habe mich lange genug mit diesen Dingen beschäftigt, um aus Erfahrung reden und jeden jungen Mann, dem seine Zeit lieb ist, abraten zu können, sich in irgendeine geheime Gesellschaft, sie möge Namen haben, wie sie wolle, aufnehmen zu lassen. Sie sind alle, freilich nicht im gleichen Grade, aber doch alle ohne Unterschied zugleich unnütz und gefährlich. Unnütz sind sie zuerst, weil man in unserm Zeitalter keine Art von wichtigem Unterrichte in Geheimnisse einzuhüllen braucht. Die christliche Religion ist so klar und befriedigend, daß sie nicht wie die Volksreligionen der alten Heiden einer geheimen Auslegung, einer doppelten Lehrart bedarf, und in den Wissenschaften werden die neuesten Entdeckungen zum Wohl der Welt öffentlich bekanntgemacht, müssen und sollen öffentlich bekanntgemacht werden, damit sie jeder Sachverständige prüfen und bewahrheiten könne. In den einzelnen Ländern hingegen, wo noch Finsternis und Aberglauben herrschen, muß man den kommenden Tag erwarten. Man darf da nichts übereilen; man verdirbt oft mehr als man gutmacht, wenn man die Zwischenstufen überspringen will; es hat gar keinen Nutzen, daß einzelne Menschen die Periode der Aufklärung zu beschleunigen trachten; auch können sie das nicht, und wenn sie es können, so ist es Pflicht, dies öffentlich zu tun, um desto mehr Pflicht, damit andre vernünftige Männer in demselben Lande und in andern Gegenden über den Beruf der Aufklärer, über den Wert der intellektuellen Ware, welche sie feilbieten, und darüber mögen urteilen können, ob das, was sie lehren, auch wirklich Aufklärung sei, oder ob sie nicht vielleicht schlechtre Münze ausprägen, als die ist, welche sie verrufen. Unnütz sind solche Verbindungen ferner von seiten ihrer Wirksamkeit, weil sie mehrenteils sich mit elenden Kleinigkeiten und abgeschmackten Zeremonien beschäftigen, eine Bildersprache reden, die alle mögliche Auslegung leidet, nach schlecht durchgedachten Plänen handeln, unvorsichtig in der Wahl ihrer Mitglieder sind, folglich bald ausarten, und wenn sie auch anfangs in ihrer Einrichtung Vorzüge vor öffentlichen Gesellschaften haben könnten, nachher dieselben und noch mehr solcher Gebrechen bei ihnen einreißen, über die man in der Welt klagt. Wer Lust hat, etwas Großes und Nützliches zu tun, der findet dazu im bürgerlichen und häuslichen Leben sehr viel Gelegenheit, die fast kein einziger ganz so anwendet, wie er könnte. Es müßte erst bewiesen werden, daß auf diesem öffentlich privilegierten Wege nichts mehr zu tun übrigbliebe oder daß dem warmen Befördrer des Guten unübersteigliche Hindernisse in den Weg gelegt wären, bevor man das Recht haben dürfte, sich einem vom Staate nicht sanktionierten, geheimen, besondern Wirkungskreis zu schaffen. Wohltätigkeit bedarf keiner mysteriösen Hülle; Freundschaft muß auf freier Wahl beruhn und Geselligkeit braucht nicht durch geheime Wege befördert zu werden.

Allein diese geheimen Verbindungen sind auch schädlich für die Welt. Schädlich, weil alles, was im Verborgnen geschieht, mit Recht in Verdacht gezogen werden kann; weil die Vorsteher der bürgerlichen Gesellschaft die Befugnis haben, von dem Zwecke jeder Tätigkeit, zu welcher sich mehrere vereinigen, sich unterrichten zu lassen; weil sonst unter dem Schleier der Verborgenheit ebensowohl gefährliche Pläne und schädliche Lehren als edle Absichten und weise Kenntnisse versteckt sein können; weil selbst nicht alle Mitglieder von solchen verderblichen Absichten, die man zuweilen hinter der schönsten Außenseite zu verhüllen pflegt, unterrichtet sind; weil nur mittelmäßige Genies sich in diesen Schraubstock einzwängen lassen, die bessern hingegen entweder bald zurücktreten oder zugrunde gehen, ausarten und eine schiefe Richtung bekommen oder auf Unkosten der andern herrschen; weil mehrenteils unbekannte Obern im Hinterhalte stehen und es eines verständigen Mannes unwert ist, nach einem Plane zu arbeiten, den er nicht übersieht, für dessen Wichtigkeit und Güte ihm Leute einstehen – die er nicht kennt, denen er sich verbindlich machen muß, ohne daß sie sich ihm verbindlich machen, ohne daß er weiß, an wen er sich zu halten hat, wenn man ihm dafür gar nichts leistet; weil schiefe Köpfe und Schurken sich dies zunutze machen, sich zu unbekannten Obern aufwerfen und die übrigen Mitglieder zu ihren Privatabsichten mißbrauchen; weil jeder Erdensohn Leidenschaften hat und diese Leidenschaften also mit in die Gesellschaft bringt, wo sie dann im Schatten unter der Maske der Verborgenheit freiern Spielraum haben als am Tageslichte; weil alle diese Verbindungen durch nach und nach einschleichende üble Wahl der Mitglieder dahin ausarten; weil sie Geld und Zeit kosten; weil sie von ernsthaften bürgerlichen Geschäften ab zum Müßiggange oder zu zweckloser Geschäftigkeit leiten; weil sie bald der Sammelplatz von Abenteurern und Tagedieben werden; weil sie allerlei Gattung von politischer, religiöser und philosophischer Schwärmerei begünstigen; weil mönchischer esprit de corps bei ihnen einreißt und viel Unheil stiftet; endlich weil sie Gelegenheit zu Kabalen, Zwist, Verfolgung, Intoleranz und Ungerechtigkeit gegen gute Männer geben, die keine Mitglieder eines solchen oder wenigstens nicht desselben Ordens sind.

Dies ist mein Glaubensbekenntnis über geheime Verbindungen. Gibt es eine unter ihnen, die manche dieser Gebrechen nicht hat – ei nun, so mag sie denn als Ausnahme gelten – ich kenne keine, die nicht wenigstens an einigen derselben krank läge.

2.

Ich rate daher nochmals, sich auf diese Modetorheit nicht einzulassen; sich sowenig als möglich um die Systeme, um das Personale und um die Schritte geheimer Verbindungen zu bekümmern; seine Zeit nicht mit Lesung ihrer Streitschriften zu verschwenden; vorsichtig im Reden über diesen Gegenstand zu sein, um sich Verdruß zu ersparen und weder ein gutes noch böses Urteil über solche Systeme zu wagen, weil der Grund derselben oft sehr tief verborgen liegt.

3.

Haben aber Vorwitz, übel geordnete Begierde tätig zu sein, Neugier, Überredung, Eitelkeit oder andre Bewegungsgründe Dich verleitet, in eine solche Verbindung zu treten, so hüte Dich wenigstens, von denselben Torheiten und Schwärmereien angesteckt, von demselben Sektengeiste hingerissen zu werden. Hüte Dich, das Spielwerk, die Maschine verkappter Bösewichte zu werden. Dringe, wenn Du kein Knabe mehr bist, auf deutliche Entwicklung des ganzen Systems. Nimm nicht eher andre auf, als bis Du selbst vollkommen unterrichtet bist. Laß Dich nicht durch rätselhafte Vorspiegelungen, durch große Verheißungen, durch blendende Pläne zum Besten der Menscheit, durch den Anschein von Uneigennützigkeit, Heiligkeit und Reinigkeit der Absicht blenden, sondern fordre Beweise von Taten und gänzlicher Übersicht. Wirft man Dir dann Deinen Mangel an Empfänglichkeit, Deine Unwürdigkeit vor, so laß Dir erzählen, welche Eigenschaften die hohen Obern fordern, und beleuchte sie, diese Obern, selber nach ihrem Maßstabe, um ihren Wert, alle Eitelkeit beiseite gesetzt, gegen den Deinigen zu halten. Laß Dich aber durchaus nicht darauf ein, unbekannten Obern zu huldigen, möchte man auch noch so einleuchtend scheinende Gründe dafür anführen. Sei vorsichtig in jedem Worte, das Du in Ordensgeschäften schreibst, und noch mehr in Übernehmung irgendeiner eidlichen oder andern Verbindlichkeit. Fordre Rechenschaft von Anwendung der Gelder, die man Dich bezahlen läßt. – Und wenn bei dieser vielfachen Vorsicht Du der Verbindlichkeit müde wirst oder die Verbindung Deiner überdrüssig wird, so trenne Dich ohne Geräusch und Zank von ihr und rede nachher nie wieder von der Sache, damit Du allen Verfolgungen ausweichst. Sollte man Dich aber dennoch nicht in Ruhe lassen, so tritt öffentlich auf und scheue Dich nicht, Betrug, Narrheit und Bosheit vor den Augen des ganzen Publikums andern zur Warnung bekanntzumachen!

Neuntes Kapitel

Über die Art, mit Tieren umzugehn

1.

In einem Buche über den Umgang mit Menschen scheint wohl freilich ein Kapitel über die Art, mit Tieren umzugehn, nicht an seinem Platze. Allein was ich hierüber zu sagen habe, ist so wenig und hat doch im ganzen so viel Bezug auf das gesellschaftliche Leben überhaupt, daß ich hoffen darf, man wird mir diese kleine Ausschweifung gütigst verzeihn.

2.

Der Gerechte erbarmet sich auch seines Viehes – das ist ein vortrefflicher Spruch ja, der edle, der gerechte Mann martert kein lebendiges Wesen. Wenn doch die hartherzigen, grausamen oder, um billiger zu urteilen, zum Teil nur leichtsinnigen, verwilderten Menschen, deren Augen sich an der Qual eines rastlos umhergetriebenen Hirsches oder an der Todesangst eines in dem Schauplatz der Barbarei auf den Tod gehetzten Viehs weiden können; wenn die Unbesonnenen, die mit dem Leben eines armen Geschöpfs, das in ihre kindischen Hände fällt, wie mit einem Balle spielen, Fliegen und Käfern Beine ausreißen oder sie spießen, um zu sehn, wie lange ein also leidendes Tier in konvulsivischer Pein fortleben kann; wenn die vornehmen Müßiggänger, die, um die Ehre zu haben, am schnellsten der lieben Langeweile in den Rachen zu reiten oder zu fahren, ihre armen Pferde auf den Tod jagen; wenn diese und alle, die nicht erweicht werden durch den Anblick der geängsteten, duldenden, von dem grausamsten aller Raubtiere, von dem Menschen, mit kaltem Blute, nicht aus Hunger, sondern aus Mutwillen nur gemarterten Kreatur; nicht erweicht werden durch das anklagende Seufzen und Winseln dieser unglücklichen Geschöpfe zu ihrem und unserm gemeinschaftlichen Schöpfer; wenn sie doch nur bedenken wollten, daß diese Tiere zwar zu unsrer Nahrung auf der Erde sind, nicht aber, um von uns gepeinigt zu werden, und daß keine Kreatur das Recht haben könnte, mit dem Leben einer andern Kreatur, der Gott einen Odem eingeblasen hat, sein Spielwerk zu treiben; daß dies Versündigung an dem Vater aller lebendigen Wesen ist; daß ein Tier ebenso schmerzhaft Mißhandlung, barbarischen Mißbrauch größerer Stärke und Wehe fühlt als wir, und vielleicht noch lebhafter, da seine ganze Existenz auf sinnlichen Empfindungen beruht; daß diese Existenz vielleicht seine erste Stufe ist, um auf der Leiter der Schöpfung dahinauf zu steigen, wo wir jetzt stehen; daß Grausamkeit gegen unvernünftige Wesen unmerklich zur Härte und Grausamkeit gegen unsre vernünftigen Nebengeschöpfe führt – wenn sie doch das alles fühlen und ihr Herz dem sanften Mitleiden gegen alle Kreaturen eröffnen wollten!

3.

Doch wünsche ich, man möge diese Exklamationen nicht auf die Rechnung einer abgeschmackten Empfindelei schreiben. Es gibt so zarte Männlein und Weiblein, die gar kein Blut sehn können, die zwar mit großem Appetit ihr Rebhühnchen verzehren, aber ohnmächtig werden würden, wenn sie eine Taube abschlachten sehn müßten; Leute, deren Federn und Zungen mit moralischem Gifte und Dolche den Freund und Bruder verfolgen, aber mitleidig einer matten Fliege das Fenster öffnen, damit sie fern von ihren Augen – zertreten werden könne; die ihre Bedienten in dem rauhesten Wetter ohne Not stundenlang umherjagen, aber dagegen herzlich den armen Sperling bedauern, der, wenn es regnet, ohne Paraplü und Überrock herumfliegen muß. Zu diesen süßen Seelchen gehöre ich nicht, halte auch nicht alle Jäger für grausame Menschen – es muß ja dergleichen Leute geben, so wie wir, wenn keine Schlächter in der Welt wären, bloß von Speisen aus dem Pflanzenreiche leben müßten – aber ich verlange nur, daß man nicht ohne Zweck und Nutzen Tiere martern noch ein vornehmes Vergnügen darin suchen solle, mit wehrlosen Geschöpfen einen ungleichen Krieg zu führen.

4.

Ich habe immer nicht begreifen können, welche Freude man daran haben kann, Tiere in Käfigen und Kästen einzusperren. Der Anblick eines lebendigen Wesens, das außerstand gesetzt ist, seine natürlichen Kräfte zu nützen und zu entwickeln, darf keinem verständigen Manne Freude gewähren. Wer mir daher einen schönen Vogel in einem Bauer schenken will, dem kann ich vorhersagen, daß das einzige Vergnügen, welches er mir dadurch verschaffen kann, das sein wird, sein Bauer zu öffnen und das arme Tier aus der Sklaverei in Gottes freie Luft hinausfliegen zu lassen; auch ist eine Menagerie, in welcher wilde Tiere mit großen Kosten in kleinen Verschlägen aufbewahrt werden, meiner Meinung nach ein sehr ärmlicher Gegenstand der Unterhaltung.

5.

Noch abgeschmackter aber scheint es mir, wenn man sich an einem Vogel ergötzt, der seinen schönen wilden Gesang hat vergessen müssen, um vom Morgen bis zum Abend die Melodie einer elenden Polonaise zu pfeifen, oder wenn man Geld ausgibt, um einen Hund zu sehn, den man gelehrt hat, eine Reverenz wie ein Tanzmeister zu machen und auf den Wink seines Meisters anzudeuten, wieviel schöne Junggesellen in der Versammlung sind.

6.

Habe ich aber diejenigen getadelt, die grausam gegen Tiere verfahren, so muß ich doch auch sagen, daß andre in die entgegengesetzte Übertreibung fallen, indem sie mit dem Viehe wie mit Menschen umgehen. Ich kenne Damen, die ihre Katze zärtlicher umarmen als ihre Ehegatten; junge Herrn, die ihren Pferden sorgsamer aufwarten als ihren Oheimen und Basen, und Männer, die gegen ihre Hunde mehr Zärtlichkeit, Schonung und Nachsicht beweisen als gegen ihre Freunde, die sich von jenen müssen mit Flöhen bevölkern lassen. Indesssen scheinen manche Tiere in besserm Rufe zu stehn als andre. Niemand schämt sich zu bekennen, daß er Flöhe habe; Läuse hingegen darf kein Mensch von Erziehung mit sich führen, und doch ist beides Ungeziefer und an Geselligkeit geben die letztern den erstern nichts nach.

Zehntes Kapitel

Über das Verhältnis zwischen Schriftsteller und Leser

1.

Ich halte es für billig, bevor ich dies Werk über den Umgang mit Menschen schließe, mit meinen Lesern auch ein paar Worte über unsre wechselseitigen Verhältnisse gegeneinander zu reden. Zuerst also einige Bemerkungen über den Beruf, den ein Mann haben kann, ein Buch zu schreiben.

Es ist in der Vorrede zum ersten Teil gesagt worden, daß ich die Schriftstellerei in unsern Zeiten für nichts mehr als für schriftliche Unterredung mit der Lesewelt halte und daß man es dann im freundschaftlichen Gespräche so genau nicht nehmen dürfe, wenn auch einmal ein unnützes Wort mit unterliefe. Man soll es also dem Schriftsteller nicht übel ausdeuten, wenn er, verführt von ein wenig Geschwätzigkeit, von der Begierde, über irgendeine Materie allerlei Arten von Menschen seine Gedanken mitzuteilen, etwas drucken läßt, daß nicht grade die Quintessenz von Weisheit, Witz, Scharfsinn und Gelehrsamkeit enthält. Es ist überhaupt sehr viel schwerer, als man glauben sollte, seine eignen Produkte zu beurteilen; nicht nur weil unsre Eitelkeit da in das Spiel kommt, sondern auch weil die Objekte, über deren Beobachtung wir lange gebrütet, für uns eben durch das Nachdenken, welches wir darauf verwendet, einen solchen Wert bekommen haben können, daß wir unsre Gedanken darüber für äußerst wichtig halten, indes einem andern, was wir auch davon sagen mögen, unwichtig und gemein vorkommt. Und haben wir etwa gar Sprache und Beredsamkeit nicht in unsrer Gewalt oder sind verstimmt zu der Zeit, wenn wir unsre Gedanken zu Papier bringen wollen, oder vergessen, daß der Gegenstand, über welchen wir schreiben, nur durch kleine spezielle Beziehungen auf unsre damalige Lage, die sich nicht mit übertragen lassen, uns am Herzen liegt; oder dies

Herz ist zu voll, um, was es empfindet, nach der Reihe herzählen zu können; so geschieht es, daß wir etwas schreiben, welches uns, die wir alle Nebenbegriffe daranknüpfen, die dazu gehören, das Bild auszumalen, sehr interessant scheint, jeden andern aber gähnen macht und mit Unwillen gegen uns erfüllt. Indem es nun desfalls leicht geschehn kann, daß selbst ein verständiger Mann, von Eitelkeit geblendet oder durch jene Gefühle irregeleitet, ein Buch schreibt, das andere Menschen für ein unnützes und langweiliges Buch halten, so kann und darf es doch nie einem verständigen Manne begegnen, etwas öffentlich vor dem Publico zu reden, das gegen Moralität und gesunde Vernunft stritte oder wodurch er einem seiner Mitmenschen Schaden zufügte. Denn wenngleich Schriftstellerei nur Unterredung ist, so ist sie doch eine solche Unterredung, auf welche man sich so lange Zeit zu besinnen Muße gehabt hat, als dazu gehört, jeden unsittlichen, ganz schiefen und boshaften Gedanken zu unterdrücken. Ich meine daher, alles, was das Publikum von einem Schriftsteller, der ohne zu weit getriebne Ansprüche auftritt, fordern kann, ist, daß er durch seine Werke nichts dazu beitrage, Korruption, Dummheit und Intoleranz zu verbreiten. Alles übrige: Beruf zu schreiben, Wahl des Gegenstands, Einkleidung, Ansprüche auf Ruhm, Beifall, Lob, zu stiftender Nutzen, einzunehmender Gewinn, Hoffnung auf Unsterblichkeit – das alles ist seine Sache, und es geht auf seine Gefahr, wenn er sich dem Schimpfe aussetzt, entweder in der Stille zu Fuße vom Parnasse wieder herunterschleichen zu müssen oder von der Meute der Rezensenten parforce gejagt zu werden.

2

Wenn also ein Autor nichts Schädliches und nichts Unsinniges sagt, so muß man ihm erlauben, seine Gedanken drucken zu lassen; wenn er etwas Nützliches sagt, so macht er sich ein Verdienst um das Publikum. – Aber wird deswegen sein Buch auch gewiß gefallen? Das ist wieder eine ganz andre Frage. Allgemeiner Beifall von Guten und Bösen, von Weisen und Toren, von Hohen und Niedern? – Ei nun, wer wird so eitel sein, darauf Anspruch zu machen? Aber um auch nur dem größten Teile der Lesewelt zu gefallen, welche niedrige Mittel wählt da nicht mancher Schriftsteller? – Wer sich nicht in Ansehung der Form, der Einkleidung, des Titels seines Buchs nach dem Geschmacke des Jahres richtet; wer keine Anekdötchen einmischt; wer nicht dafür sorgt, daß sein Werkchen hübsch fein gedruckt und mit Bildlein ausgeziert sei; wer herrschende Vorurteile, Modesysteme, glänzende Torheiten, politischen, kirchlichen, gelehrten und moralischen Despotismus angreift oder lächerlich macht; wer sich einen Verleger wählt, auf den die andern Buchhändler neidisch, dem sie feind sind; wer sich nicht demütig unter den Schutz irgendeines gelehrten Posaunenbläsers begibt; wer nicht die Schreier im Publico und die, welche in der feinen Welt den Ton angeben, zu gewinnen sucht; wer zu bescheiden auftritt; wer sein Buch einem Manne widmet oder in demselben einem Manne Gerechtigkeit widerfahren läßt, dessen Verdienste beneidet, verfolgt werden – der wird wenigstens in dieser Generation sein Glück als Autor nicht machen und auch sein nützlichstes Werk bald als Makulatur behandelt sehn. Ich rate daher, die unschuldigsten unter diesen kleinen Autorkünsten nicht gänzlich zu vernachlässigen.

3.

Reden wir jetzt aber auch von dem Betragen, von den Pflichten des Lesers gegen den Schriftsteller. Zuerst soll, denke ich, jener nie vergessen, daß dieser sich nicht nach dem Geschmacke jedes einzelnen richten kann. Was für Dich in Deiner Lage, in Deiner Stimmung höchst interessant ist, das scheint einem andern vielleicht äußerst langweilig und unbedeutend, und wahrlich, der Mann müßte ein Hexenmeister sein, der ein Buch verfassen könnte, in welchem jeder für seine paar Groschen fände, was er suchte. Es gibt Bücher, die man durchaus nur dann lesen muß, wenn man ebenso gestimmt ist, als der Mann war, der sie schrieb, sowie es auch andre gibt, deren Sinn und Schönheit man immer, in jeder Laune fassen und sich eigen machen kann. Nicht immer sind darum jene geistvoll, groß und erhaben von Inhalte, noch im Gegenteil schwärmerisch und fieberhaft. Nicht immer enthalten darum diese lauter bestimmte, ewige Wahrheiten, auf kalte, unwiderlegbare, allein des vollkommnen Mannes würdige, unerschütterliche Philosophie gegründet, oder, im Gegenteile, nicht immer gemeine, ohne Mühe leicht zu verdauende Seelenspeise. Sei also nicht zu strenge, mein gelehrtes Leserlein, in Beurteilung eines sonst nicht schlecht geschriebnen Buchs, oder behalte wenigstens Deine Meinung darüber in Deinem Kopfe in welchem oft viel leerer Raum ist, und verschreie das Buch nicht! Am wenigsten aber laß Dich verleiten, den moralischen Charakter des Schriftstellers auf bloße Mutmaßung bei dieser Gelegenheit anzugreifen, ihm schädliche Absichten beizumessen, seinen Worten einen erzwungnen Sinn zu geben und seine Winke hämisch auszudeuten. Beurteile nicht ein Buch, wenn Du nur einzelne Stellen daraus gelesen hast, und bete nicht das Lob und den Tadel unwissender, boshafter oder feiler Rezensenten nach.

4.

Bei der Menge unnützer Schriften tut man übrigens wohl, ebenso vorsichtig im Umgange mit Büchern als mit Menschen zu sein. Um nicht zu viel Zeit mit Lesung unnützen Papiers zu verschwenden, das heißt: um nicht von Schwätzern mir die Zeit verderben zu lassen, suche ich auch von dieser Seite nicht neue Bekanntschaften zu machen, bis der allgemeine Ruf mich auf ein gutes oder besonders originelles Buch aufmerksam macht. Ich bin mit einem kleinen Zirkel alter guter Freunde zufrieden, die ich oft und immer mit neuem Vergnügen schriftlich mit mir reden lasse.

Elftes Kapitel

Schluss

1.

Und nun, wertester Leser, eile ich zum Schlusse dieses Werks über den Umgang mit Menschen. Finden Sie etwas darin, das Ihrer Aufmerksamkeit wert ist, wird dies Buch vom Publico gütig aufgenommen und billig beurteilt, so wird mir das mehr Freude machen, als mir bis jetzt selbst der beste Erfolg irgendeiner meiner Schriften gewährt hat. Wenigstens hoffe ich, Sie werden hier keine Grundsätze antreffen, deren sich ein rechtschaffner und verständiger Mann schämen dürfte, und, wenn es sonst kein anders Verdienst hat, ihm doch das der Vollständigkeit nicht absprechen; denn ich glaube, daß doch nicht leicht irgendein Verhältnis im geselligen Leben gefunden werden könne, über welches ich nicht etwas gesagt hätte – ob gut oder schlecht oder beides vermischt oder mittelmäßig von Anfang bis zu Ende, das darf ich nicht entscheiden.

2.

Daß ein solches Buch aber, vorausgesetzt nämlich, daß der Gegenstand mit gehöriger Einsicht, Erfahrung und Menschenkenntnis behandelt wäre, nicht nur Jünglingen, sondern selbst Männern Nutzen gewähren könnte, das darf ich wohl behaupten. Man verlangt von feinen, hellsehenden Leuten immer auch esprit de conduite; aber man hat darin unrecht. Dieser Geist des Umgangs erfordert Kaltblütigkeit, Achtsamkeit auf geringe Dinge, auf Kleinigkeiten, die man bei feurigen Genies selten antrifft. Ein Wink hingegen aus einem solchen Buche kann manchen aufmerksam auf Fehler in Behandlung der Menschen machen, auf Fehler, die er an sich aus zu großer Lebhaftigkeit bis jetzt übersehn hatte.

3.

Ich habe aber in diesem Werke nicht die Kunst lehren wollen, die Menschen zu seinen Endzwecken zu mißbrauchen, über alle nach Gefallen zu herrschen, jeden nach Belieben für unsre eigennützigen Absichten in Bewegung zu setzen. Ich verachte den Satz, daß man aus den Menschen machen könne, was man wolle, wenn man sie bei ihren schwachen Seiten zu fassen verstünde*. Nur ein Schurke kann das und will das, weil nur ihm die Mittel zu seinem Zwecke zu gelangen, gleichgültig sind; der ehrliche Mann kann nicht aus allen Menschen alles machen und will das auch nicht; und der Mann von festen Grundsätzen läßt auch nicht alles aus sich machen. Aber das wünscht und das kann jeder Rechtschaffene und Weise bewirken, daß wenigstens die Bessern ihm Gerechtigkeit widerfahren lassen; daß niemand ihn verachte; daß er Frieden von außen her habe; daß man ihn in Ruhe lasse; daß er Genuß aus dem Umgange mit allen Klassen von Menschen schöpfe; daß andre ihn nicht mißbrauchen oder bei der Nase herumführen. Und wenn er

* Ich muß bei dieser Gelegenheit ein paar Worte über den moralischen Wert und Unwert meiner Vorschriften sagen, weil der Rezensent in der Allgemeinen Literatur-Zeitung (die Rezension ist unerbeten eingeschickt worden) hierüber einige Zweifel äußert. Was ich sagen werde, soll sich nur auf eine Stelle in dieser Rezension beziehn, und wer die nicht gelesen hat, mag diese Anmerkung überschlagen! Es ist kein eigentlicher Unterschied unter dem, was wahrhaftig klug, weise und tugendhaft handeln heißt. Ob eine Handlung gut, schön, anständig sei oder nicht, das kann nur nach der Nützlichkeit der Handlung beurteilt werden, und nützlich ist nichts, was nicht edel ist. Es gibt keine Moral, als die uns lehrt, was wir uns und andern schuldig sind, und keine praktische Weisheit, als die uns tun heißt, was gut ist. Gut sein heißt weise, heißt klug sein; denn List und Ränke sind Torheit. Ich habe nicht gelehrt, wie man gewisse Absichten, sondern wie man die einzige Absicht erreichen soll, sich und andern das Leben süß und leicht zu machen. Das kann weder ohne Moral noch ohne Weisheit geschehn; aber beide zielen auf einen Zweck. Fast in jedem Kapitel habe ich unterscheidend gesagt: das lehrt Klugheit; das sind die Grenzen der Gefälligkeit, der Duldung, der Geschmeidigkeit; das darf, das soll man tun; das ist gleichgültig, dies schädlich, das nützlich; dies Pflicht! –

ausdauert, immer konsequent, edel, vorsichtig und grade handelt, so kann er sich allgemeine Achtung erzwingen, kann auch, wenn er die Menschen studiert hat und sich durch keine Schwierigkeit abschrecken läßt, fast jede gute Sache am Ende durchsetzen. Und hierzu die Mittel zu erleichtern und Vorschriften zu geben, die dahin einschlagen – das ist der Zweck dieses Buchs.

4.

Daß ich bei dieser Gelegenheit die Schwachheiten mancher Klassen von Leuten habe aufdecken müssen, ohne jedoch auf einzelne Subjekte unedle Fingerzeige zu geben, das war wohl sehr natürlich. Aber oh, was hätte ich sagen können, wenn ich mein Buch mit wirklichen Anekdoten hätte auszieren und spezielle Erfahrungen aus meinem Leben erzählen wollen! – Schmeichle ich mich zu viel, wenn ich hoffe, daß man den Wert dieser Schonung fühlen und mir wenigstens von dieser Seite wird Gerechtigkeit widerfahren lassen?*

* Sonderbar ist es zu sehen, aus welchen schiefen Gesichtspunkten ein Rezensent zuweilen die Sachen ansieht. Diese letzten Zeilen haben einen grundgelehrten Mann, der aber vielleicht bekannter mit seinen Büchern als mit der Welt ist, bewogen – ob in gelehrter Unschuld oder aus hämischen Absichten, das will ich nicht untersuchen –, in einer Rezension zu sagen: »Für diese Schonung brauche man einem ehrlichen Manne gar nicht zu danken.« Der grundgelehrte Herr lasse sich doch erzählen, daß man ein sehr ehrlicher Mann sein und dennoch aus übel verstandnem Eifer für die gute Sache Schurken- und Pinselstreiche öffentlich bekanntmachen kann; daß, wenn ich selbst dies in jüngern Jahren getan habe, mich nun aber dessen enthalte, nicht etwa Wachstum in Rechtschaffenheit, sondern erworbne Vorsichtigkeit und die Erfahrung, daß dergleichen öffentliche Darstellungen nicht bessern, sondern nur erbittern und unnütze Fehden veranlassen, mich davon abhält! Das Verbrechen, Anekdoten von der Art drucken zu lassen, ist übrigens bei weitem so groß nicht als die Bosheit, einen ehrlichen Mann, der seine Kräfte verwendet, in einem Werke die Resultate seiner nicht ganz gemeinen Welterfahrungen für die Zeitgenossen zu sammeln, bei seinen Mitbürgern verdächtig machen zu wollen.

INHALTSÜBERSICHT

Inhalt des ersten Teils

Dich interessieren sollen! 14) Sei nicht zu offenherzig! 15) Alle Menschen wollen amüsiert sein. Über das Spaßmachen. 16) Sage jedem etwas Lehrreiches oder Angenehmes! Über Schmeichelei. 17) Über Spott und Medisance. 18) Über Anekdoten. 19) Trage keine Nachrichten aus einem Hause in das andre! 20) Sei vorsichtig in Tadel und Widerspruch! 21) Rede nicht zu viel und nicht langweilig! 22)Noch von Dingen, die nur Dich interessieren! 23) Über Egoismus. 24) Widersprich Dir nicht im Reden! 25) Wiederhole Dich nicht! 26) Vermeide Zweideutigkeiten; 27) Gemeinsprüche; 28) Unnütze Fragen! 29) Lerne Widerspruch ertragen! 30) Wo man sich zur Freude versammelt, da rede nicht von Geschäften! 31) Über Religionsgespräche. 32) Sei vorsichtig in Gesprächen über andrer Gebrechen! 33) Regeln beim Briefwechsel. 34) Suche niemand lächerlich zu machen! 35) Schrecke, zerre, beunruhige und necke niemand! 36) Bringe bei niemand unangenehme Dinge in Erinnerung! 37) Nimm nicht teil an fremdem Spotte! 38) Über Disputiergeist. 39) Laß jeden seine Handlungen selbst verantworten, wenn Du nicht sein Vormund bist! 40) Betragen, wenn uns Langeweile gemacht wird. 41) Über Verschwiegenheit; 42) Leichtigkeit im Umgange; 43) Wohlredenheit und äußerlicher Anstand; 44) Kleidung. 45) Über kleine gesellschaftliche Unschicklichkeiten. 46) Soll man viel oder wenig in Gesellschaften gehn? 47) Man hüte sich vor zu großen Forderungen! 48) Unterschied im äußern Betragen. 49) Sei, was Du bist, immer und ganz! 50) Gib andern Gelegenheit zu glänzen! 51) Man kann in jeder Gesellschaft etwas lernen. 52) Mit wem soll man umgehn? 53) Über den Umgang in großen Städten, in kleinern, und auf dem Lande. 54) In fremden Gegenden. 55) Verflechte niemand in Deine Privat-Zwistigkeiten! 56) Wenn Du etwas in der Welt erlangen willst, so mußt Du darum bitten. 57) Grenzen der Dienstfertigkeit. 58) Wie man die Menschen beurteilen solle. 59) Vorsichtigkeits-Regeln. 60) Ob diese Regeln für alle Menschen passen? 61) Vor allen Dingen handle immer konsequent! 62) Habe immer ein gutes Gewissen! 63) Inwiefern auch Frauenzimmer von diesen Regeln Gebrauch machen können.

Zweites Kapitel Seite 82

ÜBER DEN UMGANG MIT SICH SELBST

1) Es ist nützlich und interessant, über dem Umgang mit andern Menschen seine eigene Gesellschaft nicht zu vernachlässigen. 2) Es kommen Augenblicke, wo wir uns selbst am nötigsten sind. 3) Gehe eben so vorsichtig, fein, redlich und gerecht mit Dir selber um als mit andern! 4) Sorge für Deine Gesundheit, aber verzärtle Dich nicht! 5) Respektiere Dich selbst und habe Zuversicht zu Dir selber! 6) Verzweifle nicht bei dem Bewußtsein mangelnder Vollkommenheiten, bei den Schwierigkeiten, ein großer Mann zu werden! 7) Sei Dir ein angenehmer Gesellschafter! 8) Aber sei Dir auch kein Schmeichler, sondern ein aufrichtiger und gerechter Freund! Sei ebenso streng gegen Dich, als Du gegen andre bist! 9) Wie man Abrechnung mit seiner Moralität halten solle.

Drittes Kapitel Seite 87

ÜBER DEN UMGANG MIT LEUTEN VON VERSCHIEDENEN GEMÜTSARTEN, TEMPERAMENTEN UND STIMMUNGEN DES GEISTES UND HERZENS

1) Über die vier Haupt-Temperamente und deren Mischungen. 2) Über herrschsüchtige Leute. 3) Über Ehrgeizige. 4) Eitle. 5) Hochmütige, im Gegensatze von Stolzen. 6) Über sehr empfindliche Leute. 7) Über den Umgang mit Eigensinnigen. 8) Mit Zanksüchtigen, Widersprechern und solchen, die Paradoxa lieben. 9) Mit Jähzornigen. 10) Mit Rachgierigen. 11) Mit unentschlossenen, faulen und phlegmatischen Leuten. 12) Mit menschenfremden, mißtrauischen, argwöhnischen, mürrischen und verschlossenen Leuten. 13) Mit neidischen, hämischen, verleumderischen, schadenfrohen, mißgünstigen und eifersüchtigen Menschen. 14) Über den Geiz und die Verschwendung. 15) Über das Betragen gegen Undankbare. 16) Gegen ränkevolle Leute und Lügner. 17) Gegen Windbeutel. 18) Gegen Unver-

schämte, Müßiggänger, Schmarotzer, Schmeichler und zudringliche Leute. 19) Gegen Schurken. 20) Gegen zu bescheidene, zu furchtsame Menschen, 21) Gegen Unvorsichtige und Plauderhafte, Vorwitzige und Neugierige, Zerstreute und Vergessene. 22) Gegen Wunderliche, Sonderlinge und Launenhafte. 23) Über den Umgang mit dummen, schwachen, übertrieben gutherzigen, leichtgläubigen und solchen Menschen, die gewisse Liebhabereien und Steckenpferde haben. 24) Mit munteren und satirischen Leuten. 25) Mit Trunkenbolden, groben Wollüstlingen und andern lasterhaften Leuten. 26) Mit Enthusiasten, Überspannten, Romanhaften, Kraftgenies und exzentrischen Leuten. 27) Etwas von Andächtlern, Heuchlern und abergläubischen Leuten. 28) Von Deisten, Freigeistern und Religionsspöttern. 29) Über die Art, wie man Schwermütige, Tolle und Rasende behandeln müsse. Geschichte zweier Wahnsinniger.

Inhalt des zweiten Teils

Drittes Kapitel Seite 144

VON DEM UMGANGE UNTER EHELEUTEN.

1) Gute Wahl der Gatten ist das sicherste Mittel zu künftigem Eheglücke, und das Gegenteil hat traurige Folgen. 2) Warum so manche in der Jugend mit sehr wenig Überlegung geschlossene Ehen dennoch glücklich ausfallen? 3) Ob vollkommene Gleichheit in Temperamenten und Denkungsart zu einer glücklichen Ehe notwendig sei? 4) Vorschriften, welche man beobachten soll, um sich einander immer neu, angenehm und wert zu bleiben. 5) Hauptregel: Erfülle sorgsam jede Deiner Pflichten! 6) Wie wir uns zu verhalten haben, wenn die liebenswürdigen Eigenschaften fremder Personen zu lebhafte Eindrücke auf unsre Ehegenossen machen. 7) Wie man sich gegen solche Eindrücke wappnen solle, besonders gegen die feinern Koketten; in der Jugend; im reifern Alter. 8) Eheliche Pflicht schließt aber nicht alle zärtlichen Empfindungen für andre Personen aus. 9) Man soll voneinander auch nicht Aufopferung alles eigenen Geschmacks, aller andern unschuldigen Neigungen verlangen, sich aber nach und nach in gleiche Stimmung zu setzen suchen. 10) Wie man wirkliche Ausschweifungen vermeiden solle? 11) Ob man Geheimnisse voreinander haben dürfe? 12) Jeder Ehegenosse soll seine angewiesenen Geschäfte haben. 13) Wie es mit Verwaltung der Kassen zu halten? 14) Wie aber, wenn ein Teil die Verschwendung liebt? Häusliche Sparsamkeit ist ein Mittel zum Eheglücke. 15) Ist es besser, daß der Mann oder daß die Frau reich sei? Ersteres! warum? Betragen gegen eine reiche Frau. 16) Ist es besser, daß der Mann klüger sei als das Weib, oder umgekehrt? 17) Ob man seiner Gattin sein Unglück klagen dürfe? Verhalten in wirklichen Unglücksfällen. 18} Betragen bei gar zu großer Ungleichheit der Denkungsart. 19) Wie man sich verhalten solle, wenn das Schicksal uns mit einer unmoralischen lasterhaften Person auf ewig verbunden hat. 20) Leide nicht, daß Fremde sich in Deine häuslichen Geschäfte mischen! Etwas über böse alte Schwiegermütter. 21) Über Verletzung ehelicher Treue und Ehescheidung. 22) Ob diese Regeln auch anwendbar auf die Ehen unter sehr vornehmen und sehr reichen Leuten sind.

Viertes Kapitel Seite 170

ÜBER DEN UMGANG MIT UND UNTER VERLIEBTEN.

1) Kurze Vorschrift, wie man mit Verliebten umgehn solle. 2) Warum man den Verliebten keine Vorschriften für ihren Umgang untereinander geben könne? 3) Glückseligkeit der ersten Liebe, im Gegensatz mit den Empfindungen eines Herzens, das schon oft Tausch und Handel getrieben. 4) Eifersucht und Zwist unter Verliebten knüpfen das Band fester, doch nicht die Eifersucht einer Kokette. 5) Ob Weiber oder Männer inniger und beständiger lieben? 6) Sei verschwiegen in der Liebe! Es gibt ein Glück, das man sich selbst kaum gesteht, und Gefälligkeiten, die ihren Wert verlieren, wenn sie erläutert werden. 7) Warnung vor übereilten Eheversprechungen. 8) Nach dem Bruche mit der Geliebten soll man edel handeln.

Fünftes Kapitel Seite 177

ÜBER DEN UMGANG MIT FRAUENZIMMERN.

1) Erklärung des Verfassers über das, was er etwa zum Nachteile des weiblichen Geschlechts in diesem Kapitel sagen müßte. 2) Umgang mit Frauenzimmern dient zur Bildung des Jünglings und gewährt reine Freuden. 3) Warum äußere und innere Vorzüge nicht immer das einzige sichre Mittel sind, uns in dem Umgange mit Frauenzimmern angenehm zu machen. 4) Die Frauenzimmer lieben an den Männern keine Infirmitäten; warum? 5) Warum man es den Damen nicht zum Vorwurfe machen solle, wenn sie sich für ausschweifende Männer interessieren? 6) Was für ein Anzug den Weibern an uns gefällt. 7) Man soll nicht mehrern Frauenzimmern zugleich einerlei Huldigung bezeigen; 8) Nicht in ihrer Gegenwart andre Damen von eben solchen Ansprüchen zu sehr loben. 9) Bestrebe Dich, ein angenehmer Gesellschafter zu sein, wenn Du den Damen gefallen willst! Schmeichelei gefällt ihnen vorzüglich wohl. 10) Über die Neugier der Weiber. 11) Wie man sich nach ihren Launen richten müsse? Man soll sich

ihnen nicht aufdrängen. 12) Sie finden Vergnügen an kleinen Neckereien. 13) Man lasse ihnen den Triumph und beschäme sie nicht! 14) Über Weiberrache. 15) Wie man sich hüten könne, nicht verliebt zu werden? 16) Niederträchtigkeit derer, die junge Mädchen betrügen, täuschen, verführen, zu Grunde richten. 17) Über den Umgang mit Koketten und Buhlerinnen. 18) Etwas von gelehrten Weibern. 19) Über die Verstellung der Weiber. 20) Über alte Koketten, Prüde, Spröde, Betschwestern, Gevatterinnen. 21) Noch etwas im allgemeinen, von den Freuden im Umgange mit edlen und verständigen Weibern.

Sechstes Kapitel Seite 195

ÜBER DEN UMGANG UNTER FREUNDEN.

1) Über die Wahl der Freunde, in der Jugend und im reifern Alter. 2) Inwiefern zur Freundschaft Gleichheit des Alters, des Standes, der Denkungsart und der Fähigkeiten erfordert werde? 3) Warum sehr vornehme und sehr reiche Leute wenig Sinn für Freundschaft haben? 4) Rechne nie auf die dauerhafte Freundschaft solcher Menschen, die von unedlen, heftigen oder törichen Leidenschaften regiert werden! 5) Ob es so schwer sei, treue Freunde zu finden? Wie sie beschaffen sein müssen? Ob man deren viele antreffe? 6) Bestimmung der Grenzen der Anhänglichkeit für einen Freund. 7) Freunde in der Not. 8) Ob man seinen Freunden sein Unglück klagen solle? 9) Was wir tun sollen, wenn uns ein Freund seine Not klagt? 10) Grenzen der Vertraulichkeit. 11) Schmeichelei muß unter Freunden wegfallen, nicht aber Gefälligkeit. Man muß den Mut haben, Wahrheit zu sagen und anzuhören. 12) Vorsichtigkeit im Fordern und Annehmen von Freundschaftsdiensten, Wohltaten und Gefälligkeiten. 13) Wie man es anzufangen habe, daß wir unserm Freunde nicht überlästig werden, und daß der öftere, zu vertrauliche Umgang nicht widrige Eindrücke erzeuge? Daß man auch Trennung von geliebten Freunden ertragen lernen müsse. 14) Über den Briefwechsel mit abwesenden Freunden. 15) Über Eifersucht in der Freundschaft. 16) Alles, was Deinem Freunde angehört, sei

Inhalt des dritten Teils

Klage ihnen nicht Dein Leid! Vertraue ihnen nichts! Suche ihnen zu zeigen, daß Du ihrer nicht bedarfst! Mache Dich vielmehr ihnen notwendig! 13) Aber hüte Dich, sie Dein Übergewicht fühlen zu lassen, sie zu verdunkeln, besonders Deine Vorgesetzten! 14) Über kleine unschädliche Gefälligkeiten gegen die Großen. Über ihre Liebhabereien und ihren Hang zum Reisen. 15) Betragen, wenn Vornehme und Reiche um Rat fragen. 16) Alle diese Vorsichtigkeitsregeln werden doppelt wichtig im Umgange mit vornehmen Dummköpfen. 17) Betragen, wenn man der Liebling eines Erdengötzen ist. 18) Aufführung gegen einen gestürzten Großen. 19) Über die Almosen der Großen. 20) Nicht alle Großen der Erde haben die Fehler ihres Standes. Es gibt edle, gute Menschen unter ihnen. 21) Noch etwas über den Umgang der Großen und Reichen untereinander. 22) Spöttle nicht über das Kleine an kleinen Höfen!

Zweites Kapitel Seite 285

ÜBER DEN UMGANG MIT GERINGERN.

1) Der Leser wird zum Teil auf das verwiesen, was im siebenten Kapitel des zweiten Teils ist gesagt worden. 2) Man sei höflich gegen Geringre, auch dann, wenn man ihrer nicht bedarf! Man ehre das Verdienst, auch im niedern Stande, auch in Gegenwart der Großen, und aus reiner Absicht! 3) Aber diese Höflichkeit sei weder übertrieben noch beleidigend noch abgeschmackt! 4) Man hüte sich vor grenzenloser Vertraulichkeit gegen Leute, die keine Erziehung haben! 5) Man soll sich im Wohlstande nicht rächen, wenn Leute von niederm Stande uns im Unglücke nicht geachtet, sondern unsern mächtigen Feinden gehuldigt haben. 6) Man soll sie nicht mit leeren Versprechungen, nicht mit falschen Hoffnungen täuschen. 7) Man muß auch abschlagen können. 8) Zu viel Aufklärung taugt nicht für niedre Stände. 9) Noch etwas über das Betragen gegen Subalterne.

Drittes Kapitel Seite 290

ÜBER DEN UMGANG MIT HOFLEUTEN UND IHRESGLEICHEN.

1) Hierher gehören die Bemerkungen über den Umgang mit Leuten, die in der sogenannten großen Welt leben, überhaupt. Bild der dort herrschenden Sitten. 2) Wer da kann, der bleibe fern von Höfen und großen Zirkeln! Und das steht öfter in unsrer Gewalt, als man gemeiniglich glaubt. 3) Will oder muß man aber in der großen Welt auf immer oder auf einige Zeit leben, ohne den Ton derselben annehmen zu können, so gibt es doch Mittel, sich geachtet zu machen. Welche sind diese? 4) Lebt man endlich immer in der großen Welt, so soll man sich in derselben nicht auszeichnen. 5) Wie weit man in Nachahmung der Hofsitten gehen dürfe? 6) Etwas über den heutigen Hofton junger Leute. 7) Verachte nicht alles,was bloß konventionellen Wert hat! 8) Der beßre Mann wird in der großen Welt nicht leicht unangetastet bleiben. Betragen dabei. 9) Sei in der großen Welt zuversichtlich frei und mache Dich gelten, doch ohne Unverschämtheit und Prahlerei! 10) Man messe sein Betragen gegen Hofleute pünktlich nach dem ihrigen gegen uns ab! Über Klatschereien. 11) Man sei höflich gegen sie, mache sich aber furchten, setze sich in Ansehn und Würde und sage ihnen nach Gelegenheit die Wahrheit! 12) Noch einige Vorsichtigkeitsregeln über Vertraulichkeit und Offenherzigkeit! 13) Wieviel größre Vorsicht noch derjenige beobachten müsse, welcher nicht bloß in der großen Welt leben, sondern auch in derselben wirksam sein will? 14) Wozu das Leben in der großen Welt nützen könne?

Viertes Kapitel Seite 304

ÜBER DEN UMGANG MIT GEISTLICHEN.

1) Bild eines redlichen Priesters, im Gegensatz mit einem echten Pfaffen. 2) Vorsichtigkeitsregeln im Umgange mit allen Geist-

4) Über Kaufmannschaft, den Umgang und den Handel mit großen und kleinen Kaufleuten. Etwas vom Pferdehandel. 5) Etwas über Buchhändler, Nachdrucker und dergleichen. 6) Über Sprachmeister, Musikmeister und dergleichen. 7) Von dem Umgange mit Künstlern und Handwerksleuten. 8) Über Juden und die Art mit ihnen zu verfahren. 9) Über die Art, wie man Bauern und überhaupt Landleute behandeln müsse.

Siebentes Kapitel Seite 351

ÜBER DEN UMGANG MIT LEUTEN VON ALLERLEI LEBENSART UND GEWERBE.

1) Mit Aventuriers, von der unschädlichem Art. 2) Mit denen von schlimmrer Gattung. 3) Etwas von Spielern; über das Spiel und von dem Betragen bei demselben. 4) Über mystische Betrüger, Geisterseher, Goldmacher und dergleichen und über die Anhänglichkeit unsers Zeitalters an Mystik.

Achtes Kapitel Seite 359

ÜBER GEHEIME VERBINDUNGEN UND DEN UMGANG MIT IHREN MITGLIEDERN.

1) Über Unnützlichkeit und Schädlichkeit geheimer Verbindungen. 2) Vorsichtigkeitsregeln in Rücksicht auf dieselben. 3) Betragen, wenn man ein Mitglied einer solchen Verbindung ist.

Neuntes Kapitel Seite 364

ÜBER DIE ART, MIT TIEREN UMZUGEHN.

1) Ob dieser Gegenstand hierher gehöre? 2) Über Grausamkeit gegen Tiere. 3) Über abgeschmackte Empfindelei in Rücksicht auf Behandlung der Tiere. 4) Über das Vergnügen an eingesperr-

Über Eigennutz und Undank

Vorrede

Nicht ohne Mißtrauen wage ich die öffentliche Bekanntmachung dieser Schrift, welche die Untersuchung einiger Gegenstände der Sittenlehre zum Zwecke hat. Der größte Teil des heutigen Publikums pflegt keinen Geschmack an ernsthaften Abhandlungen von der Art zu finden, sondern wenigstens zu verlangen, daß die moralischen Lehren in das gefällige Gewand eines Romans gehüllt oder sonst hinter irgendeiner reizenden Bekleidung versteckt erscheinen sollen. Mehr als eine Ursache aber hat mich diesmal abgehalten, eine andre Form als die der ungeschmückten Darstellung zu wählen. Es ist unmöglich, Leser, die ohne Unterlaß Neuheit in Materie und Einkleidung fordern, zu allen Zeiten zu befriedigen. Nicht jeder Stoff verträgt eine solche Bearbeitung, ohne an seiner Würde zu verlieren, und in einem gewissen Alter fehlt auch oft dem Schriftsteller diejenige Geschmeidigkeit und Lebhaftigkeit, die erfordert wird, um sich nach allen Umwandlungen der Mode zu richten und von der Phantasie eine günstige Aufnahme für das, was die Vernunft hergibt, zu gewinnen. Neue Entdeckungen in dem Gebiete der Sittenlehre zu machen, ist wohl unsern Zeiten nicht mehr vorbehalten; daß aber manche moralische Vorschriften noch nicht zu oft sind in Erinnerung gebracht worden, beweiset leider! die schlechte Befolgung dieser Vorschriften. Eigennutz und Undank sind Laster, über die man, bei dem mit dem Luxus zugleich einreißenden Sittenverderbnisse, häufig klagen hört. Habe ich diese Gegenstände nicht so behandeln können, daß ich auf den Beifall *aller* Leser rechnen darf; so läßt mich doch die gute Aufnahme meines Buchs *über den Umgang mit Menschen*, das in derselben Manier geschrieben ist, hoffen, nicht allgemein zu *mißfallen*. *Bremen, im September 1795, Knigge*

ERSTE HAUPTABTEILUNG

Über den Eigennutz

Le soin d'avancer, autant qu'il est en notre pouvoir, le bien commun de tout le système des agens raisonnables, sert à procurer, autant qu'il dépend de nous, le bien de chacune de ses parties, dans lequel est renfermée notre propre félicité, puisque chacun de nous est une de ces parties. D'où il s'ensuit, que les actions, contraires à ce désir produisent des effets opposés, et par conséquent entraînent notre misère aussi bien que celle des autres.

Traité philosophique des loix naturelles, par Cumberland, traduit par Barbeyrac. Amsterd. 1744. Discours prélimin. de l'auteur, § IXpag. 11.

Erster Abschnitt

Von den Bewegungsgründen, welche den Menschen zu moralischen Handlungen bestimmen, und inwiefern dabei die Beförderung seines eigenen Nutzens und seiner Glückseligkeit die Haupttriebfeder sei und sein dürfe.

1. Ist es wahr, daß die Haupttriebfeder aller menschlichen Handlungen der Eigennutz und daß auch da, wo großmütige Aufopferungen jenen Vorwurf zu widerlegen scheinen, dennoch die Beförderung des eignen Vergnügens, des eignen Genusses, des eignen, wahren oder eingebildeten Glücks heimlich im Spiele sei? Oder vermag der Mensch in seinem irdischen, sinnlichen Zustande nach höhern Bewegungsgründen, nach angebornen, unwandelbaren Gesetzen zu handeln, die, fern von aller Rücksicht auf seinen individuellen Zustand, nur die Ausübung des reinen Guten, nur die Erfüllung der Pflicht, ohne Absehn auf Erfolg und Nützlichkeit, zum Gegenstande haben? Ist dies allein Tugend zu nennen und darf nur der auf moralische Vollkommenheit Anspruch machen, der nach solchen Motiven handelt, die in allen Lagen, in allen Verhältnissen, was für Folgen auch daraus entspringen möchten, wie allgemeine Gesetze betrachtet werden müssen? Gibt es endlich solche Bewegungsgründe? – Das sind Fragen, die seit einiger Zeit wieder so oft unter den Philosophen zur Sprache kommen, daß es wohl der Mühe wert scheint, ohne Systemgeist und ohne Vorurteil, mit der Fackel der Vernunft, noch einmal diesen Gegenstand zu beleuchten, der vielleicht längst nicht mehr im Dunkeln liegen würde, wenn nicht unglückseligerweise, durch die mystische Kunstsprache gewisser Gelehrten, die einfachsten, klarsten Wahrheiten, zu deren Ergründung nichts als ein gesunder Hausverstand erfordert wird, so entstellt würden, daß sie einen Anstrich von neuer Weisheit erhalten. Hierdurch gewinnen freilich die Nachahmer dieser Lehrart den Vorteil über ihre Gegner, daß, wenn man die unter einer so barbarischen Firma zugleich mit durchschleichenden Irrtümer widerlegt, sie vorgeben und auch wirklich glauben

können, man habe sie nicht verstanden. Fragt man aber, woher es komme, daß ein so dunkles System so viel Anhänger findet, so ist nicht schwer darauf zu antworten. Alles Neue reizt die Wißbegierde; dem großen Haufen scheint nichts erhabner, als was dunkel ist; eine Menge sonst vernünftiger Menschen schämt sich zu bekennen, daß sie nicht verstanden habe, was sie mit Aufmerksamkeit gelesen hat; wem es aber gelungen ist, nach fleißigem Studium den Sinn jener abstrakten Abhandlungen in verlornen Stunden zu entziffern, der wird nicht das Verdienst dieser Bemühung verlieren und gestehn wollen, daß er nichts Neues daraus gelernt habe. Allein wir, die wir immer der Meinung bleiben werden, daß solche Wahrheiten, die allen und jeden vernünftigen Menschen nötig und wichtig zu wissen sind, auch so vorgetragen werden können und müssen, daß sie allen und jeden vernünftigen Menschen verständlich werden, wir wollen ihnen in jener Kunst nicht nachahmen, sondern uns bestreben, die Frage: *inwiefern die Beförderung eigner Glückseligkeit als ein erlaubter und edler Bewegungsgrund zu moralischen Handlungen angesehn werden könne*, so deutlich wie möglich auseinanderzusetzen und zu beantworten.

2. Um zu entwickeln, wie etwa der Mensch ohne Betrachtung der Wirkung seiner Handlungen auf die Verhältnisse, darin er sich befindet, handeln würde, wird es nicht unnütz sein, ihn uns ganz ohne jene Verhältnisse, isoliert, zu denken; also nicht den Menschen, der schon mit den Rechten, Vorteilen und Verbindlichkeiten, welche ihm die bürgerliche Gesellschaft gewährt und auflegt, geboren wird, sondern den einzeln stehenden Naturmenschen. Und da fragt sich's dann: wie kann und wird dieser die Tugend kennen, lieben und ausüben?

3. Der Naturmensch hat mit den übrigen Tieren das gemein, daß er durch körperliche Anreizung, durch Gefühl, durch Instinkt zu gewissen Handlungen hingezogen wird. Er hat aber das vor andern lebendigen Geschöpfen voraus, daß die Vernunft ihn die Anwendung jenes Gefühls und Instinkts zu bestimmten sichern

Zwecken lehrt und ihn determiniert, gewisse Handlungen aus gewissen Ursachen zu unternehmen, andre hingegen zu unterlassen.

4. Sein Gefühl treibt ihn ohne Ordnung und Gesetz zu allem, was ihm einen angenehmen Genuß der ihm bekannten Gegenstände in der Welt gewähren und zusichern kann. Höchstens lehrt ihn sein Instinkt durch Erfahrung, sich das Übermaß des Genusses zu versagen, überhaupt dasjenige nicht zu begehren, was ihm einmal unangenehme Empfindungen erweckt hat und also wieder erwecken kann. Auch zieht ihn sein Instinkt unwillkürlich hin zu andern lebenden und toten Gegenständen um ihn her, jedoch ohne deutliche Unterscheidung der Ursachen dieser Triebe. Seine Vernunft hingegen nützt diese Erfahrungen, ordnet sie und zieht daraus Vorschriften ab, die seinen Willen bestimmen und gewisse Entschlüsse für die Folge in ihm erzeugen.

5. Diese Entschlüsse nun können sich nicht weiter erstrecken als auf solche Fälle, über welche er wirklich Erfahrungen gemacht hat, und er kann nur Vorsätze fassen, die auf diejenigen Verhältnisse anwendbar sind, welche er kennt. Da ihn nun seine eigne Existenz jeden Augenblick seines Lebens am mehrsten beschäftigt und ihm das Gefühl derselben am lebhaftesten und beständigsten gegenwärtig ist, so wird die erste Sorgfalt seiner Vernunft auf Erhaltung und Vervollkommnung seines Daseins gerichtet sein, und wenn er sich Gesetze und Pflichten vorschreibt, werden diese gewiß das Wohlbehagen seines eignen Ichs zum vornehmsten Augenmerke haben. In dem Maße aber, in dem seine Bedürfnisse, Erfahrungen und Verhältnisse sich vervielfältigen, entstehen bei ihm auch neue Überlegungen und Vorsätze, die ihn dann zum Handeln bestimmen, also neue Pflichten, die er sich auflegt. Je näher ihm dann das Interesse an irgendeinem Gegenstande liegt, desto wichtiger werden ihm die Motive sein, die ihn determinieren, in Rücksicht auf diesen Gegenstand so und nicht anders zu handeln. Je weiter entfernt hingegen, desto unwichtiger; Torheit würde es ihm sein, sich Pflichten in Verbindung mit Gegenständen aufzulegen, mit welchen er in gar keinen Verhältnissen steht.

6. Es gibt also nur ein von der Natur uns eingepflanztes allgemeines Gesetz, nämlich das: der Vernunft zu folgen. Die Anwendung hängt von den Erfahrungen und Verhältnissen ab. Wo diese gänzlich fehlen, da kann keine Idee von Entschlüssen, die darauf Bezug haben, stattfinden. Und so wie andre, neue Erfahrungen und Verhältnisse eintreten, müssen auch die Motive zu den Handlungen sich verändern.

7. Ohne Zweck handelt die Vernunft nicht, denn dadurch unterscheiden sich ja ihre Antriebe von denen, die der Instinkt und das dunkle Gefühl bewirken. Wo also keine Zwecke sich darstellen, da wird die Vernunft nicht zum Handeln bestimmt. Deswegen ist alles, was wir Tugend, Pflicht und Gesetz nennen, nur Resultat der Vernunft, gezogen aus der Überlegung des Zwecks und der dadurch herbeizuführenden Folgen, die diese oder jene Handlung, wie die Erfahrung lehrt, hat und haben wird. Das heißt mit andern Worten: Ein vernünftiges Wesen wird nur solche Handlungen mit Überlegung begehn, die zu etwas nützen, irgendeine Art von Vorteil bringen. Je näher ihm, seiner Person, seinem eignen Ich, dieser Vorteil, dieser Nutzen liegt, desto einfacher und dringender sind die Bewegungsgründe, denselben zu befördern.

8. Hieraus folgt also, daß unsre jetzigen Begriffe von Tugend und Pflicht gar keine allgemeine, ewige, unwandelbare Wahrheiten, sondern nach den verschiedenen Erfahrungen und Verhältnissen auch verschieden sind und sein müssen, ja! daß dieselbe Handlung, unter andern Umständen, gut, gleichgültig oder sträflich sein und daß ein verständiges Wesen von gewissen Pflichten die erhabensten Begriffe haben, indes das andre sich gar keine Vorstellung davon machen kann und noch ein andres dasselbe, was jenem Pflicht scheint, für ein Verbrechen hält. Um davon ein paar Beispiele zu geben, so frage ich: ob wohl ein vernünftiges Geschöpf einen Begriff von der Tugend der Mäßigkeit haben würde, wenn ihn nicht die Erfahrung schon gelehrt hätte, welche nachteilige Folgen der unmäßige Genuß hat, wie doppelt schmackhaft uns das vorkommt, was wir eine Zeit lang entbehrt haben, und

welche Freuden man fühlen kann, wenn man einen Teil seines Genusses aufgibt, um die Wünsche und Triebe andrer zu befriedigen? Es würde, behaupte ich, ohne diese Erfahrung gar keinen Begriff von der Tugend der Mäßigkeit haben, ja, die Mäßigkeit würde für ein solches Geschöpf keine Tugend sein; vielmehr müßte das erste Gesetz in dem Kodex seiner Pflichten also lauten: »Es ist der Vernunft und dem Gefühle gemäß, von allem, was man erlangen kann, so viel zu nehmen und zu genießen, als Appetit und Vermögen verstatten.« Man frage ferner: was für reine Begriffe von der Heiligkeit eines rechtmäßigen Besitzes derjenige Mensch würde haben können, der nichts von Eigentum wüßte? – Gewiß gar keine! Und so ist es mit allen übrigen Tugenden beschaffen. Und wieviel Fälle gibt es nicht in der bürgerlichen Zusammenlebung, wo das, was unter andern Umständen für die erhabenste Tugend gelten würde, wegen der zu erwartenden schädlichen Folgen wirklich unverantwortliches Verbrechen wird!

9. Um nun noch einmal das Ganze zusammenzufassen, so gibt es keine reine, angeborne, allgemeine Begriffe von Tugend und Pflicht; der Mensch, wenn man ihn von allen äußern Verhältnissen frei betrachtet, kennt nur ein Gesetz, und das ist: die Gefühle und Triebe, welche ihn zum Handeln bewegen, durch die Vernunft zu gewissen Zwecken leiten zu lassen; bei diesen Zwecken nimmt die Vernunft auf die zu erwartenden Folgen Rücksicht, wobei ihm die Erfahrung zur Lehrmeisterin dient; und da diese Folgen nach der Verschiedenheit der Verhältnisse, darin er sich befindet, verschieden sind, so können auch seine Bewegungsgründe zum Handeln und die Gesetze, welche er sich dabei vorschreibt, nur nach diesen Verhältnissen beurteilt werden. Endlich, er handelt also der Vernunft gemäß, zweckmäßig, richtig, gut, tugendhaft und pflichtmäßig, wenn seine Handlungen die Harmonie in diesen Verhältnissen, das heißt, wenn sie seine Glückseligkeit als isoliertes Wesen und als Teil des Ganzen befördern.

10. Kindisch und von eingeschränkten Begriffen zeugend ist es daher, wenn man höhere Wesen, und sogar der Gottheit, Tugen-

den beimißt. Da wir die Verhältnisse der höhern Wesen nicht kennen, so können wir nicht nur nicht wissen, welche Zwecke ihre Vernunft zum Augenmerke haben muß, sondern es ist uns auch gänzlich unbekannt, ob nicht andre Kräfte als die, welche wir Kräfte der Vernunft nennen, die höhern Wesen leiten.

11. Um nun moralisch gut, tugendhaft und pflichtmäßig, das heißt, um so zu handeln, daß der Mensch seine Glückseligkeit, als isoliertes Wesen und als Teil des Ganzen, befördert, wirken folglich drei Triebfedern: erstlich sein Gefühl oder Instinkt, wodurch er unwillkürlich zu gewissen Handlungen hingezogen wird; zweitens seine Vernunft, die dies Gefühl auf bestimmte Zwecke leitet und seinen Verhältnissen anpaßt, und drittens die Übereinkunft mit andern Menschen, die sich gegenseitig Vorschriften und Gesetze auferlegt haben, wozu endlich bei den mehrsten Völkern noch viertens religiöse Motive und Pflichten kommen, die aber so unendlich verschieden sind wie die Vorstellungen, welche man sich unter den verschiedenen Völkern von der Gottheit und den Verhältnissen der Menschen zu derselben macht. Jede dieser Triebfedern einzeln würde uns oft mißleiten, und nur eine wohlgeordnete Zusammenwirkung derselben kann die höchste Moralität bewirken. Daß der, welcher bloß seinen Gefühlen folgt, keinen Anspruch auf moralische Vollkommenheit machen könne, bedarf keines Beweises. Wer bloß die Vernunft zu Rate zieht, wird aber nicht weniger oft unmoralisch und egoistisch handeln; will er dann auch jedesmal die zu erwartenden nahen und fernen Folgen genau kalkulieren, so wird er oft den günstigen Augenblick zu guten Taten darüber verstreichen lassen. Sollen dagegen die sogenannten reinen Vernunftbegriffe von dem, was Pflicht und Tugend ist, uns bestimmen, so werden wir nie feste moralische Grundsätze haben, indem die Vorstellungsarten der Menschen sehr verschieden sind und auch die richtigsten Vorstellungsarten nicht auf jede Verhältnisse passen. Wer ferner bloß den Gesetzen der Übereinkunft folgt, wird in unzähligen Fällen, wo die Ahndung der Gesellschaft ihn nicht erreichen kann oder nichts darüber vorgeschrie-

ben ist, wie ein Bösewicht oder wie ein Pinsel handeln, oder ganz untätig bleiben. Endlich wer immer nur auf religiöse Hinsichten fortwirkt, verfällt leicht in Schwärmerei, in spekulativen Müßiggang und gar in Fanatismus und Intoleranz.

12. Wem ist es je mehr darum zu tun gewesen, reine, erhabene Moral zu lehren, als dem großen, göttlichen Stifter unsrer Religion, Jesu von Nazareth? Und welche Bewegungsgründe zur Tugend, welche Stufen in der Pflichterfüllung schreibt er den Menschen vor? Zuerst, weil er überzeugt ist, daß, um den schwachen, sinnlichen Sterblichen zu höherer Wirksamkeit und zu Aufopferungen naheliegender Privatvorteile zu bewegen, er eines stärkern Antriebes bedürfe als den, welcher bloß die Rücksicht auf Erhaltung der gesellschaftlichen Ordnung erzeugen kann, empfiehlt er Liebe Gottes über alles. Wir sollen vor allen andern die Gefühle der Liebe und Dankbarkeit gegen das höchste Wesen, gegen unsern ersten und vornehmsten Wohltäter, in unsern Herzen herrschen lassen, um ermuntert zu werden zur Nachstrebung höherer Vollkommenheit und um nicht zu vergessen, daß wir Teile des großen Ganzen sind, dessen Harmonie auch durch unsre tugendhaften Handlungen befördert wird. Dann folgt Liebe des Nächsten, Eifer für das Wohl der geselligen Bande. Und wie sollen wir unsern Nächsten, unsern Mitmenschen lieben? Wie uns selbst! das heißt: unser Betragen in Rücksicht andrer wird gewiß tadellos sein, wenn wir ihr Interesse uns so teuer sein lassen wie unser eignes. Denn was kann dem Menschen näher liegen als sein eignes Wohlsein, seine Erhaltung, sein eignes Ich, an das ihn jeder Atemzug erinnert? Die Beförderung dieser eignen Glückseligkeit schreibt Jesus dann auch als das kräftigste Motiv zu Erfüllung der Pflichten gegen andre vor: »Handelt«, sagt er, »so gegen sie, wie Ihr wünscht, daß sie gegen Euch handeln sollen!«

13. Der Bewegungsgrund, gut zu handeln, um dadurch unsre eigne Glückseligkeit zu befördern, ist also so einfach, so natürlich, so dringend jedem Menschen eingepflanzt, daß es der gesunden,

reinen Vernunft angemessen ist, ihn zur Richtschnur aller Handlungen zu machen. Man sieht aber bei genauerer Beleuchtung bald ein, daß diese eigne Glückseligkeit des fühlenden, denkenden und in Verbindung lebenden Wesens nur allein durch die genaueste Beobachtung aller moralischen Pflichten erlangt werden könne und daß, wenn jeder an der Hand der Vernunft nach diesem Bewegungsgrunde handelt, es um die Ordnung und Harmonie des Ganzen sehr gut stehn werde.

14. Zuerst ist es gleich einleuchtend, daß wenn jeder Mensch egoistisch nur die Pflichten gegen sich selbst ausüben, nur an seinen augenblicklichen Genuß ohne Rücksicht auf die entfernten Folgen denken, nur den Antrieben seines Gefühls Raum geben wollte und dann jeder andre nach ebendiesem Systeme handelte, das Leben der Menschen nebeneinander ein immerwährender Streit ihrer sich durchkreuzenden Wünsche und Begierden sein würde, und daß man also eigne Ruhe und Glückseligkeit nur durch gegenseitige, gleichmäßige Schonung, Nachgiebigkeit und Aufopferung erkaufen könne.

15. Es ist aber auch sehr natürlich, daß, je näher uns das eigne Interesse bei einer Handlung liegt, je leichter zu übersehn die Reihe der für uns zu erwartenden Folgen ist, auch der Antrieb zu dieser Handlung dringender sein werde. Deswegen ist nichts gewisser, als daß die Sorgfalt für unser Leben, für unsre Gesundheit und unsern äußern Wohlstand in Kollisionsfällen, wenn wir bloß der Vernunft folgen, allen andern Rücksichten wird vorgehn müssen. Nächstdem wird uns die Sorgfalt für die Personen unsrer Familie; dann das Band, das uns an das Vaterland fesselt; hierauf das Wohl aller lebendigen Wesen; endlich der Zusammenhang des ganzen Weltgebäudes am Herzen liegen, und es würde töricht sein, von einem irdischen Wesen zu verlangen, daß ihm zum Beispiel die Wohlfahrt der Mondbürger ebenso wichtig sein sollte wie die Gesundheit seiner Kinder, und doch müßte, wenn wir alle Rücksicht auf individuelle Vorteile und Nützlichkeit aus unsern Bewegungsgründen verbannen wollten,

uns die Harmonie der Sphären mehr interessieren als die Einigkeit in unsrer Familie, welches in der Theorie ganz erhaben klingen mag, in der Ausübung aber die Kräfte des sinnlichen Menschen überschreitet. Wir ziehen hieraus nun folgende Schlüsse: Erstlich: je entfernter dem Menschen das Interesse an einem Gegenstande von dem Einflüsse auf seine eigne Glückseligkeit vorkommt, desto weniger wird ihn seine Vernunft zu moralischen Handlungen bestimmen, die auf diesen Gegenstand abzielen, und umgekehrt, je näher, desto lebhafter wird sie ihn dazu treiben. Zweitens: je einleuchtender ihm die Folgen, der Zweck und die Nützlichkeit einer Handlung scheinen, desto dringender werden die Bewegungsgründe seiner Vernunft sein, diese Handlung zu unternehmen. Je dunkler und ungewisser hingegen, desto weniger dringend. Drittens: je nützlicher eine Handlung in ihren Folgen für das Ganze wirklich ist, desto verdienstlicher ist sie in sich selbst, desto edler ihr Zweck. Viertens: eine Handlung, wobei gar keine Folge, gar kein Nutzen vorauszusehn ist, hat gar keinen moralischen Wert, die Vernunft kann kein denkendes Wesen dazu bestimmen, und es wäre Unsinn, Pflichten von der Art anzunehmen.

16. Bis hierher haben wir es nur mit den Bewegungsgründen der Vernunft zu tun gehabt; indessen ist schon vorhin gesagt worden, daß diese allein leicht zu einem der Gesellschaft schädlichen Egoismus verleiten könnte und daß der, welcher bei jedem Schritte nur allein ihre Gründe zu Rate ziehn und die sichern Folgen kalkulieren wollte, vielleicht manche sehr edle, große und nützliche Handlung unterlassen würde. Dafür nun aber, daß das nicht geschehe, hat die schaffende Natur gesorgt, indem sie dem Menschen die Anlage zu Gefühlen gegeben hat, die ihn unwillkürlich zum Wohlwollen gegen andre Wesen, zu rastloser Tätigkeit und zu solchen Handlungen treiben, wovon er seiner Vernunft keine Rechenschaft geben kann, die seinem eignen Interesse ganz entgegen zu sein scheinen, die ihm gar keinen sinnlichen Genuß gewähren und bei welchen er doch eine Freude, ein Behagen empfindet, das er sich nicht erklären kann. Allein

weil doch auch selbst in diesen Fällen die Hoffnung eines höhern Genusses ihn treibt, dem gröbern sinnlichen zu entsagen, so scheint auch diese Art von moralischen Handlungen die Beförderung der eignen Glückseligkeit zum versteckten Motive zu haben. Um also den Menschen auch zu solchen Taten zu bewegen, bei welchen gänzliche Aufopferung des eignen Nutzens und Vergnügens zum Besten des Ganzen stattfindet, wird eine Überspannung, ein Enthusiasmus erfordert, zu welchem gleichfalls der Keim in der menschlichen Seele liegt, die große Taten gebiert, welche man aber nicht eigentlich in die Reihe moralischer Handlungen setzen darf, das heißt, in die Reihe solcher Handlungen, wozu uns die nüchterne, reine Vernunft die Motive eingibt. Endlich kommen dann noch zu diesem allen die religiösen Bewegungsgründe hinzu, nämlich die Aussicht in ein künftiges Leben, der Drang, sich das Wohlgefallen des vollkommensten Wesens zu erwerben, und die Hoffnung, in einem seligen Zustande nach dem Tode die Folgen und die Belohnung solcher Taten einzuernten, die in dieser Welt für uns keine wohltätige Folgen haben können. Daß abermals auch hierbei die Beförderung der eignen Glückseligkeit, obgleich von höherer und reinerer Art, das Hauptmotiv sei, fällt in die Augen.

17. Ich habe vorhin gesagt und zu beweisen gesucht, daß bei allen Antrieben zu unsern Handlungen, auch zu solchen, wozu uns Sinnlichkeit, Instinkt und religiöses Gefühl hinziehen, die Vernunft unsre Leiterin und Regiererin sein müsse, wenn diese Handlungen moralisch gut ausfallen sollen, das heißt, daß die Rücksicht auf Zweck, Folge und Nützlichkeit zum Besten des Ganzen, insofern dies unser eigenes Wohl mit befördert, in Betracht kommen müsse. Nun aber könnte man einwenden: es gäbe Fälle, wo das eigne spezielle Interesse und Vergnügen dem Handelnden so nahe liegen, der entferntere, damit streitende Vorteil des Ganzen hingegen ihm unmöglich so dringend vorkommen könnte, wo er auch unbemerkt und ungeahndet von Seiten der bürgerlichen Gesellschaft eine Tat verüben könne, die seinen Wohlstand befördern, hingegen freilich der geselligen

Zusammenlebung nachteilig sein müßte; und endlich, wenn er nun gar auf die Vorteile Verzicht tun wollte, die durch Unterlassung einer solchen Handlung zum Besten des Ganzen auf ihn zurückfiele, so würde ihn, in diesen Fällen, seine überlegende Vernunft bewegen, das entferntere Wohl des Ganzen dem nähern Privatvorteile aufzuopfern. Allein hierauf antworte ich erstlich: Es liegt ein philosophischer Widerspruch darin, behaupten zu wollen, ein einzelner Teil könne Vorteil davon haben, wenn das Ganze leidet, zu dem er gehört, und zweitens: Es steht gar nicht in der Willkür des in gesellschaftlicher Verbindung lebenden Menschen, die Vorteile abzuleugnen oder ihnen zu entsagen, die durch die Ordnung im Ganzen auf ihn zurückfallen, denn er hat ja diese Vorteile von Jugend auf schon voraus genossen. Die Erziehung, die Pflege, die Sicherheit seiner Person und seines Eigentums, die ihm zu Teil geworden sind, bevor er selbst das Geringste dazu mitgewirkt hatte, haben ihn längst in Rückstand gesetzt und eine Schuld auf ihn geladen, die er nur dadurch abtragen kann, daß er wiederum so viel für andre tut, als andre schon für ihn getan haben.

18. Es ist jedoch freilich gewiß, daß der, welcher für diese Verpflichtungen keinen Sinn hat, den auch die Furcht vor der Strafe, welche die konventionellen Gesetze auf gewisse, der Gesellschaft schädliche Handlungen gelegt haben, nicht abhält, und endlich der, in dessen Herzen religiöse Gefühle unwirksam sind, daß ein solcher, trotz seiner Vernunft, unmoralisch handeln wird. Es ist ebenso gewiß, daß, wer unfähig ist, von einem gewissen Enthusiasmus für große, uneigennützige Taten beseelt zu werden, zu höhern Aufopferungen nicht fähig sein wird. Auch ist es nicht weniger ausgemacht, daß Fälle eintreten, zum Beispiel bei der Notwehr, bei Diebstahl aus drückendem Hunger, bei Notlügen u. dgl., wo das Gefühl der Selbsterhaltung auch den vernünftigsten, von der Heiligkeit seiner Pflichten überzeugten Menschen bewegen kann, eine Tat zu begehn, welche gegen die Regeln der Ordnung des Ganzen ist; allein was folgt hieraus? Was anders, als daß wir unvollkommne, sinnliche Geschöpfe sind?

19. Es ist aber leicht einzusehn, daß diese Unvollkommenheit der menschlichen Natur sich bei den Motiven zu moralischen Handlungen, die aus der Nützlichkeit derselben hergenommen sind, nicht mehr offenbaren werde als bei denen, die aus sogenannten reinen Begriffen von Tugend und Pflicht sind abgezogen worden. Im Gegenteil! wen weder Gewissenhaftigkeit noch Achtung für die bürgerlichen Gesetze, noch religiöse Empfindungen bemeistern, der wird mir gradezu die Echtheit solcher reinen Begriffe abstreiten, und ich werde kein Mittel haben, ihn zu überzeugen; da hingegen aus der Nützlichkeit jeder Handlung *Argumenta ad hominem* hergenommen werden können, die sich demonstrieren lassen und nicht abzuleugnen sind. Man sieht also, daß dies ein weit sichrers, allgemeiner wirksames Prinzip, ein festeres System liefert als jenes spekulative, von der Verschiedenheit der Vorstellungsarten eines jeden abhängige und veränderliche Grundgebäude.

20. Man hat hie und da behauptet, der Grundsatz: daß man seine moralischen Handlungen nur nach solchen Motiven bestimmen müsse, die in allen Fällen als allgemeine Gesetze gelten könnten, könne wenigstens *theoretisch* zum Probiersteine jeder Handlung und jedes Bestrebens dienen, wenn er auch nicht immer praktisch auszuüben wäre. Allein das heißt nichts gesagt; denn wenn es solche Motive gibt, so müssen sie immer zur Richtschnur dienen und immer praktisch angewendet werden können. Allein noch einmal! es gibt dergleichen allgemeine Gesetze nicht, und von den Bewegungsgründen eines vernünftigen Wesens, dies oder jenes zu tun oder zu unterlassen, läßt sich die Rücksicht auf den Zweck, das heißt auf das, was durch dies Tun oder Lassen bewirkt werden soll, mit einem Worte! was es nütze oder schade, gar nicht trennen.

21. Daß aber die ausschließliche Befolgung allgemeiner Gesetze im *praktischen* Leben unendlichen Schaden stiften würde, ist leicht zu beweisen. Was würde aus der wirklichen Welt werden, wenn wir bei unsern Handlungen nie den Umständen nachge-

ben, jene nicht diesen anpassen wollten ? Kann nicht in einer Staatsverfassung, in einem Himmelsstriche, in einem Zeitalter etwas zu sagen oder zu tun, Verbrechen oder Torheit sein, was in einem andern Klima, unter andern Regierungen, zu andern Zeiten für Tugend und Weisheit nicht nur gilt, sondern auch dadurch wirklich Tugend und Weisheit wird, daß es am wirksamsten die Harmonie des Ganzen befördert? Ist es nicht der Klugheit gemäß und, um eine größere Summe des Guten zu bewirken, des tugendhaften Mannes würdig, gewisser Vorurteile zu schonen, gewisse kleine Übel zu dulden, denen man mit aller Kraft widerstehn müßte, wenn man nur nach allgemeingültigen Gesetzen handeln dürfte ? Wie würde es um den Krieg, wie um die Politik – zwei unvermeidliche menschliche Übel – aussehn? Kurz! jenes sogenannte reine Moralprinzip ist durchaus nicht für diese Erde gemacht. Wenn wir hingegen den Zweck jeder Handlung, den Grad des Nutzens vor Augen haben, den sie bei Beförderung unsrer Glückseligkeit gewährt, welche zu suchen und zu finden wir von dem Schöpfer auf die Welt gesetzt sind und zu welcher die Mitwirkung zum Wohl unsrer Nebenmenschen und zur Harmonie des Ganzen notwendig mit erfordert wird, so handeln wir gewiß nach den reinsten moralischen Grundsätzen, für welche die menschliche Natur empfänglich ist. Das andere ist Überspannung, so wie die reine, uneigennützige Liebe zu Gott, welche einige Theologen dem Christen haben zur Pflicht machen wollen, da doch selbst der erhabene Stifter unsrer Religion die Bewegungsgründe zur Gottesliebe aus den Verhältnissen herleitet, in welchen wir zu dem höchsten Wesen als dem Vater, Wohltäter, Regierer, Richter und Vergelter stehen. Man nehme diese Verhältnisse weg, und der sinnliche Mensch wird nichts für das höchste Wesen empfinden können als kalte Bewunderung, Gefühl von weitem Abstande und von der Unmöglichkeit einer Annäherung. Man nehme von den Bewegungsgründen zur Tugend den Zweck, dadurch unsern Zustand vollkommner zu machen, hinweg, und wir werden gar keinen bestimmten Begriff damit verbinden; ja! selbst die innere Stimme unsers Gewissens muß, wenn sie uns richtig über das, was recht und unrecht ist, belehren soll, von der Vernunft geleitet werden, indem diese die Regelmäßigkeit einer Handlung nach dem Zwecke beurteilt, welcher, je nachdem er nützlich oder nicht nützlich ist, wohltätige oder schädliche Folgen vorausahnen läßt. Ließe sich's denken, daß eine Handlung gar keine Folgen haben könnte, so würde diese weder recht noch unrecht, also gleichgültig für die Moralität sein. Allein solche Handlungen gibt es, genau betrachtet, wohl gar nicht. Und das ist denn endlich der letzte Vorzug unsers Systems, daß es den Wert *aller* Handlungen nach den Graden ihrer Nützlichkeit bestimmen kann, da hingegen die so gepriesenen reinen Begriffe von Recht und Unrecht sich auf eine große Anzahl von Handlungen gar nicht anwenden, folglich den Wert derselben unbestimmt lassen.

22. Wie wenig fest und haltbar überhaupt die von den Philosophen der neuern Schule aufgestellten Grundsätze seien, davon hat mich noch kürzlich, so wie manche andre Stelle in ihres, übrigens sehr achtungswerten Lehrers Schriften, vorzüglich eine Anmerkung, die ich in einem seiner Werke finde, das den Titel führt: *Die Religion, innerhalb den Grenzen der bloßen Vernunft*, überzeugt. Hier, wo er sich bemüht, sein System so zu zerren, daß es auch über den Leisten der theologischen Orthodoxen passen, folglich auch der Lehre von der Erbsünde keinen Abbruch tun soll, sagt er: Es sei eine von den unvermeidlichen Einschränkungen des Menschen und seines praktischen Vernunftvermögens, sich bei allen Handlungen nach dem Erfolge davon umzusehn. Nun dann! wenn dies eine für ihn *unvermeidliche* Einschränkung ist, so scheint es doch wohl der Vernunft nicht gemäß, von ihm zu fordern, daß er nach Bewegungsgründen handeln solle, die gar keinen Bezug auf den Erfolg haben und die also für seinen eingeschränkten Geist zu hoch sind.

23. Und nun zum Schlusse dieses vielleicht manchem Leser zu trocken scheinenden Abschnittes noch einige Bemerkungen! Ich habe oben die Wirklichkeit angeborner, allen Menschen eingepflanzter *bestimmter* Begriffe von Tugend und Pflicht geleugnet.

Es ist hingegen unwiderlegbar gewiß, daß in unsrer Natur ein lebhaftes Gefühl von Recht und Unrecht, das heißt: von dem, was der Vernunft gemäß und nicht gemäß ist, herrscht, welches jedoch erst durch die Verhältnisse und Lagen, in welche wir versetzt werden, eine deutliche und bestimmte Richtung bekommt. Es geschieht aber, durch eine sehr gewöhnliche Verwechselung von Ideen, daß wir diejenigen Eindrücke, welche wir durch Erziehung und nachherige Bildung erhalten haben, nachdem sie uns zur andern Natur geworden sind, für angeborne Begriffe halten. Daher der Irrtum derjenigen, welche, mit Verwerfung aller Rücksichten auf Erfolg und Nutzen, in dem Geiste und Herzen der Menschen die vollkommensten und wirksamsten reinen Motive zur moralischen Pflichterfüllung zu finden glauben. Diese Verwechselung findet nicht weniger bei andern Begriffen und Empfindungen statt. So hat, zum Beispiel, jeder Mensch ein angebornes Gefühl von Schönheit oder vielmehr einen natürlichen Sinn für den Unterschied zwischen schön und häßlich; allein gibt es darum eine von allen Menschen unter allen Himmelsstrichen anerkannte allgemeine Regel der Schönheit? Ist deswegen derselbe Gegenstand unter allen Umständen immer gleich schön oder häßlich? Gewiß nicht! Man rede aber von einer schönen menschlichen Gesichtsform, so wird dem an antike Profile gewöhnten Kunstkenner die Gestalt der griechischen Stirnen und Nasen, dem Neger aber wird ein ganz andres Ideal vor Augen schweben, und doch wird bei beiden der Grundbegriff rein sein, nämlich abstrahiert von dem Wohlgefallen, das in ihm der Anblick des vollkommensten menschlichen Antlitzes (so wie er sich die Idee davon durch Gewohnheit von Jugend auf eingeprägt hat) erweckt. Ebenso ist es mit den Begriffen von Ordnung. Diese sind sehr relativ, obgleich das Gefühl für Ordnung und Symmetrie in jedem Menschen von Natur wohnt. Der Platz, den in einem Hause, in einem Zimmer, eine Sache vernünftigerweise einnehmen muß, würde in einem andern für dieselbe Sache äußerst unschicklich sein. Allein man rede von einem ordentlichen Manne, so werden sich an diese Hauptidee alle durch Gewohnheit hinzugekommene Nebenbegriffe anschließen, und jeder Anwesende wird sich, ohne es zu wollen, den ordentlichen Mann als einen solchen denken, der seine Geschäfte in eben der Reihe, wie er, verrichtet, seine Sachen nach eben der Weise, wie er, verwahrt. Wäre es nun aber vernünftig zu behaupten: Man müsse sein Hauswesen, seine Geschäfte, ohne Rücksicht auf Umstände und Folgen, immer nach solchen Regeln ordnen, die zu jeder Zeit als allgemeine Gesetze für alle Haushaltungen gelten könnten?

Zweiter Abschnitt

Von dem verwerflichen Eigennutze

1. Es ist in dem vorigen Abschnitte bewiesen worden, daß von den Bewegungsgründen, nach welchen vernünftige Wesen sich zu moralischen Handlungen bestimmen und diese ordnen, sich die Rücksicht auf ihren Nutzen, auf die Beförderung ihrer eigenen Glückseligkeit nicht trennen läßt. Man soll, sagen die neuern Philosophen, die Tugend nur ihres innern Werts wegen lieben, suchen und ausüben. Wohl! Was gibt denn aber der Tugend diesen Wert? Der Nutzen, den sie stiftet. Und worin besteht denn dieser Nutzen? In der Beförderung des allgemeinen Wohls, des Wohls der Welt. Und was geht denn mich das Wohl der Welt an? Warum soll ich dazu mitwirken? *Weil ich ein Teil dieser Welt bin.* Das ist der Zirkel, durch welchen wir immer zu unserm eignen Ich wieder zurückkehren. – Die Beförderung unsrer eignen Glückseligkeit ist also der vernünftige Bewegungsgrund aller unsrer moralischen Handlungen.

2. Der Mensch kann aber nur ein scheinbares, unsichres, nicht dauerhaftes Glück genießen, wenn durch diesen Genuß die Harmonie des Ganzen leidet und gestört wird. Derjenige Mensch nun, welcher diese Rücksicht bei seinen Handlungen aus den Augen verliert und seinem scheinbaren Nutzen das Wohl des Ganzen aufopfert, handelt nach unmoralischen Grundsätzen, sträflich eigennützig, und von den verschiedenen Arten eines solchen Eigennutzes soll in diesem Abschnitte geredet werden.

3. Wollen nun diejenigen neuern Philosophen, mit deren Widerlegung wir uns vorhin beschäftigt haben, in ihrer mystischen Sprache nichts weiter sagen, als daß ein solcher Eigennutz nicht die Triebfeder tugendhafter Handlungen sein solle, so bedarf es wahrlich eines so großen Aufwandes von unverständlichen, dunkeln Worten nicht, um eine Wahrheit zu lehren, die von

den Moralisten aller Zeitalter als unwiderleglich wahr ist anerkannt worden.

4. Der Sprachgebrauch berechtigt uns, dem unedlen Bewegungsgrunde, welcher so viel Menschen bewegt, das Wohl der gesellschaftlichen Verbindung ihrem sinnlichen Genusse, der Befriedigung ihrer unregelmäßigen Begierden aufzuopfern, den Namen Eigennutz zu geben. Wir haben aber schon bemerkt, daß der wahre, dauerhafte, *eigene Nutzen* eines einzelnen Mitglieds der Gesellschaft durch keine Handlung bewirkt werden könne, die schädliche Folgen für die Gesellschaft im Ganzen hat.

5. Man kann also mit Recht sagen, daß nur Mangel an Einsicht daran schuld sei, wenn die Menschen unmoralisch sind. Berechneten sie besser ihren eigenen Nutzen und die früh oder spät zu erwartenden nachteiligen Folgen, die für sie oder die Ihrigen jede Handlung nach sich zieht, welche die Harmonie im ganzen, auch nur auf die am unbedeutendsten scheinende Art, stört, so würden sie alle gut und folgerecht handeln. Dies ist ein sehr tröstender Gedanke. Jeder unmoralisch handelnde Mensch übertritt also aus eben dem Mangel an gehöriger Überlegung der Folgen das moralische Gesetz, aus welchem ein Verschwender sein Vermögen verpraßt, ohne zu bedenken, daß er sich an den Bettelstab bringen wird.

6. Lasset uns also es für Lästerung der menschlichen Natur halten, wenn manche Philosophen behaupten: es herrsche in uns von Natur ein böses Prinzip und, um mit ihren eignen Worten zu reden, der Mensch habe, ungeachtet er sich des moralischen Gesetzes, als eines für ihn verbindlichen Gesetzes, bewußt sei, durch den Gebrauch seiner Freiheit den Entschluß gefaßt, von diesem Gesetze zu Gunsten der Selbstliebe abzuweichen. Nein! eigendieser niederschlagenden Überzeugung von der natürlichen Verderbtheit der Menschen, die notwendig jede Entwicklung des Keims zum Guten hindern muß, wollen und können wir nicht Raum geben. Das, was die Theologen die Erbsünde nennen, ist

nichts anders als die Reizbarkeit, die Verführbarkeit des sinnlichen Menschen, gegen die aber seine Vernunft, obgleich oft vergebens, ankämpft. Sein besserer Genius zieht ihn gewiß öfter zu uneigennützigen guten Handlungen hin. Von Natur ist er wohlwollend und teilnehmend. Wen rühren nicht, wen erfüllen nicht mit Liebe zum Menschengeschlechte die Berichte einiger neuern Reisebeschreiber von den unkultivierten Völkern auf den Freundschafts-, den Sozietäts- und vorzüglich auf den Pelew-Inseln? Hier sieht man rohe Menschen, die wir Wilde nennen, ohne göttliche und menschliche Gesetze und ohne die Bildung, welche Erziehung, Wissenschaften und Künste geben, aus Instinkt nach den zartesten moralischen Grundsätzen handeln, die feinsten geselligen Tugenden ausüben und der Liebe, Freundschaft, Gastfreiheit und dem gemeinen Wohl Opfer aller Art bringen. Ein einziges solches Beispiel von uneigennützigem, natürlichem Tugendgefühle bei einem völlig unkultivierten Volke widerlegt alle Beweise, die man aus der Beschreibung einer Menge andrer, vielleicht durch spätere Einwirkungen verderbter Nationen hernehmen könnte.

7. Wie geht es denn aber zu, daß mit dem allen Menschen angebornen Gefühle des Wohlwollens und der Teilnahme an dem Schicksale seiner Mitgeschöpfe und mit den Gründen der Vernunft, die uns lehren, was wir als Teile des Ganzen der Gesellschaft schuldig sind und ihr leisten müssen, wenn wir von andern gleiche Schonung und Hilfe erwarten wollen – wie geht es zu, daß wir mit dem allen dennoch grade bei denen Völkern, welche sich der höchsten intellektuellen und moralischen Kultur rühmen, den Eigennutz und Egoismus am wirksamsten sehen? Was ist daran Schuld? Nichts anders als eben diese Kultur, diese Verfeinerung, und überhaupt liegt der Grund in den unvermeidlichen Gebrechen unsrer bürgerlichen Verfassungen. Das ist das traurige Los der Menschen, daß über die Mittel, welche sie wählen, sich ihren Zustand auf Erden angenehmer zu machen, sie ihre ursprüngliche Bestimmung aus den Augen verlieren, daß über das Bestreben, die Vorteile der gesellschaftlichen Zusammenlebung in vollem Maße

zu genießen, sie nach und nach sich von der Natur weit entfernen und daß durch zuviel Raffinement und Erkünsteln das reine, echte Gefühl verlorengeht. Indessen sollte es doch der höchste Triumph der Ausbildung des Verstandes sein, daß, wenn wir den Zirkel aller Erfahrungen durchgelaufen wären, wir auf veredelte und dauerhafte Art zu der Einfalt des natürlichen Zustandes zurückgeführt würden. Allein wird das nicht immer ein frommer Wunsch menschenfreundlicher Philosophen bleiben? In welchem Lande des Erdbodens hat noch je ein Volk diese Stufe der Ausbildung erreicht? Eine genaue Beobachtung lehrt uns leider! daß die bürgerlichen Verhältnisse, statt daß sie neue Bande sein sollten, um die Menschen mit Liebe und Eintracht zu gemeinschaftlichen Zwecken aneinander zu knüpfen, uns vielmehr isolieren, uns in einen Zustand von gegenseitiger Verteidigung versetzen, den aufgereizten Leidenschaften neuen Spielraum und den erweckten Kräften Nahrung und Gelegenheit zum Kampfe gegeneinander geben. Mit der Kultur vervielfältigen sich die Mittel, Bedürfnisse zu befriedigen, aber auch die Bedürfnisse selbst; der Luxus mit dem fürchterlichen Gefolge der verderbten Sitten nimmt die Oberhand; in diesem Strudel von Verwirrung hat dann jeder einzelne genug zu tun, wenn er von alledem, wonach alle greifen, für sich und höchstens noch für die, welche seinem Herzen am nächsten sind, soviel erhaschen kann, als er braucht. Und jeder braucht viel, glaubt wenigstens, viel zu bedürfen, wird fast unvermeidlich abhängig von der öffentlichen Meinung, von der Mode, muß viel tun des Scheins wegen und um nicht für einen Sonderling zu gelten. So widmet er dann dem Eigennutze seine ganze Anstrengung und seine Aufmerksamkeit, wird abgelenkt von der großen Hinsicht auf das allgemeine Wohl, das ihn nur beschäftigt, wenn es mit seinem Privatvorteile bestehn kann oder dieser dadurch befördert wird, wenn er dabei für sich äußere Ehre, Ruhm oder Gewinn von andrer Art in der Entfernung erblickt. Dies sei aus Menschenliebe, nicht zu Verteidigung jenes Lasters, aber zu Milderung dessen angeführt, was ich über den täglich mehr einreißenden Eigennutz und über Schwindung des Gemeingeistes gesagt habe und noch werde sagen müssen.

8. Doch noch ist das Gefühl der Teilnahme an fremder Glückseligkeit, an dem Wohl der bürgerlichen Gesellschaft und an allem, was die Menschheit im allgemeinen betrifft, nicht aus den Herzen der Bewohner kultivierter Länder verschwunden. Wir finden die Spuren dieser edeln Empfindungen in kleinen Staaten, wo noch Einfalt und Reinigkeit der Sitten herrschen; in Ländern, wo Reichtum und Luxus die Menschen noch nicht verderbt haben; wo sie, in beständiger Arbeitsamkeit und Anstrengung fortlebend, sich gegenseitig beistehn müssen, um gegen rauhe Elemente und die Unfruchtbarkeit des Bodens anzukämpfen, wo sie daher fühlen lernen, wie nötig ein Mensch des andern Hilfe bedarf, wo durch Gebirgsketten, unbequeme Straßen oder Meere von andern Ländern abgesondert, kein großer Verkehr mit Ausländern die Einwohner mit fremden Lastern, mit dem Wucher des Handels, mit den Betrügereien reisender Abenteurer bekannt, sie nicht mißtrauisch und für die Gastfreundschaft nicht unempfindlich macht. Wir finden noch echten Gemeingeist in kleinern Republiken, wo jeder Bürger Anteil an der Regierung hat, sich unmittelbar mit dem Interesse des Staats beschäftigen und alles, was zum gemeinen Wohl gewirkt wird, mit als sein Werk ansehn darf. Da sehen wir ihn dann willig die größten Opfer bringen und seinen Eigennutz vergessen. Auch da, wo, bei einer monarchischen Verfassung, eine wahrhaftig väterliche, milde Regierung die Völker beglückt und die Nation in ihrem Fürsten nur den Wohltäter und Versorger sieht, tut jeder gern auf sein kleineres Interesse Verzicht, um das größere allgemeine Wohl zu befördern. Endlich pflegen öffentliche Kalamitäten, Gefahr, die von außen her droht, auch die verderbtesten Völker, wenigstens auf eine Zeitlang, zu bewegen, allen Eigennutz beiseite zu setzen und zu gemeinschaftlicher Rettung und Hilfe beizutragen, soviel jeder vermag. Ja! wo alle diese Fälle nicht eintreten und die Menschen nur ihrem eignen Vorteile nachzujagen scheinen, erblickt dennoch der feinere Beobachter Spuren des angebornen Gefühls für Recht und Unrecht, des Wohlwollens und der Teilnahme an fremden Leiden und Freuden. Wer hat nicht schon bemerkt, wie geneigt selbst der weniger ausgebildete große Haufen ist, die Partei jedes Schwä-

chern gegen den Stärkern, jedes von Glück und Schutz ganz Verlassenen, Unterdrückten, Verfolgten zu nehmen? Ein Mann, der lange Zeit hindurch der Gegenstand des Neides, der Mißgunst und des allgemeinen Hasses gewesen ist, braucht nur von seiner Höhe herabzustürzen und grenzenlos elend zu werden, um nun selbst unter seinen ehemaligen Feinden und Verfolgern Verteidiger zu finden und Teilnahme zu erregen. Und darin besteht die höllische Kunst schlauer Bösewichter, daß sie ihre Feinde nie gänzlich zu Boden stürzen, weil sie bei ihrer studierten Rache wohl wissen, daß der Unglückliche dann ein Gegenstand des allgemeinen Mitleidens wird. Allein freilich, wenn sich auch noch einige Hoffnung zeigt, daß der beneidete, jetzt gestürzte Große wieder emporkommen und über andre sich wird erheben können, scheitert die Gerechtigkeit an dem Eigennutze, und jeder trägt das Seinige dazu bei, den Unglücklichen auf einer gewissen Stufe, wo er ihm nicht im Wege steht, niederzuhalten.

9. Es ist dem, welcher auf die feinern Charakterzüge aufmerksam ist, die geheimen Schliche der Herzen belauert, da, wo die Menschen am wenigsten beobachtet zu werden glauben, seine Bemerkungen anstellt und aus kleinen Zügen oft große Erfahrungen abzieht, einem solchen, sage ich, ist es ein wohltätiges Gefühl, wenn er noch Leute antrifft, in denen der Trieb, ohne spezielle Rücksicht auf eignen Nutzen und Genuß, für andre zu wirken, zur Natur geworden ist und sich bei den unbedeutendsten Vorfällen offenbart. Ich wandle auf einem Spaziergange hinter einem Manne her und bemerke, daß er sorgfältig, wenn er im Fortschreiten irgendeine Glasscherbe, einen Stein, einen Dornzweig oder irgendeinen andern Gegenstand bemerkt, der dem nach ihm Kommenden hinderlich oder gefährlich werden könnte, es mit seinem Stocke wegräumt. Ich erkundige mich genauer nach dem Manne und erfahre, daß er ein wohltätiger Menschenfreund ist, der auf seine Kosten arme Kinder erziehn, Wege ausbessern, Bäume pflanzen läßt, unter deren Schatten die Nachkommen ruhn können. So findet man Personen, die fremdes Eigentum wie ihr eignes bewachen, wo sie etwas der Gefahr,

verloren zu werden, ausgesetzt sehen, es in Sicherheit bringen, das Zerbrochene ungebeten und unbemerkt herstellen. Und mich dünkt, das Gefühl, welches uns treibt, auch da Sorgfalt zu verwenden, wo wir für uns keinen weitern Nutzen davon haben, als daß dadurch gegenseitige Gefälligkeit und Dienstleistung unterhalten wird, sei ganz natürlich und jedem gutgearteten Menschen mechanisch. Ich stehe früh des Morgens vor dem offnen Fenster; die Nachbarin mir gegenüber tritt aus ihrer Tür und hat ein kupfernes Milchgefäß in der Hand. Im Begriff, damit auszugehn, fällt ihr ein, daß sie noch etwas vergessen hat; sie stellt also das Gefäß auf die Bank vor die Tür und geht in das Haus zurück. Sie scheint einen Augenblick zu wanken, ob sie es wagen dürfe, es da stehnzulassen. Noch ist eben niemand auf der Gasse zu sehn; auch erblickt sie mich am Fenster, nickt mir einen guten Morgen zu, wirft noch einen Blick auf die Bank hin, einen andern die Gasse hinauf und geht dann zuversichtlich fort. Ich übersetze diese Blicke in Gedanken. Sie bedeuten: »Der ehrliche Nachbar da gegenüber wird schon einen Augenblick auf den Topf Achtung geben«; und nun fühle ich in mir eine Verpflichtung, nicht eher das Fenster zu verlassen, als bis sie wieder aus dem Hause kommt. Sie erscheint endlich, dankt mir durch eine freundliche Verneigung, und ich trete zurück. Wir haben uns nie gesprochen, aber der Beruf zu gegenseitiger Hilfsleistung, den jeder gutgeartete Mensch in sich fühlt, bringt diesen und ähnliche Verträge, ohne Wortwechsel und persönliche Bekanntschaft, in einem Augenblick zustande. Wer bei dieser Gelegenheit über die Schilderung eines so unbedeutenden Vorfalls die Achseln zucken könnte, der würde beweisen, wie unbekannt ihm die sehr wichtige Wahrheit ist, daß die menschliche Natur sich in solchen kleinen Zügen deutlicher und sichrer offenbart und verrät als in großen Haupt- und Staatsaktionen, wo jedermann mit Rücksicht auf den äußern Ruf und auf die ihn beobachtende Menge handelt.

10. Leider! aber ist bei den meisten Menschen dies Gefühl von wahrer Teilnahme an dem Schicksale andrer und an dem allge-

meinen Wohl durch Eigennutz und Egoismus erstickt. Sie leben nur für sich, denken nur an ihr eignes, höchstens an ihrer Weiber und Kinder Wohlbehagen. Zwar kramen sie häufig Versicherungen des Mitleidens, Versprechungen von Dienstleistungen zum Prunk aus, prahlen mit ihrem Eifer für das Glück des Vaterlandes und der Menschheit; wo es aber auch nur auf geringe Verleugnungen, auf kleine Aufopferungen ankommt; wo an keine Art von Wucher mit dem, was sie hingeben sollen, in der Entfernung zu denken ist und nun vollends in Kollisionsfällen, ja! da finden sich unzählige Bedenklichkeiten, Gewissenszweifel, Einwendungen. Wie oft wird der getäuscht, der auf die Versprechungen solcher Menschen bauet! Sie sind zu faul, um nur einmal einen Brief zu schreiben, der eines ehrlichen Mannes Glück befördern könnte. Sie hören die Erzählungen fremder Schmerzen und Leiden mit allen Zeichen einer solchen Teilnahme, wie sie die feine Lebensart erfordert, an; aber, man rechne nur nicht auf diese höflichen Herren! Kaum wendet man den Rücken, so haben sie unser Schicksal rein vergessen.

11. Nichts aber bieten die Leute lieber an und geben es lieber, als was sie entweder nicht haben oder nicht achten; der Verschwender Geld, der Schwachkopf guten Rat.

12. Wie wenig Wohltäter findet man, die nicht auf irgendeinen Ersatz rechneten, wäre es auch nur auf Dank, auf die Ehre, der guten Tat wegen gerühmt, dadurch für einen großmütigen Mann bekannt zu werden, und wenn es auch nicht gerade auf eitel Lob und Ruhm angesehn ist, wenigstens darauf, ein Herz mehr zu gewinnen, welches dann noch wohl der verzeihlichste Eigennutz ist! Aber solcher Männer, die aus wahrem innere Berufe, Gutes zu wirken, um die höhere Bestimmung der Menschheit zu erfüllen, auch da wohltätig und teilnehmend handeln, wo sie von niemand beobachtet werden, wo keine Hoffnung einer äußern Belohnung und Erwiderung stattfindet, wo sie, bei den größten Aufopferungen, dennoch gewiß sein können, verkannt, gehaßt, verlästert, mit Undank belohnt zu werden, wo also nur die Überzeugung

von der Zweckmäßigkeit und Nützlichkeit der Handlung der Preis ist – solcher Männer gibt es wenige.

13. Und deswegen haben denn auch so wenig Menschen Sinn für den Wert eines großen, edlen, uneigennützigen, für Menschenwohl warmen Herzens; deswegen trauen sie ihren Mitbrüdern so gern versteckte Nebenabsichten zu. Du nimmst dich eines armen jungen Mädchens an. – Man flüstert sich in das Ohr: »Ei nun! er wird sich schon bezahlt zu machen wissen; das Mädchen ist hübsch; der Mann hat Geschmack.« Du sorgst für die Erziehung eines verwaiseten Knaben – »Sieh einmal!« heißt es, »der Junge ist ihm wie aus den Augen geschnitten. Er sollte nur kein Geheimnis daraus machen, daß es sein Sohn ist.« Und wo sich gar kein Mittel findet, Verdacht gegen die Bewegungsgründe zu einer Handlung zu erregen, da setzt man den Wert der Tat selbst herab, sucht, zu verhindern oder wenigstens nicht so eifrig zu befördern, daß sie bekannt werde, als man geneigt ist, ein böses Gerücht auszubreiten. Das ist freilich eine schon oft gemachte Bemerkung; aber sie gehört hierher, denn ihre Quelle ist der Eigennutz; man glaubt sich zu erheben in dem Verhältnisse, in dem man andre erniedrigt, und glaubt zu verlieren durch das, was andre an öffentlicher Achtung gewinnen.

14. Auf die unverantwortlichste Weise wird aber auch von nicht fein denkenden und von schlecht gesinnten Leuten das Zutrauen, die Gutmütigkeit und die Dienstfertigkeit uneigennütziger und solcher Menschen, die weniger achtsam auf ihren Vorteil sind, gemißbraucht. Wie oft man, besonders in den Jahren, wo man den Wert des Geldes nicht zu schätzen weiß, betrogen wird, davon werden wohl die meisten meiner Leser in ihrem Leben selbst Erfahrungen gemacht haben; allein auch nachher, bei reiferer Vernunft, wird man nur gar zu oft mit einem teilnehmenden Herzen das Opfer der Zudringlichkeit und der unersättlichen Forderungen solcher selbstsüchtigen Leute. Da wälzt gern jeder Arbeit, Sorgen, Unannehmlichkeiten und Verantwortung auf den, der freundlichen Bitten nicht widerstehn kann. Da wird das Haus des-

sen, dem man Wohltätigkeit zutrauet, nicht leer von nichtswürdigen Bettlern und Abenteurern. Da wird der Mann, der sich gern zum Besten andrer verwendet und gern Gefälligkeiten erweist, mit Aufträgen, Bitten um Empfehlungen und Anliegen aller Art bestürmt. Da machen Faulenzer, Tagediebe, Schmarotzer und Leute, die von Langerweile geplagt werden, das Haus des geselligen, gastfreien und duldenden Mannes zu ihrem Sammelplatze. Mit einem Worte! Es braucht nur bekannt zu sein, daß du ein menschenfreundlicher, ohne Eigennutz zu Rat und Tat bereitwilliger Mann bist, so macht alles Jagd auf dich und legt Beschlag auf dein Vermögen, auf deine körperlichen und geistigen Kräfte und auf deine edle Zeit. Und wenn man nun also unzähligemal ist angeführt und gemißbraucht worden, ist es dann dem verständigen Manne zu verargen, wenn er kälter, zurückhaltender wird, wenn er erst Überlegungen und Untersuchungen anstellt, bevor er sich hingibt, aufopfert, und wenn er endlich auch einmal verlangt, daß andre etwas für ihn tun sollen, nachdem er lange genug nur für andre gelebt hat ?

15. Allein die mehrsten Menschen handeln, oft ohne es sich selbst bewußt zu sein, so, als dürften sie sich für den Mittelpunkt der ganzen Schöpfung ansehn, als sei alles außer ihnen nur ihretwegen da. Dies offenbart sich in ihren unbedeutendsten Reden und Handlungen. Sie sprechen nur von sich, von ihren Schicksalen, Geschäften und Vorsätzen. Was aber andre Leute angeht, das hören sie bei weitem nicht mit der Teilnahme und Gefälligkeit an, die sie für *ihr* Interesse fordern. Im Umgange wollen sie immer nur genießen, stets nehmen, nie geben. Man hört sie leicht über Langeweile klagen, indes sie selten darauf Rücksicht nehmen, ob sie auch wohl uns Langeweile machen. Wo sie nicht Unterhaltung genug finden, da gehen sie fort oder werden böser Laune; aber wo es ihnen gefällt, da bleiben sie, unbekümmert, ob sie auch etwas zur Unterhaltung und Belehrung andrer beitragen. Wo es ihren Nutzen oder ihr Vergnügen gilt, da sollen wir ihnen unsre Grundsätze und unsre Ruhe aufopfern. Fällt es ihnen ein, bei nächtlicher Zeit zu tanzen, zu singen, zu toben, so ist es ihre ge-

ringste Sorge, ob irgendein schwächlicher, nach Ruhe sich sehnender Mann darüber im Schlafe gestört wird oder nicht. Fehlt ihnen die vierte Person zum Spiele, so fordern sie dich mit Ungestüm dazu auf, wenngleich sie wissen, daß du höchst ungern und unglücklich spielst. Haben sie Lust, eine Torheit zu begehn, die ihnen von ihren Mitbürgern verdacht werden könnte, wenn sie allein sie trieben, so wollen sie irgendein andres männliches oder weibliches Geschöpf, das bei dem Publikum in Achtung steht, zwingen, auf Unkosten seines Vergnügens, seines Rufs und seines sittlichen Gefühls an dieser Ausschweifung teilzunehmen oder gar die Verantwortung davon zu tragen. Und weigert man sich, aus Rücksicht höherer Pflichten, so verschreien sie uns als einen eigensinnigen, wunderlichen, harten Mann, der andern Leuten kein Vergnügen gönne. Auch *die* Gerechtigkeit kann man von manchen Personen nicht erhalten, daß sie uns erlauben, unsern Weg ruhig neben ihnen hinzugehn, ohne uns um den ihrigen zu bekümmern; nein! wenn es in ihren Kram paßt, sollen wir durchaus mit ihnen durch dick und dünn wandeln. Wenn man ihnen nichts Böses, vielmehr, wo es die Gelegenheit fügt, alles Gute erweist, übrigens aber in keinen genauen Verhältnissen mit ihnen stehn mag, ist ihnen doch das nicht genug. Sie wollen uns ausschließlich alles sein; wir sollen an allen ihren Narrheiten und Ungehörigkeiten teilnehmen, für sie und mit ihnen leben und weben. Wir sollen sie liebenswürdig, angenehm, schön, unterhaltend finden, wenn sie auf alle Weise zurückstoßend sind. Sie würden es uns eher verzeihen, daß wir sie haßten, verfolgten und Böses von ihnen redeten, als wenn sie uns gleichgültig, wenn sie uns nichts sind, wenn wir ihnen ausweichen.

16. Leider! verwebt sich auch nur gar zu oft ein grober oder feinerer Eigennutz in das heilige Band der Freundschaft. Wie selten findest du einen Freund, der dich bloß deines innern Werts wegen liebte, der ohne alle andre Rücksichten, unter allen Umständen, bei allen vorteilhaften oder widrigen Schicksalen und Verhältnissen, in welche du ohne deine Schuld geraten könntest, dir gleich warm, treu und eifrig zugetan bliebe; der nicht wenigstens eine

Art von Ansehn oder Übergewicht über dich nähme, wenn er dich durch äußere Umstände niedergedrückt sieht; der dir öffentlich, wie in geheim, Gerechtigkeit widerfahren ließe und deinen Wert nicht mißkennte, wenn Vorfälle, die du nicht voraussehn konntest, dich in Verlegenheiten stürzen, oder der nicht dann irgendeine sehr verzeihliche, von dir begangene kleine Unvorsichtigkeit dir wie ein wirkliches Verbrechen anrechnete, um Gelegenheit zu haben, die Schuld auf dich zu schieben und von dir zurückzutreten! Wo findest du einen Freund, der immer unbestechbar bereit wäre, dir die Wahrheit zu sagen, dir treuen Rat zu geben, dich zu tadeln, wo du Tadel verdienst, nicht um sich über dich zu erheben, dich zu demütigen, sondern aus echtem Pflichtgefühle und aus Hochschätzung, und das ohne Bitterkeit, nicht mehr und nicht weniger, nicht freimütiger, nicht feiner und nicht schonender, ob du eine große Rolle im Publikum spielst oder verkannt und gedrückt wirst? Wo findest du einen Freund, der fähig wäre, auch solche Eigenschaften an dir zu loben, zu würdigen und hervorzuziehn, worin du ihn vielleicht übertriffst, verdunkelst; einen Freund, der gegenseitig auch solche Wahrheiten, die seine Eitelkeit kränken, willig und dankbar und mit dem Vorsatze, sich zu bessern, von dir annähme; dessen Herz sich dir nicht von dem entführen ließe, der williger als du seinen Leidenschaften huldigt und seine Ohren durch Schmeicheleien kitzelt; endlich einen Freund, der nicht aus eigennütziger Eifersucht von dir forderte, daß du ihn allen andern vorziehn, ausschließlich ihm anhängen und ihm diesen Vorzug öffentlich vor der Welt bezeugen solltest? Wohl dir, wenn du einen solchen Freund gefunden hast! Du kannst ihn nie genug in Ehren halten. Aber rechne auch nicht zu fest darauf, mache es nicht zu einem unentbehrlichen Bedürfnisse deines Herzens, den Mann zu finden und keinen andern für deinen Freund zu halten als den, der alle diese Proben besteht! Du möchtest sonst aus der Welt gehn, ohne das Glück der Freundschaft geschmeckt zu haben. Vergiß nicht, daß wir alle schwache Menschen, mehr oder weniger abhängig von unsern Leidenschaften, Bedürfnissen, Vorurteilen und von der Meinung des großen Haufens sind! Es ist schon oft gesagt worden, daß diejenigen

Freundschaften die wärmsten, uneigennützigsten und nicht selten die dauerhaftesten zu sein pflegen, die in den sorgenfreien Jahren der Jugend geschlossen werden. Das ist ganz wahr; in diesem glücklichen Alter fällt eine Menge von Rücksichten weg, welche unsre nachherige Verknüpfung mit der bürgerlichen Gesellschaft uns ohne Unterlaß vor Augen stellt. Die Leidenschaften des Jünglings und der Hang zu sinnlichen Freuden aller Art kommen durch ihr Interesse seltener mit der Freundschaft in Zusammenstoß (Kollision) als die des männlichen Alters, Ehrgeiz und Erwerbsucht – die Eitelkeit liegt wohl in beiden Waagschalen gleich schwer – aber der Jüngling ist auch offner, unbefangner, zuversichtlicher zu sich selber und zu andern, wärmer, mitteilender und nachsichtiger; der Mann verschlossener, mißtrauischer, ungläubiger, strenger in seinen Forderungen, sich selbst mehr genug. So knüpft dann mehrenteils nur das, was man Sympathie nennt, unter jungen Leuten das Band der Freundschaft. Was ist aber, genau betrachtet, diese Sympathie anders als ein egoistisches, mithin eigennütziges Gefühl? Wir werden wohlwollend hingezogen zu einem Geschöpfe, das uns an Eigenschaften ähnlich ist, nicht selten nur einerlei Fehler mit uns gemein hat, und lieben also eigentlich uns selbst in andern. – Doch so genau darf man das feine Gewebe der menschlichen Neigungen und Triebe nicht auseinanderwickeln, wenn man nicht allen Wert, auch der edelsten Gefühle des Herzens, wegraisonnieren will.

17. Soviel ist indessen gewiß, daß die Menschen selten diejenigen unter ihren Brüdern eigentlich lieben, von denen ihnen ihr Herz sagt, daß sie in sittlichem und geistigem Werte oder in äußern vorteilhaften Verhältnissen ihnen sehr überlegen sind, weit über ihnen stehen. Können sie dem größern Manne die Bewunderung nicht versagen, so verträgt sich doch nicht so leicht reines Wohlwollen, wahre Zuneigung mit der Anerkennung einer mehrenteils drückenden, die Eitelkeit kränkenden Erhabenheit. Was ist es also anders als versteckter Eigennutz, was den Haufen der Alltagsmenschen bewegt, sich zu Männern von hervorstechenden Talenten, von ausgebreitetem Rufe oder von großem Gewichte in

der bürgerlichen Welt herzudrängen? Sie glauben sich selber ein Gewicht zu geben, wenn sie sich der Bekanntschaft, des Umgangs oder gar der Freundschaft solcher Personen rühmen dürfen oder wenn sie es bemerklich machen können, daß sie freien Zutritt zu ihnen haben. Dieselben Menschen aber werden einem andern wahrhaftig großen Manne, von dessen hohem Werte sie ebenso überzeugt sind, dennoch nicht soviel Anhänglichkeit beweisen, wenigstens nicht öffentlich vor der Welt, sobald dieser Mann den allgemeinen Ruf noch nicht gewonnen hat oder etwa gar von seinen Mitbürgern, vielleicht von seinem ganzen Zeitalter, verkannt wird. Vielmehr werden sie sich dann bemühn, ihn nicht aufkommen zu lassen, damit er sich nicht einst über sie erhebe, sie verdunkle. Es ist den meisten Leuten unerträglich, andre wegen Eigenschaften rühmen zu hören, die sie selbst nicht zu besitzen sich bewußt sind. Es gibt ganze Länder, wo jeder Schriftsteller ausgezeichnet zurückgedrängt wird, weil der Neid der am Ruder sitzenden Geschäftsmänner es nicht vertragen kann, daß ein solcher ohne ihre Hilfe emporkommt und sich etwa gar auswärts größere Achtung als sie erwirbt. Sie suchen dann das Vorurteil zu unterhalten, daß ein eigentlicher Gelehrter fast immer ungeschickt zu praktischen Arbeiten sei, damit sie mit ihrem auswendig gelernten Krame und ein bißchen Geschäftsroutine sich für die einzigen nützlichen und brauchbaren Mitglieder der bürgerlichen Gesellschaft mögen geltend machen. Wenn doch die Menschen endlich einmal diese egoistische Verblendung ablegen und einsehn lernen wollten, daß jeder, der in seinem Fache etwas Vorzügliches leistet, achtungswert ist, gleichviel auf welche Weise er der Welt nützlich wird, wenn er ihr nur nützlich wird! Das Verdienst des redlichen Geschäftsmannes ist gewiß sehr groß, obgleich nicht immer ebenso glänzend wie das des Schriftstellers, und zu einem geschickten praktischen Staatsdiener werden unstreitig manche wichtige, nur mit der größten Anstrengung, Übung und mit vielfacher Aufopferung zu erlangende Kenntnisse erfordert. Unwahr ist aber es von der andern Seite (obgleich dies zuweilen, und selbst *oft* der Fall sein mag), daß ein jeder sogenannter Literator unfähig sein sollte, sich diese einem Geschäftsmanne nötigen Fertigkeiten zu erwerben. Es hat vielmehr von jeher in allen Ländern Männer gegeben, die zugleich auf beiden Wegen sich ein großes Verdienst erworben haben. Und was den Nutzen betrifft, den beide stiften, so läßt sich derselbe sowenig wie die Folgen irgendeiner Art von Anwendung seiner Kräfte berechnen. Lasset uns daher doch Eigennutz und Eitelkeit bei Seite setzen, kein Talent, keinen sonst edlen Gebrauch der Zeit geringschätzen! Lasset uns das oft sehr zweideutige Glück eines großen Namens niemanden beneiden! Das innere Bewußtsein, in der Stille, vom Volke ungelobt und unbemerkt, Gutes zu wirken, ist wohl ebensoviel wert. Lasset uns endlich das wahre Verdienst, wo und wie wir es auch antreffen, würdigen und hervorziehn, um, wo möglich, dadurch die Schwächern zur Nacheiferung zu erwecken, nicht aber für uns Vorteil noch Erhebung darin suchen, daß wir andre unterdrücken!

18. Die mehrsten Menschen, welche verkannte, unterdrückte Talente an das Licht zu bringen, junge Genien mit Geldsummen und Empfehlungen zu unterstützen und den Gelehrten vorzügliche Achtung zu beweisen sich angelegen sein lassen, möchten uns gern glauben machen, dies alles geschähe aus uneigennützigem Eifer für Wissenschaften und Künste; allein nicht immer ist das der Fall. Man will selbst für einen Mann von Kenntnissen, Talenten und feiner Beurteilung gelten; man möchte gern als ein solcher und als ein großmütiger Beförderer der Gelehrsamkeit und Aufklärung ausposaunt werden; man erwartet vielleicht von demjenigen, den man, wie es gewöhnlich heißt, aus dem Staube hervorgezogen hat, gewisse unentgeltliche und verschwiegene Dienste; er soll etwas durchsehn, verbessern oder selbst ausarbeiten, das man nachher für eignes Machwerk ausgeben will. Nun! laß immerhin kleine Nebenabsichten bei solchen Mäzenatenschaften mit unterlaufen – wenn nur das Gute geschieht, Fleiß und Talente ermuntert werden!

19. Auf die häufigen Besuche, welche reisende Liebhaber der Wissenschaften bei bekannten, durch ihre Schriften berühmt gewordenen Männern ablegen, haben diese auch eben nicht

Ursache, stolz zu werden. Die mehrsten solcher Leute kommen bloß als neugierige Gaffer und um hernach sagen zu dürfen, sie kennten diesen und jenen großen Gelehrten recht gut. Oft erkundigen sie sich erst in der Stunde vor dem Besuche, was der Mann eigentlich geschrieben habe, um doch nötigenfalls von seinen Werken mit ihm reden zu können. Andre kommen mit einer Sammlung von Schmeicheleien und Lobpreisungen, die sie für ähnliche Ware bei ihm mit Wucher umzusetzen hoffen, welche Bewandtnis es auch mehrenteils mit den zahllosen Briefen hat, womit man Leute von einigem Rufe in der gelehrten Welt bestürmt und die selten etwas anders als einen Tauschhandel von Komplimenten zum Gegenstande haben. Endlich aber gibt es auch Menschen, welche bei solchen Besuchen nur die Bereicherung ihrer Tagebücher, Reisebeschreibungen und Anekdotensammlungen zum Augenmerke nehmen, das Zutrauen argloser Männer mißbrauchen, um Gespräche und Eröffnungen unter vier Augen nachher auf unbescheidene Weise drucken zu lassen; sich auch wohl über die kleinen wirklichen oder anscheinenden Schwachheiten des Mannes, der sie gastfrei und höflich aufgenommen hat, öffentlich lustig zu machen.

20. Nicht weniger Eigennutz, als mehrenteils bei der äußern Achtung im Spiele ist, welche die Menschen gelehrten und berühmten Leuten zu beweisen pflegen, ist auch in dem Eifer wirksam, mit dem sie sich zu solchen Personen hindrängen, die durch Reichtum, Geburt oder Rang sich über andre erhoben haben. Wenn auch nicht immer von Plänen auf Schutz und Beförderung, auf den Geldbeutel und auf die Mahlzeiten die Rede ist, so sucht doch die liebe Eitelkeit ihren Vorteil bei solchen Verbindungen. Es gibt solche Menschen, die sich gern in die Zirkel Reicherer und Vornehmerer einschieben, die Sitten der sogenannten höhern Stände auf eine zuweilen in das Komische fallende Weise kopieren, ausländische Sprachen reden wollen, deren sie nicht mächtig sind, und sich auf phantastische Weise kleiden, um ihrer Meinung nach auch für reich und vornehm angesehn zu werden, ja! die deswegen und um sich bei den Gro-

ßen einzuschmeicheln, sich eine Ehre daraus machen, ihren Torheiten und Lastern nachzuahmen. Es gibt Leute, die keinen Aufwand, keine Aufopferung scheuen, sobald es darauf ankommt, ihre törichte Eitelkeit zu befriedigen, die sparsam und kärglich leben und zu leben Ursache haben, wenn sie mit den Ihrigen oder einem vertrauten Freunde allein sind, aber dagegen gern Geld zu zehn vom Hundert aufnähmen, um sich die Ehre verschaffen zu können, einen durchreisenden Prinzen bei sich zu bewirten. Diese Leute kennen in der Tat ihren Vorteil schlecht; von ihren verständigen Mitbürgern verhöhnt, haben sie nicht einmal die Freude, für ihren lächerlichen, oft sehr geschmacklosen Aufwand wahre Dankbarkeit einzuernten. Kaum hat der Magnate ihr Haus wieder verlassen, so vergißt er vielleicht schon den Namen des Mannes, bei dem er so viel Gutes genossen hat; oder wenn er in der Folge einmal wieder seiner Erwähnung tut, so geschieht es, um über die bürgerliche Bewirtung zu spötteln, über die Langeweile zu klagen, die er aus Höflichkeit hat aushalten müssen, und die Albernheiten und Fehler gegen echten Weltton herzuzählen, die ihm dort aufgestoßen sind.

21. Besser berechnet auf der andern Seite der sich herablassende Große seinen Vorteil bei solchen Verbindungen mit Leuten, die er weit unter sich glaubt, und wirft sich gewiß nicht umsonst weg. Wenn er nicht etwa gar in solchen Vermögensumständen ist, daß das Gesuch einer Geldanleihe oder ein andrer ökonomischer Plan ihn bewegt, den Umgang mit dem reichern Bürger zu suchen, so verlangt er doch gewiß auf andre Art für die Langeweile, welche er in dergleichen Gesellschaften empfindet, entschädigt zu werden. Zum wenigsten will er reichlich mit Schmeichelei und Huldigung für die Opfer bezahlt sein, die er, seiner Meinung nach, bringt. Oder deswegen behagt ihm ein Zirkel von Personen geringern Standes weit mehr als der Verkehr mit seinesgleichen, weil jene vielleicht niederträchtig genug sind, einen vornehmen Herrn zu vergöttern. Er will dann, wie Cäsar, lieber in einem Dorfe der erste als in einem Königreiche der zweite sein. Am häufigsten aber legt es diese Art Menschen darauf an, sich in den Ruf

einer gewissen Popularität zu setzen und dadurch eine mächtige Partei im Volke für sich zu gewinnen.

22. Überhaupt haben wir Ursache, ohne eigentlich argwöhnisch zu sein, doch nicht zu fest auf die Zuneigung der Menschen zu rechnen, die wir nie in solchen Fällen beobachtet haben, wo unsre Verhältnisse gegen sie mit ihren Vorteilen in Kollision kommen oder wo es kleine oder große Aufopferungen und Verleugnungen gilt. Man beurteile also die Menschen nicht nach dem, wie sie handeln, wenn sie unsrer auf irgendeine Weise bedürfen oder uns fürchten! Wenn wir uns der allgemeinen Achtung erfreuen; wenn unser Wort von Gewicht, unser guter Ruf ausgebreitet und nicht zweideutig ist; wenn man es für eine Art von Ehre halten darf, mit uns vertraulich umzugehn; ja! dann werden wir freilich nie Ursache finden, über Vernachlässigung zu klagen. Aber lasset uns in Lagen kommen, wo das Glück uns den Rücken kehrt, wo unverschuldet widrige Vorfälle uns treffen, wo böse, verleumderische Gerüchte zu unserm Nachteile herumlaufen, wo wir von rachsüchtigen Obern gedrückt, von Feinden und Neidern verfolgt werden, bei Fürsten in Ungnade gefallen sind – und lasset uns dann sehn, wieviel von denen noch über unsre Schwelle kommen, die vorher sich zu uns drängten und uns die wärmsten Versicherungen ihrer Hochachtung gaben! Wer diese Probe aushält und nicht etwa selbst im Gedränge ist, den darf man für uneigennütziger halten, als mehrenteils der Haufen gewöhnlicher Menschen ist. Ich habe bei verschiedenen Abwechselungen meines unruhigen Lebens angenehme und unangenehme Erfahrungen von der Art gemacht. Unter Fremden, Bekannten, sogenannten Freunden und Blutsverwandten haben dieselben Personen mir mehrmals den Rücken gewendet und sich mir wieder aufgedrungen, mir Wärme und Kälte, Übermut und kriechende Huldigung bewiesen, mich verleumdet und sich ihrer Verbindung mit mir gerühmt, mich mit ihren unbedeutenden Briefen bestürmt und mir auf die meinigen nicht geantwortet, je nachdem meine äußern Verhältnisse von der Art waren, daß sie dabei zu gewinnen oder zu verlieren glaubten. Indes ich unter Leuten, die ich nicht

einmal dem Namen nach kannte, edle, eifrige Verteidiger fand, ließen Menschen, die mir sehr wesentliche Verbindlichkeiten schuldig waren, alles Böse über mich ergehn oder schlugen sich gar zu der Partei derer, die mich verfolgten. Wer, so wie ich, über die Verkehrtheit der Menschen lieber lacht als seufzt und eifert, eigentlich niemandes Gnade und Schutzes bedarf, von keinem Menschen in der Welt etwas anders als Gerechtigkeit fordert und, die Wahrheit zu gestehn, von den mehrsten Erdensöhnen herzlich wenig ausdauernde Festigkeit und Konsequenz in Handlungen erwartet, den können dergleichen Erfahrungen eben nicht überraschen und niederschlagen. Er nimmt das, was ihm die Menschen für Treue und Anhänglichkeit verkaufen, vorerst an, als sei es gute, echte Münze, hütet sich übrigens nur, wie ein kluger Kaufmann, in diese unsichern Papiere keine so große Summen von seinem Herzensvermögen anzulegen, daß er durch fremde Fallimente zugrunde gehn könnte, schreibt jedoch die Namen der guten und bösen Kundmänner, die er bei diesem Seelenverkehr kennengelernt hat, in sein Gedächtnisbüchelchen auf, um den erstem die jedem gutgearteten Herzen so heilige Pflicht der Dankbarkeit tätig zu beweisen, den andern aber gelegentlich zu zeigen, daß er sie für das hält, was sie sind.

23. Es ist sehr unterhaltend für den feinen Beobachter zu sehn, welchen Tauschhandel von Schmeichelei die Menschen unaufhörlich untereinander treiben und wie fast alle ihre Verbindungen auf diese Warenspekulation berechnet sind. Solche Verbindungen erweitern und verengen sich, werden gestiftet und getrennt, je nachdem die Teilnehmer ihr Konto dabei finden, das heißt: je nachdem sie sich dabei eine beträchtliche oder zu geringe Einnahme von äußerer Ehre, Schmeichelei und Blindheit gegen ihre Fehler und Untugenden versprechen dürfen. Fast die ganze Kunst der feinen Lebensart beruht weniger auf zweckmäßigen, wahren, gegenseitigen Gefälligkeiten als auf einem stillschweigenden Vertrage, sich einander Gesinnungen und Empfindungen zu heucheln, wovon nicht eine Spur im Herzen und Kopfe ist. Die mehrsten Menschen schätzen und achten uns

nach Verhältnis der Huldigung und feinen Schmeichelei, die wir ihnen darbringen. Der verächtlichste Kerl erscheint ihnen in vorteilhaftem Lichte, wenn er ihre Torheiten billigt, ihr Stekkenpferd mit besteigt oder wenn sie erfahren, daß er sie gegen andre gelobt hat. Eine einzige gutgemeinte, vielleicht bittre Wahrheit hingegen, die wir aus guter Meinung sagen, kann uns auf immer um die Gunst besonders der eiteln Schoßkinder des Glücks bringen. Auf diese Erfahrungen stützt dann auch der eigennützige, schlaue Schmeichler die Pläne, wodurch er sich emporschwingt, und wir sehen unzählige sehr unwürdige Menschen mit Reichtum, äußerer Ehre und andern Vorzügen dieser Art überhäuft, die ihre Erhebung nur allein der Schmeichelei verdanken. Es gibt Leute, die diese Kunst so überaus fein studiert haben, daß selbst kluge Männer (die denn doch auch nicht immer ganz von Eitelkeit und Eigenliebe frei sind) in ihre Schlingen fallen. Vorzüglich geschickt aber pflegt das weibliche Geschlecht zu sein, auf diesem Wege seine Zwecke zu erlangen und unmöglich scheinende Dinge durchzusetzen.

24. So bereitwillig aber auch die Menschen sein mögen, da, wo es ihnen Vorteil bringen kann, auch wider ihre Überzeugung für die Unvollkommenheiten ihrer Mitbürger blind zu sein und sich gegenseitig mit Beifall und Lob zu hintergehn, so wenig Gerechtigkeit lassen sie, wie dies schon an einem andern Orte ist bemerkt worden, dem wahren Verdienste widerfahren, wenn dadurch das ihrige verdunkelt werden kann. Sie werden sehr geneigt sein, alle gute Eigenschaften an einem Manne zu loben; nur über *die* werden sie leise hinausgehn, auf welche sie selbst große Ansprüche machen. Noch hat man Ursache, ihnen zu danken, wenn sie es dann dabei bewenden lassen, zu schweigen; allein wie oft verleitet sie nicht der Brotneid, den Mann zu verkleinern, zu verleumden, von dem sie sich übertroffen glauben.

25. Ein Teil von dem, was ich über den Eigennutz in der Freundschaft gesagt habe, ist auch auf die Liebe unter Personen von verschiedenem Geschlechte anwendbar. Wir wollen nicht untersu-

chen, ob überhaupt Geselligkeit und Liebe ursprünglich aus einem Gefühle von Schwäche, aus dem Verlangen nach Hilfe, Beistand und Mitteilung entstehen! – Ein Satz, den man als wahr anzunehmen versucht werden möchte, wenn man bemerkt, daß je selbständiger, stärker, kraftvoller, klüger, reifer an Jahren und Vernunft ein Mann ist, er um desto weniger leicht einzunehmen, um desto schwerer durch Liebe zu fesseln und um so viel geneigter scheint, jene innige Herzensvereinigung, welche die höchste Wonne des weichen Jünglings ausmacht, für Schwachheit, Torheit und Schwärmerei zu erklären. Auch wollen wir uns nicht bei der Bemerkung aufhalten, wie oft physischer Trieb, körperliches Bedürfnis, Verlangen nach sinnlichem Genusse sich heimlich hinter jener geistigen Verbindung versteckt. Lasset uns vielmehr zur Ehre der menschlichen Natur und ihres Schöpfers annehmen, daß in sie der Keim eines höhern Wohlwollens, einer reinen, uneigennützigen Liebe eingepflanzt sei, einer Liebe, die gleich organisierte, harmonisch gestimmte Wesen unwiderstehlich zueinander hinzieht und fest aneinander kettet, einer Liebe, die nicht nur empfangen, sondern auch gern und willig, und mehr als sie empfängt, alles was sie hat und vermag, ihr ganzes Selbst hingeben möchte und zu den größten Aufopferungen fähig ist. Freilich liebt man, um geliebt zu werden, und auch die feurigste Leidenschaft wird erkalten oder in Haß übergehn, wenn alle Hoffnung der Erwiderung schwindet, wenn sogar Verachtung der treuesten Zärtlichkeit zum Lohne wird. Allein das Verlangen, Herz gegen Herz zu vertauschen, das größte Geschenk, das man bringen kann, nicht verworfen, die Kränkung nicht zu erleben, seinen Wert also verkannt, für nichts geachtet zu sehn; dies Verlangen, sage ich, darf man nicht auf die Rechnung eines verwerflichen Eigennutzes schreiben. Selbst die Eifersucht, welche die uneigennützige Freundschaft nie entweihn sollte, scheint der Liebe wesentlich und in der Natur dieser Leidenschaft gegründet zu sein. Aber davon lasset uns reden, daß so oft in der Welt Habsucht, Ehrsucht und Eitelkeit hinter der Larve der Liebe Befriedigung suchen! Es werden wenig Heiratsanträge gemacht, ohne daß dabei der Name der Liebe mißbraucht würde, indes eigennützige Absichten auf

Reichtum, wenigstens auf Versorgung, auf Beförderung im bürgerlichen Leben oder auf vorteilhafte Familienverhältnisse einen von beiden Teilen, oder den einen und den andern zugleich, zu den mehrsten Ehebündnissen hinleiten. Und nun vollends bei den losen Banden einer ungesetzmäßigen Liebe; wie selten bleibt da der Eigennutz aus dem Spiele! Mit welcher Schlauigkeit weiß nicht die ungetreue Buhlerin ihren Sklaven glauben zu machen, daß ihr Herz nur für ihn schlage, daß sie ohne ihn nicht leben könne, lieber an seiner Seite betteln, als auf dem glänzendsten Thron sitzen wolle, indes sie seine Goldsäcke ausleert, ihm mit List den letzten Heller entlockt und, wenn er nichts mehr zu geben hat, einem andern freigebigen Toren in die Arme eilt! An unzähligen andern sogenannten Herzensverbindungen haben dann auch Eitelkeit, Langeweile und Avanturengeist Teil, wobei nicht selten beide Parteien sowohl einander als auch sich selbst hintergehen.

26. Unter Blutsfreunden stiftet der Eigennutz oft unversöhnliche Feindschaft, so wie er auch verstellte, falsche Freundschaft, Aufmerksamkeit und Pflege heuchelt, wenn er seine Rechnung dabei findet. Wenn eine Erbschaft zu erschleichen, einer alten Muhme oder einem kränkelnden Oheime ein Legat abzulocken, wenn eine Verlassenschaft unter lachende Erben zu teilen, wenn ein gutmütiger Vetter zu einem für ihn nachteiligen Vergleiche zu bereden ist, dann zeigt sich der Eigennutz, mit den glatten Waffen der Schmeichelei, Gutmütigkeit und zärtlichen Sorgfalt, oder, nach den Umständen, mit der Wut der Habsucht, der Arglist und der Schikane ausgerüstet, in seiner ganzen Stärke.

27. So traurig den Menschenfreund die Bemerkung macht, daß in die natürlichsten, einfachsten Verhältnisse, in die Bündnisse, welche Freundschaft, Liebe und Blutsverwandtschaft stiften, sich so vielfältig ein niedriger Eigennutz einmischt, so kränkend ist für ihn auch die Erfahrung, daß diese unedle Leidenschaft sich zuweilen in das Gewand eines wohltätigen Eifers für die Bildung, den Unterricht und die Erziehung der Jugend hüllt. Ich rede hier nicht

von den edeln Männern, die, indem sie ihre Kräfte und die schönsten Jahre ihres Lebens dem mühseligen, oft so undankbaren Geschäfte der Erziehung widmen, doch auf eine verhältnismäßige Entschädigung für die Opfer, welche sie dem gemeinen Wesen bringen, Anspruch zu machen und etwas zurückzulegen suchen, damit nicht einst nach ihrem Tode Weib und Kinder von Almosen leben müssen. Auch rede ich nicht von den armen, in der Tat bedauernswerten Schullehrern, besonders auf dem Lande, welche, wenn sie für die nützlichsten Dienste, die irgendein Bürger dem Staate leisten kann, kümmerlich besoldet werden, um nicht gänzlich zu verarmen, zu allerlei Nebenerwerbmitteln ihre Zuflucht nehmen, sich von Abschreiben nähren oder ein Handwerk treiben und darüber ihren eigentlichen Beruf versäumen, die endlich, um dem Geize der Eltern, denen es oft mehr um wohlfeilen als treuen Unterricht für ihre Söhne und Töchter zu tun ist, zuweilen ein Geschenk zu entlocken und wenigstens ihre einträglichsten Kunden nicht zu verlieren, den Kindern der Reichern und Vornehmern durch die Finger sehen und schmeicheln – von diesen, welche die Not treibt, den Geldgewinn zu ihrem Hauptaugenmerke zu machen, rede ich nicht; sondern von solchen Menschen, die ohne innern und äußern Beruf zu dem wichtigen Erziehungsgeschäfte, wenn sie sich zu allen übrigen Verrichtungen des bürgerlichen Lebens ungeschickt fühlen, oder den damit unvermeidlich verbundenen Zwang der Abhängigkeit von Vorgesetzten und Obern nicht ertragen können, sich eine Republik von fremden Kindern stiften, zu deren Vorsteher sie sich aufwerfen, und dafür reichliche Abgaben entrichten lassen, die sie leichtgläubigen Leuten, unter Vorspielung der menschenfreundlichsten Absichten, durch pomphafte Ankündigungen aus dem Beutel schwatzen, dies Geschäft als Finanzsache betreiben und, wenn sie einige Jahre hindurch reicher Leute Kinder in ihren Menschenfabriken bearbeitet haben, diese, ebenso unwissend und nicht selten an Leib und Seele schlechter und zu allen ernsthaften Geschäften unfähig, wieder nach Hause schicken. Am gewissenlosesten und nur auf Geldgewinn bedacht, pflegen aber leider! die meisten Lehrmeister in schönen Künsten, Musik, Tanz, Zeichenkunst und die Sprachmeister zu verfahren. Da wird nur daran gedacht, wie die bestimmte Stunde, für welche die Herrn eine Karte erhalten, in jedem Hause ausgefüllt werden könne. Ob der Schüler etwas lernt oder nicht, das ist dann des Meisters geringste Sorge; im Gegenteil, je langsamer die Fortschritte sind, welche er macht, um desto sichrer ist er, die Kundschaft lange zu behalten, wenn nur von Zeit zu Zeit den leichtgläubigen, von Affenliebe für ihre Kinder eingenommenen Eltern Überzeugung von den großen, herrlichen Anlagen der Püppchen, durch vorgelegte Proben und angestellte Prüfungen, wobei der Lehrmeister gewöhnlich das Beste tut, verschafft werden kann. Ist nun gar von dem Unterrichte erwachsener junger Frauenzimmer die Rede, so spielt nicht selten der Herr Lehrer nebenher die Rolle des Liebhabers, oder wenigstens des Brief- und Zeitungsträgers.

28. Das Band, welches die Hausherrschaft und das Gesinde aneinanderknüpft, ist nicht weniger oft aus bloßem Eigennutz zusammengewebt. Man hört allerorten über die Faulheit und Untreue der Dienstboten klagen. Es ist wahr, die wenigsten von ihnen verrichten ihre Geschäfte eigentlich mit Lust und Eifer. Wenn nur die Zeit hingeht und sie keiner offenbaren Nachlässigkeit beschuldigt werden können, so glauben sie genug getan zu haben. Der Nutzen ihrer Herrschaften liegt ihnen nicht am Herzen; sie richten mutwillig den Hausrat zugrunde, schweigen zu den Betrügereien der Handwerker und Verkäufer, mit welchen jene Geschäfte treiben, wenn sie nicht gar mit ihnen einverstanden sind. Halten sie auch den eigentlichen Diebstahl für verdammliche Sünde, so rechnen sie doch die Entwendung und Verschleuderung von Kleinigkeiten, besonders von Eßwaren und Getränken, zu ihrem und ihres Anhangs Genusse, für kein Verbrechen. Wenn Hausvater und Hausmutter den Blick wegwenden, wird die Arbeit für sie zurückgelegt und ihre eigne vorgenommen. Endlich in Häusern, wo etwas dabei zu gewinnen ist, werden Uneinigkeiten zwischen Mann und Weib, Eltern und Kindern, oder Klatschereien, oder heimliche Liebesverständnisse durch sie unterhalten und den Eltern die Ausschweifungen und Unarten ihrer Kinder ver-

schwiegen und dies alles solange fortgetrieben, bis sich Gelegenheit zeigt, in einem andern Hause für höhern Lohn anzukommen, da dann das Gesinde auch der besten, nachsichtigsten Herrschaft den Stuhl vor die Tür setzt und seine untreuen Dienste dort verkauft. Das alles trifft man leider! nur zu häufig an; allein von der andern Seite sind auch die Hausväter oder sogenannten Brotherrn nur zu oft selbst durch ihr hartes und eigennütziges Verfahren schuld daran, daß ihre Dienstboten ihnen keine wahre Anhänglichkeit zeigen. Wenn sie das Gesinde sklavisch behandeln und schlecht bezahlen; wenn sie verlangen, daß die armen, von ihnen abhängig gewordenen Geschöpfe ihnen ihre ganze Existenz, alle Stunden des Tages und der Nacht, verkauft haben sollen; wenn sie ihnen nicht die geringste Erholung, keine unschuldige Freude, keinen Augenblick Muße, um für ihre eignen Bedürfnisse zu arbeiten, gönnen; wenn sie ihnen schlechte Kost und so wenig reichen lassen, daß sie kaum, vielleicht auch gar nicht, satt davon werden können; wenn der Bediente, sobald er anfängt, alt oder schwächlich zu werden, den Überdruß gewahr wird, den seine Gegenwart im Hause verursacht; wenn er dann in solchen Umständen jeden Augenblick erwarten muß, verstoßen, der Armut preisgegeben zu werden; wenn er bei Krankheiten ohne Pflege und Wartung daliegen, die teure Arzenei selbst von seinem geringen Lohne bezahlen muß oder in ein schmutziges Hospital geschleppt wird; wenn er jedesmal aus seinem Beutel den Schaden vergüten muß, den die Herrschaft an zerbrechlichem Hausrate, durch ein Ungefähr oder durch eine kleine Unvorsichtigkeit leidet; endlich wenn er den Laufpaß erhält, sobald sein Gesicht nicht mehr gefällt oder ein andrer jüngerer, hübscherer, für geringern Lohn zu habender Bedienter sich meldet; dann ist es wohl kein Wunder, daß das Gesinde von einer so schimpflichen, so unsichern und so lästigen Existenz soviel Gewinn zu ziehn sucht, als sich tun läßt, und sich um den Vorteil seiner Herrschaften wenig bekümmert.

29. Ich habe, nicht um dem Laster das Wort zu reden, sondern zu Milderung der widrigen Eindrücke, welche die Schilderungen,

die ich hier von der ungeselligen Handlungsart so vieler Menschen aufstellen muß, auf jeden Tugendfreund machen werden, im Anfange dieses Abschnittes (5 und 6) zu beweisen gesucht, daß der Grund dieses verwerflichen Eigennutzes nicht in einer ursprünglichen Verderbtheit der menschlichen Natur, nicht in einem angebornen Mangel an Wohlwollen und Teilnahme, sondern in den durch unsre bürgerlichen Einrichtungen vervielfältigten Verhältnissen und in dem mit der feineren Kultur zugleich allgemeiner sich ausbreitenden Luxus zu suchen sei, der eine Menge neuer Bedürfnisse erzeuge, deren Befriedigung man dann auf Kosten andrer suche. Hier muß ich nur noch bemerklich machen, daß unsre pädagogischen und religiösen Systeme nicht weniger dazu beitragen, in uns den Keim des Eigennutzes emporsprossen zu lassen. Statt den Kindern früh die heilige Wahrheit anschaulich zu machen, daß die Erfüllung jeder Pflicht, die Erwerbung der Fertigkeit in jeder Art Tugend ihren eignen Lohn mit sich führen und daß es niedrig, eines verständigen und edlen Menschen unwürdig sei, einen andern Preis von außen her zu erwarten, werden sie vielmehr gewöhnt, für solche Handlungen, die ihr eignes wahres Wohl befördern, von ihren Erziehern gleichsam Bezahlung zu fordern. Statt vorauszusetzen, daß es jedem vernünftigen Wesen ein Bedürfnis sein müsse, folgerecht, das heißt gut zu handeln, daß sich das von selber verstehe und noch gar keines Lobes wert sei, veranlaßt man, daß sie immer glauben, nur ihren Erziehern und andern sich durch gute Aufführung gefällig beweisen zu müssen, um dafür die Gebühren einzustreichen. Belohnungen und Strafen werden selten aus der Natur der Handlung selbst hergenommen und durch diese herbeigeführt, sondern willkürlich verhängt. Für das, was das Herz verbricht, wird der Magen gezüchtigt, und wenn der Kopf nicht aufmerksam gewesen ist, rächt man sich an der Winterseite des Körpers. Daher kommt es dann, daß die Jugend erstlich nur für solche Pflichten geneigt gemacht wird, deren Ausübung ihr etwas einbringt; zweitens, daß sie hingegen da, wo keine äußere Vergeltung zu erwarten ist und sie im Verborgnen handeln kann, ohne Strafe fürchten zu müssen, nicht den Vorschriften der Vernunft, sondern ihren unregelmäßigen

Trieben folgt; endlich drittens, daß sie für gute Handlungen Belohnungen erwartet, die mit denselben in gar keiner Verbindung stehen. Diese Beschaffenheit hat es dann leider! auch mit den Religionsbegriffen der mehrsten, weniger aufgeklärten Menschen. Selbst die, welche die Lehre der römischen Kirche von der Verdienstlichkeit des Betens, Fastens, Almosengebens, von der Kraft äußerer Förmlichkeiten und mechanischer Gebräuche, um damit die Seligkeit zu erkaufen, verwerfen, bauen dennoch nicht weniger das System ihrer Religion auf bloßen Eigennutz. Die Aussicht auf den Himmel und die Hölle sind oft bei ihnen der einzige Antrieb zur Tugend, Furcht vor dem liebreichen Vater aller Kreaturen hält sie allein vom Laster zurück, und sie sehen Gott für einen willkürlich strafenden und belohnenden Oberherrn an, den man für eine lange Reibe lasterhaft verlebter Jahre durch ein paar reuige Augenblicke auf dem Totenbette versöhnen könne. Daher kommt es dann, daß, wenn bei solchen Leuten der Glaube an die Lehre vom Himmel und der Hölle zu wanken anfängt, mit diesem Glauben zugleich alles Interesse, tugendhaft zu handeln, zum Schaden der Moralität verschwindet. Wieviel wirksamer würden hingegen die Motive zum Guten sein, wenn den Christen von Jugend auf eingeprägt würde, daß der göttliche Stifter unsrer Religion uns nur deswegen die strengste Ausübung aller Art Tugend zur Pflicht gemacht habe, weil wir dadurch unsre Vollkommenheit und eigne wahre *innere* Glückseligkeit befördern, die in der höhern Ausbildung und Anwendung unsrer Vernunft, zur richtigen Lenkung unsrer Gefühle und Triebe und zu Gründung der Harmonie des Ganzen besteht, und daß dies der einzige erlaubte, ja lobenswerte Eigennutz sei, welcher Einfluß auf unsre sittlichen Bewegungsgründe haben dürfe!

30. Wenn aber auf jene Weise die Menschen von Kindheit an gewöhnt werden, einen niedrigen Eigennutz zur Triebfeder aller ihrer Handlungen zu machen, ist es dann zu verwundern, wenn man im bürgerlichen Leben allgemein die schädliche Wirkung dieser Verkehrtheit gewahr wird? Die mehrsten von den Regierungen ausgesetzten Preise, um Ordnung, Fleiß und Tätigkeit zu

befördern, die sich doch selbst so reichlich belohnen, liefern einen traurigen Beweis davon, daß man den Menschen das Interesse sehr nahelegen müsse, um sie zu Ausübung ihrer Pflicht zu ermuntern. Ja die ganze geheime Kunst, Menschen zu regieren, besteht fast allein in der Gewandtheit, mit der man ihre Leidenschaften zu guten Zwecken zu nützen und ihnen, bei Verwendung ihrer Kräfte, nicht zu entfernte, aber in die Sinne fallende Vorteile zu zeigen versteht.

31. Die mehrsten Menschen sind äußerlich tugendhaft, rechtschaffen, großmütig, gefällig, dienstfertig, gesellig, nicht aus innerm Triebe zum Guten, nicht aus richtiger Berechnung des Nutzens, den sie dadurch, wie ihnen die Vernunft diese Pflicht vorschreibt, der menschlichen Gesellschaft stiften; nein! nur um damit gewisse Vorteile zu erkaufen, sei es nun Beförderung im bürgerlichen Leben, sei es irgendein andrer eigennütziger Plan, oder sei es endlich auch nur des Rufs und Beifalls wegen. Man lobt, um wiedergelobt zu werden oder um gelegentlich desto sicherer Verleumdung für Wahrheit verkaufen zu können, wenn man sich Zutraun erworben hat. Man gibt sich und das Seinige hin, um mit Zinsen wieder fordern zu dürfen. Man ist herablassend, freundlich, populär, um andre zu hintergehn, irgend etwas durchzusetzen oder um seine Feinde, die es weniger sind, zu beschämen und ihnen ihren Anhang zu entziehn. Oft findet man aber, daß wenn Personen lange Zeit hindurch diese heuchlerische Larve getragen haben und es ihnen nicht gelungen ist, dasjenige zu erlangen, worauf sie hinzielten, sie auf einmal die Verstellung aufgeben, ihre unedle, ungesellige Gemütsart öffentlich und sich in ihrer natürlichen Gestalt zeigen. Man lasse sich daher ja nicht zu leicht in seinem Urteile über Leute täuschen, deren glatte Worte, deren glänzende Wohltätigkeit und Freundlichkeit für sie den allgemeinen Ruf bestochen haben! Man beobachte sie eine Zeit lang. – Es kommt der Augenblick der Prüfung, wo es Aufopferung gilt, wo es auf unverdächtige Anwendung der so herrlich ausgekramten Scheintugenden angesehn ist; und nun steht der eigennützige, egoistische Prahler in ganzer Blöße da. Oft nach einer

langen Reihe von Jahren erst gerät man auf die Spur der wahren Bewegungsgründe, die einen Mann zu Handlungen bewogen haben, die man auf die Rechnung einer großmütigen Denkungsart geschrieben hatte. Lasset uns aber auch nicht zu bereitwillig sein, in die lieblosen Urteile derjenigen mit einzustimmen, die ich im dreizehnten Absatze dieses Abschnitts geschildert habe und die aus Neid, folglich aus einem nicht weniger eigennützigen Gefühle, jede gute Handlung ihres Nebenmenschen verdächtig zu machen suchen! Man sei doch ja froh, wenn nur eine größere Summe des Guten ausgeübt wird, und suche die schwächern Brüder, wo es irgend ohne Beleidigung des Wahrheitsgefühls geschehn kann, durch Lob, Beifall und Zutraun zu ermuntern, ohne sich zu vermessen, ihre geheimsten Absichten zu richten!

32. Genau betrachtet hat aber jede Bestrebung, seine Handlungen so einzurichten, daß man dadurch äußern Ruf, Lob und Beifall gewinne, ihren Grund in einem, obgleich zuweilen versteckten Eigennutze. Zwar bin ich weit entfernt zu glauben, man dürfe die allgemeine Schätzung, und besonders das Urteil verständiger und edler Männer über unsern wahren Wert, für nichts achten; vielmehr halte ich diese Rücksichten für sehr vorzügliche Triebfedern, die uns aufmuntern können, die Achtsamkeit auf uns selbst nie aufzugeben und, um guter Menschen Liebe und Beifalls wert zu sein, immer eifriger an unsrer Vervollkommnung zu arbeiten; allein die Hauptmotive zu moralischen Handlungen müssen aus einer reinern Quelle geschöpft werden. Der Gedanke, mit aller Anstrengung seiner Kräfte der menschlichen Gesellschaft nützlich zu werden; im Stillen, da, wo man von niemand beobachtet wird, Hilfe, Lehre, Rat, Trost, Beruhigung, Aufklärung, Glück und Wohlstand zu verbreiten und seine schönsten Stunden mit Freuden aufzuopfern, um andre froh zu machen – dieser Gedanke ist so seelenerhebend und erquickend, daß diejenigen in der Tat unser Mitleiden verdienen, die für die Wonne, welche ein so nützlich verwendetes Leben gewährt, keinen Sinn haben. Wie aber Tugend und Laster durch Übung wenn nicht erlangt, doch gewiß befestigt werden, so wird uns auch der Trieb, für das Wohl

der Menschheit zu arbeiten, endlich zu dem dringendsten Bedürfnisse, zu einem Teile unsrer Existenz. Da fühlt man denn gar keinen Widerwillen mehr, die langweiligsten, mühseligsten Arbeiten zu treiben, insofern man nur Nutzen dadurch stiftet. Ja! es liegt eine geheime, innige, vielleicht ein wenig eitle Freude darin, sich bewußt sein zu dürfen, daß, je unangenehmer das Geschäfte ist, das man in dieser Rücksicht übernimmt, desto weniger der eigne Genuß uns zu diesem Opfer angetrieben habe. Der, welcher, wenn er ein Amt mit Lust verwaltet oder ein Geschäft unter Händen hat, das mit Annehmlichkeiten verknüpft ist, nicht fühlt, daß er bereit sein würde, mit demselben Eifer Besen zu binden oder Schwefelhölzer zu schnitzeln, wenn er gewiß durch diese Arbeit dem Staate oder seiner Familie, mit einem Worte! der gesellschaftlichen Verbindung, nützlicher werden könnte, als wenn er philosophische Abhandlungen schriebe oder das Ruder der Regierung führte; ein solcher sage nicht, daß er Gemeingeist habe, daß er für andre lebe! Es ist keine Kunst, sich anzustrengen, wenn diese Anstrengung Freude, Reichtum und Ruhm einbringt. Nicht jeder steht auf einem Standpunkte, wo er der Menschheit auf glänzende Weise im Großen nützen kann, auch kommt es oft weniger darauf an, *was* man tut, als *wie* und *warum* man es tut. Ein redlicher, treuer Hausvater, der sparsam lebt, unermüdet im Schweiße seines Angesichts arbeitet und sich so manches Vergnügen versagt, um ein kleines Vermögen zu sammeln, damit einst seine Kinder sich unabhängige, sorgenfreie Tage erkaufen können; ein fertiger Geschäftsmann, der mit ununterbrochenem Fleiße sein Leben lang, für mäßige Besoldung, in staubigen Akten wühlt, dabei mit Verdruß aller Art kämpft, manche undankbare Behandlung und Zurücksetzung geduldig erträgt und, obgleich er Vermögen genug besitzt, um sich in Ruhe setzen zu können, dennoch nicht von seinem Platze weicht, weil er überzeugt ist, daß ein andrer an seiner Stelle weniger Nutzen stiften würde; diese haben gewiß ein ebenso großes Verdienst um die Welt als mancher, der sich durch glänzende Taten hervortut, aber auch dabei seine Eitelkeit, sein Vergnügen und seinen Geldbeutel befriedigt.

Jede nützliche Verwendung der Kräfte, aus reinen Absichten, hat wahren Wert, hat nahe und ferne wohltätige Folgen.

33. Doch nicht nur in den Geschäften des bürgerlichen Lebens, sondern sogar in ihren Studien und in Ausfüllung ihrer Nebenstunden verraten die Menschen eigennützige Absichten. Seltener haben sie, wenn sie eine Wissenschaft treiben, den Zweck vor Augen, dadurch der Welt nützlich zu werden, öfter nur den Plan, durch dies Mittel auf eine einträgliche Bedienung Anspruch machen zu dürfen. Man strebt nach Erwerbung neuer Kenntnisse, nicht sowohl um Geist und Herz zu veredeln und dadurch ein würdiges Mitglied der menschlichen Gesellschaft zu werden, als vielmehr des eignen Genusses wegen und um damit prahlen zu können. Man legt sich auf schöne Künste und Sprachen, um in Gesellschaften zu glänzen und Lob einzuernten. Ja! bis in die geselligen Vergnügungen hat sich der Eigennutz hineingedrängt, da die schändlichste, jedes verständigen und redlichen Mannes höchst unwürdige Beschäftigung, das vermaledeiete Spiel um hohes Geld, zu einem ganz unentbehrlichen Bedürfnisse aller großen Zirkel geworden ist – ein Sittenverfall, der nur von solchen Personen in Schutz genommen und mit elenden Gründen unterstützt werden kann, die ihre eigne Spielbegierde rechtfertigen müssen. Mögen immerhin leere Köpfe auf diese Weise die Zeit töten! Mögen immerhin Leute, die kein Gespräch zu führen wissen, ohne Verleumdungen einzumischen, durch die Achtsamkeit auf ihre Karten zum Schweigen gezwungen werden! Aber gebildete, denkende Menschen müssen einen bessern Stoff zur Unterhaltung zu finden verstehn. Je größer dann die Gesellschaft ist, um desto lebhafter wird der Ideentauschhandel fortgehn, und wenn nur eine Anzahl solcher Männer, denen es damit ein Ernst wäre, in ihren Zirkeln den Anfang dazu machen wollten, so würde bald, nachdem sie vielleicht zuerst einige Mühe hätten anwenden müssen, die übrigen in den Gang zu bringen und den Ton anzugeben, niemand mehr um Stoff zu interessanten Gesprächen verlegen sein, besonders wenn man die Musik zu Hilfe nähme. Dankbar erinnere ich mich der glücklichen und belehrenden Stunden, die

ich als Knabe, Jüngling und Mann in Braunschweig, in einigen sächsischen Städten, in den Rheingegenden und in Hamburg mitten unter den edelsten und gebildetesten Personen beiderlei Geschlechts auf diese Weise verlebt habe.

34. Wenden wir nun unsern Blick auf die Geschäfte im bürgerlichen Leben, so sehen wir nicht weniger oft den Eigennutz unter allen Bewegungsgründen, die den Menschen bestimmen, seine Kräfte dem Dienste des Staates zu widmen, obenanstehn. Wer schlägt wohl ein einträgliches Amt aus, das er zu erlangen Gelegenheit hat, er mag nun in seinem Gewissen überzeugt sein, daß er die dazu nötigen Kenntnisse habe oder nicht? Wie selten läßt man seinem geschicktern und fleißigem Mitwerber Gerechtigkeit widerfahren und ist bereit, Verzicht auf eine Bedienung zu tun, damit sie dem, welcher ihr besser vorstehn würde, zuteil werde? Auf Kosten des gemeinen Wesens seine Tage in Ruhe, Wohlstande und im Genusse äußerer Ehre verleben zu können, das pflegt der Hauptzweck zu sein, weswegen man sich zu öffentlichen Geschäften drängt. Genau betrachtet haben die Fürsten und Regierungen gegen die Staatsdiener keine andre Verbindlichkeit als die, einen jeden von ihnen im Besitze der ihm angewiesenen Stelle zu lassen, solange er die dabei übernommenen Pflichten erfüllt und ihn dafür, daß er sich durch keine andre Art des Erwerbes Unterhalt verschaffen kann, durch verhältnismäßige Besoldung zu entschädigen. Allein kaum sieht sich ein Mann im Besitze der Bedienung, um welche er angehalten hat, so denkt er schon daran, weiter hinaufzurücken, und glaubt ein Recht auf jede höhere und einträglichere Stelle zu haben, die erledigt wird – gleich als wenn die Landesregierung nicht befugt wäre, zu einem Amte, ohne Rücksicht auf die schon angesetzten Staatsdiener, den würdigsten zu wählen! Schlägt nun ein solcher Wunsch fehl, so pflegt der Mann, welcher sich *zurückgesetzt* glaubt, weil er nicht *vorgesetzt* wird, lau in seinem Diensteifer und nachlässig zu werden. Ich hatte das Glück, in meinen ersten Dienstjahren unter den Augen eines großen, würdigen Ministers zu arbeiten. Dieser sagte mir einst: er sähe es ganz gern und veranlasse es zuweilen, daß der

Fürst solchen Leuten, die ohne Unterlaß um Beförderungen und Zulagen anhielten, selbst wenn sie dieser Vorteile nicht unwürdig wären, ihre Bitten abschlüge. Man lerne bei solchen Gelegenheiten den Mann kennen. Führe er dennoch fort, seine Pflicht treu und fleißig zu erfüllen, so verdiene er dann, daß ihm zu einer Zeit, wo er es am wenigsten erwarte, sein Wunsch gewährt werde. Wolle er aber etwas ertrotzen, so müsse man ihm durchaus nicht nachgeben.

35. Wie wenig Menschen verwalten wohl so gewissenhaft fremdes, ihnen anvertrautes Gut wie ihr eignes? Man werfe doch einen Blick in die meisten Vormundschafts- und Kuratelakten, in die herrschaftlichen Bauregister und in die Rechnungen öffentlicher Anstalten, Hospitäler, Armen-, Waisenhäuser, Magazine und dergleichen! Sobald die Bezahlung aus einer öffentlichen Kasse kommt, glaubt jeder ein Recht zu haben, seinen Eigennutz dabei befriedigen zu können, und man schämt sich nicht solcher Handlungen, und wenn man die Einnehmer gewisser Abgaben, als Licent, Accise u.s.f. betrogen hat, sich laut zu rühmen. Überhaupt aber behandelt ein großer Teil der Staatsdiener seine Berufsarbeiten nur wie Nebenwerk und um davon seinen Unterhalt zu haben, seine Lieblingsbeschäftigungen und Vergnügungen hingegen wie die Hauptsache, der jene weichen müssen. Deswegen wird es in so vielen Ländern als etwas Unerhörtes angesehn, wenn ein Mann, der reichlich besoldet wird, zuweilen des Nachmittags eine Feder ansetzen muß; denn es wird vorausgesetzt, daß doch wenigstens die Hälfte des Lebens dem Vergnügen gewidmet sein müsse, indes von der übrigbleibenden Zeit zwei Drittel dem Schlafe gehören.

36. Kommt nun gar der Vorteil des Staats mit dem persönlichen Eigennutze seiner Diener und mit dem ihrer Herrn Vettern und Kreaturen in Kollision, dann pflegt jener diesem weichen zu müssen. Man weiß, wie weit in manchen, besonders von geistlichen Fürsten regierten Ländern der Nepotismus, das Verwandtschaftsregiment und das Protektionswesen getrieben

werden. Da kann der verdienstvollste Mann zu keinen Ehrenstellen, nicht einmal zu einer anständigen Versorgung gelangen, muß mit Not und Druck kämpfen, wird aller Gelegenheit beraubt, seine Kräfte und Talente zum Besten der bürgerlichen Gesellschaft zu verwenden, wenn es ihm an Familienverbindungen fehlt und er, im Gefühle seiner Würde, die Schleichwege verachtet, welche allein zum Glücke und zur Beförderung führen. Da schreiet der Bedrängte vergebens um Gerechtigkeit, wenn das Interesse irgendeines Großen oder eines von ihm beschützten Untertyrannen im Spiele ist; da hemmt das Handbillet einer vornehmen Dame den Lauf der Justiz. Da sind hingegen die unwissenden, nichtswürdigen Söhne, Neffen und Schwäger der herrschenden Magnaten mit ihrem ganzen Anhange in erblichem Besitze aller Vorzüge, Ämter und Güter, welche die Regierung zu erteilen hat. Ist noch ein Vetter zu versorgen und gerade keine bedeutende Stelle erledigt, so werden ganz neue Bedienungen erschaffen, neue Korps errichtet, um dem Lieblinge zu helfen. In solchen Ländern kann der Staats- und Adreßkalender zugleich zum genealogischen Handbuche einiger wenigen Familien dienen.

37. Von einem solchen Unfuge hat man Gottlob! in unsern Gegenden keinen Begriff; es wird aber das System des Eigennutzes in manchen Ländern so weit getrieben, daß ohne Scheu öffentliche Bedienungen, Würden, Ehrenzeichen, ja! Recht und Gerechtigkeit den Meistbietenden feilgeboten und verkauft werden. Ich habe einst eine solche Verfassung in der Nähe gesehn. Ein Jude war da der allgemein bekannte Mäckler des dirigierenden Ministers. Jedermann, der etwas suchte, schloß, nicht etwa unter der Hand, sondern zuweilen selbst in dem Vorzimmer des Ministers, mit dem Israeliten seinen Handel ab. Ob das, was er verlangte, recht oder unrecht war, das machte keinen andern Unterschied als im Preise. Die wichtigsten Bedienungen konnte man, wenn man reichlich bezahlte, für seine unmündigen Kinder erkaufen, denen dann so lange ein Gehilfe gehalten wurde, bis sie erwachsen waren. Der Beamte, den der Ankauf seiner Stelle schweres Geld

gekostet hatte, erpreßte in seinen ersten Dienstjahren die Summe wieder von den Untertanen, und wenn diese höhern Orts klagten, wurden sie in die Gefängnisse geworfen. Dort bat mich einst ein Klaviermeister, ihn in einigen angesehenen Häusern zu empfehlen. Ich tat dies, und nun kam er nach einiger Zeit zu mir, um zu fragen: wieviel er mir dafür zu bezahlen hätte? – So ausgemacht gewiß schien es ihm, daß man hier gar keine Gefälligkeiten unentgeltlich fordern dürfte.

38. Ist es zu verwundern, daß kluge Fürsten endlich so mißtrauisch gegen alle Personen werden, von denen sie umgeben sind, daß ihnen jede Empfehlung, jedes Vorwort, jeder Rat, jeder ihnen vorgelegte Plan verdächtig scheint, wenn die Erfahrung sie gelehrt hat, wie oft man ihr Ansehn mißbraucht, um Privatabsichten zu begünstigen, den Eigennutz und andre Leidenschaften zu befriedigen? In der Tat ist fast immer nur die Habsucht und der Ehrgeiz derer, die nahe am Throne stehen, Schuld an dem mannigfaltigen Elende der Völker, das man dann auf die Rechnung der guten Fürsten schreibt, die doch auch Menschen sind und denen es so schwer gemacht wird, durch den Schleier hindurchzublicken, den Eigennutz und Bosheit aus der Hand der Schmeichelei vor ihre Augen fallen lassen. Wieviel Mühe hat nicht schon ein sorgsamer Hausvater, wenn er seine Wirtschaft gehörig übersehn und nicht betrogen werden will! Und ein einziger Mann sollte die Haushaltung eines ganzen Landes allein so regieren können, daß er nie in Irrtum verfiele, indes fast alle Menschen um ihn her sich verschworen zu haben scheinen, ihn auf falsche Wege zu locken, die zu ihren eigennützigen Zwecken führen? Leider! geht diese Verschwörung so weit, daß untreue, für das Wohl des Landes wenig besorgte Räte, um dabei im Trüben fischen zu können, die Regenten selbst verleiten, ihren Nutzen von dem der Untertanen zu trennen und diese mit Hab und Gut als ihr Eigentum anzusehn. Wie selten wagt man es einmal, einem Fürsten Pläne zu öffentlichen Anlagen, zu wohltätigen Anstalten vorzulegen, wenn man darauf nicht zugleich einen neuen Finanzzweig pfropfen, kein Interesse damit verbinden, nicht dartun kann, daß die Scha-

tulle dabei gewinnen oder irgendeine Lieblingsleidenschaft dadurch befriedigt werden kann!

39. In manchen Ländern gibt es Volksrepräsentanten, die, wie die Landstände in einigen deutschen Staaten, berufen und bei wichtigen Schritten der Regierung um ihre Einwilligung ersucht werden müssen; allein wo der Eigennutz derer, die am Ruder sitzen, die Oberhand hat, da sind solche Einrichtungen nur schwache Brustwehren gegen die Bedrückungen böser Minister. Man weiß, wie leicht es diesen wird, auf die Beratschlagungen solcher Versammlungen Einfluß zu erhalten, um ihre Entwürfe durchzusetzen. Auch bestehen dergleichen Collegia mehrenteils aus Leuten, die, was entweder ihre Person oder ihr Vermögen oder ihre Familie betrifft, von den Regierungen durch Furcht und Hoffnung abhängig sind, welches freilich wohl nicht also sein sollte. Der eine will die ihm gezeigte Aussicht zu weiterer Beförderung im Dienste durch seine Widersetzlichkeit gegen die Forderungen des Fürsten nicht verscherzen. Der andre wird durch Drohung mit zu erwartender Ungnade des Hofes zahm gemacht. Bei Armem und Geizigen wird auch wohl offenbare Bestechung angewendet. Alle diese Mittel werden dann hauptsächlich auch bei den Wahlen der Bevollmächtigten in Wirksamkeit gesetzt.

40. Und weil ich eben von Bestechungen rede, so erlaube man mir eine Bemerkung! Wer von uns Sterblichen ist unbestechbar? Wer von uns ist immer fest genug, sei er Richter oder Wahlmann oder Minister oder Repräsentant, oder welche Stelle im Staate er auch bekleide, der Überredung, der Sophisterei, der augenblicklichen Rührung, der feinen Schmeichelei, der Macht eigner und fremder Vorurteile zu widerstehn? Wenn auch alle baren Schätze des Erdbodens sein Herz und seinen Kopf nicht vom geraden Wege abzuleiten vermöchten, wird er immer stark und wachsam genug sein, einer von jenen versteckten Klippen auszuweichen?

41. Oft ist das Wohl ganzer Völker, Länder und Generationen das Opfer eigennütziger Menschen. Die Geschichte liefert uns die

traurigsten Beispiele von verderblichen und ungerechten Kriegen, die, nur um die Ehrsucht oder den Geldgeiz der Minister, Heerführer und anderer dabei interessierter Personen, auf Unkosten der armen Völker, zu befriedigen, ohne dringende Ursache angefangen oder in die Länge gezogen wurden. Sie schildert uns Generale, die, bestochen von dem Feinde, den sie bekämpfen sollen, oder aus Neid gegeneinander und gegen den Oberbefehlshaber, dem sie die Ehre des Sieges mißgönnen, sich vorsätzlich schlagen lassen und das Leben vieler Tausende aufopfern. Sie beschreibt uns ganze Reihen von unglücklichen Feldzügen und Länderverwüstungen, in welchen das mannigfaltige Elend bloß durch die Uneinigkeit eifersüchtiger und eigennütziger Anführer über unschuldige Generationen aufgehäuft wurde. Wenn sie uns die Triebwerke zeigt, durch welche die wichtigsten Staatsumwälzungen in der Welt sind hervorgebracht worden, so sehen wir, zur Demütigung der Menschheit, daß selten echter, uneigennütziger Eifer für das allgemeine Wohl die Häupter der Revolution beseelte, sondern daß mehrenteils die getäuschte und gemißbrauchte Nation das Opfer der Leidenschaften einiger nach Macht, Ehre und Reichtum strebender, ränkesüchtiger Bösewichte war.

42. Traurig ist es nun überhaupt, daß die Regierungsverfassungen der mehrsten Länder nicht sowohl auf bestimmten, unwandelbaren Gesetzen beruhen, als vielmehr nach den Privatleidenschaften, dem Eigennutze und den Vorurteilen derer, die am Ruder sitzen, umgemodelt werden dürfen, so daß kein Bürger im Staate sicher sein kann, ob er mit den Seinigen im folgenden Jahre noch in demselben Grade des Wohlstandes, der Ruhe, bürgerlicher Freiheit und Glückseligkeit sich wird erfreuen können, die ihm jetzt zuteil werden. Ich rede hier nicht von den notwendigen Abänderungen, die in den politischen Systemen, nach der Stimmung und den Bedürfnissen des Zeitalters, vorgehn müssen, sondern von einer willkürlichen Annahme neuer Grundsätze, die keine weitere Veranlassung hat als die Launen, Leidenschaften, Phantasien der Regenten oder den Eigennutz, die Herrschsucht und Eitelkeit der Minister. Es sei mir erlaubt, zur Erläuterung dieser Bemer-

kung die Geschichte eines Mannes zu erzählen, den wir Max nennen wollen, weil sein Name ebensowenig zur Sache tut als die Zeit und der Ort, wo die Szenen, die ich schildern will, vorgegangen sind. Max hatte sich als Jüngling schon durch literarische Produkte voll üppiger, glühender Phantasie, Natur, Wahrheit und Feinheit in der Darstellung als ein seltenes Genie bekannt gemacht. Er lebte in seiner Vaterstadt ohne öffentliche Geschäfte, als der junge, eben zur Regierung gekommene Fürst von ***, bei seiner Durchreise, das Verlangen befriedigte, seine persönliche Bekanntschaft zu machen. Max gefiel ihm so, daß er ihm den Antrag tat, mit ihm an seinen Hof zu gehn und als Freund bei ihm zu leben. Der junge Mann war reich, bedurfte also eigentlich des Fürsten nicht, liebte aber rauschende Freuden, fand sich durch den Antrag geschmeichelt, dachte: »Ei nun! wenn dir's dort nicht mehr ansteht, so gehst du wieder heim«; nahm also das Erbieten an und reisete mit dem Fürsten ab. Dieser war empfänglich für alles Gute, aber lebhaft, sinnlich, und also auch leicht zu Schritten zu verleiten, welche Klugheit und Vorsicht nicht immer gutheißen konnten. Max gewann bald ganz sein Herz, und nun drang der Fürst in ihn, sich eine Stelle im Lande zu wählen, die nach seinem Geschmacke wäre; allein Max setzte seinen Stolz darein, ohne allen Eigennutz (die befriedigte Eitelkeit abgerechnet) bloß der Freund und Ratgeber des Fürsten zu sein und am Hofe ein freier Mann zu bleiben. In die einzelnen Regierungsgeschäfte mischte er sich gar nicht; diese blieben den Händen alter, treuer Räte anvertrauet, indes er mit dem Fürsten den Becher der Freude ausleerte. Sie schienen nur daran zu denken, die schönen Jahre der Jugend nicht ohne Genuß vorbeistreichen zu lassen. Der Fürst streifte auf Maxens Rat allen Zwang, allen falschen Glanz des Hofes ab; sie lebten wie jovialische Jünglinge, ohne Sorge und ohne Rücksicht auf das, was das Volk davon dächte, ein lustiges, freies Leben. Doch muß man es Maxen zum Ruhme nachsagen, daß er damals den guten Fürsten nie zu groben Ausschweifungen noch zu verderblichem Aufwande verleitete, sondern vielmehr sein Herz in der Stimmung erhielt, alles dazu beizutragen, was er konnte, um in seinem Lande jedermann so froh und heiter zu machen, wie er und sein Freund waren. Wenn daher ernsthafte Leute zuweilen den Kopf über einen Verstoß gegen Anstand und Würde schüttelten, so war doch wohl nicht einer da, der über Druck, Ungerechtigkeit oder Erpressung geseufzt hätte.

Nach und nach rückte nun aber das männliche Alter heran; Max wurde des müßigen, bloß der Freude gewidmeten Lebens müde, beschloß, seine bisherige Rolle gegen die des Geschäftsmannes zu vertauschen, um, wie man denken kann, auch in dieser zu glänzen, hervorzustechen, und auch seinen Fürsten zu bereden, sich der Regierungsgeschäfte selbst tätig anzunehmen. Max war aber nicht gemacht, um irgendwo eine untergeordnete Person vorzustellen, nicht gemacht, der zweite, sondern der erste zu sein. Er ließ sich also, obgleich mit sehr mäßiger Besoldung, an die Spitze stellen, ergriff gleich die Zügel allein, schob die alten Räte leise auf die Seite und – regierte. Hier nun zeigten sich sein lebhaftes, außerordentliches Genie und sein Scharfsinn in ihrer ganzen Stärke. Es war zu erwarten, daß Neid und Kabale gegen ihn wirksam werden würden, daß er, der bis dahin sich um die Landesverfassung wenig bekümmert, keine Erfahrung und keine Gewandtheit in dieser Art von Geschäften hatte, manche Blöße geben würde. Um dies zu vermeiden, spannte er die Kräfte seines Geistes aufs äußerste an, studierte alle Zweige der Regierungskunst, die ältern Gesetze, Verordnungen und Gewohnheiten des Landes, drang in die kleinsten Details aller Departements ein, und das alles mit einem eisernen Fleiße, der seinen Ruhm unvergeßlich gemacht haben würde, wenn er hätte dauern können. Binnen kurzer Zeit beschämte er in Kenntnis des Landes und der einzelnen Fächer sowie in Fertigkeit im Arbeiten die ältesten und erfahrensten Geschäftsmänner und erwarb sich große Achtung. Von der andern Seite wurden seine Feinde und Neider an ihm zu Wohltätern, denn sie nötigten ihn, unaufhörlich auf sich selbst Achtung zu geben, damit er sie beschämen und alles Unrecht auf sie wälzen möchte. Dabei ermunterte er seinen Fürsten zu gleicher Tätigkeit und Treue in Erfüllung seines Berufs. Jetzt fing ein goldenes Zeitalter für das Land an; unparteiische Gerechtigkeit, Beförderung des Wohlstands, der Kultur, der Sittlichkeit, vernünftige Sparsamkeit am Hofe, Fleiß, Ordnung, väterliche Sorgfalt, Teilnahme – kurz! was nur von einer weisen und redlichen Verwaltung gefordert werden kann, war der Gegenstand der eifrigsten Bemühungen des Fürsten und seines Ministers. Und weil sie nun das innere Zeugnis ihres Gewissens vor sich, dabei den besten Willen hatten und von der Zweckmäßigkeit ihrer Maßregeln überzeugt waren, so scheueten sie auch nicht das öffentliche Urteil; jedermann durfte über alle Gegenstände denken, reden und schreiben, was ihm beliebte. *Ehemals also waren die Untertanen frei und glücklich gewesen, weil der Liebling ihres Regenten dem Vergnügen nachjagte, in seiner jovialen Laune auch andern Leuten frohe Tage gönnte, und die, denen die Arbeit übertragen wurde, redliche Männer waren, jetzt herrschten Zufriedenheit und Wohlstand im Lande, weil denselben Liebling die Regierungslust angewandelt war und er das Ding gern so treiben wollte, daß er Ehre davon hätte.*

Allein bald nahmen die Sachen eine andre Wendung. Der Ruf von des Fürsten und seines Ministers Weisheit, Gerechtigkeit und Güte breitete sich aus und entflammte in ihnen Ehrgeiz und Ruhmsucht. Je länger sie sich mit den Regierungssorgen beschäftigten, um desto mehr sehnten sie sich nach einem größern Wirkungskreise. Ihr Ländchen schien ihnen ein gar zu kleiner Schauplatz für ihre Talente; sie begannen daher, sich in die größern europäischen Händel zu mischen, und trieben auch dies mit Erfolg und Ehre. Hierdurch wurde aber leider! die Begierde in ihnen rege, größer zu scheinen, als sie waren, auch durch äußern Glanz die Augen auf sich zu ziehn und neue Gegenstände für ihre Tätigkeit aufzufinden. Dies verleitete dann zu manchen kostbaren Spielereien, zu teuern Spekulationen, zu weit aussehenden Unternehmungen und zu einem Aufwande, der nicht immer den Einkünften angemessen war. Zwar blieb man im Ganzen seinen Systemen noch so ziemlich treu; doch wurde die Sorgfalt für den Flor des Landes lauer, und die Untertanen hatten hie und da Ursache zu klagen – warum? *weil der Herr Minister anfing, äußern Glanz und Prunk zu lieben.*

So verstrichen einige Jahre, und nun wurde auf einmal dies Genie des ganzen Regierungswesens und der trocknen Arbeit müde. Seinem fürstlichen Freunde ging es ebenso. Beide überließen jetzt die Geschäfte wieder andern Leuten, befriedigten ihren Geschmack an allerlei Liebhabereien; der Minister widmete seine Stunden den schönen Künsten und Wissenschaften und ging auf Reisen; der Fürst verzehrte große Summen außer Landes; die Untertanen fingen an, in der Stille zu seufzen, und hatten Recht, unzufrieden zu sein – *weil der Herr Minister der Geschäfte müde war und nur für seinen sinnlichen Genuß lebte.*

Endlich kamen beide, Herr und Diener, wieder in die Residenz zurück; allein nun wollte die Arbeit gar nicht mehr schmekken. Besonders ergab sich der Liebling gänzlich der Üppigkeit und dem Wohlleben; man opferte den sinnlichen Freuden alles auf und wollte doch nicht vom großen Schauplatze abtreten. Man hatte im Auslande harte, despotische Grundsätze angenommen, die nun in Ausübung gebracht wurden, und weil das Gewissen immer Vorwürfe über Vernachlässigung der heiligsten Obliegenheiten machte und man doch nicht guten Willen und Kraft genug hatte, wieder zu seiner Pflicht zurückzukehren, so wollte man sich und andre übertäuben, wollte den Tadlern den Mund stopfen, verlor Seelenruhe und Zutraun zu andern, an deren Stelle Furcht vor Empörungen und Mißtraun traten, und schränkte desfalls Denk-, Rede- und Preßfreiheit auf alle mögliche Weise ein. Jetzt war endlich das Land, unter der Regierung eines in der Tat edeln und guten Fürsten, dennoch sehr unglücklich, und das darum, *weil der Herr Minister keine Tugend und kein reines Gewissen hatte.*

Meine Leser werden es mir, wie ich hoffe, verzeihn, daß ich mich ein wenig lange bei dieser Schilderung aufgehalten habe. Sollte auch die ganze Geschichte erdichtet sein (und sie ist es wenigstens zum Teil), so kann doch dies Beispiel zeigen, wie abhängig das Wohl ganzer Völker von den Leidenschaften und Privatabsichten derer, die am Ruder sitzen, werden kann. Ich kehre izt zu meinem Hauptgegenstande zurück.

43. Man würde gar nicht erdigen können, wenn man alle Fälle namhaft machen wollte, bei denen sich der Einfluß eigennütziger Rücksichten in die Einrichtungen und Geschäfte des bürger-

lichen Lebens offenbart. Nur noch etwas über diesen Gegenstand! Wie wenig Länder findet man, in welchen dasselbe erwiesene Verbrechen ebenso strenge untersucht und bestraft wird, wenn der Schuldige ein angesehener, gefürchteter, reicher, mächtiger Mann, als wenn er ein armer, unbedeutender, unwichtiger Mensch ist ? Wie hat man nicht gegen den guten, edeln Kaiser Joseph geschrien, weil er diesen Unterschied, bei welchem die höhern Stände ihren Vorteil haben, aufheben wollte? Wie wenig Länder findet man, in welchen man nicht mit großen Geldsummen sich der öffentlichen Ahndung der Gesetze entziehn, Dispensationen erhandeln und nicht, auf grobe oder feinere Weise, sich Impunität erkaufen könnte ? Herrscht nicht fast allgemein ein stillschweigender Vertrag unter den vornehmern Klassen, sich einander das Privilegium zuzusichern, gewisse Laster öffentlich, mit Anstande, begehn zu dürfen, wegen welcher den gemeinen Mann die Gesetze verdammen ? Wo in der Welt gelten nicht die alten Sprichwörter: »Eine Hand wäscht die andre; eine Krähe kratzt der andern die Augen nicht aus« und: »Kleine Diebe hängt man; große läßt man laufen« ? Wo findet nicht der Reiche Mittel, den Gang der Justiz zu hemmen oder seinen Gegner zu ermüden, zu erschöpfen und abzuschrekken ? Wo findet der von einem mächtigen, furchtbaren Großen gedrückte Arme sichern Schutz, wirksame Verteidigung ? Welcher Sachwalter sucht sich nicht behutsam von Prozessen loszumachen, die wenig Bezahlung versprechen oder wobei es darauf ankommt, einen Bösewicht von Wichtigkeit anzugreifen? Wo wagt es die allgemeine Stimme, den Ruf eines unschuldigen Mannes zu retten, wenn dieser von Leuten verfolgt wird, deren Hände Ämter und Würden, Schätze, Recht und Gerechtigkeit austeilen können ? In welchem Lande trägt verhältnismäßig der reiche, in Üppigkeit lebende Müßiggänger so viel zu den Staatsbedürfnissen und öffentlichen Abgaben bei wie der, welcher im Schweiße seines Angesichts sein Brot verdienen muß? – Kurz! wo sichert sich nicht der Eigennutz der Stärkern, mit Gewalt oder List, auf Unkosten der Schwächern, gewisse Vorteile, Vorrechte und Exemtionen zu ? Und gehen wir genauer die Reihen der einzelnen Stände durch, so sehen wir aller Orten den Eigennutz seine Tätigkeit ausüben.

44. Man pflegt vor allen den Dienern der verschiedenen Kirchen die Habsucht schuld zu geben. Dieser Vorwurf wird oft von Verächtern des geistlichen Standes auf übertriebene Art ausgedehnt. Mit Grunde kann man ihn jedoch wohl freilich, sowenig wie andre Stände, ganz davon freisprechen. Und doch ist sein Los nicht das schlechteste im Staate. Ein Kandidat, der die gewöhnliche Zeit auf Universitäten und dann einige Jahre als Hauslehrer zugebracht hat, gelangt oft, bei sehr geringen Gaben und Kenntnissen, viel früher zu einer sichern Versorgung als der Rechtsgelehrte, Arzt und Kriegsmann. Da trägt ihm dann wohl auch die mittelmäßigste Pfarre, für eine ziemlich bequeme Arbeit, soviel ein, daß, wenn man freie Wohnung, Garten, Feld, Wiese, Zehnten u.dgl. und den geringen Aufwand, den ein ländlicher Aufenthalt erfordert, mit in Anschlag bringt, mancher lange Jahre durch in Diensten gestandene Rat eines hohen Collegiums, der in der teuren Stadt nur mit Mühe von seiner kleinen Besoldung sich und die Seinigen standesmäßig ernähren kann, gern mit ihm tauschen würde. Und doch klagt jener fast immer und pflegt nicht sehr bereitwillig zu sein, die geringste außerordentliche Arbeit unentgeltlich zu übernehmen. Übrigens aber wäre es dann auch sehr zu wünschen, daß man die Herrn Prediger aller Orten auf feste, sichre, billige Besoldungen setzte und ihnen die einem Gelehrten und Geistlichen wirklich übel anpassenden Landbaugeschäfte abnähme, damit sie nicht gezwungen würden, beständig den Geldgewinn vor Augen zu haben, die unwürdige Akzidenzienjagd zu treiben, den reichern Mitgliedern ihrer Gemeinde zu schmeicheln, zu manchem stillzuschweigen, was sie, vermöge ihrer Amtspflicht, rügen sollten, und zuweilen in den Familien Rollen zu übernehmen, die sich nicht für sie schicken.

45. Wenden wir unsern Blick auf die Ärzte, so finden wir unter ihnen leider! auch Männer, die den ärmern Kranken vergebens

auf sich warten und nach Hilfe seufzen lassen, indes sie in die Paläste der Großen die Stadtneuigkeiten umhertragen und den reichen Schlemmern Digestivpulver verschreiben; Männer, die bei kleinen Übeln bedenklich den Kopf schütteln und die Kuren vorsätzlich in die Länge ziehen, um desto größern Gewinn und mehr Ruhm davon zu haben; Männer, deren Rezepte so eingerichtet sind, daß ihr Freund, der um Neujahr sich dankbar bezeugende Apotheker, wenigstens größern Nutzen davon hat als der Leidende, der das Verschriebene verschlucken muß; Männer endlich, die ihre redlichen Amtsbrüder auf alle Weise verleumden und verdächtig machen, um ihnen ihre Kunden abzujagen. – Wie wenige gibt es dagegen, die dem edeln Greise gleichen, dem dies Buch gewidmet ist, oder dem wohltätigen Menschenfreunde, dem ich seit vier Jahren Linderung meiner peinlichen Schmerzen und so manchen sanften, tröstenden Zuspruch zu verdanken habe, oder dem guten, hellsehenden, liebenswürdigen Manne, der im Frühlinge dieses (1795sten) Jahrs, als ich an einem fremden Orte, aller Pflege und Gemächlichkeit beraubt, fern von den Meinigen, mit Krankheit und Sorgen kämpfte, an Leib und Seele mich stärkte, ermunterte, für mich, ihm gänzlich Unbekannten, wie für einen alten Freund sorgte und mir mit Rat und Tat auf vielfache Weise beistand! – Leser, deren Herzen das Gefühl der Dankbarkeit nicht fremd ist, werden mich darum nicht tadeln, weil ich ihr hier im Vorbeigehn ein kleines, gut gemeintes Opfer gebracht habe. – Jetzt aber lenke ich wieder ein.

46. Unter allen Ständen sollte man vielleicht den Kaufleuten am wenigsten Vorwürfe über den Eigennutz machen. Ihre ganze bürgerliche Existenz beruht auf Geldgewinn, und von Jugend auf werden sie daran gewöhnt, die Dinge in dieser Welt mehr nach ihrem baren Kurrenten als nach ihrem wahren innern Werte zu schätzen. Im Grunde, und da doch jeder, der nicht durch Erbschaft reich ist, auf irgendeine Weise, wenn er leben will, nach Erwerb trachten muß, liegt kein großer Unterschied darin, ob man Geld gegen Arbeit und gegen Dienste irgendeiner Art eintauscht,

wie der Geschäftsmann und andre Stände im Staate dies tun, oder gegen Waren, wie der Kaufmann. Und was den Nutzen betrifft, den dieser Stand dem gemeinen Wesen stiftet, so läßt sich dieser nicht ableugnen. Solange die Menschen physische und ökonomische Bedürfnisse haben, muß es Leute geben, die ihnen die Mittel zu Befriedigung dieser Bedürfnisse in die Hände liefern. Daß diese Leute für die Sorgfalt, welche sie darauf verwenden, solche Mittel herbeizuschaffen, wieder so viel einnehmen wollen, daß sie nun auch ihre und der Ihrigen Bedürfnisse befriedigen können, das ist sehr billig. Ebenso billig ist es, daß sie sich bestreben, auf die leichteste Weise dieses Vorteils teilhaftig zu werden, und daß sie für ihre Bemühungen soviel zu erhalten suchen, als ihnen die Personen, mit denen sie Handel treiben, zu geben bereit sind. Bei jedem Handel liegt ein freiwilliger Vertrag zum Grunde, und es wird vorausgesetzt, daß beide Teile den Wert der Sache kennen müssen, über deren Auslieferung sie den Vertrag schließen. Auch kann man es den Kaufleuten nicht zum Verbrechen anrechnen, wenn sie sich die Zeitumstände, die Konjunkturen, zunutze machen und ihr Augenmerk auf solche Artikel richten, die grade jetzt auf der Tagesordnung der Bedürfnisse stehen. Sieht man ferner auf den entferntem Nutzen, den die Kaufmannschaft im Großen stiftet, indem sie die gesellige Verbindung unter fern voneinander wohnenden Völkern, die Länderkunde, die Bekanntschaft mit fremden Produkten und der Natur überhaupt, den Umlauf mancher nützlichen Kenntnisse, die Ausbreitung der Kultur, der Industrie, des Fleißes, der Tätigkeit und die Vervollkommnung der Künste befördert, so erscheint dieser Stand in der Tat in einem ehrwürdigen Lichte. Mit dem Bestreben, durch Handel und Umsatz so viel zu erwerben, als sich nach den Umständen tun läßt, kann übrigens die Ausübung jeder andern Menschenpflicht, können Weisheit und Tugend sehr wohl bestehn. Ich kenne Männer unter den Kaufleuten, welche die Stunden, die ihnen ihre Berufsgeschäfte übrig lassen, verwenden, ihren Geist auszubilden und ihren Nebenmenschen und dem Vaterlande auf die uneigennützigste Weise mit Rat, Hilfe und Trost beizustehn; Männer, die, wo ein Schilling durch Handel zu gewinnen ist, und wäre es von ihrem eignen Vater oder Bruder, die Gelegenheit dazu nicht entwischen lassen, dagegen aber großmütig, und oft ohne daß jemand es erfährt, wer der unbekannte Wohltäter ist, Tausende hingeben, um nützliche Anstalten zu befördern, Talente zu ermuntern und die Not armer Brüder zu erleichtern. Ich kenne deren vorzüglich hier und in Hamburg, die deswegen jedes rechtschaffenen Mannes Verehrung verdienen. Allein sehr verschieden von diesen Freunden des Menschengeschlechts ist der gemeine Troß habsüchtiger Wucherer, die durch die Not ihrer Mitbürger zu Reichtum und Wohlleben gelangen, die durch Aufkauf und andre lose Künste erst die Bedürfnisse erregen, welche zu befriedigen sie sich dann ausschließlich die Mittel in die Hände zu spielen wissen, um nach Willkür einen Preis setzen und, zum Drucke der Armut, künstliche Teuerung erregen zu können, sooft es ihnen gefällt. Solche Menschen haben jedes bessere Gefühl abgeschworen, haben für nichts Sinn, wissen von nichts zu reden, an nichts zu denken als an den elenden Mammon. Ihr Hochmut kennt keine Grenzen; ihr geschmackloser Aufwand, ihre langweiligen Schmausereien, bei welchen nicht echte Jovialität und Gastfreundschaft, sondern Prahlerei und Unmäßigkeit herrschen, hinter denen zuweilen noch wohl obendrein Geiz und Knauserei hervorschimmern, das alles ist empörend, drückend, zurückstoßend. Sie schätzen den Mann nicht nach seinen echten Verdiensten, sondern nach dem Gewichte seiner Geldsäcke. *An seiner Ehre leiden* heißt bei ihnen, wenig Kredit haben; d*er Mann ist gut*, das bedeutet soviel als: er hat Geld; *ein Freund*, das will in ihrem Munde soviel sagen als: ein Mensch, mit dem man Handel treibt; *solide*, das drückt soviel aus als: in guten Vermögensumständen. Endlich, wenn sie Wohltaten ausspenden, so geschieht es entweder mit solchem Geräusche, daß es Aufsehn erregen muß und ihr Kredit, der Ruf ihres Reichtums dadurch ausgebreitet wird, oder in der abergläubischen Spekulation, daß ihnen der Himmel dies Almosen mit tausendfältigen Zinsen ersetzen solle. Und so ist überhaupt ihre ganze Frömmigkeit und anscheinende Bonhomie Spekulation, um Vertraun einzuflößen und Himmel und Erde zu bestechen.

47. Von noch niedrigerer und verächtlicherer Art als der Wuchergeist dieser Leute ist der Eigennutz der mehrsten Juden. – Ich sage: *der mehrsten*, denn daß man auch sehr edle, große Menschen unter dieser Nation finden könne, wird gewiß nicht geleugnet werden dürfen. Ein Schriftsteller, welcher über die moralischen Gebrechen der verschiedenen Stände und Klassen schreibt, sollte zwar eigentlich dergleichen Verwahrungen gegen ungerechte Deutungen und gegen zu allgemeine Ausdehnung seiner Sätze gar nicht bedürfen. Billigdenkende und verständige Leser werden ja ohne seine Erinnerung einsehn, daß bei allen Bemerkungen über herrschende Tugenden und Laster Ausnahmen stattfinden; aber freilich, da nicht alle Leser billigdenkend und verständig sind, so kann es nicht unnütz sein, diese Erklärung hinzuzufügen, die dann auf den ganzen Inhalt dieses Buchs angewendet werden mag.

Daß die drückende Behandlung, welche die Juden in so vielen Ländern leiden müssen, und die Härte, mit welcher man ihnen alle Mittel raubt, anders als durch kleinen, niedrigen Wucher ihren Unterhalt zu finden, mit Schuld an der Herabwürdigung ihres Nationalcharakters sei, das ist schon oft gesagt worden. Es ist aber auch gewiß, daß sie sich, durch ihre Anhänglichkeit an ein zu den jetzigen Zeiten und Umständen gar nicht passendes Zeremonialgesetz, selbst die Wege abschneiden, zu bürgerlichen Geschäften besserer Art zu gelangen. Die Folge davon ist, daß Eigennutz und Habsucht bei ihnen jedes andre Gefühl ersticken. Sie haben für sonst nichts Sinn; Tag und Nacht werden sie von der Begierde beherrscht, auf Kosten andrer etwas zu gewinnen, und da scheuen sie dann keine Mühe, keine Wege, keine Demütigung, keine Gefahr, um durch Mittel, sie mögen sein, von welcher Art sie wollen, ihren Zweck zu erreichen, möchte auch der Vorteil noch so gering ausfallen. Bei dem bloßen Anblicke klingender Münze funkeln ihre Augen, ziehen sich ihre Finger krampfhaft zusammen. Es ist Wonne für sie, Geld zu zählen und zu handhaben, selbst wenn es nicht ihr Eigentum ist. Man kann auch durch Juden, wenn man ihre Dienste bezahlt, Dinge, selbst in den entferntesten Gegenden, durchsetzen, wozu der Christ keinen Rat zu schaffen weiß. Bei solchen Gelegenheiten unterstützen sie sich einander, machen, wenn sie auch übrigens Todfeinde sind, gemeinschaftliche Sache mit einem Eifer, mit einer Verleugnung, die edlerer Zwecke würdig wäre. Diese, der jüdischen Nation eigene Richtung auf den einzigen Punkt des Gewinns und die Lebhaftigkeit, Tätigkeit und Wachsamkeit, welche sie dabei zeigen, offenbart sich nun auch in ihrem ganzen äußern Betragen, in dem Tone ihrer Unterhaltung, in ihren Manieren, in den Wendungen, die ihr Witz nimmt, und vorzüglich bei dem Spiele, wobei niemand so merklich die Abwechselungen der Leidenschaften zeigt wie der Jude. Auch können sie sich gar nicht einbilden, daß ein Mann aus ihrer Nation irgendein Geschäft übernehmen könne, ohne die Absicht zu haben, baren Gewinn daraus zu ziehn. Im siebenjährigen Kriege vertraute ein gut denkender Kaufmann in Berlin einem Juden eine Summe Geldes in schlechter Silbermünze, ohne Zinsen, an, in der Absicht, daß dieser dadurch in den Stand gesetzt würde, etwas im Handel zu unternehmen. Die Bedingung war, daß er ihm das Geld vor Ablauf eines Jahrs, in Golde, nach dem damaligen Kurs, erstatten sollte. Der Jude behielt aber die Summe länger als zwei Jahre und bezahlte dann nach dem unterdessen sehr gefallenen Werte der Münze. Als nun der Kaufmann sich darüber beklagte, antwortete sein Schuldner: »Ei mein Gott! soll ich denn an Ihnen nichts verdienen?« Er wollte also sogar für die Gefälligkeit bezahlt sein, die *ihm* war erwiesen worden.

48. Meine Herrn Mitbrüder in der Schriftstellerei mögen es mir verzeihn, daß ich unmittelbar nach den Betrachtungen über den Wucher der Juden meine Bemerkungen über den Eigennutz der Büchermacher folgen lasse. Es geschieht lediglich deswegen, weil ich zum Schlusse dieser Hauptabteilung eile und die noch übrigen Gegenstände nicht wohl in eine andre Verbindung gebracht werden können, als worin sie durch die allgemeine Hinsicht auf den Eigennutz stehen, der in allen Ständen seine Wirkungen äußert.

Billig sollte der Beruf, durch Schriftstellerei nützliche Kenntnisse über sein Zeitalter und über die Nachwelt zu verbreiten, für zu heilig gehalten werden, als daß man dabei auf Geldgewinn Anspruch machte. Man sollte Weisheit und Witz, Wahrheit und Lehre nicht wie eine feile Ware betrachten, die man ausbieten, vertrödeln und gegen Barschaft und Brot umsetzen kann. Auch habe ich schon oft den Wunsch geäußert, es möchte jeder Schriftsteller zugleich ein bürgerliches Amt im Staate bekleiden und das Bücherschreiben nicht wie seinen einzigen Nahrungszweig betrachten müssen. Wissenschaften und Literatur würden, wie ich glaube, dabei gewinnen, und der Gelehrte würde mit mehr Lust arbeiten, wenn er diese Arbeit zur Erholung von weniger angenehmen Geschäften, in freien Stunden, bei der besten Laune, vornehmen könnte. Doch da der Erfüllung dieses Wunsches manches im Wege steht und es dann dem schreibenden Gelehrten, sowenig wie irgendeinem andern Manne, der seine Kräfte dem gemeinen Besten widmet, zugemutet werden kann, daß er dabei Mangel leide, so sehe ich nichts Entehrendes und Unwürdiges darin, wenn ein solcher, nicht als Kaufpreis für seine Geistesprodukte, sondern zur Entschädigung für den Aufwand der Zeit, die er außerdem anwenden müßte, um sich auf andre Weise Unterhalt zu verschaffen, von dem lesenden Publikum oder mittelbar durch einen Buchhändler sich eine billige Vergütung bezahlen läßt. Er soll aber den Gewinn nicht zur Hauptsache, das Gute hingegen, welches er durch Verbreitung nützlicher Wahrheiten stiften kann, zum Nebenzwecke machen. Er soll nicht, wenn er schon eine ansehnliche Summe mit einem Buche erworben hat und nun vielleicht ein hungriger Nachdrucker (eine freilich nicht sehr ehrliche Hantierung!) auf sein Werk Jagd macht und ihm dadurch die Aussicht raubt, durch eine zweite Auflage ohne große Mühe abermals Geld zu ziehn, so fürchterlich toben, wie manche Herrn tun, die in der Tat mit dem ersten Ehrensolde recht wohl vorliebnehmen könnten. Er soll nicht, wenn er sich durch ein Werk von Bedeutung Verdienst und einen Namen erworben hat, mit diesem berühmten Namen wuchern und ihn dadurch herabwürdigen, daß er unter einer Firma, die nun einmal des Kredits sicher ist, der Lesewelt lose, schlechte Ware aufhängt, von deren Nichtswürdigkeit er selbst überzeugt sein muß.

Eine noch verächtlichere Art von schriftstellerischem Wucher äußert sich bei solchen Leuten, die, mit allen Talenten zu einer edlern Beschäftigung ausgerüstet, aus dem verderbten Geschmacke des Publikums Vorteil ziehen und literarische Modeartikel liefern, die jeden Mann von reinerm Gefühl anekeln; Leute, die dann, wenig bekümmert um echten Geschmack und Sittlichkeit, die Messen bald mit Ritter-, Geisterund Ordensmärchen, bald mit Romanen voll matter Empfindelei, bald mit mystischem Unsinne, je nachdem grade die eine oder die andre dieser Torheiten im Schwange geht, überschwemmen.

Am schändlichsten aber offenbaren diejenigen Schriftsteller ihren Eigennutz, die, wider bessere Überzeugung, an der Wahrheit zu Verrätern werden, sich zu niederträchtigen Schmeichlern irgendeiner herrschenden Partei herabwürdigen, die böse Sache verfechten, Irrtümern oder Vorurteilen das Wort reden, um sich dadurch bei denen beliebt zu machen, von denen sie Vorteile im bürgerlichen Leben erwarten; feile Skribler, die offenbare Tatsachen entstellen, die, um ihr eignes oder ihrer Beschützer Privatinteresse zu befördern, nicht nur das, was nützt und frommt und zu sagen Bedürfnis und Pflicht wäre, verschweigen, sondern, unbekümmert um das Wohl der Menschheit, dem Rechte, der Vernunft und der Aufklärung Hohn sprechen und freimütige Männer, denen es am Herzen liegt, Ruhe, Frieden und Glück zu verbreiten und betrogenen Großen die Augen zu öffnen, wütend verfolgen. Doch lasset uns lieber von diesen verächtlichen Gegenständen schweigen, von denen es schwer ist, ohne einige Bitterkeit zu reden, die doch dem sittlichen, gesitteten Schriftsteller nicht ziemt!

49. Von dem Eigennutze der Künstler, Schauspieler, Tonsetzer und Virtuosen ist wenig zu sagen. Da diese Männer, wenn sie es nicht schon zu einem gewissen Grade von Wohlstand, Ansehn und Gewicht gebracht haben, in der Tat in Deutschland nicht wohl fortkommen können, ohne sich nach dem herrschenden Geschmacke zu richten, der selten der reinste ist, so darf man schwerlich für sie einen andern Vorwurf daraus hernehmen als

höchstens den, warum sie ausschließlich eine Lebensart wählen, die sie abhängig von dem vornehmen und geringen Pöbel macht und wobei sie sich zu Schritten herablassen müssen, wodurch sie fremde und eigne Achtung verscherzen. Um desto tadelnswürdiger aber sind diejenigen unter den Künstlern, welche durch ihre äußern Umstände zu einer solchen niedrigen Gefälligkeit nicht gezwungen sind und die dennoch die entehrenden Rollen von Spaßmachern, Beförderern der Barbarei oder Schmeichlern der Großen freiwillig übernehmen.

50. Von der Gewinnsucht der Buchhändler gilt ein Teil dessen, was über den Eigennutz der Kaufleute, und etwas von dem, was über das Schriftstellerunwesen ist gesagt worden. Indessen ließe sich noch manches hinzufügen, was allein auf diesen Stand paßt, z.B. von der Art, wie man nichtsbedeutende Werke durch bizarre Titel, durch hochtönende Ankündigungen, Lobpreisungen und selbstgemachte Rezensionen oder durch bunte Bilderchen, durch untergeschobene Namen berühmter Männer, die man als Verfasser angibt, durch Verschweigung des Umstandes, daß ein Buch nur eine Übersetzung ist, durch Vorreden, welche man von beliebten Schriftstellern fabrizieren läßt, durch falsches Vorgeben, als wenn diese Ausgabe schon eine neue und vermehrte Auflage wäre, und durch andere dergleichen Künste verkäuflich zu machen sucht. – Allein ich gehe über diese Dinge hinaus, um nicht zu weitläufig zu werden.

51. Wie wenig der größere Haufen der Menschen geneigt ist, seinen niedrigen Eigennutz der Wohlfahrt des Staats und der gesamten Menschheit zum Opfer zu bringen, das offenbart sich am deutlichsten dann, wenn von Abschaffung verjährter, drückender Mißbräuche, von Bekämpfung gewisser Vorurteile, bei welchen aber einzelne Klassen bis dahin ihre Rechnung gefunden haben, die Rede ist. Wie wäre es auch sonst möglich, daß Leibeigenschaft, Sklavenhandel und manche andre unnatürliche Einrichtungen dieser Art in unserm erleuchteten Jahrhunderte noch Verteidiger finden können? Nicht immer liegt das Interesse, weswe-

gen zuweilen selbst für einsichtsvoll geltende Menschen die Partei einer bösen Sache ergreifen, so nahe vor Augen, daß man es deutlich gewahr wird. Man kann es sich, bis man reiflicher über diese Erscheinung nachgesonnen hat, gar nicht vorstellen, was für andre Bewegungsgründe als ihre innere Überzeugung sie haben könnten, dergleichen Unfug in Schutz zu nehmen; ja! oft mögen sie selbst sich der heimlichen unedlen Triebfedern nicht bewußt sein, die auf ihr Urteil wirken. Allein man denke genauer darüber nach, und es wird alles klar werden. Manche Leute fürchten nicht so sehr diese oder jene Reform als vielmehr die entferntem Folgen derselben. Andre besorgen, wenn gewisse Mißbräuche und Vorurteile, bei denen sie weder gewinnen noch verlieren, ausgerottet würden, so möchte auch die Reihe an solche kommen, die sie näher angehen. Noch andre hängen aus Gewohnheit, Gemächlichkeit, Trägheit alten Einrichtungen und Gebräuchen an und scheuen die Mühe, sich in die neue Ordnung der Dinge schicken zu müssen, fühlen es auch vielleicht, daß sie hier weniger glänzen werden. Dies ist besonders oft bei kirchlichen, Polizei-, Schul- und Justizverbesserungen der Fall, wenn die Regierungen dergleichen verfügen.

Den größten Schauplatz aber hat der Eigennutz in unsern Tagen sich bei Gelegenheit der französischen Revolution eröffnet. Da hat man seinen Einfluß nicht nur auf die Hauptpersonen, sondern auch auf die nahen und entfernten Zuschauer und Beobachter, auf die schriftlichen und mündlichen Beurteiler, deutlich wahrgenommen. Man darf wohl behaupten, daß diese merkwürdige Begebenheit ein allgemeiner Probierstein gewesen ist, indem wenig Menschen, in den kultivierten und unkultivierten Ständen, unterlassen haben, bei dieser Veranlassung irgendeine verborgene Falte ihres Charakters zu entwickeln und zu zeigen, wie sie es mit der Menschheit meinen. Wir haben gesehn, wie Habsucht, Herrschsucht und Rachsucht sich hinter der Maske des Patriotismus und des Eifers für das Wohl der Völker versteckten; wie da Ströme unschuldigen Bluts vergossen, ungeheure Schätze geraubt und verschleudert, ganze Generationen zugrunde gerichtet, die blühendsten Provinzen verheert, mit Religion, Gesetzgebung und Sittlichkeit freches Spielwerk getrieben wurde. Von einer andern Seite haben wir verschworene Rotten gesehn, die sich's zum Geschäfte machten, diesen gräßlichen Zustand noch zu verschlimmern und die Verwirrung fortdauern zu lassen, weil sie für ihre Partei dabei zu gewinnen und im Trüben fischen zu können glaubten. Andre Bösewichte haben diese Unruhen genützt, um sich wichtig und notwendig zu machen, haben unaufhörlich Lärm geblasen, haben ähnliche Greuelszenen in ruhigen Ländern vorherverkündigt, allgemeines Mißtrauen, Spaltungen, Zwist erregt und vor heimlichen Verschwörungen gewarnt, um anders Gesinnten, gegen die ihre Rachsucht entflammt war, die ihren geheimen Absichten im Wege standen, ihre Bosheiten entdeckt hatten, Verfolgungen, Schmach und Unglück zu bereiten. Wir haben aber auch unruhige Köpfe, Abenteurer, ränkesüchtige, wegen ihrer geistigen oder sittlichen Unwürdigkeit nach Verdienst von den Regierungen zurückgesetzte Menschen diesen Zeitpunkt nützen gesehn, um in Staaten, in welchen Frieden, Wohlstand und Zufriedenheit herrschten, den Samen der Empörung auszustreuen, das Volk gegen gute und gerechte Regenten aufzuhetzen, in der Hoffnung, dann an die Spitze der Geschäfte treten und eine Rolle spielen zu können. Von einer andern Seite haben wir gesehn, wie der Haufen an Wohlleben und Müßiggang gewöhnter Menschen, deren ganze bürgerliche und ökonomische Existenz von der Verewigung gewisser Mißbräuche und Privilegien der Untätigkeit und Ungeschicklichkeit abhängt und die *nichts* mehr sein würden, wenn der Mensch nicht mehr gölte, als was er wert ist, wenn er nichts mehr erlangen und besitzen könnte, als was er verdiente und erwürbe, wie diese gezittert und durch Deklamationen gegen alle vernünftige und nicht vernünftige Reformen das Selbstgefühl ihrer Unbedeutsamkeit verraten haben. Endlich ist es dem feinern Beobachter gewiß nicht entwischt, wie wenig Menschen überhaupt in ihren Urteilen über jene ungeheure Umwälzung ganz frei von Parteilichkeit, von Heuchelei, von Furcht, von Rücksichten auf ihren Eigennutz, von leidenschaftlicher Übertreibung oder frei von andern offenbaren oder versteckten Nebenabsichten geblieben sind – trauriges

Los der Menschheit, daß solche niedrige Beziehungen so oft, selbst in den Seelen der Bessern, den Eifer für das Wohl und für die Harmonie des Ganzen ersticken, daß zuweilen der bloße Gedanke der Möglichkeit, man könne dadurch etwas an seinen nichtigen Vorzügen verlieren oder gewinnen, uns abhält, sogar der Wahrheit, die man selbst anerkennt, zu huldigen, daß der Streit über Meinungen, die darauf auch nur entfernt hinweisen, die sanftmütigsten Herzen gegen einander zum Hasse und zur Verfolgung anreizt!

52. Diesen allgemeinen Hang aller Sterblichen nun, dem Eigennutze auf offenbare oder versteckte, grobe oder feine Art, auf Unkosten der höhern Pflichten, welche uns die reine Vernunft vorschreibt, Opfer zu bringen, haben schlaue Leute von jeher zu Erreichung ihrer versteckten Absichten zu nützen verstanden, und besonders hat ihnen in unserm Jahrhunderte der herrschend gewordene Geschmack an geheimen Bündnissen dazu vielfältig Gelegenheit gegeben. Die den Verführten vorgespiegelte Hoffnung des zu erwartenden Gewinns wurde hier das Mittel, den sichern Vorteil der Verführer zu befördern. Die Lockspeisen wurden nach den Umständen sehr verschieden zugerichtet. Hier trat eine Gesellschaft von Männern auf, die in einer barbarisch-mystischen Sprache, welche den Profanen unsinnig vorkam, der die Geweiheten aber, wie sie versicherten, die erhabenste Deutung zu geben verstanden, ihren Schülern nichts Geringers versprachen als den Unterricht in der Kunst, alle Metalle in Gold zu verwandeln, dem menschlichen Körper ewige Dauer und Jugendkraft zu verschaffen, mit höhern Geistern in vertrauten Umgang zu treten und durch sie die dunkle Zukunft zu enthüllen. In der Erwartung, bald in den Besitz dieser *überirdischen* Schätze zu kommen, ließen sich dann die Betrogenen leicht bewegen, einen Teil ihrer *irdischen* Güter den uneigennützigen Händen ihrer hochwürdigen Lehrer anzuvertrauen. Dort wurden vorwitzige Menschen und die zu träge waren, sich den Studien zu widmen, welche den Geist und das Herz wirklich veredeln, durch die Hoffnung getäuscht, in dem Schoße eines aus dem Oriente herrührenden alten Ordens

gewisser Überlieferungen aus der Vorwelt teilhaftig zu werden, die ihnen Aufschlüsse über das Universum geben und sie mit einer Weisheit erfüllen sollten, die alle übrigen Wissenschaften entbehrlich machte. Allein sie mußten vorerst Lehrgeld geben, welches jedoch, wie ihnen zugesagt wurde, nur zu wohltätigen Zwecken verwendet werden würde. Hier wurden ehrsüchtige Personen geringern Standes durch die Annehmlichkeit, mit Fürsten und andern Großen in geselliger, brüderlicher Verbindung zu stehn und durch diese Beförderung im bürgerlichen Leben zu erhalten, herbeigelockt und verleitet, ihre Geldbörsen in die Bruderkasse auszuleeren. Dort wurden Leute aus allerlei Ständen durch Tonsuren und Weihungen einem Priesterstande einverleibt, wobei man jeden Aufzunehmenden irgendeinen verborgenen Zweck, der seinen Phantasien, Neigungen und Wünschen schmeichelte, ahnen ließ, indes die Herrn Oberpriester wohl wußten, wozu sie einst dies Häuflein in Tätigkeit setzen wollten. Hier wurden Garköche, Gastwirte, Kanzellisten und Krämer zu Rittern geschlagen und schossen, durch den Glanz dieser neuen Würde angelockt, die Summen her, woraus für die hohen Obern Kommentureien errichtet werden sollten. Dort versprach ein gutmütiger politischer Schwärmer aus seinem Studierstübchen herab eine allgemeine Weltreform oder eine Universalmonarchie, zu welcher dann der enge Bund die Hauptrollen austeilen würde. – Durch diese und vielfache andre Mittel wurden ehrgeizige, habsüchtige, eitle, herrschsüchtige und neugierige Menschen angekörnt, die egoistischen Pläne einer kleinern Anzahl zu befördern, indem sie für sich selbst zu arbeiten glaubten. Es ist nicht schwer, alle solche Verirrungen des menschlichen Geistes in einem komischen Lichte anzusehn, und vielleicht ist diese Art sie darzustellen wirksamer zu Hemmung ihres Fortganges als die ernsthaften Maßregeln, welche man hie und dort dagegen genommen hat. Die Widersprüche und Inkonsequenzen in dergleichen Systemen zerstören das Machwerk bald ohne äußere Mitwirkung, da hingegen wirkliche Verfolgungen selbst das loseste Band fester zu knüpfen und einen Gemeingeist zu erwecken pflegen, der zum Widerstande reizt. Doch haben diese Torheiten auch ihre sehr ernsthaften Seiten. Ich müßte mir selbst das Urteil sprechen (und wie viele unter meinen Lesern werden nicht, wenn sie ebenso aufrichtig sein wollen, bekennen müssen, daß auch sie etwas von der Art auf ihrem Gewissen haben!), ich würde, sage ich, mir selbst und manchem redlichen Manne das Urteil sprechen müssen, wenn ich behaupten wollte, alle Personen, welche sich mit solchen Bündnissen, sei es nun als Obere oder als Untergebene, befaßt haben, hätten niedrige, törichte, verwerfliche Absichten dabei im Hinterhalte gehabt – nein! Wißbegierde, erhitzte Einbildungskraft, nicht gehörig geordneter Tätigkeitstrieb, phantastische, nicht reiflich durchgedachte Pläne für das Wohl der Welt, Hang zur Geselligkeit und manche andre nicht tadelnswerte Rücksichten können auch sehr gut geartete Menschen auf solche Irrwege geleitet haben; nur muß man nicht widerstreiten, daß jedes geheime Bündnis gemißbraucht und ein Werkzeug zu Beförderung unedler Leidenschaften werden könne; nur muß der, welcher nicht mit Recht Verdacht auf sich laden will, beizeiten zurückkehren, wenn er seinen Irrtum einsieht, und sich nicht schämen, sondern es sich zur Pflicht machen, dies laut zu bekennen. Indessen hat die Vervielfältigung solcher geheimen Verbindungen viel Unheil gestiftet. Da eine jede von ihnen gern das Monopolium für ihre Zwecke erringen wollte, suchte eine mystische Gesellschaft die andre bei dem Publikum verdächtig zu machen. Dies artete bald in Privathaß gegen einzelne Personen aus, gab zu höchst ärgerlichen Auftritten Anlaß, bewirkte wütende Verfolgungen, vernichtete die Ruhe, den Ruf, die bürgerliche Glückseligkeit manches Unschuldigen, erregte allgemeines Mißtraun, wurde von übelgesinnten Leuten genützt, um rachgierige Absichten zu befördern und politische Erscheinungen damit in Verbindung zu bringen. Dies Unwesen dauert dann auch noch fort und macht Männern böse Stunden, die längst jene Ordenstorheiten aufgegeben haben.

53. So sind aber die Menschen; so waren sie immer; so werden sie stets sein, solange in ihnen die Sinnlichkeit mit der Vernunft kämpft, das heißt: solange sie Menschen sind. Der Anblick des nahe vor Augen liegenden Vorteils; die Hoffnung des augen-

blicklichen eiteln Genusses, der ihnen so reizend scheint, beschränkt ihren Gesichtskreis, hindert die gefesselte Vernunft, reifere Überlegungen über die entferntem, aber sicherern, wohltätigen oder schädlichen Folgen jeder Handlung für den Zusammenhang des Ganzen, wovon doch ihre eigne wahre Glückseligkeit unzertrennlich ist, anzustellen; und so opfern sie dann ihrem vermeintlichen Privatinteresse, opfern ihren nie zu befriedigenden, durch jeden Genuß stärker entflammten Leidenschaften und Begierden, die sich so reichlich belohnende Mitwirkung zum allgemeinen Wohl, besonders in Kollisionsfällen, nur gar zu leicht auf. Es ist Schwärmerei, von dem Menschengeschlechte im allgemeinen mehr fordern zu wollen, von einer stufenweise zu erwartenden Vervollkommnung unsrer Natur, solange wir hier auf Erden leben, und von einer über alle Stände sich verbreitenden höchsten Aufklärung der Vernunft zu träumen – es ist Schwärmerei, obgleich von sehr edler Art. Je höher in diesem oder jenem Zeitpunkte, in einzelnen Weltgegenden, die Kultur steigt, um desto gewisser vermehrt sich dann auch dort der Luxus; dieser erzeugt und nährt vervielfältigte Bedürfnisse; diese reizen die Leidenschaften und Begierden, die befriedigt sein wollen, welches nicht anders als auf Kosten andrer geschehn kann. Das ist die Kettenreihe, die zum Egoismus und zum Eigennutze führt.

Allein die weise Vorsehung, die jeden Mißlaut in der Natur zur Auflösung in den allgemeinen Einklang vorzubereiten versteht und dafür gesorgt hat, daß selbst die anscheinenden einzelnen Unvollkommenheiten zur Vollkommenheit des Ganzen beitragen müssen, weiß auch selbst den Eigennutz der Menschen als Mittel anzuwenden, um unendlich viel Gutes auf Erden zu verbreiten. Die mehrsten großen Taten werden durch ihn hervorgebracht. Menschen, die keine bessere Antriebe zur Tugend kennen, üben wenigstens darum Handlungen der Großmut und Menschenliebe aus, damit sie für sich Ehre, Ruhm, Ansehn, Vertraun gewinnen und ihre Mitwerber ausstechen, verdunkeln mögen; und so geschieht dann doch das Gute. Sehr viel nützliche Erfindungen in Künsten und Fortschritte in Wissenschaften verdanken wir dem Eigennutze. Er hat die erste Veranlassung zu der Entdeckung unbekannter Weltteile gegeben, und indem er also die einzelnen Menschen trennt, vereinigt er ganze Völker, die sich vorher einander fremd waren, durch den Handel.

ZWEITE HAUPTABTEILUNG

Über den Undank

Einleitung

Es sei mir erlaubt, zum Übergange in diese Materie einige Resultate aus dem Vorigen zu ziehn!

Es ist ein tröstender, herzerhebender Gedanke, daß alles, was lebt und webt, vom liebreichen Urheber der Natur zum Glücklichwerden erschaffen, daß das Weltgebäude nicht etwa bloß ein Kunstwerk, zur Freude des Meisters und zur Verherrlichung seiner Allmacht zusammengesetzt, sondern zugleich eine unermeßliche Anstalt zur Beglückung zahlloser Geschöpfe ist; das hier Myriaden Wesen aller Art, vom Engel bis zur Made herab Genuß und Wonne schmecken, wenn sie der Ordnung der Natur folgen; hingegen, wenn sie sich von diesem Wege entfernen, dennoch nur unbedeutende Verwirrungen anrichten, nie aber die Harmonie des Ganzen zerstören können. Es ist herzerhebend zu denken, daß wir also nicht weniger Zweck der Schöpfung sind, als es die Schöpfung für uns ist.

Je empfänglicher für die mannigfaltigen Freuden und je empfindlicher für Leiden ein Geschöpf ist, desto mehr Kraft liegt in seinem Wesen, um sich jene zu verschaffen und diese zu entfernen. Je größer der Drang der Bedürfnisse und Anforderungen in den verschieden organisierten erschaffenen Wesen sich äußert, desto geschickter fühlen sie sich, diese Bedürfnisse zu befriedigen, und für die nützlichste Verwendung ihrer Kräfte, zu ihrem eignen und des Ganzen Wohl, sind gerade die dringendsten Triebe in ihre Natur gelegt; denn es gehört zu dem großen Plane des Allvaters, daß jedes einzelne Wesen, indem es für sich Genuß und Vergnügen sucht und sich verschafft, hierzu nicht anders sicher gelangen kann, als indem es für das Ganze mitwirkt. Darum sind auch die Triebe, die die Erhaltung des Lebens, und die, welche die

Fortpflanzung der Gattungen befördern sollen, die heftigsten von allen.

Weil nun die mit höhern Kräften und mit Vernunft begabten Wesen geschickter als die übrigen zu der allgemeinen Ordnung beizutragen, zugleich aber durch ihre größere Selbständigkeit mehr als die andern imstande sind, sich eine abgesonderte, freie, von fremder Einwirkung unabhängige Existenz zu verschaffen, so offenbart sich, um diese Absonderung zu verhindern, in ihnen der Hang, sich mitzuteilen, sich anzuschließen und auf andere Wesen zu wirken, vorzüglich stark, *denn Gott hat nicht gewollt, daß wir die Bewegungsgründe zur nützlichen Wirksamkeit aus kalten, abstrakten Theorien, sondern aus unsrer Natur und Bestimmung selbst entlehnen sollten.*

Es ist aber der Trieb zur Geselligkeit und gegenseitigen Dienstleistung allen lebendigen Wesen, selbst den Tieren, eingepflanzt. Allgemein bekannt ist es, mit welcher Sorgfalt die Eltern nicht nur ihre eigenen Jungen nähren, pflegen und verteidigen, sondern wie sie auch die Wartung angenommener Zöglinge sich angelegen sein lassen; mit welcher Sorgfalt die Henne junge Enten, die Grasmücke den jungen Kuckuck auferzieht; wie, in der Brutzeit, Männchen und Weibchen abwechselnd das Nest bewachen und warm halten, wie jener, durch Lieder, der Gattin, wenn sie auf den Eiern sitzt, die Zeit verkürzt. Ebenso bekannt sind die Beispiele von Treue und Anhänglichkeit, welche die Haustiere dem Menschen beweisen, von dem Unterschiede, den sie zwischen dem Hausherrn (wenn dieser ihnen auch nie Futter reicht) und den untergeordneten Personen zu machen verstehn. Weniger bekannt vielleicht und doch zum Beweise des allgemeinen Geselligkeitstriebes der Tiere dienend ist aber die Beobachtung, die wir in Gmelins Reisen angezeigt finden. In Krasnojarsk nämlich gibt es eine große Menge Rallen; diesen wird es schwer zu fliegen, und doch können sie den Winter in jenem kalten Erdstriche nicht ausdauern. Wenn daher die Störche im Herbste in die wärmern Klimate ziehen, nimmt jeder Storch eine Ralle mit sich auf dem Rücken fort. Hier ist ein Beispiel von geselliger Dienstleistung, soviel man weiß, ohne allen Eigennutz, und was erstaunlich ist – ohne den kategorischen Imperativ der hyperpuren Vernunft. In einem für Ärzte und Philosophen äußerst wichtigen, kürzlich durch den würdigen Herrn Hofrat Doktor Brandis in Holzminden übersetzten Werke, in *Darwins Zoonomie*, sind viel höchst sonderbare Beobachtungen von dieser Art gesammelt, und der Verfasser geht sogar so weit, die zur Erklärung solcher Tatsachen bisher angenommenen Instinkte zu verwerfen und auch bei den Tieren Plan, Überlegung, Vorschriften, aus Erfahrung abstrahiert und durch eine Art von Überlieferung auf sie gekommen, anzunehmen.

Von allen Geschöpfen aber, das bleibt gewiß und unleugbar, ist keines so zur Geselligkeit, Teilnahme und Mitteilung gestimmt wie der Mensch; aber er bedurfte auch dieses lebhaftern sinnlichen Triebes, um, da ihn das göttliche Geschenk der Vernunft in den Stand setzt, freier und unabhängiger als andre Kreaturen zu leben, nicht in Egoismus zu fallen. Wenn ihn jedoch sein größerer Hang zur Geselligkeit und seine feinere Empfänglichkeit, Genuß und Freude aus allen Gegenständen zu schöpfen, in unzählige Verhältnisse verwickeln und ihm Gelegenheit geben, seine Wirksamkeit auf so mannigfaltige Weise zu äußern, so dient ihm auch dieselbe Vernunft zur Leiterin, um seine Handlungen zu ordnen, seiner Tätigkeit die gehörige Richtung zu geben, in zweifelhaften und Kollisionsfällen den richtigsten, den sichersten Weg zur dauerhaften Wohlfahrt sich vorzuzeichnen, ihn über die reine Glückseligkeit und den echten Genuß aufzuklären und ihn zu lehren, selbst in den Aufopferungen vorübergehender Freuden, zum Vorteile seiner Mitgeschöpfe, einen höhern, sichrern, geistigern Genuß zu finden. Sie schreibt ihm zwar bestimmte Regeln dazu vor, die durch seine eigene Erfahrungen bestätigt werden; aber nicht willkürliche Gesetze, sondern solche, deren herrliche Wirkung und Zweckmäßigkeit er an sich selbst erproben kann und wodurch er zu einer Macht über Leidenschaften und Sinnlichkeit, zu dem Gefühle einer innern Ruhe, einer Beharrlichkeit, eines Seelenfriedens gelangt, den wir das gute Gewissen nennen. Alles aber zielt dahin, ihn glücklich zu machen und zu diesem Zwecke jeder geistigen und körperlichen Kraft in ihm die beste Richtung zu geben. Die Religion, welche die Vorschriften seiner Vernunft sanktioniert und sie zurechtweiset, empfiehlt ihm auch keine andren Motive. Sie gibt ihm keine despotischen, willkürlichen Befehle, sondern schreibt ihm nur das Gesetz der Liebe vor, das schon in sein Herz eingegraben ist. »Wer seinen Mitmenschen liebt«, sagt Jesus, »der hat das Gesetz erfüllt.« Und: »tue das; so wirst du glücklich; so wirst du selig werden.« Der göttliche Stifter unsrer Religion, der ein besserer Menschenkenner war als unsre neuern Philosophen, verlangte also nicht, daß der sinnliche Mensch Bewegungsgründe zu seinen Handlungen außer sich suchen und sein eignes Ich, seine Personalität verleugnen sollte; nein! Glück in dieser und jener Welt ist die Bedingung, die er dem anbietet, der seiner Lehre folgen will.

Der Mensch *soll* und *muß* also nichts; er behält die Freiheit, sein wahres Heil zu verscherzen und sich der höhern Wonne und Seligkeit zu berauben, wenn er keinen Sinn für sie hat. Die Opfer, die er seinen Brüdern und der gesamten Menschheit bringt, sind freiwillige Opfer. Will er auf die reinen geistigen Freuden, auf die Ruhe im Innern, auf die Achtung guter Menschen und auf ihre gegenseitigen Dienstleistungen Verzicht tun; will er rastlos nach eitler Lust streben, die weiter vor ihm flieht und seine Begierden immer mehr entflammt, je eifriger er ihr nachjagt, so bauet er sein eignes Elend und findet hier auf Erden keinen Frieden. Dafür hat der Schöpfer aller Dinge gesorgt, daß die Verkehrtheit einzelner Geschöpfe die Ordnung des Ganzen nicht über den Haufen werfen kann; und damit auch die gesellschaftliche Zusammenlebung ruheliebender Menschen durch den Mangel an Moralität einiger nicht gestört werde, treten die Weisern und Bessern zusammen, um durch bürgerliche Gesetze sich gegen Ausfälle und Anmaßungen solcher Toren zu waffnen. Seine innere Wohlfahrt zu befördern wird aber jedem überlassen.

Das sind die Begriffe, die ich von moralischer Freiheit, von Sittlichkeit überhaupt und von Glückseligkeit habe und von den Bewegungsgründen und Mitteln, diese Schätze zu erlangen. Wie klein, jämmerlich und unglücklich erscheint mir dagegen nicht der moralische Mensch der neuern Philosophen! Gleichsam der

Leibeigene der Natur; verunheilt, sklavisch unbedingten Gesetzen zu gehorchen, nicht solchen, die ihm seine überlegende Vernunft, nach Maßgabe der Umstände, vorschreibt, sondern Gesetzen, nach deren Gründen er nicht einmal fragen, die er befolgen soll, sie mögen zu den Umständen passen oder nicht, die bei unzähligen Fällen im Leben ihm keine bestimmte Vorschrift liefern; geschaffen, nur für fremde Rechnung zu arbeiten, seine Personalität, den ersten Zweck seines Daseins, den frohen Lebensgenuß, zu vergessen, ohne Dank, ohne Verdienst, ohne Ersatz, ohne Trost! Versucht zu werden, jeden Augenblick auszurufen: wie kann ich dem Urheber meines Daseins für mein Leben danken, wenn er mir dies Leben nur zum Frondienste für andre gegeben hat; wenn ich mir nicht einmal den Gedanken erlauben darf, daß die Opfer, die ich ohne Aufhören bringen muß, freiwillige Geschenke meines wohlwollenden Herzens sind; wenn die donnernde Stimme des Gesetzes ohne Unterlaß Du *sollst! Du mußt!* mir zuruft?

Die Dankbarkeit ist eine von den Tugenden, die, soviel ich es einsehe, gänzlich wegfallen würde, wenn dies despotische Gesetz die Quelle aller guten Handlungen wäre. Ich kann nur dem dankbar sein, der aus Liebe zu mir, aus Teilnahme an dem, was meine Glückseligkeit befördern kann, um meine Wünsche zu befriedigen, sich selber etwas entzieht, das er für sich behalten, zu seinem Vorteile anwenden könnte. Aber was für Verbindlichkeit bin ich dem schuldig, der etwas hergibt, das ihm ohnehin nicht gehört, das er, dem strengen Gesetze nach, unbedingt andern schuldig ist?

Und so hätten uns dann die vorigen Betrachtungen auf den Gegenstand geleitet, der in dieser zweiten Hauptabteilung beleuchtet werden soll.

1. Das Gefühl, das unser Herz zur Dankbarkeit stimmt, ist von der Hand des Schöpfers in unsre Natur gelegt und wird nur dann verleugnet, wenn andre heftige Leidenschaften, z. B. Eigennutz, Neid, falscher Ehrgeiz oder Eitelkeit dasselbe ersticken. Wenn alle Geschöpfe des Erdbodens Genuß, Freude und Glück suchen, so ist nichts natürlicher, als daß sie sich hingezogen fühlen zu solchen Gegenständen, die ihnen Befriedigung ihres Glückseligkeitstriebes

verschaffen; und wenn dies bei leblosen Gegenständen der Fall ist, wieviel mehr Zuneigung werden sie zu tätigen, mit Willenskraft begabten Wesen empfinden, die absichtlich die Summe ihrer Freuden vermehren!

2. Dankbarkeit äußert sich sogar in unvernünftigen Geschöpfen. Wir bemerken nicht nur bei den Haustieren, die von uns Schutz, Nahrung und Pflege erhalten, eine treue Anhänglichkeit an ihre Beschützer, sondern man erzählt auch viel glaubwürdige Beispiele von Löwen und Tigern, die aus Dankbarkeit für die Errettung von drohender Gefahr ihre natürliche Wildheit gegen den Wohltäter abgelegt, diesen bewacht, verteidigt und ihm unbedingten Gehorsam geleistet haben. Ja! manche dieser rohen Geschöpfe scheinen ein lebhafteres Gefühl für die Dankbarkeit zu empfinden als der von sich durchkreuzenden Leidenschaften in immerwährendem Strudel umhergetriebene, durch die mannigfaltigen Verhältnisse der bürgerlichen Zusammenlebung mit unzähligen unnützen Bedürfnissen bekanntgewordene, von unersättlichen Wünschen und nie zu befriedigenden Forderungen irregeleitete Mensch. Dieser findet nämlich, wenn ihn unedlere Begierden blenden, selbst in der Vernunft, die seinen natürlichen Trieben als Leiterin zugesellt ist, Mittel, das bessere Gefühl der Erkenntlichkeit zum Vorteile eines übel berechneten Eigennutzes wegzuvernünfteln.

3. Es hat aber leider! auch Philosophen gegeben, welche die Heiligkeit der Dankbarkeitspflicht zu leugnen gewagt haben. »Wenn«, sagten diese, »jeder, der Gerechtigkeit und Redlichkeit gegen mich übt, nicht mehr als seine Bestimmung erfüllt, wenn das Gegenteil Verbrechen sein würde; welchen Dank bin ich ihm dann dafür schuldig?« Bedenkt man aber, wie leicht es dem bösen Willen oft wird, sich um jene Gerechtigkeit und Redlichkeit wegzuschleichen und, ohne sie geradezu zu übertreten, einen Vorwand zu finden, um tätige Hilfe, Beistand und Dienstleistung dem zu versagen, der dessen bedarf, so muß jeder gutgeartete Mensch die Verbindlichkeit anerkennen, die er demjenigen

schuldig ist, der aus treuem guten Herzen und wahrer Teilnahme ihm die Beschwerlichkeiten des Lebens auf irgendeine Weise tragen hilft.

4. Die Dankbarkeit ist ein Gefühl, welches das Herz veredelt und bessert, wohltätig für den, der empfängt, wie für den, welcher gibt. Man empfindet eine reine Wonne bei dem Anblicke eines Geschöpfs, das durch uns froh und glücklich ist; man vergißt eigne Leiden über das Bewußtsein, die Wohlfahrt andrer befördert zu haben. Ein edler Stolz, der sich auf unsre Kraft und auf die Wichtigkeit und Nützlichkeit ihrer Anwendung gründet, entschädigt uns für Mühe, Anstrengung und Verdruß. Wir lieben unser eignes Werk, fühlen uns hingezogen zu einem Wesen, das uns seine bessere Existenz verdankt, und zu allen, denen wir noch ähnliche Wohltaten erzeigen können. Der aber, welcher uns sein Glück verdankt, gewinnt auch dadurch die Welt lieb, in der es ihm wohlgeht, in welcher es so dienstfertige Menschen gibt. Er wird geneigt, auch andern Gutes zu erweisen, nachdem er es empfunden hat, wie angenehm es ist, sich nicht vergebens nach fremder Hilfe zu sehnen. Der Undankbare hingegen, der keinen Sinn für das Gute hat, das Gott und Menschen ihm erweisen, wird feindselig, mißgünstig und hart. Ihn ärgert die Freude, die andre empfinden, weil keine Heiterkeit in sein Herz kommt; er glaubt niemand nichts schuldig zu sein, weil niemand seine unendlichen Forderungen befriedigt.

5. Der Wohltäter bauet zuweilen das Glück seiner Nachkommenschaft durch die Liebesdienste, die er geleistet hat. Oft noch ernten seine Kinder die Früchte des Danks ein, der ihm gebührt. Die Geschichte liefert uns davon zahlreiche Beispiele, wie denn überhaupt der Segen keiner guten Tat verlorengeht.

6. Die weisesten Männer aller Zeitalter haben die Dankbarkeit als die heiligste Pflicht empfohlen, und kluge Gesetzgeber haben geschärfte Strafe auf die Verbrechen gelegt, die gegen Wohltäter begangen würden.

7. Und dennoch, bei so vielfachen innern und äußern Bewegungsgründen, welche uns die Heiligkeit dieser Pflicht empfehlen, hört man über kein Laster so allgemein klagen als über den Undank. Zwar sind diese Klagen auch je zuweilen ebenso übertrieben wie die Forderungen derer, die auf Dank Anspruch machen und die oft auf unbedeutende Wohltaten, an welchen mehr die Eitelkeit, oder irgendeine andre Leidenschaft, als wahre Menschenliebe Anteil hat, einen so hohen, drückenden Preis setzen. Zwar wird die Betrachtung, daß man für edle Handlungen nicht immer die verdiente Erkenntlichkeit einerntet, den wahrhaftig großmütigen Mann nicht abhalten, andern Gutes zu tun; aber doch bleibt es traurig und niederschlagend, daß die Menschen, in ihrer Verblendung, auch diese natürliche Tugend verleugnen und daß nicht selten die treueste, uneigennützigste Aufopferung und Hingebung mit dem schwärzesten Undanke, ja! mit Feindschaft und Verfolgung belohnt werden. Indessen lasset uns zu unsrer Beruhigung nicht vergessen, daß diese, so wie alle andre moralische Unvollkommenheiten, nicht in einer angebornen Verderbtheit der menschlichen Natur, sondern in Schwäche, in unrichtiger Beurteilung des eignen wahren Vorteils ihren Grund hat.

8. Bei einer großen Anzahl von Menschen ist ein übelgeordneter Freiheitssinn die Quelle des Undanks. Man hält sich für gedrückt durch die Last der Verbindlichkeit, glaubt sklavisch abhängig von dem Wohltäter zu werden, wenn man es sich selber gesteht, wieviel man ihm schuldig ist, und fühlt sich doch zu schwach, wird durch den Drang der Umstände abgehalten, auf fremde Hilfe Verzicht zu tun; und so empfängt man dann, vernünftelt aber die Pflicht weg, welche Erkenntlichkeit gebietet. Ein falscher Stolz, der sich gegen den Gedanken, eine untergeordnete Rolle zu spielen, empört, überschreiet die innere Stimme des Gewissens. Man zürnt mit dem Schicksale, das andre so hoch gestellt hat, daß sie das Vergnügen, Wohltaten auszuspenden, sich verschaffen können, indes man dazu verurteilt scheint, immer nur zu empfangen, zu suchen, zu bitten. Mit neidischen Augen betrachtet man nun den, dessen Beistand man hat annehmen müssen; man sucht Feh-

ler an ihm auf, um seinen Wert und sein Verdienst um uns herabzusetzen, und nicht selten artet dies in bittern Haß und Feindschaft aus. Ich habe einen Mann gekannt, der sehr dienstfertig, allein durch die mannigfaltigen Erfahrungen von dem Undanke der Menschen so mißtrauisch geworden war, daß er, sooft er jemanden eine Wohltat erwiesen hatte, zu sagen pflegte: »Heute habe ich mir abermals einen Feind mehr erworben.«

9. Diene neunundneunzigmal einem Menschen und schlage ihm die hundertste Bitte ab, so wird er alles empfangene Gute vergessen und über deine Hartherzigkeit klagen; denn die Forderungen der Menschen wachsen mit ihrer Befriedigung, und was man dem Ungefälligen für eine große Tat anrechnet, das treibt man von dem Dienstfertigen wie eine Schuld ein. Diejenigen erregen am meisten Auf sehn in der Welt, die ihre Tugenden nur wie Sonntagskleider selten zur Schau tragen.

10. Menschen, die selbst nichts für sich sind, suchen dich auf, hängen sich an dich, huldigen dir, um durch dich in bessere Verhältnisse zu kommen. Du erhebst sie, bringst sie in die Mode, überwindest das Vorurteil, das gegen sie stritt und vielleicht dir selber Schaden tat; sie bleiben dir so lange treu und anhänglich, als sie deiner bedürfen, ziehen sich aber nach und nach zurück, suchen sich eine eigne Existenz, vielleicht auf deine Kosten, zu schaffen, wenn sie dazu Kraft haben, oder rennen einem andern Beschützer nach, wenn dein Ansehn sinkt, und verwandeln sich am Ende wohl gar, wenn sie hoch genug über dich zu stehn glauben, aus deinem Klienten in deine Hofmeister, Lehrer und Ratgeber. – Das alles muß man in dieser Welt erwarten, um, wenn es geschieht, nicht darüber zu zürnen, sondern zu lächeln.

11. Wenn diese und ähnliche Erfahrungen und Überlegungen vom Wohltun abhalten dürften, so würde kein verständiger Mann ferner einen Schritt für andre tun; allein zum Glücke für die Menschheit gibt es bessere Bewegungsgründe, seinen Mitgeschöpfen Gutes zu erweisen, als das kleine, niedrige, eigennützige

Verlangen, Dank einzuernten. Die sichern, mannigfaltig nützlichen Folgen, die jede edle Tat auf das Ganze auch dann hat, wenn diese Folgen nicht sogleich sichtbar, wenn sie selbst von dem, den sie unmittelbar treffen, verkannt werden; die Freude, die in dem Bewußtsein einer zweckmäßigen Tätigkeit zum Wohl der Menschheit liegt; die kleine, zwar nicht lobenswerte, aber doch auch nicht sträfliche Eitelkeit, die in dem Gedanken, daß wir andern etwas sind, daß sie unsrer bedürfen, Nahrung findet; und endlich das angeborne Gefühl des Wohlwollens und der Teilnahme – das alles wird, solange die Welt steht, dazu mitwirken, daß es nie an Menschen fehle, die ihren Brüdern hilfreich die Hand reichen. Ja! es liegt eine unnennbare Wonne für ein edles, stolzes Herz in der Überzeugung, grade dann am bereitwilligsten zum Guten zu sein, wenn man sicher voraussehn kann, daß man nie weder Dank noch Lohn einzuernten haben wird, folglich unsre Absicht ganz rein von Eigennutz ist.

12. Dennoch aber ist auch keineswegs der Wunsch, sich dankbare Menschen durch Wohltaten zu verbinden, tadelnswert, am wenigsten dann, wenn man zwischen diesen und schlechtdenkenden, unerkenntlichen Leuten zu wählen hat und seine Freigebigkeit und Dienstfertigkeit nicht auf alle ausbreiten kann, sondern, nach der Eingeschränktheit seiner Kräfte, ihnen Grenzen setzen muß. Warum sollten wir, wenn unser Herz warm für andre schlägt, nicht auch wünschen dürfen, daß sie Regungen von ebenso zärtlicher Art für uns empfinden? Und warum sollten wir nicht gern diese Stimmung in ihnen durch freundschaftlichen Beistand zu erwecken suchen? Man tadelt oft verständige Männer, die sich dem, was man gute Gesellschaft nennt, entziehen und ihr Leben im vertraulichen Umgange mit Personen ohne Kultur, Erziehung und Talente hinbringen; Reiche, die, statt sich mit Frauenzimmern ihres Standes zu verbinden, Mädchen aus den sogenannten niedern Klassen zu Gattinnen wählen; Leute, die einem alten, geprüften Diener ausschließlich ihr Zutraun widmen, indes sie ihre nächsten Verwandten verabsäumen und von sich entfernen; oder die gar allen menschlichen Umgang fliehen und auf die

sonderbare Grille verfallen, ihre ganze Sorgfalt und Zuneigung einem treuen Hunde oder andern Haustiere zu schenken; aber wisset ihr auch, wie oft diese guten Leute, zum Preise für das wohlwollendste, liebevollste Herz, von den fein kultivierten Herrn und Damen, die uns und die ganze Welt nur zu ihrem Dienste geschaffen glauben, mit schwarzem Undanke sind belohnt, für gutmütige Hingebung und Aufopferung verspottet, betrogen, von dem schändlichsten Eigennutze mißbraucht worden, bis sie endlich, um doch irgendein Geschöpf zu finden, das ihre Liebe nicht zurückstieße, einen Gegenstand ihrer Anhänglichkeit gewählt haben, von dem sie Erwiderung und Erkenntlichkeit erwarten durften? Wirklich übertrifft es auch alle Vorstellung, wie unfein der Eigennutz auf reiche und bereitwillige gute Menschen mit Bitten und Zumutungen losstürmt, bis diese endlich, nach manchen unangenehmen Erfahrungen, dahin gebracht werden, mit anscheinender Härte solche Zudringlichkeiten zurückzuweisen und Dienstleistungen abzuschlagen, die sie, ohne Ungerechtigkeit gegen sich selbst und die Ihrigen, nicht gewähren können.

13. Es gibt aber sehr verschiedene Arten, sein Dankgefühl auszudrücken, und nicht immer ist derjenige unerkenntlich, der nicht viel Worte macht, der in seinem Herzen seine Empfindungen verschließt und dem großmütigen Wohltäter Verehrung, Hochachtung und Segnung zum stillen Opfer bringt. Ein stummer Dank, ein Händedruck und ein zum Himmel gekehrter Blick des feuchten Auges sind wohl so viel wert als studierte Floskeln einer herzlosen Beredsamkeit.

14. Oft verlangt auch der Wohltäter für das, was er vielleicht nicht einmal aus den reinsten Bewegungsgründen geleistet hat, mehr, als ein edles, stolzes Herz zu geben vermag, verlangt Opfer aller Art, Schmeichelei, gänzliche Abhängigkeit, Sklavendienste, und jammert dann über den Undank der Menschen, wenn man lieber auf alles Verzicht tut, was seine Prahlerei verspricht, als daß man es so teuer erkaufen sollte. Wenig Menschen verstehen die Kunst, so

zu geben, daß man ihnen gern verpflichtet wird, daß vielmehr der, welcher empfängt, dem andern eine Gefälligkeit zu erweisen scheint. Aber man erwarte auch keinen Dank für unerbetene, aufgedrungene Wohltaten; für die Mühe, sich unberufen in fremde Händel gemischt, Versöhnungen und Heiraten gestiftet zu haben; für Schmeichelei und Erniedrigung; für Lob ins Gesicht und hinter dem Rücken, das oft mehr Schaden als Nutzen stiftet; für Verteidigung eines Mannes, der sich selbst besser und mit mehr Erfolge verteidigen kann! Man erwarte keinen Dank, wenn man, obgleich in guter Absicht, die Eitelkeit der Leute beleidigt, wenn man klügern oder sich klüger dünkenden Leuten Rat geben, wenn man einen mittelmäßigen Schriftsteller abhalten will, die Welt mit schlechten literarischen Produkten zu beschenken! Man erntet selten Dank ein, wenn man zu bereitwillig ist, für jedermann kleine Aufträge zu übernehmen, Waren zu verschreiben, Personen zu empfehlen, Sammlungen zu veranstalten, Unterzeichnungen zu befördern. Man wird dann ohne Unterlaß von zudringlichen Leuten bestürmt, wird hintergangen, leidet Schaden und kommt zuweilen noch obendrein in den Verdacht, seine kleinen Privatvorteile dabei nicht vergessen zu haben.

15. Die mehrsten Großen der Erde verstehen die Kunst, um aller Verbindlichkeit überhoben zu sein, sich dasjenige aufdringen zu lassen, was sie zu erhalten wünschen. Dagegen machen sie aus dem, was Gerechtigkeit erfordert und ihre Schuldigkeit ist, eine Gnade, um Dank einzuernten, wissen es so einzurichten, daß der Mann, dessen sie notwendig bedürfen, die Bedienung erbetteln muß, zu welcher sie keinen geschicktern finden können. Sie verzögern ihre Wohltaten, um die Menschen desto länger von sich abhängig zu machen, wissen sich von dem, was andre getan haben, das Verdienst zuzueignen, um ihnen den gebührenden Dank zu entziehn und sich zuzuwenden, dagegen aber Verantwortung und Verdruß auf sie zu wälzen.

16. Es ist eine sehr unangenehme Lage, wenn das Gefühl der Dankbarkeit mit dem Eifer für Gerechtigkeit, mit strenger Wahr-

heitsliebe oder mit der Sorgfalt für das Wohl des Ganzen in Zusammenstoß kommt. Allein dann muß die untergeordnete Pflicht der höhern weichen; und der handelt nicht undankbar, der, aus Erkenntlichkeit gegen Individuen, nicht zum Verräter an dem gemeinen Wesen werden, nicht aus niedriger Gefälligkeit gegen einen Bösewicht, der einst sein persönliches Interesse befördert hat, zu dem Unrechte schweigen will, wodurch Tausenden Übles zufließt. In eine nicht ganz so unangenehme Lage, die doch aber auch nicht wünschenswert ist, wird man versetzt, wenn Leute, die man nicht schätzen kann, Menschen von geringem geistigen und moralischen Werte, sich uns mit Huldigung, Aufmerksamkeit und wirklichen Dienstleistungen aufdringen und dadurch ein Recht auf dankbare Erwidrung zu erzwingen suchen. Den Verlegenheiten der erstern Art kann man fast immer ausweichen, wenn man sich hütet, von Personen, die Verachtung verdienen, Wohltaten anzunehmen, und wenn man in allen Fällen sich den Ruf erwirbt, da, wo es Wahrheit und Recht gilt, alle persönlichen Rücksichten bei Seite zu setzen. In den Fällen der andern Art aber wird brüderliche Duldung uns zu Erwiderung jeder unschuldigen Gefälligkeit und Höflichkeit, auch gegen weniger achtungswerte Leute, bewegen. Man muß ja mit so manchem leben, den man sich nicht grade zum Freunde wählen würde, und das Bewußtsein, daß wir vielleicht besser sind als andre, befreiet uns noch nicht von der Verbindlichkeit, gesellige und moralische Pflichten gegen sie auszuüben, insofern diese Pflichten nicht mit höhern Obliegenheiten streiten.

17. Die allgemeinste Art von Undank und dessen wir alle uns wohl, mehr oder weniger, schuldig machen, ist der Undank gegen den liebreichen Schöpfer der Natur. Der Zweck des Daseins aller lebendigen Geschöpfe ist der: Glück und Freude zu finden in der Welt. Alle können diesen Zweck erreichen, und das, was vernünftige Wesen wahrhaftig glücklich macht, liegt fast allein in ihnen und ist nicht abhängig von äußern Umständen noch fremdem Willen, insofern sie nur richtige Begriffe von Glück haben und zweckmäßige Mittel ergreifen, um dazu zu ge-

langen. Gegen die zahlreichen Freuden, die der Weise und Tugendhafte schmecken kann, ist die Summe der unvermeidlichen Leiden sehr geringe und selbst diese wird er vergessen, wenn er, durch Betrachtung der Vollkommenheit des unermeßlichen Ganzen, seinen Geist erhebt und sein Herz erwärmt. Man rechne einmal von der Anzahl der Ungemächlichkeit und Widerwärtigkeiten des Lebens diejenigen ab, die wir uns selbst, durch Einbildung, durch Vorurteile, durch eitle, törichte Wünsche, durch unnützerweise vervielfältigte Bedürfnisse des Luxus, der Eitelkeit, der Weichlichkeit und der Unmäßigkeit erschaffen – wieviel bleibt übrig, das einer Klage wert wäre? Wo ist der Mensch auf Erden, der gänzlich ohne seine Schuld oder Veranlassung (sei es nun durch grobe Vergehungen oder Unvorsichtigkeit) endlos elend geworden wäre und keine Hilfe hätte finden können? Ich gestehe es offenherzig, daß mir, der ich doch viel harte Schicksale erlebt habe, noch nie etwas wirklich Unangenehmes begegnet ist (Hierunter rechne ich aber nicht die Entbehrung des Reichtums und solcher unerwarteter Glücksfälle, die freilich manchem zu Teil werden, worauf aber eigentlich kein Mensch gegründeten Anspruch machen kann.), ich sage, daß mir nie etwas wahrhaftig Unangenehmes begegnet ist, wozu ich nicht auf irgendeine Weise, durch Mangel an weisem Betragen, Veranlassung gegeben hätte, und daß ich dasselbe bei allen den unglücklichen Begebenheiten wahrgenommen, die ich andre Leute habe erleben gesehn. Allein wir pflegen dann, um ein Recht zu erhalten, undankbare Klagen gegen die Vorsehung auszustoßen, nur unsre Enthaltung von groben Vergehungen in Anschlag zu bringen. Der Mensch, der mit einem kränklichen Körper zu kämpfen hat, macht sich groß damit, daß er nicht durch wilde Ausschweifungen seine Gesundheit zu Grunde gerichtet habe; von der Vernachlässigung einer einfachen, seiner Konstitution gänzlich angemessenen Lebensordnung hingegen schweigt er. Wenn ein andrer darüber winselt, daß er von seinen Eltern statt eines großen Vermögens nur Schulden geerbt habe, so vergißt er, sich zu fragen: was für ein Recht denn wohl überhaupt ein Mensch haben könne, von der Wiege an, ohne Arbeit und Mühe, das zu besitzen, was andre bessere Leute erst im Schweiße ihres Angesichts erwerben müssen? Und wenn ein Dritter die widrigen Vorfälle aufzählt, die ihm begegnet sind, vergißt er in die andre Waagschale die Menge angenehmer Begebenheiten zu legen, die ihm unverhofft, unverdient, ja! oft dann begegnet sind, wenn er durch unkluge Aufführung vielleicht das traurigste Schicksal verdient gehabt hätte. In einer Welt, in welcher der Schöpfer nicht unaufhörlich Wunder wirken will, muß jedermann die Folgen seiner Handlungen tragen. Wie weit, in der großen Kettenreihe der Ursachen und Wirkungen, diese Folgen reichen werden, das läßt sich nicht bestimmen; daß aber durch kleine Vergehungen sehr große Übel herbeigeführt werden können, das weiß jedes verständige Wesen und muß jene vermeiden, wenn es diesen ausweichen will. Noch einmal also! die Summe der gänzlich unverdienten, wirklichen, unabhelflichen Leiden in der Welt ist klein, und selbst zu Hebung und Erleichterung dieser hat der liebreiche Urheber der Natur für Mittel gesorgt. Kein unschuldig gekränkter, von Unglück niedergebeugter Mann bleibt lange gänzlich verlassen, ohne von dem Mitgefühle andrer guten Menschen Beistand und Trost zu erhalten. Wer von uns hat nicht schon an sich selbst die Erfahrung gemacht, daß in Augenblicken, wo Mut und Hoffnung auf immer zu verschwinden droheten, auf einmal die Hilfe von einer Seite her erschien, von welcher man sie gar nicht hatte erwarten dürfen? Wer dergleichen Erfahrungen wegraisonnieren will, der tut seiner eignen Seelenruhe den größten Schaden. Dazu kommt dann noch die wohltätige Stimmung aller menschlichen Gemüter, durch welche sie nichts so leicht vergessen als überstandenen Schmerz, da hingegen die Erinnerung an froh verlebte Tage und die Erwartung eines bevorstehenden Vergnügens der Einbildung fast ebensoviel Wonne gewähren als der wirkliche Genuß; auch ist es wahr, und ich habe das oft an mir bestätigt gefunden, daß selbst der heftigste Schmerz einen gewissen Grad nicht überschreiten kann, die Stufen der Freude aber unzählig sind; und endlich, daß ohne alle Abwechselung mit Leidensempfindungen und Entbehrungen uns kein Vergnügen schmackhaft sein würde.

Wenn zu diesem allen nun noch die Überlegung kommt, daß wir doch unmöglich bloß für die kurze Reihe halb im Schlafe und in sorgloser Kindheit dahineilender Jahre geschaffen sein können, folglich in einer bessern Zukunft die gütige Vorsehung uns reichlich für die kleinen unbedeutenden Plackereien dieses spannenlangen Lebens entschädigen kann, wo ist dann Elend? Wie undankbar handelt also nicht der Mensch, der mit unaufhörlichen Klagen den Himmel bestürmt! Und doch jammern mehrenteils grade diejenigen am heftigsten über Unglück, denen nichts Widriges begegnet, als daß nicht alle ihre törichte Wünsche nach eingebildetem Glücke erfüllt, nicht alle ihre unersättliche Begierden und unnütze Bedürfnisse befriedigt werden. Aber schlaget solchen Leuten, wenn sie andre Menschen beneiden, vor, mit diesen gradeauf zu tauschen; und sehet zu, ob sie den Vertrag einzugehn bereit sein werden! Ja! dort möchte ein Mann gern den Reichtum seines Nachbars besitzen; fraget ihn aber, ob er auch zugleich dessen Geiz, seine Dummheit, seine Feinde oder seine Kränklichkeit oder seine garstige alte Frau mit übernehmen möchte? – Schwerlich wird er sich dazu verstehn wollen. Wer aber nicht willig ist, sein ganzes Wesen, nebst allen innern und äußern Umständen, gegen die vollständigste Existenz irgendeines andern zu vertauschen, der beweiset dadurch, daß er noch etwas zu besitzen glaubt, worauf er Wert setzt, und daß er folglich nicht ganz unglücklich ist.

18. Undankbar gegen religiöse Gefühle sind diejenigen, welche das ganze Wesen der Religion und Gottesverehrung zu einer Sache der kalten Vernunft machen wollen. Wir sind nun einmal sinnliche Menschen, solange wir hier auf Erden wandeln; soll irgendeine Wahrheit Interesse für uns haben, so müssen wir sie nicht bloß demonstrieren, sondern es auch *fühlen* können, daß die Überzeugung von dieser Wahrheit uns nützlich, wohltätig sei. Der Abstand zwischen uns und dem unsichtbaren allervollkommensten Wesen ist aber so groß, daß, um uns von demselben nur irgendeinen Begriff zu machen, für den wir empfänglich sein können, wir uns diesen Begriff versinnlichen müssen. Dies wird um so

nötiger, wenn die Religion nicht bloß ein Gegenstand unsrer Spekulation bleiben, sondern auch Einfluß auf unsre Handlungen, das heißt auf die Anwendung unsrer Kräfte und Tätigkeitstriebe erhalten soll. Es ist wohl gewiß, daß, wenn wir uns Gott, um uns mit ihm gleichsam in Rapport zu setzen (man erlaube mir diesen Ausdruck!), in dem Verhältnisse als Vater, Freund und Wohltäter vorstellen, mit dem wir reden wie mit einem Menschen und uns an ihn unmittelbar mit Worten im Gebete wenden können, sooft unser Herz Erleichterung bedarf, daß dann diese Vorstellung bei weitem nicht erhaben genug ist; allein sie ist doch nicht falsch, ist dabei trostreich, erquickend, rührend, und hat von jeher die wohltätigsten Einflüsse auf die Ruhe und Moralität der Menschen geäußert, besonders auf die große Anzahl derer, die keines höhern Geistesschwungs fähig sind und ohne sinnliche Bewegungsgründe zur Pflichterfüllung in Irrtum und Zweifel fallen würden. Eine bloß philosophische Religion ist eine Religion für Philosophen, also für wenig Menschen. Es liegt außer den Grenzen meines Zwecks und vielleicht auch meiner Kräfte, hier eine Untersuchung anzustellen, ob die Ordnung der bürgerlichen Gesellschaft ohne positive Religion, ohne den Glauben an Offenbarungen, würde bestehn können; ob die Offenbarung der christlichen Religion nur Bestätigung der Vernunft sei und uns keine andre Wahrheiten lehre, als zu welchen uns reifes Nachdenken, obgleich später, auch würde geführt haben. Das aber ist doch ausgemacht, daß das Christentum die Fortschritte und allgemeine Ausbreitung der tröstlichsten und erhabensten Wahrheiten befördert und beschleunigt hat und es jetzt nicht mehr möglich ist, sich die Moral ohne den Einfluß, den jenes darauf gehabt hat, zu denken.

19. Indem ich aber von der Undankbarkeit gegen religiöse Gefühle und Meinungen rede, bin ich doch weit entfernt, auch dem Aberglauben, den Vorurteilen, der Schwärmerei, den dunkeln, unbestimmten Gefühlen, die mit den Grundsätzen einer gesunden Vernunft, welche uns der Schöpfer zur Leiterin gegeben hat, in offenbarem Widerspruche stehen, das Wort zu reden. Diesen haben wir gewiß nichts bleibend Gutes zu verdanken. Vielmehr

pflegen sie zum geistlichen Stolze, zur Unduldsamkeit, zum Verfolgungsgeiste, zur Heuchelei zu führen und vertragen sich nicht selten, wie uns das Beispiele lehren, mit einem wollüstigen, üppigen, unnütz verschwelgten oder verträumten Leben. Der von Enthusiasten so hoch gepriesene, entzückend selige Zustand, in welchen Schwärmerei und dunkle Gefühle versetzen, ist nichts als ein Rausch; die Freuden der Träumerei und Phantasie sind vorübergehend, gewähren kein dauerhaftes Glück, und die betrügliche Ruhe, die auf den Glauben an offenbare Vorurteile, an willkürliche, nicht erweisliche Voraussetzungen gebauet ist, kann einem denkenden Wesen nicht wünschenswert sein.

20. Lasset uns jetzt von einigen Arten des Undanks reden, dessen sich die Menschen gegen einander, in den verschiedenen Verhältnissen des Lebens, schuldig machen!

Den gegründetsten Anspruch auf unsre Dankbarkeit haben gewiß diejenigen Personen, denen wir die Erhaltung unsrer Existenz, unsrer Bildung und Erziehung schuldig sind; und dennoch wird vielleicht keine Bemühung so schlecht vergolten und erkannt wie die, welche Eltern, Pflegeeltern, Lehrer und Hofmeister zum Wohl ihrer Kinder und Zöglinge anwenden. Es ist eine sehr gemeine Bemerkung, daß Eltern fast immer mit größerer Zärtlichkeit ihren Kindern zugetan sind, als sie von ihnen geliebt werden. Es mag wohl sein, daß hieran zuweilen die Eitelkeit ihren Teil hat und daß die Eltern in den Kindern, die sie gleichsam wie ein Werk ihrer Schöpfung ansehen, sich selbst gefallen. Hier ist aber nicht von der Lebhaftigkeit solcher Empfindungen die Rede, über welche man nicht immer Meister ist und von denen man also der Vernunft keine Rechenschaft geben kann, sondern von Ausübung der moralischen Pflicht der Dankbarkeit gegen schätzbare Personen, die sich durch treue Sorgfalt für unsre bessere Existenz um uns verdient gemacht haben. Ich übergehe die Fälle, wo niederträchtiger Undank, wo Mißhandlung aller Art der treuesten Wartung, Pflege und Aufopferung zum Lohne wird, ungeachtet diese Fälle nicht so ganz selten sind; wir wollen die Menschheit nicht in ihren verworfenen Abarten betrachten, sondern nur das vor Augen nehmen, was am häufigsten geschieht. Es ist auch wohl gewiß, daß manche Eltern und Erzieher ihre Forderungen und Ansprüche auf Dank und Abhängigkeit zu weit ausdehnen. Sie verlangen dann, daß die Kinder und Zöglinge lebenslang unmündig bleiben, durchaus keinen eigenen Willen haben, keine eigene Einsichten geltend machen, oder daß sie in sklavischer Abhängigkeit von ihnen, nur für sie, durch sie und auf ihre Winke tätig sein sollen; oder sie vergessen den Unterschied, der unter den Neigungen der verschiedenen Menschenalter statt hat, entziehen den jungen Leuten jeden Genuß unschuldiger Jugendfreuden und verlangen, daß sie, bei ihrem Eintritte in die Welt, ebenso unempfindlich für die Reizungen anlockender Gegenstände sein sollen, wie sie es, am Ende ihrer Laufbahn, nach vieljähriger Übersättigung sind. Dies alles aber bei Seite gesetzt; wie wenig junge Leute gibt es da, besonders in unsern Tagen, die es lebhaft und innig fühlen und tätig beweisen, wieviel sie denen schuldig sind, denen sie ihre Bildung zu guten und verständigen Menschen verdanken! Sie denken nicht an die mühselige Wartung, die ihnen in den ersten Jahren der hilflosen Kindheit zuteil geworden ist; nicht an die beschwerliche Arbeit des ersten Unterrichts; nicht an das Opfer der schönsten Jahre, in denen man sich so manche Freude und Zerstreuung versagt hat, um sie nicht ohne Aufsicht, nicht in Händen leichtsinniger Mietlinge zu lassen; nicht an die durchgewachten Nächte, an die Sorgen, Entbehrungen, Anstrengungen und Arbeiten des redlichen Hausvaters, dem der Unterhalt seiner Familie obliegt und oft so schwer wird. Der Ordnung der Natur nach sollte jedes vernünftige Wesen, wenn es sich selbst forthelfen und ernähren kann, nicht länger von dem Fleiße und Vermögen anderer leben; allein bei unsern Verfassungen, besonders in den höhern Ständen, nimmt gewöhnlich erst dann der größere Aufwand, die größere Sorge für die Kinder den Anfang, wenn diese ein Alter erreicht haben, das sie vollkommen in den Stand setzt, mit ihrer Hände Arbeit und mit den erworbenen Kenntnissen ihr Brot zu gewinnen. So verschwendet und verschwelgt zuweilen der Jüngling auf Universitäten eine größere Summe, als die übrigen Mitglieder der Familie, die sich seinetwegen die sparsamste Einschränkung gefallen lassen müssen, zu Hause zu ihrem Unterhalte verwenden; Eltern und Geschwister arbeiten für ihn, der das Geld mit vollen Händen ausspendet. So trägt vielleicht die erwachsene Tochter die ganze jährliche, sauer erworbene Einnahme ihres fleißigen Vaters, in Flitterstaat angelegt, auf einmal an ihrem Körper. Und wie wenig Ersatz haben nicht nachher oft die Eltern im hohen Alter dafür zu erwarten, wenn dann endlich die Kinder versorgt, glücklich verheiratet sind oder in einträglichen Bedienungen stehen! Es kommt ihnen gar nicht anders in den Sinn, als daß sie ein Eigentumsrecht auf des Vaters Vermögen haben, zu dessen Herbeischaffung von ihrer Seite kein Finger ist gerührt worden. Sie murren über seine Verschwendung, wenn er auch einmal von demjenigen etwas mit genießen will, was ihm allein gehört. Die unbedeutendsten Gefälligkeiten und Aufmerksamkeiten, die sie den Eltern erweisen, rechnen sie sich zum hohen Verdienste an, uneingedenk der unzähligen Opfer, die diese ihnen gebracht haben. Warnung und Rat, Bestreitung ihrer Torheiten, Empfehlung weiser Mäßigkeit und Versagung, auf richtige Erfahrung und reife Vernunft gestützt, nennen sie unerträglichen Zwang, Eigensinn, mürrische Laune. Hat, durch die Sorgfalt der Eltern, Erzieher und Lehrer, ihr Verstand sich so ausgebildet, haben sich ihre Kenntnisse so vermehrt, daß sie vielleicht in einem einzelnen Fache größere Fortschritte als jene machen, so vergessen sie, daß dies ohne eine gute Grundlage unmöglich gewesen sein würde, glauben sich weit über die erhaben, glauben die zu übersehn, welche diese Grundlage gelegt haben, schreiben überhaupt das, was größtenteils fremdes Werk ist, allein auf die Rechnung ihres Fleißes, ihres Scharfsinns und ihrer Naturgaben und überheben sich der Pflicht der Dankbarkeit. Es ist indessen auch nicht weniger wahr, daß die Eitelkeit der Lehrer und ihre Anhänglichkeit an alte Formen sie, wenn sie nicht selbst mit dem Zeitalter fortgerückt sind, oft verleitet, von ihren Schülern blinde Unterwürfigkeit unter den Despotismus ihres Systemgeistes und ihrer Orakelsprüche zu verlangen.

Die undankbarste aller Bemühungen zur Bildung der Jugend ist wohl die eines Prinzenhofmeisters. Es ist bekannt genug, mit welchen Schwierigkeiten aller Art ein solcher Mann zu kämpfen hat. Wird dennoch seine Arbeit mit Erfolge gekrönt, so rechnet man doch fast nie die guten Eigenschaften, welche sein fürstlicher Zögling in der Folge zeigt, dem Mentor zum Verdienste an; der Prinz aber, wenn er herangewachsen oder gar zur Regierung eines Landes gekommen ist, betrachtet seinen bisherigen Führer wie einen beschwerlichen Sittenrichter. Er weiß, daß niemand vertrauter mit seinen Schwachheiten ist als dieser; und das ist schon ein großes Verbrechen. Werden die Jüngern Hofschranzen diese Stimmung ihres gnädigen Herrn, den sie möglichst an Leib und Seele zu verderben suchen, gewahr und der ehemalige Hofmeister ist nun vielleicht alt und stumpf geworden, so wird er der Gegenstand ihrer schalen Spöttereien. Froh endlich, wenn er sieht, daß er jedermann im Wege steht, ein mäßiges Jahrgeld in Ruhe genießen zu können, zieht er sich in irgendein Winkelchen des Landes zurück und bringt da den Rest seiner Tage in Verborgenheit zu. Dies ist das Schicksal so vieler Prinzenhofmeister, und fast sollte man argwöhnen, es werde dies Geschäfte allgemein für das undankbarste von allen gehalten, wenn man sieht, daß so oft Leute dazu gewählt werden, die kaum zu irgendeinem andern Geschäfte in der Welt taugen.

Im allgemeinen ist das große Publikum unerkenntlich gegen die Bemühungen der Erzieher. Wie geringschätzig behandelt und wie ärmlich besoldet man nicht noch immer, in so manchen Gegenden, die Schul- und Hauslehrer! Wird ein Jüngling seiner guten Eigenschaften wegen gelobt, so geschieht selten dabei des Mannes Erwähnung, dem er seine Bildung zu danken hat. Will man es an einem jungen Menschen rühmen, daß er sich die Fehler nicht zu Schulden kommen läßt, die an seinem Vater auffallend sind, so erhebt man deswegen seine festen Grundsätze oder seine glückliche Gemütsart. Daran aber wird nicht gedacht, daß vielleicht gerade der weniger vollkommene Vater am sorgsamsten seinen Sohn vor den Fehlern zu bewahren gesucht hat, deren schädlichen Einfluß er lebhaft fühlte, ohne die Kraft zu haben, sich selbst davon zu befrein. Mißlingt hingegen eine Erziehung, so wälzt der große Haufen die Schuld davon fast immer auf die öffentliche oder häusliche Anstalt, in welcher der junge Mensch einen Teil seiner Bildung erhalten hat.

21. Nicht nur für die Verwendung unsrer Kräfte zu dem edlen Zwecke, der Menschheit nützliche Mitglieder zu erziehn, werden wir nur gar zu oft mit Undank belohnt; sondern es muß auch überhaupt jeder, der es sich angelegen sein läßt, andern frohe und glückliche Tage zu bereiten, sich darauf gefaßt machen, von denen selbst, auf die er Wohltaten häuft, verabsäumt, hintergangen, verleumdet, mißhandelt zu werden. Hierüber ist schon im neunten und zehnten Absatze etwas gesagt worden; jetzt nur noch einiges davon!

22. Menschen, deren wir uns, ohne mit ihnen in andern als allgemeinen Verhältnissen zu stehn, kräftig angenommen, sie der Not entrissen, in Wohlstand versetzt, im bürgerlichen Leben zu einträglichen Ämtern erhoben, ihnen Ruf, Bekanntschaften, Schutz und die Gelegenheit verschafft haben, mit ihren Talenten zu wuchern, kehren uns den Rücken, sobald sie unsrer nicht mehr bedürfen, suchen sich auf unsre Unkosten zu erheben, zu bereichern und die Wege zu einem redlichen Fortkommen, die wir ihnen gebahnt haben, uns zu versperren. Personen, denen wir unser Herz ohne Rückhalt eröffneten, wenn sie als Hausfreunde täglich um uns waren und unser Brot aßen, verraten uns, um andre Freunde zu gewinnen, mißbrauchen unser Zutraun, verlästern uns, stiften uns Feindschaften oder plaudern die kleinen Schwachheiten und häuslichen Geheimnisse aus, die sie, bei vertraulichem Umgange, uns abgelockt haben. Da es wenig gutherzige Menschen geben wird, die nicht wenigstens einmal in ihrem Leben auf ähnliche Weise sind mißhandelt worden, so enthalte ich mich, von meinen eignen häufigen Erfahrungen dieser Art zu reden.

23. Vergebens erwartest du von Leuten, die du von Elend oder Gefahr errettet hast, sobald das Gefühl der Dankbarkeit in ihren Herzen erstickt und die Wohltat vergessen ist, daß einst, wenn du nicht mehr bist, dein Weib und deine Kinder an ihnen Beschüt-

zer, Ratgeber, Helfer finden werden. Kannst du ihnen kein sichrers Vermögen hinterlassen als die Forderungen auf fremde Dankbarkeit, so sind sie schlecht gegen Elend und Dürftigkeit geschützt.

Am empfindlichsten aber schmerzt der Undank, womit Menschen uns kränken, in denen wir die Gefühle treuer, inniger Freundschaft und Liebe erweckt zu haben, die wir für uns geschaffen glaubten, denen wir uns ganz hingaben, ihnen ein ungeteiltes Herz darboten, denen wir mehr aufopferten, als wir vielleicht vor dem Richtstuhle der strengern Vernunft rechtfertigen können, und die das alles so hinnahmen, uns Gegenliebe heuchelten, um den eiteln Triumpf zu schmecken, uns ganz verstrickt, ganz abhängig von sich gemacht zu haben; und die dann die Larve abziehen, zurücktreten und noch wohl uns höhnen, unsrer Schwäche spotten. Wer je auf diese Weise in die Hände eines Egoisten oder einer Koquette gefallen ist, der wird die Härte eines so niederbeugenden Zustandes kennen.

24. Der Arzt, der alle Kräfte seiner Kunst aufbietet, um uns von körperlichen Leiden zu befrein und ein Leben zu fristen, das nützlich für die Welt verwendet werden kann, das redlichen Freunden teuer ist und wovon vielleicht der Wohlstand einer zahlreichen Familie abhängt, hat den gegründetsten Anspruch auf unsre Dankbarkeit, um so mehr, wenn er seinen Beruf ohne Eigennutz und mit wahrhaftig teilnehmender Menschenliebe erfüllt. Er hat dieselben Ansprüche auch dann, wenn seine Kunst nicht hinreicht, das Übel zu heben, gegen welches er kämpft. Die mehrsten Menschen aber glauben sich aller weitern Verbindlichkeit für so wesentliche Dienste überhoben, wenn sie dem Manne, der sie dem Tode entrissen hat, einige Goldstücke darreichen. Ihre Genesung schreiben sie übrigens der Stärke ihrer Natur zu, jede mißlungene Kur hingegen setzt der große Haufen auf die Rechnung der Ungeschicklichkeit oder Nachlässigkeit des Arztes.

Kränkliche Personen danken oft sehr schlecht denen, welche ihrer warten, pflegen, aus Sorgfalt für sie sich jedes gesellige Vergnügen versagen und allen ihren Launen nur Geduld entgegensetzen, für diese zärtliche Bemühung, verlangen noch immer größere Opfer, und kaum sind sie wieder hergestellt, so mißhandeln sie dieselben Menschen, die so viel Nachsicht mit ihnen gehabt haben.

25. Für die Ausübung der Gastfreundschaft wird uns gewöhnlich auch sehr schlecht gedankt, und die sogenannten Tischfreunde pflegen eben nicht die zu sein, auf welche man am zuverlässigsten rechnen darf. Eine Mahlzeit ist freilich eine geringe Wohltat, und jeder nicht ganz arme Mann hat ja auch zu Hause so viel, als nötig ist, um seinen Hunger zu stillen; allein was aus gutem Herzen, um mit seinen Gästen eine frohe, der Geselligkeit gewidmete Stunde zu verleben, dargereicht wird, verdient immer, der Absicht wegen, Dank, verdient wenigstens nicht so schlecht belohnt zu werden, wie es nur gar zu oft geschieht. Ein Mann, der in dem Rufe steht, gastfrei zu sein, wird zur Ungebühr von müßigen, zudringlichen Leuten überlaufen. Man nimmt keine Rücksicht auf seine Vermögensumstände, sondern quartiert sich bei ihm ein, läßt sich von ihm bewirten, wenn man da besser, bequemer, angenehmer und wohlfeiler als in einem Gasthofe leben zu können glaubt. Das Haus eines wohlhabenden Mannes, der häufig Gesellschaft bei sich sieht, wird von den meisten Leuten wie ein allgemeiner Sammelplatz betrachtet, wohin man sich begibt, um dort Personen anzutreffen, mit denen man gern seine Zeit hinbringen möchte, ohne in seiner eignen Wohnung Ungemächlichkeit davon zu haben. Um den Hauswirt bekümmert man sich dann wenig, läßt sich's aber auf seine Kosten wohl sein. Noch ist er glücklich, wenn die Herrn und Damen nur zufrieden mit dem vorliebnehmen, was seine Küche und sein Keller vermögen; allein gewöhnlich bekritteln die, welche es sich am besten haben schmecken und die daheim gewiß nicht so viel würden aufgehn lassen, hinterher die Art der Bewirtung, suchen den Mann lächerlich zu machen, der ihnen alle Aufmerksamkeit bewiesen hat, und mißbrauchen die vertraulichen Äußerungen, die ihm beim frohen Mahle entwischt sind, zu seinem Nachteile. Hast du nun vollends das Unglück, für einen Liebhaber und Beförderer der Wissen-

schaften und Talente zu gelten, so wird bald deine Wohnung zu einer Herberge für alle reisende Gelehrte und Künstler werden. Diese finden Mittel, deine Gastfreundschaft auf vielfache Weise zu ihrem Vorteile zu nützen. Ihre Rechnung im Wirtshause wird geringer, wenn sie an deiner Tafel ihren Hunger stillen; durch dich gelangen sie zu der Kenntnis aller Merkwürdigkeiten, die in deiner Vaterstadt aufzuweisen sind, welches ihnen dann, wenn sie zu der Legion von Büchermachern gehören, Gelegenheit gibt, ein paar Bogen Papier mit den Beobachtungen zu beklecksen, die sie an deiner Seite gemacht haben; bald nachher erlebst du die Freude, in einer schlechten Reisebeschreibung oder in einer Zeitschrift ein verzeichnetes Gemälde deines häuslichen Lebens, eine Schilderung deines Charakters, den sie in wenig Stunden ergründet haben, und eine unbescheidne öffentliche Mitteilung der unbefangenen Reden, die du gegen sie geführt hast, zu lesen und vielleicht deine eigne Ware wieder zu kaufen.

Übrigens geschieht auch manchen Leuten schon Recht, die, aus Eitelkeit und Prahlerei, sich um die Ehre reißen, jeden Fremden, besonders von vornehmem Stande, in ihren Häusern zu bewirten, damit diese sehn sollen, wie groß es bei ihnen hergeht; die jeden Abenteurer von der Straße hereinziehen, um in den Ruf ausgebreiteter Bekanntschaften und Verbindungen zu kommen – es geschieht ihnen schon Recht, wenn hinterher Undank und Spott ihr Lohn ist, wenn vernünftige Leute über die Torheit eines Mannes die Achseln zucken, der sein und seiner zahlreichen Familie Vermögen auf diese Weise verschleudert, wenn endlich, nachdem er sich zu Grunde gerichtet hat oder zur Sparsamkeit zurückgekommen ist, die vornehmen Tischgenossen sich stellen, als kennen sie den Mann nicht, bei dem nichts mehr zu genießen ist, der Haufen der Schmarotzer aber sich um ein Haus wegschleicht, aus welchem sie nicht länger den Duft köstlicher Leckerbissen wittern.

26. Von den allgemeinen und größtenteils sehr gegründeten Klagen über das unedle Betragen der Dienstboten gegen ihre Herrschaften habe ich in dem zweiten Abschnitte der ersten Hauptab-

teilung § 28 geredet. Was dort von dem Vorwurfe des Eigennutzes gesagt ist, gilt auch in Ansehung des Undanks, dessen sich diese für feinere Gefühle so selten empfängliche Menschenklasse schuldig macht. Wenig Bediente belohnen auch die beste, väterlichste Behandlung mit wahrer Zuneigung. Vergebens sucht man das Gesinde durch Dankbarkeit an sich zu fesseln, indem man sehr junge, ungebildete und rohe Geschöpfe in sein Haus aufnimmt, sie zu nützlichen Menschen erzieht und zum Wohltäter an ihnen wird. Kaum hat man sie, mit unermüdeter Geduld, so weit gebracht, daß sie uns einige Handreichung leisten können, so fangen sie an, große Forderungen zu machen; rechnen die Reihe ihrer Dienstjahre her; vergessen, daß sie während derselben Unterhalt und Lohn erhalten haben, ohne brauchbar für uns zu sein; verlangen, wenn man einigen Einfluß im bürgerlichen Leben hat, durch unser Vorwort in ein öffentliches Amt eingesetzt zu werden, wozu man nie einige Hoffnung in ihnen genährt hat, oder versuchen es, wenigstens dadurch, daß sie uns zu verlassen drohen, die Erhöhung ihres Jahrgeldes zu ertrotzen. Gelingt das alles nicht, so werden sie mürrisch und saumselig. Bei jedem freundlichen Blicke oder kleinen Gewinne, der einem ihrer Mithausgenossen zuteil wird, äußern sie Mißgunst und Neid. Sie stürmen auf unsre Nachsicht und Geduld los, die sie als Schwäche auslegen, und beklagen sich dagegen über Härte und Strenge, sobald wir sie zur Ordnung und zum Fleiße anhalten. Sie mißbrauchen Herablassung und Vertraun, spotten hinter unserm Rücken her über die kleinen Schwachheiten, die sie uns bei täglichem Umgange abgelauert haben, und bemühen sich, wenn sie endlich den Dienst verlassen müssen, uns verhaßt und lächerlich zu machen. Herrscht in einem Hause Uneinigkeit unter den Mitgliedern der Familie, so beobachten sie genau, welche Partei am häufigsten ihren Willen durchsetzt; zu dieser schlagen sie sich dann, um nicht selten den redlichen Hausvater, dessen Brot sie essen, gemeinschaftlich mit seinem pflichtvergessenen Weibe und ausgearteten Kindern, zu hintergehn, zu kränken und zu verraten.

Einige sehr rührende Beispiele von dankbaren, treuen Dienstboten finden wir hingegen in diesen Zeiten der französischen Staatsumwälzung. Ich habe Bediente gesehn, die ihre ausgewanderten Herrn auch in dem armseligsten Zustande nicht hatten verlassen wollen, sondern mit freudigem Eifer jetzt durch ihrer Hände Arbeit den Mann ernährten, bei dem es ihnen einst in seinen glänzenden Tagen wohlgegangen war. Wo findet man deutsches Gesinde, das solcher Handlungen fähig wäre? Aber freilich werden auch bei uns die untern Volksklassen in der Erziehung so vernachlässigt, daß man keine Grundsätze edlerer Art bei ihnen suchen und selten einen andern als den gebieterischen Ton gegen sie annehmen darf, wenn sie sich nicht vergessen sollen, da hingegen in Frankreich, unter Herrn und Dienern, ein vertraulicherer Umgang mit strenger Unterwürfigkeit sich wohl vereinigen läßt.

27. Sehr traurig ist es aber, daß Personen, denen man, ihrem Stande und ihrer Erziehung nach, erhabenere Gesinnungen zutrauen sollte, in ihren Verhältnissen als Diener des Staats nicht besser als jenes gemeine Gesinde handeln. Es ist unglaublich, wie undankbar sich zuweilen die Günstlinge der Fürsten gegen ihre Herrn betragen, wie weit sie ihre Forderungen für die unwichtigsten Dienste treiben, wie unersättlich ihr Ehrgeiz, ihre Habsucht und ihre Eitelkeit sind und wie unwürdig, trotzig und verächtlich sie oft gegen den Wohltäter verfahren, der sie aus dem Staube emporgehoben, sie mit Glücksgütern und Ehrenstellen überhäuft hat.

28. Von der andern Seite zeugt jedoch auch das Verhalten der Regierungen gegen treue Staatsdiener nicht immer von Erkenntlichkeit. Man nützt die Leute, bei geringer Besoldung, solange sie noch Kräfte haben, wozu sie taugen; wenn sie aber alt und stumpf werden und ihr Vermögen zugesetzt haben, findet man nichts dagegen einzuwenden, wenn sie sich in Ruhe setzen wollen, und wirft ihnen dann jährlich einen Gnadenbrocken hin, wobei sie des Lebens nicht froh werden.

Nichts verleitet aber so sehr zur Nachlässigkeit im Dienste als eine solche Aussicht in die Zukunft und überhaupt jede undankbare Behandlung von Seiten der Obern. Wie schwer ist es nicht, immer mit gleichem Eifer fortzuarbeiten, wenn man sieht, daß es nicht erkannt wird und daß niedrige Schmeichler, Augendiener, Windbeutel und Menschen ohne Geschick und Talent zu ehrenvollen, wichtigen und einträglichen Geschäften gebraucht werden, indes man immer wie ein Tagelöhner und Handlanger fortarbeiten und Kleinigkeiten treiben muß!

29. Nirgends darf man weniger die Dankbarkeit suchen als da, wo überhaupt keine Tugend einheimisch zu sein pflegt – ich meine: an Höfen. Hier arbeitet jeder nur darauf los, sich auf Unkosten andrer Vorteile zu erschleichen, und tritt mit lachendem Munde den Wohltäter unter die Füße, wenn der Weg zum vermeintlichen Glücke über diesen hin geht. Auch wird da der stillschweigende Vertrag, sich einander soviel möglich zu betrügen, allgemein anerkannt. Niemand erwartet etwas anders oder verlangt mehr, als daß dies nur mit gehöriger Manier geschehe. Man bleibt in immerwährendem Verteidigungsstande und hält sich gegenseitig durch Furcht in den Schranken.

30. Der große Haufen ist fast immer undankbar gegen die Bemühungen derjenigen Männer, welche das Ruder der Staaten führen. Ohne einen Begriff von der Last zu haben, die auf den Schultern der Regenten liegt, von den Schwierigkeiten, die ihnen von allen Seiten her Eigennutz, Betrug, Widerspenstigkeit und Nachlässigkeit in den Weg legen; ohne zu überlegen, daß, wenn ein Fürst oder ein Minister auch hundert Augen hätte, er doch nicht durch alle diese Täuschungen hindurchzuschaun vermöchte; ohne zu bedenken, daß Unvollkommenheit von allen menschlichen Anstalten und Einrichtungen unzertrennlich ist; daß die Befriedigung aller Wünsche jedes einzelnen sich unmöglich mit der Wohlfahrt des Ganzen vereinigen läßt; daß auch manche offenbare Mißbräuche mit dem Systeme, worauf die allgemeine Ordnung beruht, so fest und vielfach verwebt sind, daß sie, wenigstens nicht auf einmal, ausgerottet werden können, ohne eine noch schädlichere Verwirrung anzurichten; wirft jeder sich zum Richter und Tadler

in Regierungssachen auf. Aber was würde wohl aus manchen Ländern werden, wenn man an die Spitze der Geschäfte solche Klügler stellte, die oft ihr eignes Hauswesen nicht zu verwalten verstehen?

31. Politischer Parteigeist macht undankbar gegen die wohltätigsten Verfügungen der Regenten. Man hat Beispiele in der Geschichte, daß Monarchen, wenn sie, zum Wohl der Völker, die Teilnahme an einem verderblichen Kriege von sich abgelehnet oder, um von ihren Grenzen die Greuel der Verheerung abzuwenden, früher als ihre Verbündeten den Frieden geschlossen haben, auf die schändlichste Weise von der durch Eigennutz zu noch längerer Fortsetzung des Krieges gereizten Partei sind verlästert worden und daß in diesen Ton selbst die Bewohner solcher Provinzen mit eingestimmt haben, welchen die wohltätigen Früchte jenes Friedens vorzüglich mit zuteil wurden.

32. Nationalstolz, Neid, Eitelkeit, Vorurteil und Leichtsinn machen undankbar gegen ganze Nationen, gegen besondre Klassen und Stände und gegen lebende und verstorbene einzelne große Männer. Von jeder dieser Arten des Undanks wollen wir einige Beispiele vor Augen nehmen.

Von der Zeit an, da sich unsre deutsche Literatur ein wenig aus der Dunkelheit hervorgehoben hat, so daß unsre Geistesprodukte kaum anfangen, auch der Ausländer Aufmerksamkeit auf sich zu ziehn, fehlt es nicht an einheimischen Schriftstellern, die, in ihrem Dünkel, unsern Geschmack und unsre Gelehrsamkeit schon jetzt auf einem solchen Gipfel der Vollkommenheit zu erblicken wähnen, daß sie dreist alle andre Völkerschaften auffordern, ihre Werke gegen die unsrigen auf die Waage zu legen. Besonders ist es bei diesen Herrn zur Sitte geworden, der französischen Oberflächlichkeit in wissenschaftlichen Fächern, der Charakterlosigkeit dieser Nation, der Leichtfertigkeit ihrer Sitten und des wäßrigen, schalen Geschmacks, der in ihren poetischen und andern Kunstwerken herrscht, zu spotten. Dabei freuet man sich, wenn man durch eine Stelle aus einem französischen Schriftsteller (der etwa den, für ihn unbedeutenden, Namen eines unsrer Büchermacher oder eines Landstädtchens, eines Wässerchens, das wir einen Strom nennen, unrichtig schreibt oder eine unsrer unzähligen Residenzen mit der andern verwechselt) den Beweis ihrer Unwissenheit begründen kann. Deutscher Fleiß, deutsche Gründlichkeit, Treue, Wahrhaftigkeit und Biedersinn, gute alte Sitte und Häuslichkeit verdienen gewiß alle Achtung; allein lasset uns auch erkennen, daß es den Leuten jenseits des Rheins wahrlich nicht an gründlichen Gelehrten, besonders in dem Fache der Geschichte der Naturkunde, der Arzeneikunst und der mathematischen Wissenschaften gefehlt hat und noch fehlt! Lasset es uns nicht vergessen, daß wir dem Studium ihrer Literatur zuerst die Wohltat verdanken, uns von den schwerfälligen Banden einer widrigen Pedanterei losgemacht und die Kunst gelernt zu haben, auch ernsthafte Gegenstände in ein gefälliges Gewand zu hüllen, der Wahrheit durch Lebhaftigkeit und Anmut des Vortrags allgemeinern Eingang zu verschaffen, nach ihrem Vorbilde auch unsre Sprache zu reinigen und bestimmten Gesetzen zu unterwerfen; endlich, daß unser Theater zuerst durch die Nachahmung des ihrigen das geworden, was es nun ist, und daß, wenn ihre Trauerspiele jetzt für uns zu leichte Speise sind, wir hingegen im Lustspiele sie noch lange nicht erreicht haben! Lasset es uns nicht vergessen, daß durch die vertrautere Bekanntschaft mit den französischen Sitten der Ton unsers geselligen Umgangs leichter, ungezwungener und unterhaltender geworden und daß dadurch bei uns der Sinn für die feinern Aufmerksamkeiten und Gefälligkeiten zuerst erweckt worden ist. Sind wir hie und da in der Nachahmung zu weit gegangen; haben sich einzelne Deutsche oder ganze Klassen und Gegenden statt gebildeter Franzosen Karikaturen und Abartungen zu Muster gewählt; haben wir, zugleich mit dem Guten, auch Fehler und Laster mit angenommen; wen anders als uns selbst dürfen wir dann deswegen anklagen?

33. Der Undankbarkeit gegen ganze Stände machen wir uns unter andern durch zu allgemeine Schmähungen des Adels und des

Priesterstandes schuldig. Ich kann wohl nicht leicht in den Verdacht kommen, als redete ich den in unser Zeitalter gar nicht passenden Vorurteilen der privilegierten Stände, der geistlichen Hierarchie und dem Mönchswesen das Wort; allein wenn wir die Torheit dieser Klassen und den Unfug, den sie von jeher angerichtet haben, rügen, so lasset es uns auch nicht mit Stillschweigen übergehn, daß eine liberalere Denkungsart, daß Gastfreundschaft, daß Begriffe von wahrer Ehre, von Großmut gegen niedergedrückte Feinde, von Treue und Glauben, von Schuztverleihung an unschuldig Gekränkte, von Zartgefühl in der Verbindung zwischen beiden Geschlechten zum Teil noch Überbleibsel aus den alten romantischen Ritterzeiten sind und daß manche Wissenschaften, Kenntnisse und literarische Schätze während dem barbarischen mittlern Zeitalter in den Klöstern aufbewahrt, durch Mönche und Weltgeistliche von dem gänzlichen Untergange gerettet und auf die Nachkommenschaft sind gebracht worden – ja! daß unsre wohltätige Reformation selbst das Werk eines ehemaligen Mönchs gewesen ist.

34. Die Undankbarkeit des deutschen Publikums gegen große Männer und die Ungerechtigkeit, womit es die Verdienste derjenigen zu mißkennen oder zu vergessen pflegt, die durch edle, nützliche Taten oder durch ihre Schriften sich als Wohltäter der Nation, der Nachwelt und der ganzen Menschheit ausgezeichnet haben, sind zu allgemein, als daß es schwerfallen könnte, Beispiele von der Art anzuführen. Man ist in Deutschland nur zu bereit, den Mann bis an die Wolken zu erheben, zu vergöttern, ihn auf Unkosten aller seiner Vorgänger und Mitwerber zu loben, der auf irgendeine Weise Aufsehn erregt, eine veränderte Ordnung der Dinge bewirkt, ein neues Lehrgebäude aufstellt oder in einer eignen Manier arbeitet; allein kaum tritt ein andrer Held des Tages auf, so rennt der nachäffende Haufen hinter diesem her; das brauchbarere, bessere Alte wird durch neues Flickwerk verdrängt, kommt aus der Mode, und da, wo man wirklich zu größerer Vollkommenheit fortgerückt ist, verleugnet man den Dank, welchen man denjenigen

Männern schuldig geworden, auf deren mühsam gelegten Grund man, ohne große Anstrengung, gebauet hat; ihre Namen werden kaum genannt, ja! man spottet wohl gar ihrer altväterischen Weise und vergißt, mit welchen Schwierigkeiten sie zu kämpfen gehabt haben, um uns den Weg zu höherer Ausbildung zu bahnen. Unsre ältern Dichter und vorzüglichsten prosaischen Schriftsteller in dem Fache der schönen Literatur: Hagedorn, Uz, Lichtwer, Gellert, Kleist, Cronegk, Gleim, Rabener u.s.f. liest fast niemand mehr. Unsre jungen Leiermänner, Romanensudler und Komödienfabrikanten zucken die Achseln über diese Klassiker. Kaum läßt man noch den unsterblichen Lessing gelten, obgleich er leider! keine Ritterstücke geschrieben hat. Herr Haschka heult Oden und glaubt wohl kaum, daß der noch von keinem unsrer lyrischen Dichter übertroffene Ramler etwas Ähnliches würde haben zustande bringen können, wenn ihn die hochwürdigen *Patres societatis Iesu* in Wien gebildet hätten. Daß der arme Gottsched, der doch wahrlich wenigstens den Eifer für die Vervollkommnung unsrer Sprache erweckt hat, sich von jedem Stümper, der noch schlechter schreibt als er (obgleich in andrer Manier), muß verhöhnen lassen, versteht sich von selber.

Den verächtlichsten Undank zeigen die unbärtigen Weltweisen in unsern Tagen gegen die Verdienste der Wolffischen Philosophie. Seit mehrern Jahrtausenden sind wir in der Gewißheit über metaphysische Gegenstände nicht um einen einzigen Schritt fortgerückt. Wir wissen von dem Wesen der Dinge, von dem Zusammenhange im Universum, von der alles belebenden Kraft, von der unsichtbaren Natur – nichts. Vergebens versuchen wir es, die alltäglichsten Erscheinungen aus der Vernunft zu erklären. Wir sehen überall Bewegung und nehmen doch nirgends einen leeren Raum an, in welchem sich die Materie bewegen könnte. So widersprechen sich unsre Lehrsätze, und in jedem Augenblicke stürzen die gemeinsten, unleugbarsten Erfahrungen ganze Kettenreihen unsrer Theorien über den Haufen. Es ist nicht nur keine einzige unleugbar erweisliche neue Wahrheit in diesem Fache durch Schlußfolgen *a priori* entdeckt worden (auch wird wohl nie der Menschheit auf Erden das Los zu Teil werden, da klar zu sehn, wohin die Sinne nicht reichen), sondern selbst der Kreis, den unsre Spekulationen durchlaufen, um wenigstens Wahrscheinlichkeit und Zusammenhang in unsre Träume zu bringen, scheint längst geschlossen zu sein. Wer die Werke der ältern philosophischen Schulen studiert hat und sich nicht neue Kunstwörter, Einkleidungen und Mischungen, das heißt: neue Formen für neue Materien, aufhängen läßt, weiß recht gut, was er von dem Posaunentone der unbescheidenen Anhänger gewisser Systeme halten soll. Allein eben um die Form, in welcher wir unsre Ahnungen von den Gegenständen, die über unsern irdischen Gesichtskreis hinaus liegen, ordnen und andern in gehöriger Deutlichkeit mitteilen können, hat die Wolffische Philosophie sich unendliche Verdienste erworben. Noch aber wurde uns Deutschen von den Ausländern unser barbarischer, steifer, pedantischer, unnötigerweise mit ausländischen Wörtern und Kunstausdrücken überladener Schulstil zum Vorwurfe gemacht. Auch diesen Mißstand haben dann die vorzüglichsten unsrer philosophischen Schriftsteller in diesem Jahrhunderte gehoben. Ich brauche nur die Namen Moses Mendelssohn und Garve zu nennen, um Beispiele von Männern anzuführen, die uns gezeigt haben, daß sich sowohl spekulative als praktische Sätze der Vernunftweisheit so vortragen lassen, daß sie wenigstens solchen Personen, die sich gewöhnt haben, ihre Aufmerksamkeit auf ernsthafte Gegenstande zu heften, verständlich und annehmlich werden. Sie haben uns gezeigt, daß man Gründlichkeit mit Deutlichkeit und Anmut vereinigen könne – nicht mit der Anmut der Poesie oder der Rednerkünste und der sogenannten Schönschreiberei, welche die Einbildung und das Gefühl auf Kosten der Vernunft bestechen, sondern mit *der* Anmut, die Klarheit und Würde erzeugen. Auf diesem Wege hätten wir fortarbeiten sollen, um von dem, was allen Klassen von Menschen wichtig ist, auch unter alle Klassen von Menschen wenigstens so helle Begriffe zu verbreiten, als zu Befriedigung einer lobenswerten Wißbegierde und zu Beruhigung ihrer Herzen nützlich sein kann; allein nun tritt eine neue philosophische Schule auf, die in einer so barbarischen Sprache, als noch nie in Büchern geredet worden, ein System auslegt, dessen Grundzüge freilich in einem Zeitalter, in welchem man das Studium der alten Literatur und der Geschichte der Philosophie so sehr zu vernachlässigen anfängt, leicht für neu gelten und Anhänger finden können. Gewiß ist es dem würdigen Stifter dieser philosophischen Sekte, der für sein System eine Einkleidung wählte, die ihm grade die passendste schien, gar nicht eingefallen, damit eine Norm zu einer allgemeinen neuen philosophischen Sprache zu erfinden. Auch können die Unbescheidenheit und Marktschreierei einiger seiner Schüler keinesweges auf seine Rechnung kommen. Allein, wie es dann in Deutschland geht, nicht genug, daß mit diesem Abrakadabra philosophische Abhandlungen ausgeschmückt werden, glaubt der Haufen unverständiger Nachahmer sich ein gelehrtes Ansehn zu geben, indem er sogar ästhetische Gegenstände auf diese Weise behandelt. Das heißt in der Tat die Regeln des guten Geschmacks in einer allen guten Geschmack empörenden Sprache vortragen. Ja! politische und ökonomische Schriften werden in eine widersinnige Form dieser Art gebracht, mit fremden Kunstwörtern ausgeschmückt, und erst kürzlich hat mir ein junger Mann, auf meine Bitte, von Jena aus eine Vorschrift geschickt, wie man Met (ein gegornes Getränke, aus Honig gebrauet) verfertigt, in welchem die Wörter *transzendental*, *Perfektibilität* und *Kategorie* vorkommen. Doch immerhin könnte man es ruhig mit ansehn, daß diese Pedanterei eine kurze Zeit hindurch (denn lange wird sie sich wohl nicht erhalten) im Schwange ginge; wenn man aber hören muß, mit welchem Übermute, mit welcher Prahlerei der Troß der Nachahmer und blinden Bewunderer von den neuen Lehren und wie wegwerfend hingegen er von den Werken und Entdeckungen der weisesten und scharfsinnigsten Männer, die vor diesem Zeitpunkte sich allgemeine Achtung erworben haben, redet; welchen entscheidenden, absprechenden, höhnenden Ton diese Männlein über jeden anstimmen, der Zweifel gegen die

Neuheit, Haltbarkeit, Folgerichtigkeit und gegen den Zusammenhang dieses Systems äußert; so kann man sich eines bittern Unwillens nicht erwehren.*

---

* Es ist, meiner Meinung nach, der höchste Triumph der echten Wahrheit, Weisheit und Erkenntnis, wenn sie sich in der größten Klarheit und Einfalt darstellen läßt. Die Kunst, über wichtige Gegenstände zugleich gründlich und populär zu schreiben, erfordert ein nicht gemeines Talent und Studium. Wer seine Sätze in einen dunkeln Vortrag einhüllt, täuscht gewöhnlich nur gar zu leicht entweder sich selbst oder will andre täuschen, indem er neue Worte für neue Sachen hält oder ausgibt. Neue Wahrheiten lassen sich, genau genommen, vielleicht gar nicht mehr in dieser Welt erfinden, wohl aber neue Verbindungen von Gedanken; allein auch zu diesen bedarf es keiner neuen Sprache. Es gibt keine geometrische Aufgabe, wovon die Auflösung, im strengsten Verstande, sich nicht in die gemeine Sprache übersetzen ließe. Allein die algebraische Form ist freilich für den Kunstverständigen einfacher und deutlicher. Derselbe Fall tritt bei andern positiven Wissenschaften ein; Kunstwörter kürzen oft den Ausdruck ab; Anatomiker haben jedem Muskel, Naturkündiger jeder Pflanze einen Namen gegeben, und es ist bequemer, sich an diese Namen als an Umschreibungen zu halten; auch haben nur Kunstverständige ein Interesse, über solche Gegenstände zu reden, und lassen sich die Mühe nicht verdrießen, die einmal eingeführte Sprache zu erlernen. Ist hingegen von Sätzen, von Lehren die Rede, welche für jedes denkende Wesen ein hohes Interesse haben; so ist es Pflicht, seinem Vortrage so viel Deutlichkeit zu geben, als mit Gründlichkeit bestehn kann; und da zeigt sich's dann fast immer, daß Gründlichkeit und Deutlichkeit sich einander gar nicht im Wege stehen, sondern vielmehr sich wechselseitig unterstützen. Will nun aber gar eine kleine Anzahl Menschen den Übrigen eine allein von ihnen erfundene dunkle Sprache aufdringen, so muß das, was sie auf diese Weise vortragen, so wichtig und zugleich so neu sein, daß die Mühe, die ein gebildeter Mann auf die Entzifferung verwendet, belohnt werde. Sieht er sich von dieser Seite getäuscht, so darf ihn das Geschrei der Partei, daß er sie nicht verstanden, nicht Scharfsinn genug habe, in den Geist ihrer Lehren zu dringen, so wenig wie die zu erwartenden Schmähungen parteiischer Kunstrichter abhalten, das zu behaupten, was ihm seine nüchterne Vernunft eingibt, und das ohne Ansehn der Person. – Ich weiß wohl, daß diese Äußerungen vielleicht um einige Jahre zu früh kommen und daß mein Buch mit solchen Sätzen wenig Glück machen wird; aber das kümmert mich nicht. Mode, Autorität, fremde Machtsprüche und Menschenfurcht haben von jeher wenig Gewalt über mich gehabt.

35. Es würde ein garstiger Flecken in dem deutschen Nationalcharakter sein, wenn es sich beweisen ließe, daß wir undankbarer gegen die Verdienste unserer lebenden und verstorbenen großen Männer und geneigter wären, Schwachheiten und Untugenden an ihnen aufzusuchen, um sie von der Höhe herabzuziehn, auf welcher ungern der Neid sie über sich hervorragen sieht. Allein dieses Sträuben gegen die Anerkennung eines Übergewichts, das dem mindern Verdienste einen Vorwurf aus seiner Mittelmäßigkeit zu machen scheint, ist wohl unter allen Himmelsstrichen so einheimisch, daß Verunglimpfungen und Verfolgungen fast immer die Begleiterinnen und zugleich die Kennzeichen des höhern Werts sind. Es ist wahr, daß diese Unart bei uns sehr weit getrieben wird. Hat ein Feldherr sich durch eine lange Reihe glänzender Taten ausgezeichnet, die man nicht auf die Rechnung des blinden Glücks schreiben kann; befördert ein Fürst, durch weise Anordnungen und wahrhaftig väterliche Sorgfalt, die Wohlfahrt und Ruhe seines Volks, den Flor des Landes und erweckt dadurch die Scheelsucht der Nachbarn, so fehlt es nicht an Leuten, die sich ein Geschäfte daraus machen, seinen Privatcharakter anzugreifen, seine kleinen Schwachheiten an das Licht zu ziehn und, wenn sie sonst nichts wissen, das Verdienst seiner Taten auf kluge Ratgeber im Felde und im Kabinette schieben – gleich als wenn es nicht schon einen hohen Grad von Weisheit verriete, wenn man die besten Ratgeber auszuwählen versteht und guten Rat anzunehmen, zu nützen und zu befolgen weiß! Auch Schriftsteller von Bedeutung werden, zum Danke für das Vergnügen, das sie dem Publikum gewährt, und für den Nutzen, den sie gestiftet haben, nicht selten von Seiten ihrer Talente und ihres moralischen Charakters verlästert. Man weiß, wie der arme Rousseau von seinen Zeitgenossen und von der Nachkommenschaft ist behandelt worden. Welche schändliche Angriffe sich kürzlich ein Paar nichtswürdiger Menschen gegen die Ehre des verstorbenen verdienstvollen Bode erlaubt hat, das ist auch bekannt genug. Sterne-Yorick galt lange Zeit hindurch mit Recht für eines der vorzüglichsten Originalgenies; seine unerreichbare, herrliche Laune, sein Scharfblick, sein feiner Takt und sein unvergleichlicher Witz

waren der Gegenstand der allgemeinen Bewunderung. Nun aber hat kürzlich ein gewisser Engländer, Herr Ferriar, die schöne Entdeckung gemacht, daß Sterne nichts weiter als ein Ausschreiber, Plünderer und Nachahmer, besonders der alten Schriftsteller Rabelais und Burton, gewesen sei. – Wir wollen dem Herrn Ferriar, zur Dankbarkeit für die Mitteilung dieser Entdeckung, das Talent wünschen, mit soviel Geschicklichkeit wie Yorick zu stehlen.

36. Lebende verdienstvolle Männer, edle Streiter für Wahrheit und Tugend, müssen es sich, besonders wenn sie kühn die herrschenden Torheiten angreifen und böse Ränke aufdecken, zum Lohne für ihren treuen Eifer auch oft gefallen lassen, verleumdet und niedriger Absichten beschuldigt zu werden. Läßt ihnen auch der bessere Teil des Publikums Gerechtigkeit widerfahren, so wird doch durch dergleichen Schmähungen nicht selten der Kreis ihrer nützlichen Wirksamkeit beengt, und sie selbst werden am Ende des immerwährenden Kämpfens und der undankbaren Arbeit müde.

37. Die Gerechtigkeit fordert aber, daß wenn wir von der Unerkenntlichkeit des Publikums gegen große Männer reden, wir nicht verschweigen, daß diese auch zuweilen nicht sehr dankbar für die Ehre sind, die sie einernten; daß sie dem Neide sehr große Blößen geben; daß sie, wenn sie sich einen gewissen Ruf erworben zu haben glauben, durch Eitelkeit oder Hochmut geblendet, nicht mehr so sorgfältig über sich wachen, in ihrer fernern Ausbildung zur Vollkommenheit nicht weiter fortrücken, die allgemeine Stimme nicht genug ehren und zu verlangen scheinen, daß man alles für Orakelsprüche und Meisterstücke von Weisheit und Kunst halten soll, was nachlässig und sorglos aus ihrem Munde oder aus ihrer Feder kommt.

Schluß

Und nun lasset uns dann die nicht sehr angenehmen Betrachtungen über den Eigennutz und Undank der Menschen beschließen! Es ist schwer, bei Behandlung solcher Gegenstände, über die man selbst so manche niederschlagende und empörende Erfahrung gemacht hat, ohne Bitterkeit zu reden und ohne in den deklamatorischen Ton zu fallen, der doch dem philosophischen Forscher nicht ziemt. Indessen darf der Unwillen des verständigen Mannes über diese Verkehrtheiten nur vorübergehend sein, nicht aber in Menschenhaß ausarten. Wenn man sich grade mit der genauern Beobachtung solcher moralischer Gebrechen beschäftigt, so reißt das manche alte Wunde wieder auf; aber ein Augenblick von kaltblütiger Überlegung und der Gedanke, daß die mehrsten unsrer Brüder mehr aus Irrtum und Mangel an Einsicht als aus Bösartigkeit fehlen, versöhnt dann wieder mit der Menschheit.

Oft betrogen, mißhandelt und mißbraucht, bauet man freilich nicht mehr so leicht und glaubt nicht so schnell an die uneigennützige Zuneigung noch an die zu erwartende Dankbarkeit. Man wundert sich weniger darüber, daß man hintergangen wird, als man sich darüber freuet, wenn wenigstens dieselben Menschen uns nur einmal betrogen haben. Man verschließt sich nach und nach in sich selbst, möchte am Ende seiner Tage nur auch ein wenig sich selber leben, wenn man lange genug nur für andre gelebt hat. Aber darum hört man doch nicht auf, Gutes zu tun, wenn sich die Gelegenheit dazu zeigt; nur sucht man diese Gelegenheit vielleicht nicht mehr mit so viel Eifer, dringt seine Dienstleistungen niemanden auf. Wenn diese Stimmung von einer Seite den Kreis der Wohltätigkeit beschränkt, so erweitert sie ihn von der andern auch wieder. Denn wer nicht viel von den Menschen erwartet und fordert; wer nicht nur, wie die mehrsten Leute, sich nicht gleich erzürnt, wenn ihm das nicht zu Teil wird, was bloß von der Gefälligkeit, dem freien Willen und dem Wohlwollen andrer abhängt; sondern wer auch nicht einmal auf dasjenige, was er als Pflicht erheischen könnte, sichre Rechnung macht; wer sich bestrebt, sowenig wie möglich andrer zu bedürfen und für die Dienste, welche er, aus Liebe zum Ganzen, seinen Mitgeschöpfen leistet, keine Gegendienste fordert; der wird durch das undankbare und eigennützige Betragen derer, die ihn umgeben, nicht abgehalten werden, den Weg zu wandeln, den Kopf und Herz ihm vorzeichnen.

Rousseau sagt: er liebe die einzelnen Menschen, aber nicht die Menschen im Ganzen. Ich möchte wohl im Gegenteil sagen: ich liebe mehr die Menschheit als die einzelnen Menschen. Es ist mit der Zusammenlebung in der Welt wie mit den mehrsten großen Orchestern. Vollstimmige Sachen werden leidlich gut vorgetragen; die einzelnen Fehler laufen mit durch, ohne das Ganze widrig zu machen und die Hauptharmonie zu stören. Als Ripienspieler in diesem allgemeinen Konzerte sind die mehrsten Menschen gut genug; auch trägt wohl hie und da einmal einer eine obligate Passage angenehm und richtig vor – allein lang darf diese nicht sein, und sehr in der Nähe darf man auch nicht zuhören. Der wahren Virtuosen, die man als Solospieler oft und lange und in seinem Kabinette hören möchte, gibt es wenige; aber diese wenigen machen uns dann auch das Menschengeschlecht wert und versöhnen uns mit den übrigen, die doch auch dasein müssen, wenn man große Sachen aufführen will.